Além dos Limites

Coleção Estudos
Dirigida por J. Guinsburg

Equipe de realização – Edição de Texto: Luís Fernando Reis; Revisão: Adriano C.A. e Sousa, Elen Durando; Sobrecapa: Sergio Kon; Produção: Ricardo W. Neves e Sergio Kon, Elen Durando e Luiz Henrique Soares.

Josette Féral

ALÉM DOS LIMITES
TEORIA E PRÁTICA DO TEATRO

© Josette Féral, 2009

cip-Brasil. Catalogação na Fonte
Sindicato Nacional dos Editores de Livros, rj

F386a

Féral, Josette
　　Além dos limites : teoria e prática do teatro / Josette Féral ; tradução J. Guinsburg ... [et al.]. - 1. ed. - São Paulo : Perspectiva, 2015.
　　424 p. ; 23 cm. (Estudos ; 319)

　　ISBN 973-85-2731027-7
　　1. Teatro. 2. Teatro - História e crítica. i. Título. ii. Série.

15-20416   CDD: 792
                                            CDU: 792

26/02/2015   02/03/2015

1ª edição
[PPD]

Direitos reservados em língua em portuguesa à
EDITORA PERSPECTIVA LTDA.

Av. Brigadeiro Luís Antônio, 3025
01401-000 São Paulo SP Brasil
Telefax: (011) 3885-8388
www.editoraperspectiva.com.br
2019

Sumário

Introdução – *Sílvia Fernandes* XIII

Parte I:
UMA TEORIA À PROCURA DE PRÁTICA

1. Teatro e Sociedade: Da Simbiose a um Novo
   Contrato Social. 3
   Teatro, Cultura e Sociedade 3
   Os Estudos Sobre o Teatro 9

2. Que Pode (ou Quer) a Teoria do Teatro?
   A Teoria Como Tradução 17
   A Teoria Não é Mais o Que Era 17
   Uma abordagem marcada pela pluralidade 19
   As teorias instauram perspectivas inesperadas 21
   A teoria permite levantar questões. 22
   A Teoria é uma Prática 24
   Teoria e prática são dois domínios
   interdependentes 25
   Tanto a Teoria Quanto a Prática Traduzem o Mundo . . . 29

3. A Crítica de uma Paisagem Cambiante 37

   O Exemplo do Esporte: O Mundial, Julho de 1998 ... 37
   Segundo Exemplo: Setembro de 1983, o Meio
   Artístico Contra a Crítica 40
   Toda Palavra Sobre o Teatro é um Atrevimento 41
   Descrever, Interpretar, Julgar 44
   Crítica: Uma Gama Variada de Práticas e de Ideias .. 46
   A Crítica Como Poder 47
   Uma Arte Ameaçada 49

4. Teoria e Prática: Além dos Limites 53

   Teorias Empíricas da Produção 60

5. Por uma Genética da Encenação: *Take* 2 63

   Rascunhos Textuais 66
   Rascunhos Cênicos e Visuais 68
   Os cadernos de direção 68
   Os registros de vídeo 71
   As anotações de ensaios 72

Parte II:
PARA UMA DEFINIÇÃO DA TEATRALIDADE

1. A Teatralidade: Em Busca da Especificidade da
   Linguagem Teatral 81

   Retomada Histórica 83
   A Teatralidade Como Propriedade do Cotidiano 84
   O Teatro Como Pré-Estética: O Que Permite
   o Teatral? 88
   A Teatralidade Teatral 90
   O ator 91
   O jogo 93
   A ficção e sua relação com o real 95
   A Proibição 97

2. Mimese e Teatralidade................... 101

   Evoluções Diferentes..................... 103
   Teatrum Mundi........................... 104
   As Três Clivagens......................... 108

3. Por uma Poética da Performatividade: O Teatro
   Performativo................................113

Parte III:
PERFORMANCE E PERFORMATIVIDADE

1. A Performance ou a Recusa do Teatro..............135

   O Teatral da Performance................... 138

2. Performance e Teatralidade:
   O Sujeito Desmistificado..................... 149

3. O Que Resta da Performance?
   Autópsia de uma Arte Realmente Viva............ 165

   Autópsia de uma Função 169
      A performance nasceu de uma teorização
      do fenômeno artístico 170
      O nascimento de um gênero 175
   Alguns Exemplos dos Anos de 1990 177

4. Da Estética da Sedução à do Obsceno 189

   De uma Performance a Outra 190
   Laurie Anderson:
   Uma Estética do Descontínuo e da Sedução 194
      Dos objetos que produzem signo 194
      A pura ressonância dos vocábulos 195
      Uma organização por sobreimpressão.......... 195
      Uma poética do fragmento 196
      Uma economia dos signos.................... 197

>   *A construção do sentido pertence ao espectador*. . 198
>   *Os mecanismos colocados a nu*. 198
>   Karen Finley: O Fetichismo do Corpo 199
>   *Um corpo teatralizado*. 199
>   *A linguagem do recalcado*. 200
>   *Uma narração que estrutura a representação*. . . . 201
>   *Uma arte do eu* 202
>   *O espectador voyeur* 203
>
> 5. Orlan e a Dessacralização do Corpo. 205
>
>   Corpo e Ficções 213
>   Imagens e Virtualidade. 218
>   O Sagrado na Arte. 220
>   A Legitimação Pelo Discurso. 222
>
> 6. Distanciamento e Multimídia ou Brecht Invertido. . 225
>
>   Evocação Histórica 226
>   O Distanciamento Brechtiano Como Teoria
>   da Representação. 230
>   O Distanciamento no Teatro Atual 236

Parte IV:
A CENA SOB INVESTIGAÇÃO

> 1. O Texto Espetacular: A Cena e Seu Texto 245
>
>   Texto e Texto Performativo (*Performance Text*) 246
>   *O texto performativo*. 246
>   *O texto espetacular* 250
>   Encadeamento e Simultaneidade. 254
>   *A cena do texto e o texto do texto* 254
>   *O texto como dramaturgia* 260
>
> 2. Um Corpo no Espaço: Percepção e Projeção. 269
>
>   A Emergência de Novos Espaços. 269
>   *Espaço-volume e espaço-forma*. 273

Da percepção à cognição................... 276
A superfície-limite.......................... 278
O espaço-plano............................. 281
Novos Modos de Percepção................... 283
Ver de Outra Maneira...................... 285

3. O Teatro de Robert Lepage: Fragmentos Identitários..291

   O Ideal de Autenticidade ou o Nascimento
   da Noção Moderna de Identidade................ 292
   O processo identitário como ancoragem moral... 295
   Memória e narrativa: relação com o tempo 297
   *A necessidade de mudança: do interpessoal
   para o intercultural* 302
   A Inserção Num Horizonte de Sentido Coletivo.... 304
   A Arte Como Fonte Moral 306

4. A Travessia das Linguagens:
   Valère Novarina e Claude Régy 309

   O Espetáculo do Ator no Trabalho 311
   Ordem das Palavras/Ordem dos Mortos 322

Parte v:
O INTERCULTURALISMO AINDA
POSSUI UM SENTIDO?

1. Linguagem e Apropriação:
   Como Reinterpretar Shakespeare no Quebec,
   o Exemplo de Robert Lepage 333

2. Percepção do Interculturalismo:
   O Exemplo de Ariane Mnouchkine............... 347

   Ricardo II à la Japonesa...................... 348
   Abraham Moles: Teoria da Percepção Estética
   à Luz da Teoria da Informação.................. 349
   Redundância e originalidade 347

3. Toda Trans-Ação Conclama Novas Fronteiras 357

    O Político: Territórios Contra Localidades 360
        Território e soberania 364
    O Espaço Des-territorializado 366
        O que a peça exprime?...................... 369
    Do Artístico ao Teórico........................ 373

4. Em Direção a Identidades Transculturais:
   O Interculturalismo Ainda É Possível?............ 381

    A Necessidade de Pensar o Interculturalismo
    Relacionado ao Político........................ 384
        Uma fascinação de dois gumes................ 384
        Um interculturalismo que atua entre o global
        e o local 387
        Efeitos discutíveis........................... 389
    Interculturalismo e Imagem Identitária 392
    O Que Seria Esse Modelo Intercultural?........... 395

Introdução

A excelente compilação de ensaios que a editora Perspectiva leva a público é uma síntese das preocupações que acompanham a teórica Josette Féral nos últimos vinte anos, e ligam-se especialmente aos conceitos e à prática da cena contemporânea. Professora durante longo período na Universidade do Quebec, em Montreal, e atualmente lecionando na Universidade de Sorbonne Nouvelle – Paris III, Féral partiu de sólida formação em estudos literários, orientada por Julia Kristeva, para em seguida dedicar-se à paixão pela cena contemporânea, no que ela tem de mais inventivo e transgressor. Com diversos livros publicados e textos antológicos apresentados em congressos e conferências em diversas cidades importantes, como Bruxelas, Paris, Buenos Aires, Cracóvia, Dubrovnik, Liubliana, Londres, Cidade do México, Moscou, Nova Déli, Sydney e São Paulo, a pesquisadora concentra-se, na última década, na exploração da teoria da performatividade e da teatralidade, de cuja sistematização foi pioneira, com incursões pela performance e pelo interculturalismo, além da investigação específica de alguns grupos, como o Théâtre du Soleil. São temas recorrentes em seus trabalhos, que frequentam as várias seções deste livro.

Talvez o diferencial dessa pensadora da cena contemporânea tenha sido, desde o princípio, a preocupação em aliar a prática à teoria do teatro, fazendo desse trânsito seu foco de atuação. Enquanto a semiologia teatral, de larga influência nos anos de 1970 e de 1980, com representantes da estatura de Patrice Pavis, Anne Ubersfeld e Marco de Marinis, dedicava-se à análise dos signos espetaculares, debruçando-se sobre a passagem do texto à cena e centrando-se na compreensão do teatro como escritura de palco, Féral já iniciava as investigações focadas no processo criativo, prenunciando o que seria um dos marcos preferenciais de análise da cena atual. A partir desse ponto de vista, naquele momento, inédito, em certo sentido próximo da pesquisa genética, a ensaísta passou a priorizar as etapas que precedem a apresentação de um trabalho teatral. O acompanhamento, a observação e o estudo do processo, a compreensão do percurso do encenador, do ator e da equipe de criação, a investigação dos rastros da feitura artística do espetáculo por meio do estudo detalhado de cadernos de direção, anotações de atores e esboços de cenografia passaram a figurar como método de análise imprescindível ao esclarecimento daquilo que se apresentava em cena. Em grande parte graças a seus esforços, foi nessa etapa dos estudos teatrais que o trabalho em processo dos criadores passou a ser levado em conta no mesmo nível que as questões ligadas à representação. É dessa ampla perspectiva de análise que os teatros reunidos nesse livro se beneficiam.

A despeito do mergulho na prática do teatro e da experiência de partilha de processos com artistas de diversas extrações, Josette Féral nunca se desviou das preocupações teóricas. Pelo contrário, a vivência dos processos levou-a a prospectar, com maior acuidade, os conceitos que se adequavam aos percursos artísticos que testemunhava. Com otimismo característico, acreditou, desde o princípio, que a aproximação entre a teoria e a prática do teatro auxiliava não apenas pesquisadores, professores e teóricos, mas os próprios artistas no exercício da criação. As noções de teatralidade, performatividade, performance, presença e interculturalismo, tratadas com maior ênfase neste livro, foram as chaves com que abriu novos ângulos de visão no tocante ao teatro realizado no final do século XX e início do XXI. Sem dúvida, é desse ponto de vista que devem ser lidos os ensaios reunidos neste volume.

A primeira parte da compilação, "Uma Teoria à Procura da Prática", centra-se nos modos de relação entre as duas instâncias e problematiza a desconfiança em relação à teoria que sempre acompanhou os artistas de teatro. Analisando a crítica jornalística, o ensaio teórico, a abordagem sociológica e os estudos de crítica genética, Féral desenha o estado da pesquisa na área, não como mero recenseamento de possibilidades, mas como estratégia de investigação das muitas vias de acesso ao fenômeno teatral. Especialmente nos textos "Por uma Genética da Encenação: *Take* 2" e "Teatro e Sociedade: Da Simbiose a um Novo Contrato Social" reafirma a necessidade de teorizar o teatro a partir da prática, o que faz com rara propriedade.

Em caminho talvez mais conceitual e abstrato, a segunda parte do livro é dedicada à exploração das noções de teatralidade e performatividade. A sequência de textos dedicados ao tema permite ao leitor acompanhar, de forma privilegiada, o percurso da ensaísta no aprofundamento de seu instrumental de análise. Sublinhando, inicialmente, a dependência da noção de teatralidade aos conceitos de representação e mimese, a autora enfrenta a questão de frente em "Performance e Teatralidade: O Sujeito Desmistificado", em que opõe o conceito de teatralidade ao de performatividade. O texto apresenta a performance como uma força dinâmica cujo principal objetivo é desfazer as competências do teatro, que tende a inscrever o palco numa semiologia específica e normativa. Caracterizado por estrutura narrativa e representacional, maneja códigos com a finalidade de realizar determinada inscrição simbólica do assunto, ao contrário da performance, expressão de fluxos de desejo que tem por função desconstruir o que o primeiro formatou. Ainda que oponha os dois conceitos, percebe-se que uma das principais intenções de Féral é enfatizar que a teatralidade é a resultante de um jogo de forças entre duas realidades em oposição: as estruturas simbólicas específicas do teatro e os fluxos energéticos – gestuais, vocais, libidinais – que se atualizam na performance e implicam criações em processo, inconclusas, geradoras de lugares instáveis de manifestação cênica. Ao recusar a adoção de códigos rígidos, como a definição precisa da personagem e a interpretação de um texto, o *performer* apresenta-se ao espectador como um sujeito desejante, que em geral se expressa em movimentos autobiográficos e tenta escapar à representação e à organização simbólica que dominam o fenômeno teatral, lutando por definir suas condições de expressão a partir de redes de impulso. A condição de evento não repetível, que se apresenta no aqui e agora de um espaço, é outro princípio de separação entre performance e teatro.

No ensaio aqui reproduzido, "A Teatralidade: Em Busca da Especificidade da Linguagem Teatral", publicado pela primeira vez em 1988, a ensaísta recusa-se a definir a teatralidade como uma qualidade no sentido kantiano, pertinente exclusivamente à arte do teatro e pré-existente ao objeto em que se investe. Ao contrário, defende a ideia de que ela é consequência do processo dinâmico de teatralização que o olhar produz ao postular a criação de outros espaços e outros sujeitos. Esse processo construtivo é resultado de um ato consciente que pode partir tanto do *performer* no sentido amplo do termo – ator, encenador, cenógrafo, iluminador – quanto do espectador, cuja visada cria a clivagem espacial necessária à sua precipitação. Por meio desse argumento, a ensaísta defende que a teatralidade tanto pode nascer do sujeito que projeta outro espaço a partir de seu olhar, quanto dos criadores que instauram um lugar alterno e requerem um olhar que o reconheça. Ou das operações reunidas de criação e recepção. De qualquer forma, faz questão de sublinhar que a teatralidade não é um dado empírico ou uma qualidade, mas uma operação cognitiva ou ato performativo daquele que olha (o espectador) e/ou daquele que faz (o ator).

Em ensaio recente, "Por uma Poética da Performatividade: O Teatro Performativo", Féral associa o conceito de performatividade à noção de teatro performativo. Considera a preponderância dos estudos da performance nos últimos vinte anos, especialmente nos Estados Unidos e no Canadá, uma resposta incisiva às radicais transformações dos modos teatrais contemporâneos, que romperam com o texto e abandonaram as estruturas tradicionais.

É também pela via do performativo que a ensaísta problematiza a relação diferencial de uma parcela do teatro contemporâneo com a realidade. Considera um dos traços característicos desses trabalhos o que vê como a emergência do real em cena, feita em geral de forma extremamente violenta, por interpelar o espectador com brutalidade. Para Féral, o denominador comum das diferentes formas de real no teatro é o caráter participativo, que define uma ruptura decisiva nos modos de recepção. Territórios de experimentação e jogo, os "teatros do real" colocam em ação novas estratégias perceptivas, que obrigam o espectador a experimentar e viver o teatro em lugar de recebê-lo apenas visualmente, o que coloca em xeque as fronteiras tradicionais do fenômeno teatral.

A terceira parte do livro é dedicada à "arte da performance" e aos princípios que a fundamentam. Os ensaios reunidos na seção permitem conhecer as mudanças de paradigma que marcaram a prática artística no final do século xx. Apoiando-se em exemplos representativos, a autora desenha uma rica trajetória em direção às formas híbridas da cena de hoje. Em certo sentido, é uma preparação para a sequência seguinte, que trata de alguns criadores emblemáticos do teatro contemporâneo. "A Travessia das Linguagens", texto dedicado a Claude Régy e Valère Novarina, compara os percursos estéticos dos dois artistas, de certa forma antitéticos. Na aproximação entre o encenador e o dramaturgo, Féral não distingue competências específicas, analisando Régy como verdadeiro escritor e Novarina como excelente diretor de atores. Dessa comparação intencionalmente paradoxal, deduz um ponto comum: ambos pretendem reencontrar aquilo que existe "antes do dizer e do escrever", na intenção de chegar aos limites do apreensível e do representável. "Fragmentos Identitários", consagrado à obra do artista multimídia Robert Lepage, propõe que o sucesso do trabalho dele deve-se à capacidade de construir modelos e valores independentes de identidades culturais específicas. Completando a seção, analisa em "Um Corpo no Espaço: Percepção e Projeção" uma instalação da companhia australiana *Urban Dream Capsule*, recorrendo a Paul Virilio para compreender os novos modos de percepção e apreensão do espaço cênico.

A última parte do livro aborda o interculturalismo e contextualiza o espetáculo teatral em situações culturais mais específicas, detendo-se especialmente no fenômeno de recepção intercultural, necessário para compreender a recepção do teatro em países com culturas multiétnicas, confrontadas com o fenômeno da globalização. Ao comentar a tendência de estudos culturais explorada, de modo intensivo, nas universidades norte-americanas e inglesas nas últimas décadas, Féral observa que nessa abordagem a própria noção de teatro tende a desaparecer em proveito dos *cultural studies* e dos *performance studies*, o que indica uma decisiva mutação no discurso teórico ligado à cena, especialmente em países com grande influência norte-americana, como o nosso.

Como se vê por esse breve apontamento introdutório, as reflexões de Josette Féral são fundamentais para a compreensão da simbiose entre a prática e a teoria do teatro na nossa cena contemporânea. São um convite ao leitor para que partilhe a análise aprofundada de conceitos e criações que permitem apreender, com maior precisão, o território movediço da criação teatral de hoje.

Sílvia Fernandes[*]

---

[*] Professora do Departamento e do Programa de Pós-Graduação de Artes Cênicas da ECA-USP.

Parte I

Uma Teoria à Procura da Prática

1. Teatro e Sociedade

da simbiose
a um novo contrato social

Receio que minha comunicação sofra uma fragmentação extrema que constitui precisamente um dos problemas que mais afeta o teatro hoje em dia. Meu objetivo é estabelecer um paralelo – rápido, desculpar-me-ão por isso – entre, de um lado, um contrato social que sempre ligou o teatro à sociedade; e, de outro, o trabalho que certos departamentos empreenderam para conseguir criar uma ponte entre a teoria e a prática. O paralelo pode parecer distante, difícil de justificar e, no entanto, tenho a íntima convicção de que a história do teatro nos ensina precisamente que, no seio da cultura, os laços entre teoria e prática são objetos de um combate que devemos enfrentar constante e regularmente no âmbito das estruturas nas quais atuamos.

Meu desejo é mostrar que a evolução do teatro, em sua relação com o público e a sociedade, tem como par uma evolução similar no domínio das pesquisas teóricas sobre o teatro.

TEATRO, CULTURA E SOCIEDADE

Atualmente a Cultura (com c maiúsculo) tornou-se o último refúgio de nossas identidades em vias de desaparecimento.

Grandes esforços culturais e políticos são dedicados, em numerosos países, ao propósito de *re*questionar a globalização e as leis do mercado que tendem a transformar tudo em mercadoria. Daí as batalhas ferozes que Europa e Estados Unidos travam em torno da noção de exceção cultural. Quanto mais as nações mais tradicionais se sentem ameaçadas, mais importância é concedida à palavra "Cultura". Não é, portanto, de espantar que, de certa maneira, o teatro tenha se tornado, por sua vez, a expressão última ou, ao menos, o trunfo cultural mais visível que um país pode oferecer, além dos monumentos que constituem seu patrimônio habitual. Entretanto, ao mesmo tempo que o teatro é um trunfo cultural, portador de uma identidade cultural coletiva, ele se torna também, ao mesmo tempo e paradoxalmente, cada vez mais transcultural ou multicultural, uma situação no mínimo estranha que exige alguma reflexão.

Os governos e os Estados em todos os níveis (nacional, regional, municipal) estão de fato muito desejosos de mostrar até que ponto sustentam as artes em geral e o teatro em particular, ao mesmo tempo que as escolas de teatro estão lotadas e os programas de teatro se multiplicam no quadro das universidades. Pode-se dizer que esse estado de coisas é realmente o signo do desenvolvimento "natural" da sociedade civil? É essa a consequência lógica de uma prosperidade aumentada (que acaba de sofrer um golpe de estagnação)? Ou é, ao contrário, a prova de uma fuga coletiva para longe da realidade? Ou ainda, é um dos aspectos da bolha cultural semelhante à bolha financeira e que pode estourar em um dado momento?

Qualquer que seja a resposta dada a tal questão – eu mesma tentarei apresentar um pouco mais tarde alguns elementos de resposta a tais questões – desde logo parece que o teatro faz parte de um esquema muito elaborado em que intervêm fatores históricos, políticos e econômicos cujas implicações vão além das simples esferas estéticas ou institucionais. Tentarei esboçar suas principais linhas.

O teatro situa-se no centro de uma estrutura complexa que pode ser descrita como um triângulo político que compreende em um vértice aquilo que chamaremos de *indústria* (combinação difícil da arte e do dinheiro), no outro ângulo a *sociedade* (combinação difícil do público e do Estado) e, enfim, no terceiro ângulo a *crítica* (combinação difícil de jornalismo e de pesquisa). Esse triângulo conheceu diferentes variações no tempo e no espaço, algumas das quais merecem que nos debrucemos sobre elas, pois se acham no coração do que eu gostaria de descrever como sendo a demanda que a sociedade fez ao teatro no curso do último século e meio. Situarei, por certo, este estudo no exclusivo quadro do teatro ocidental europeu – e aleatoriamente norte-americano – que conheço um pouco mais.

Distinguirei, de maneira mais ou menos arbitrária, três fases de exigências feitas ao teatro pela sociedade.

a. *Uma primeira fase poderia ser caracterizada pelo momento na história em que o teatro era considerado como puro divertimento.* Em outros termos, não havia encomenda social específica e o teatro era visto essencialmente como um objeto de consumo destinado a ser apreciado no presente, sem nenhuma consideração do que podia precedê-lo e segui-lo. Esse "grau zero" da demanda social poderia ser definido como um puro período de divertimento. Durante todo o século xix, apesar de algumas crises que tiveram poucas consequências, a não ser quanto aos aspectos da história literária (Batalha de Hernani, por exemplo), a natureza da relação que unia o teatro e a sociedade parece ter sido muito simples. As pessoas iam ao teatro, em grande número, com a convicção de que este era um lugar de divertimento coletivo. Embora as manifestações, como café-concertos, salões de baile, mostras, feiras, exposições universais, corridas, crescessem em importância à medida que o século xix chegava ao fim, o teatro concentrava, não obstante, toda a atenção do público. Todo autor que se respeitasse queria escrever peças (mesmo Balzac, Flaubert e Zola experimentaram fazê-lo, sem grande sucesso) e ganhar dinheiro – pois era aí que se encontrava a possibilidade de enriquecimento. É bastante significativo o fato de que numerosos dramaturgos cujas peças alcançaram imenso êxito sejam hoje esquecidos a justo título, enquanto autores que hoje representam a literatura conheceram insucessos importantes.

O teatro continua sendo um acessório que não problematiza o contrato social, uma imagem da função simbiótica da arte em seu nível mais acadêmico, firmemente entrincheirado atrás dos rituais sociais e da ordenação das coisas tal como projetada por uma sociedade burguesa em seu ápice. Tal situação era verdadeira em todo o Ocidente, em conjunto, quer seja pensando em Paris, Londres ou Viena.

b. *Uma segunda fase parece surgir com o "teatro de arte" e as empreitadas cênicas dos simbolistas durante o "fin de siècle" e se estende até os anos de 1960.* Os simbolistas, no período anterior à Primeira Guerra Mundial, cujas ramificações vão até depois dessa conflagração, puseram em relevo que as obras deviam ser de arte, apontar para realidades superiores e misteriosas. Tal ideia foi compartilhada pela maior parte dos intelectuais da época, o que acarretou o surgimento de peças mais "sérias" e o desaparecimento de um público que buscava no teatro seu divertimento. O cinema revezou com o teatro, passando por sua vez a desempenhar seu papel no domínio do entretenimento até que os "filmes de arte" apareceram nos anos de 1950: grandes películas vieram então à luz, mas, já àquela altura, o público de cinema começava também a diminuir.

Durante este período, o teatro é considerado cada vez mais como uma arte engajada – no sentido mais amplo do termo. As exigências em relação ao teatro se tornaram mais precisas. Espera-se doravante que ele diga a Verdade: sobre o Homem, a Sociedade, a História. Tudo é posto em questão, não há mais nenhuma certeza que seja evidente e o teatro participa desse vasto questionamento. Ele deixou de ser um acessório do contrato social: tornou-se um lugar em que o próprio contrato social é posto em questão e se vê analisado e apresentado em termos que lhe são próprios de sua tessitura dramática e de sua visibilidade cênica. Não é de espantar, por conseguinte, que o Estado esteja envolvido, quer voluntariamente, quer involuntariamente, nos negócios teatrais. Enquanto seu papel anterior estava limitado à censura e à distribuição de fundos públicos a um pequeno grupo de companhias, ele se torna agora um parceiro condenado a intervir no campo artístico. Durante todo esse período, o Estado veio a assumir o papel de guardião do futuro, ao passo que antes seu papel se acantonava no presente. Autores, encenadores e críticos ficam doravante à espera do que o teatro fale não somente do estado de nossa sociedade, mas do que ela poderia vir a ser. Ao mesmo tempo, o Estado se põe a investir pesadamente nas instituições que eram consideradas como representantes das novas modalidades de um contrato social vindouro – um futuro luminoso que o Estado e os políticos podiam nos ajudar a realizar. Instala-se um gênero de utopia em que os teatros ocupam um lugar central nos novos modelos de cidades, delineadas segundo concepções que colocam em jogo relações sociais reorganizadas de maneira ideal: o teatro devia ser "popular" em um sentido altamente místico e os teatros iriam deslocar os lugares habituais de ritual. Malraux criou, por exemplo, com base nesse princípio, suas "casas de cultura", consideradas como catedrais. Do mesmo modo, o teatro via-se dotado de uma nova missão, a de reinterpretar o passado e pedir-lhe suas lições (ou sua mensagem): dos gregos a Goldoni, descobria-se de súbito nos textos antigos uma nova pertinência que justificava sua apropriação.

É aí que um novo parceiro se junta ao contrato social: o pesquisador é daí para frente designado para ocupar o papel de intermediário entre o presente da sociedade e seu passado. Ademais, nesse novo papel do intelectual que lhe é atribuído, pedem-lhe também que prediga o porvir. É o momento em que o estudo do teatro começa a atrair grandes espíritos críticos formados originalmente nos moldes acadêmicos tradicionais (Dort, Barthes, Steiner etc.). O teatro não é mais um lugar de negócios. O teatro tornou-se uma coisa por demais séria para ser deixada para comerciantes.

c. É assim que nos vinte ou trinta últimos anos, o teatro tornou-se uma das vias privilegiadas por numerosos países para exprimir o respeito à sua identidade cultural. Novos teatros foram construídos, festivais vieram à luz, escolas viram suas subvenções serem aumentadas de maneira substancial, os Estados, os governos estabeleceram políticas de apoio e instalaram novas burocracias que se consagram ao desenvolvimento e à gestão da empresa teatral. Somas importantes foram de repente postas a serviço de aventuras culturais entusiasmantes.

O teatro viu-se de súbito com o encargo de novos valores e das exigências das sociedades pós-modernas: substituindo em seu palco o contrato social vigente em seu início, o teatro deu origem a comunidades que se auto-organizam e mudam de forma, de estrutura, e cujos participantes atuam sem controle externo. O que os liga é um contrato comunitário cultural. A época que eles ocupam e que eles querem que o teatro represente se estende do passado ao futuro. O que se espera do teatro, à semelhança dos computadores e dos sistemas, é uma memorização total: que se lembre da totalidade da cultura tanto quanto efetue uma exploração do desconhecido. Cada um deles está na mesma situação que os espectadores do filme *Phantom Menace* (Ameaça Fantasma): possuídos por um futuro complexo e indefinido cujo passado eles querem conhecer, ambos os aspectos (passado e futuro) aparecem da forma mais estranha possível, inclusive sob a forma do outro que doravante faz parte da maquinaria cultural/ transcultural que nutre o teatro pós-moderno tanto quanto as sociedades pós-modernas.

Este rápido sobrevoo não tinha outro objetivo senão sublinhar o paradoxo que constitui hoje a sobrevivência do teatro, mesmo que ele tenha sido campo de batalhas que duraram quase dois séculos entre duas tentações contrárias: de um lado, o atrativo de um teatro popular; e, de outro, de um teatro clandestino reservado a uma elite. Nos dois casos, a existência do teatro repousou sobre relações em constante mudança, elas mesmas presas em uma rede de desejos e aspirações cambiantes. A questão que se colocava era saber quais estruturas surgiram, simbólicas ou não, que podiam apoiar uma forma tão instável? A resposta reside no desenvolvimento, em cada etapa que nós sublinhamos, de relações "industriais", estando entendido que as estruturas simbólicas são sempre as primeiras. As estruturas sociais (governamentais, comunitárias) estão sempre em atraso com respeito às aspirações das coletividades. Prova disso é o fracasso dos palcos giratórios construídos a custos astronômicos, assim como numerosos empreendimentos que deviam responder às novas necessidades do teatro moderno, no momento exato em que os modernos optaram por formas pobres. O que foi dado testemunhar através dos séculos é uma evolução do teatro desde uma posição de simbiose com o público e com a sociedade, até uma ruptura entre esse mesmo público e o teatro, entre o teatro e a sociedade. Foi nesta ruptura mesmo – e por causa dela – que os Estados e os governos conseguiram se imiscuir, dando origem a um novo contrato social que obriga o teatro a responder a objetivos particulares: o de se dirigir a um público cada vez mais amplo.

Nesta busca da cultura, em seu aspecto mais vasto, o sentido do teatro como arte se perde um pouco. O teatro deriva lentamente, mas sem dúvida, parece, para as margens de uma sociedade que tem de lutar a cada dia para reconduzir esta questão ao seu centro.

Tal situação vai durar? O que ela significa para pessoas que trabalham neste domínio e – finalmente – como podem os estudos teatrais nos ajudar a compreender o que se passou, bem como nos ajudar a proceder de modo que o teatro permaneça firmemente no centro das sociedades pós-modernas?

OS ESTUDOS SOBRE O TEATRO

É interessante notar que tudo quanto acabamos de dizer acerca da evolução da relação entre o teatro e o Estado, entre o teatro e o público, tem o seu *pendant* nos estudos sobre o teatro e na relação que tais estudos mantêm com o exercício da profissão, ao mesmo tempo que se rejuntam, no nível teórico, as clivagens e evoluções constatadas na prática.

a. Até a metade do século xx, numerosos estudos efetuados no domínio da pesquisa teatral não *operavam a clivagem* à qual assistimos hoje entre estudos teóricos e a profissão. Os estudos de Lope de Vega, Boileau, Voltaire, Hume, Diderot, Rousseau, Lessing, Schiller, Goethe, Humboldt[1], por exemplo, para citar

---

1   Ver os estudos de Jodelle (*L'Eugène*, 1552); La Taille (*De l'Art de la tragédie* [A Arte da Tragédia], 1572); Lope de Vega (*L'Art nouveau de composer des pièces en ce temps* [A Nova Arte de Compor as Peças Nesse Tempo], 1609); L'abbé d'Aubignac (*La Pratique du théâtre* [A Prática do Teatro], 1657); Dryden (*Essai sur la poésie dramatique* [Ensaio Sobre a Poesia Dramática], 1668); Boileau (*L'Art poétique* [A Arte Poética], 1674); Riccoboni (*De l'Art de représenter* [A Arte de Representar], 1728); Voltaire (*Discours sur la tragédie* [Discurso sobre a Tragédia], 1730); Hume (*Dissertation sur la tragédie* [Dissertação Sobre a Tragédia], 1757); Diderot (*Le Paradoxe sur le comédien* [O Paradoxo do Ator], 1773), Rousseau (*Lettre à M. d'Alembert sur les spectacles* [Carta a M. d'Alembert Sobre os Espetáculos]); Lessing (*Dramaturgie de Hambourg* [Dramaturgia de Hamburgo], 1767); Beaumarchais (*Essai sur le genre dramatique sérieux* [Ensaio Sobre o Gênero Dramático Sério], 1767); Schiller (*Préface de Brigands*,1781); Goethe (*Traité sur la poésie épique et la poésie dramatique* [Tratado Sobre a Poesia Épica e a Poesia Dramática], 1797). Há igualmente escritos que se seguirão no século xix: Humboldt (*De l'état actuel de la scène tragique française* [O Estado Atual da Cena Trágica Francesa]); Schlegel (*Cours de littérature dramatique* [Curso de Literatura Dramática], 1808); Manzoni (*Lettre à Mr C. sur l'unité de temps et de lieu dans la tragédie* [Carta ao Mr. C. Sobre a Unidade do Tempo e o Lugar da Tragédia], 1823); Stendhal (*Racine et Shakespeare*, 1823); Hugo (*Préface de Cromwell*, 1827); Wagner (*L'Oeuvre d'art d'avenir* [A Obra de Arte do Futuro], 1850; *Opéra et drame*, 1852); Zola (*Le Naturalisme*

apenas alguns momentos fortes da reflexão sobre a prática do teatro, pareciam, no momento de sua publicação, estar em contato direto com a prática. Preocupavam-se com o jogo do ator, com a poesia dramática, com a tragédia, tentando definir os parâmetros mais apropriados ao teatro de uma época. As pontes entre a reflexão sobre o teatro e a prática artística pareciam, se não fortes, ao menos reais, se bem que alguém como Diderot, homem de teatro e não obstante pensador, podia sentir-se profundamente interessado por todos os aspectos do acontecimento teatral: pelo texto e pelo jogo do ator. Até filósofos como Hegel (*Estética*, 1832) e Nietzsche (*O Nascimento da Tragédia*, 1871) podiam abordar questões de estética teatral, permanecendo ao mesmo tempo mais próximos da profissão e da arte tal como era praticada ou tal como desejavam que o fosse.

b. O século XX perdeu um pouco desta simbiose entre a reflexão teórica sobre o teatro e a profissão artística no decorrer dos anos por causa de uma série de rupturas ou de deslocamentos que cristalizaram um desvio que foi se ampliando.

Uma primeira ruptura coincidiria, na ordem do saber, com o momento em que a prática artística perde, por sua vez, o contato direto com o seu público, no fim do século XIX. Os públicos se diversificam então; a prática artística não é algo que se impõe por si, enquanto o encenador emerge como o mediador encarregado de preencher o desvio que se abre em face de um teatro que se afirma como obra de arte. Bernard Dort, na França, foi um dos primeiros a analisar tal entrada do teatro na esfera estética, notando tratar-se de um salto qualitativo que afetava a prática. Dort explica o surgimento da nova função de encenador no fim do século XIX pelo

desvio que se pronuncia doravante entre o teatro e seu público. O teatro não está mais aí para enviar ao público a imagem global e uniforme de seu desejo ou de seu gosto pelo divertimento, mas ele se afirma como obra de arte, como obra estética [...] uma relação diferente [...] institui-se no teatro entre o espectador e a produção teatral[2].

    au théâtre [O Naturalismo no Teatro], 1881); Strindberg (*Préface à mademoiselle Julie*); Jarry (*De l'intitulé du théâtre au théâtre* [Do Título do Teatro do Drama], 1899); Appia (*La Musique et mise en scène* [Música e Encenação]).
2 B. Dort, La Condition sociologique de la mise en scène théâtrale:, *Théâtre réel: Essays de critique, 1967-1970,* Paris: Seuil, 1971, p. 58. (Trad. bras.: *O Teatro e Sua Realidade,* 2. ed., São Paulo: Perspectiva, 2010.)

[...]
Desde então nenhum prévio acordo fundamental sobre o estilo e o sentido desses espetáculos existe mais entre espectadores e homens de teatro. O equilíbrio entre a sala e a cena, entre as exigências da plateia e a ordem do palco, não é mais colocado como postulado. Cumpre recriá-la a cada vez. A própria estrutura da demanda do público modificou-se. Uma mudança de atitude em relação ao público se produziu.[3]

A pista aberta por Dort é interessante, pois ela realiza uma revolução que de repente faz do teatro não só o resultado de uma *evolução interna* em um campo artístico dado – o que as pesquisas habituais tendem a provar – mas também de *mudanças externas* que afetam a sociedade e sua relação com a arte. Ela reinscreve a evolução teatral em uma relação com o extrateatral e, mais particularmente, com a sociedade, que continua sendo um dos fatores mais determinantes. Não causa espanto que essas mudanças externas afetem também as pesquisas teóricas no domínio teatral.

c. Alguns anos mais tarde, ver-se-á aparecer, no domínio da reflexão sobre o teatro, *os primeiros escritos que registram uma preocupação propriamente teórica* ligada não mais ao fazer teatral, porém à sua apreensão como fenômeno a ser apreendido, compreendido e interpretado. O ângulo de preocupação deslocou-se do "artista que cria" ao espectador que recebe e analisa. Os primeiros textos de Polti no começo dos anos de 1920 (*Les Trente-six situations dramatiques* – As Trinta e Seis Situações Dramáticas), ou os de Mukařovský nos anos de 1930 (*Art as Semiotic Fact* – Arte como Fato Semiótico) ou ainda os de E. Souriau (*Les Deux cent mille situations dramatiques*, 1950 – As Duzentas Mil Situações Dramáticas), de André Villiers (*La Psychologie de l'art dramatique*, 1951 – A Psicologia da Arte Dramática) ou mesmo de Veinstein (*La Mise en scène théâtrale et sa condition esthétique*, 1955 – A Encenação Teatral e Sua Condição Estética) constituem as diversas etapas de um percurso que vai afastar as preocupações dos pesquisadores da prática propriamente dita. Esta tendência prosseguirá com Peter Szondi (*Teoria dos Dramas Modernos*, 1956), Eric Bentley (*In Search of*

---

3   Ibidem, p. 61.

Theater, 1957 – À Procura do Teatro), Northrop Frye (*Anatomy of Criticism*, 1957 – Anatomia da Crítica) e tantos outros.

De fato, a figura que emerge de todos esses escritos é a de um pesquisador que se toma em primeiro lugar como crítico, distanciando-se cada vez mais do processo de criação para se interessar apenas pela obra acabada. A representação teatral se torna objeto de olhar em uma esfera estética mais ampla. O próprio Roland Barthes, cujas análises judiciosas sobre a arte dramática marcaram os anos de 1960 (*Sur Racine*, 1960 – Sobre Racine; até seus *Essais critiques*, 1972 – Ensaios Críticos), não escapa a esta tendência. O teatro tornou-se objeto de um discurso crítico desligado da arte de fazer e centrado no olho do espectador. Ora, esse espectador se diversificou, assim como a prática artística que o cerca. Esta se tornou múltipla, fragmentária, explodida. Não há mais um teatro único. Não é mais possível, portanto, falar com uma só voz para dar conta de encarar seu porvir, como Wagner podia fazê-lo no fim do século XIX em um texto maior, *A Obra de Arte do Futuro* (1850). Esta visão englobante não pode mais ter curso. Ela será bombardeada pelos discursos críticos que vão se seguir, discursos que são obrigados a se diversificar para refletir a diversidade mesma das práticas que lhes serviram de objeto de estudos.

d. A segunda metade do século XX e mais particularmente os anos de 1970 e de 1980 assinalaram, sem dúvida, o ponto de *suspensão desta ruptura* que eu gostaria de tentar explicar aqui.

Para ser exata, convém dizer que tal ruptura que os estudos teatrais registram no século XX não deve fazer esquecer que outra corrente perdura, aquela que os séculos anteriores desenvolveram e que dá a palavra a artistas preocupados com sua própria arte. Assim, os escritos de Antoine, de Gordon Craig, de Meierhold, Marinetti, Copeau, Appia, Piscator, Brecht, Artaud, Batty, Decroux, Dullin, Jouvet, Barrault, Brook, Grotowski, Boal, Kantor, Fo e Foreman, que pontuam nosso século, continuam a inscrever-se no domínio dos escritos sobre teatro uma tradição preocupada com a arte do artista (ator, encenador ou cenógrafo). Entre essas duas correntes (aquela que se debruça sobre a arte de fazer e aquela que a converte no objeto do olhar), o desvio irá se ampliando no curso dos anos.

A repetida importância concedida aos estudos teóricos em meados dos anos de 1960 vai cristalizar a ruptura de maneira ainda mais acentuada.

Com efeito, sabemos que as pesquisas sobre o teatro, no sentido que atribuímos hoje à palavra (estudos teóricos sobre a prática da arte), são um fenômeno recente na maior parte dos países europeus, na América do Norte e, provavelmente, no Brasil do mesmo modo. Isso é consequência do súbito lugar dominante concedido à teorização na virada dos anos de 1960, ela própria a reboque das pesquisas literárias, na época, no campo da semiologia de um lado e, de outro, nos escritos de Derrida, Kristeva e Lacan. Tais influências maiores (mais fortes na América do Norte do que na Europa), quer tenham ou não marcado fortemente o teatro, quer tenham sido seguidas ou não ao pé da letra, não deixaram de influir tampouco em um certo modo de pensar o teatro.

Elas impõem um grau de teorização que vai cortar ainda mais a relação do fenômeno teatral com a profissão. Os estudos teatrais giram então em torno da representação como objeto acabado, submetido ao olhar de um espectador encarregado de dissecar seus componentes e o sentido (escritos de Pavis, Ubersfeld, Helbo, De Marinis, Kowzan, Cole, Elam)[4]. Quando as pesquisas não são de natureza semiológica, elas são quer sociológicas ou antropológicas (Duvignaud, Burns, Gourdon, Deldime)[5], quer descritivas e analíticas (Gouhier, Veinstein, Bablet, Aslan, Jacquart, Banu)[6], ou poéticas (Chamber, Durand)[7], históricas (Roubine)[8], ou ainda psicanalíticas. É

---

4   A. Ubersfeld, *Ler o Teatro*, 1977; P. Pavis, *Problèmes d'une sémiologie théâtrale*, 1975, *A Análise dos Espetáculos*, 1996); A. Helbo, *Sémiologie de la représentation*, 1975; D. Cole, *The Theatrical Event* (O Evento Teatral, 1975); T. Kozwan, *Sémiologie du théâtre* 1990; M. de Marinis.

5   J. Duvignaud, *Sociologie du théâtre*, 1963; E. Burns, *Theatricality: A Study of Convention in the Theater and Social Life* (Teatralidade: Um Estudo da Convenção no Teatro e na Vida Social, 1972); A.M. Gourdon, *Theatre, Public, Perception*, 1982; R. Deldime, *Le Quatrième mur, regards sociologiques sur la relation théâtrale*, 1990.

6   D. Bablet, *La Mise en scène contemporaine* (A Encenação Contemporânea, 1968); O. Aslan, *L'Acteur au xxème siècle* (O Ator no Século XX, 1974); E. Jacquart, *Le Théâtre de dérision* (O Teatro de Escárnio, 1974); G. Banu.

7   H. Gouhier, *L'Essence du théâtre*, 1943; R. Chambers, *La Comédie au château: Contribution à la poétique du théâtre*, 1971; R. Durand, *La Relation théâtrale* (A Relação Teatral, 1980; A. Veinstein, *Le Théâtre expérimental*, 1968.

8   J.-J. Roubine, *Introduction aux grandes théories du théâtre*, 1990.

evidente que os estudos teatrais parecem assim importar matrizes tomadas de empréstimo a outras disciplinas para melhor analisar seu objeto.

Esses métodos de análise sofreram contragolpes de uma suspeita generalizada que abarca todas as teorias totalizantes, quer sejam de natureza política, ideológica, científica, literária ou artística. Não há mais teoria unificadora, globalizante, senão as de ideologia forte.

Há muitos anos, observa-se uma fragmentação das teorias homogêneas de explicação e de análise e o surgimento de abordagens teóricas mais parcelares, cuja busca é menos a de referenciar parâmetros comuns a vários fenômenos do que sublinhar as especificidades.

É preciso, pois, admitir definitivamente que hoje em dia não pode existir teoria científica e globalizante do teatro. Apenas uma multiplicidade de abordagens teóricas diversas que se apliquem à prática do teatro pode circunvalar sua natureza, trazendo cada uma delas uma iluminação diferente, mas sempre limitada. Em toda abordagem do fenômeno teatral, subsistirá sempre um "resto" que escapará a toda apreensão teórica, por mais completa que seja.

Sem dúvida, é de tais limites inapreensíveis da cena, do "demasiado", do "excesso", do "excedente", que vem o prazer do teatro. Mais do que em qualquer outra forma de arte, esse desfrute se deve precisamente a tal parte irrepresentável no discurso crítico, a esse não previsível, a esse *flou* que constitui sua essência.

Numerosos discursos críticos (sociologia, semiologia, psicanálise, sociocrítica, teoria da recepção) tentaram, não obstante, fazê-lo, procurando cercar a multiplicidade da representação, privilegiando ora um, ora outro dos discursos cênicos (o texto, o espaço, o jogo de atuação, a relação com a sociedade, com o espectador), mas nenhum deles conseguiu edificar conceitos e noções que possam dar conta adequadamente da totalidade do sistema. O teatro permanece um sistema *flou*, dificilmente definível.

É interessante observar, nesse capítulo particular da questão, que o teatro não produziu ciência que lhe seja própria, capaz de levar em consideração todas as fases de sua elaboração. Privilegiando sempre um aspecto ou outro, as diferentes abordagens foram sempre parcelares ou fragmentárias, constrangidas a ignorar seja a fase de produção (o fazer), seja a da recepção (o receber).

De fato, há um vazio nesta imagem, relativamente lisa, sem maiores asperezas, aqui apresentada. É que, a despeito desta diversificação de instrumentos, sistemas e conceitos inventados para nos ajudar a apreender a natureza do teatro, há um em que nossas pesquisas são, se não inexistentes, ao menos rudimentares, e ele diz respeito à produção do teatro mesmo. Como se faz uma criação? O que se passa durante os ensaios? O que determina as escolhas do encenador? As do ator? Poucos pesquisadores escolheram esse domínio como campo de exploração.

Segue-se que, se uma ciência do teatro – e, portanto, uma teoria do teatro – deve existir, ela só pode se fundar sobre visões múltiplas que dividem o domínio do teatro em campos distintos. É preciso esforçar-se para que essas visões não sejam cortadas da própria prática e que se debrucem sobre o ato mesmo de criação de uma obra.

e. A emergência do teatro como prática no seio da universidade, a criação de departamentos para formar artistas com o desígnio de vê-los integrar a profissão – fenômeno mais difundido na América do Norte do que na Europa – é algo recente: há uma vintena de anos no Quebec e há um pouco mais nos Estados Unidos. Esta abertura para a prática no seio da universidade correspondeu, sem dúvida, a um desenvolvimento das mentalidades, que reconheceram a possibilidade de ensinar no âmbito da universidade as diversas formas artísticas e a criação. Pouco comum na Europa e muito contestada pelas escolas profissionais aguerridas (conservatórios e escolas nacionais de teatro), esta formação prática nas universidades podia levar a supor que uma aproximação iria operar-se entre a prática e as pesquisas teóricas. Ora, cumpre realmente admitir, ao cabo dessas últimas dezenas de anos, que o corte subsiste efetivamente nesses departamentos multicéfalos que deveriam antes ser integradores.

Com efeito, temos de admitir que, apesar dos esforços e da proliferação de práticas e discursos teóricos, subsiste uma tensão entre praticantes (a profissão) e teóricos (estudos terciários de drama). Tal tensão é difusa e não leva a uma confrontação aberta, que poderia ter ocorrido há quase vinte anos, no tempo do imperialismo teórico; mas a tensão subsiste sob a superfície, e emerge mesmo nos debates mais triviais.

Tal tensão parece provir mais de uma atitude mental do que da natureza efetiva dos processos de pensamento que o discurso prático e teórico envolve. Quero dizer com isso que o discurso teórico, qualquer que seja sua natureza, permanece para a maioria dos praticantes como um exercício suspeito desde o início, tendo pouca influência sobre a prática.

Mesmo que se possa sentir uma evolução no domínio da própria teoria, devido em grande parte às transformações maiores que ocorreram nos últimos anos no domínio da teoria, a suspeita continua aí em estado larvar. Ela se traduz amiúde por uma ignorância recíproca e por um não reconhecimento da utilidade de uma formação teórica para o ator. O talento – apoiando-se em uma técnica sólida – permanece ainda e sempre um dos valores dominantes do meio profissional.

É por causa dessas carências no domínio dos estudos teóricos que o meio profissional se desinteressa da teoria. É talvez porque a teoria não empreenda suficientes esforços para se interessar pela prática, pelos aspectos importantes dela, que poucos praticantes se interessam por ela.

Uma das soluções desse dilema pode implicar a definição de campos de pesquisa dentro dos quais praticantes e teóricos poderiam colaborar a fim de desenvolver novos conhecimentos e, o que é mais importante, realizar juntos experimentos. Aplicar ambos os tipos de conhecimento – do artista e do pesquisador, que são diferentes em natureza – poderia levar a um relacionamento complementar mais do que antagônico e enriquecer tanto a teoria como a prática. O teórico contribuiria com seu conhecimento analítico – conceitos, metodologias, perspectivas históricas – enquanto o artista contribuiria com seu tipo de conhecimento, que é mais pragmático, sobre o palco e os textos dramáticos.

Por fim, precisamente e com tal perspectiva, a de um possível futuro, eu gostaria de concluir minha apresentação*.

Trad. J. Guinsburg

---

* A autora se refere a uma terceira seção da conferência: "Nesta terceira seção fornecerei alguns exemplos concretos que demonstram que um relacionamento mais equilibrado entre conhecimento teórico e prática não é apenas um pensamento desejável, ou o resultado de uma especulação puramente acadêmica, porém uma realidade muito tangível e produtiva". (N. da E.)

2. Que Pode (ou Quer) a Teoria do Teatro?

a teoria como tradução

> *Se não traduzimos, se não representamos,*
> *nós renunciamos à vida.*
> Le Journal de Chaillot, n. 10, fev. 1963

A TEORIA NÃO É MAIS O QUE ERA

Em 1994, Mieke Bal e Inge E. Boer publicaram um livro intitulado *The Point of Theory*[1] (O Ponto da Teoria) em que faziam a ligação com outras edições[2] sobre a função que poderia ainda hoje ocupar a teoria nos estudos literários, culturais ou artísticos. Mesmo que nenhum artigo trate do teatro, certas observações feitas então permanecem válidas no domínio dos estudos teatrais.

Notemos, para começar, o receio, a desconfiança, para não dizer o temor que provoca, mais do que nunca, toda abordagem teórica. Assinalável no domínio dos estudos literários, tal

---

1 M. Bal; I.E. Boer (eds.), *The Point of Theory*, Amsterdam: Amsterdam University Press, 1994.
2 Jonathan Culler, Brian McHale, Norman Bryson, Elisabeth Bronfen, Marianne Hirsch, Siep Stuurman, Michael Ann Holly, Evelyn Fox Keller e outros.

desconfiança é maior ainda no domínio do teatro, junto aos praticantes que com frequência não veem nenhuma utilidade imediata para sua prática nestas elaborações teóricas sofisticadas que descascam seu trabalho em fatias perfeitamente homogêneas e em sistemas que parecem apresentar relações muito distantes dos procedimentos e conceitos que permitiram seu trabalho de criação. Por que, então, fariam eles o esforço de penetrar nesses sistemas de construções complexas que por certo explicam – parcialmente ao menos – a obra acabada, mas que se revelam amiúde impotentes para tratar da obra em gestação? Tal problema permanece em sua inteireza, ainda hoje.

É evidente que a teoria é intimidante por sua própria natureza, em primeiro lugar porque ela se beneficia do preconceito, sempre favorável em nossa sociedade, às construções do pensamento; em seguida porque as diferentes teorias parecem-se por vezes a cidadelas fortemente defendidas. Elas colocam geralmente aqui e ali uma rede de palavras, de conceitos, de estruturas, de modos de pensamento, por vezes obscuros, em que o profano tem alguma dificuldade de se aventurar sem guia. A entrada na fortaleza se faz ao custo de grandes esforços. E o custo do esforço consentido não se mede sempre pela eficácia do resultado obtido. Além disso, as numerosas fortalezas coexistem sem que seja possível produzir passagens de uma à outra. O caminho que leva a cada uma delas é único, longo, em geral árduo. O esforço é recomeçar sem cessar, segundo a abordagem escolhida e a cidadela na qual se quer penetrar.

Acrescentemos a essas observações de superfície a advertência seguinte feita por Jonathan Culler em sua introdução a *The Point of Theory* e teremos um quadro, certamente ligeiro, mas verdadeiro, das razões que explicam ao nível dos indivíduos sua resistência frente à teoria:

> O aspecto mais intimidante da teoria na década de 1980 é ela ser interminável [...] A teoria pode parecer obscurantista, até terrorista em seus recursos por infinitas recorrências [...] A incontrolabilidade da teoria é a causa maior de resistência a ela [...] Grande parte da hostilidade à teoria sem dúvida vem do fato de que admitir a importância da teoria é fazer um compromisso ilimitado, deixar-se estar em uma posição em que há sempre coisas importantes que não se conhece.[3]

3   J. Culler, Introduction: What's the Point?, M. Bal; I.E. Boer (eds.), op. cit., p. 14.

É preciso, a toda pessoa que se aventure no domínio teórico, a humildade de reconhecer que jamais o abarcará completamente e que parcelas inteiras de saber lhe escaparão infalivelmente. Tal é a lei da finitude humana.

A essas primeiras constatações, às quais não devemos minimizar mesmo atualmente, somam-se razões mais profundas que se prendem desta vez ao caminho percorrido pela própria teoria no decurso do decênio de 1990.

A primeira razão está ligada à evolução dos próprios estudos teóricos. Com efeito, depois da expansão dominante das teorias nos anos de 1960 e de 1970 e do imperialismo que as acompanhou, os anos de 1980 marcam uma interrupção brusca. Assim sendo, pesquisadores e críticos deram-se conta de que nessa formidável explosão das teorias que agitaram, sem dúvida alguma, nossos modos de pensar e abordar as obras, a própria obra se perdeu um pouco, tornando-se amiúde pretexto para elaborações complexas e conservando com a obra inicial apenas relações longínquas. As esperanças depositadas em certos sistemas teóricos dominantes revelaram-se vãs. O progresso nem sempre vem ao seu encontro. Pensemos no estruturalismo, na semiologia em particular. Os pesquisadores se recuperaram dessa vontade científica que marcou a época estruturalista e aquela que a seguiu, cujo declínio a semiologia dominante assinalou, revelando sua própria impotência de compreender e penetrar os sistemas.

Era natural que uma correção de trajetória se fizesse e que outras abordagens, de natureza mais modesta em suas ambições, viessem à luz.

A esse reconhecimento de fracasso ante as ilusões de toda uma época, soma-se uma desconfiança generalizada contra as teorias globalizantes, que não é senão o reflexo daquela que nossa época opõe hoje às ideologias autoritárias, de pretensão totalitária.

Uma Abordagem Marcada Pela Pluralidade

As mudanças sobrevieram, pois, frente à teoria, ao seu papel, ao que dela se esperava. Não se exigia mais dela, doravante, tudo englobar, tudo explicar. Ela pode ser fragmentária, parcial. Não se espera que responda a todas as questões, mas, de modo mais simples, que ajude a colocá-las. Ela tornou-se o instrumento que permite interrogar a obra, explorá-la para fazer emergir não mais o sentido, porém os sentidos que nela residem.

Estabeleceu-se, daí em diante, a convicção de que não existe mais modelo único que permita compreender um sistema. O pesquisador não está mais em busca de modelos para aplicar, de grades de análise que permitam decodificar sistemas diferentes. Ele não procura mais estruturas fundamentais. Ele desconstrói a obra.

Conceitos amplos foram substituídos por conceitos mais precisos: fala-se de pós-modernismo, de interculturalismo, de cultura. Em todos esses casos, as noções não retornam mais aos movimentos claramente definidos aos quais poderiam aderir os pesquisadores, como puderam fazê-lo em relação ao estruturalismo, à crítica social ou à desconstrução; elas retornam de preferência às vastas correntes de preocupações às quais os próprios artistas permanecem, com frequência, estranhos.

As referências teóricas vieram apelar à pluralidade. As abordagens múltiplas, menos dogmáticas, foram substituídas pelas teorias propriamente mais disciplinares, emprestando simultaneamente para diversas disciplinas os instrumentos dos quais elas poderiam ter necessidade: sociologia, antropologia, filosofia, ciências.

As pesquisas de Ilya Prigogine e Isabelle Stengers são exemplares nesse sentido, não no que ofereceriam como modelos utilizáveis no domínio artístico – tal não é o caso. Elas são exemplares pelo próprio procedimento desses dois cientistas que não hesitam em derrubar as barreiras seculares entre ciência e filosofia, em fazer dialogar Boltzmann e Bergson, Schrödinger e Zenão para colocar a questão da irreversibilidade do tempo[4]. Pensa-se por isso nos trabalhos de Jacques Monod e de René Thom.

É precisamente em tal pluralidade das abordagens que ainda é possível, hoje, pensar a teoria.

---

4   I. Prigogine; I. Stengers, *La Nouvelle alliance*, Paris: Gallimard, 1979; *Entre le temps et l'éternité*, Paris: Fayard, 1988.

As Teorias Instauram Perspectivas Inesperadas

Detemo-nos alguns instantes para tentar delimitar o que é a "natureza" da teoria, se é que possa haver um sentido na questão. Não retomarei aqui certos desenvolvimentos sobre o assunto feitos alhures[5] e que tentavam precisar as diferentes acepções da palavra e o sentido que o termo "teoria" pode ter para o teatro, mas inclinar-me-ei de preferência sobre o uso que os próprios pesquisadores fazem da noção, assim como da "coisa".

Não ocultarei tampouco o fato de que a dificuldade em delimitar tal conceito vem precisamente do fato de que, no domínio artístico, e mais especificamente no teatro, o conceito permanece vago e se aplica indiferentemente tanto aos pesquisadores que refletem sobre a obra artística, uma vez concluída e apresentada ao público (os trabalhos de Anne Ubersfeld, de Marco de Marinis, de Theresa de Lauretis, por exemplo), quanto aos praticantes que tentam teorizar seu próprio saber (Jouvet, Appia, Stanislávski, Meierhold, por exemplo)[6].

A multiplicidade das práticas teóricas ocasiona certamente uma confusão da noção, mas essa confusão é parte integrante da própria teoria quando a aplicamos no domínio do teatro e, de modo mais geral, no domínio artístico. Para deslindar essa confusão, tentei, a propósito, em outra ocasião, distinguir entre as teorias da produção e aquelas da obra concluída, chamadas teorias analíticas[7]. Limitar-me-ei, pois, nas páginas seguintes, a tratar apenas das teorias analíticas.

---

5   Cf. J. Féral, Pourquoi la théorie du théâtre?, *Spirale*, Montréal, fev. 1985, assim como Pour une théorie des ensembles flous, *Theaterschrift*, n. 6, 1993.
6   Pois, nesse último caso, os praticantes recusam-se a falar de teoria para designar suas reflexões.
7   "As *teoria analíticas* partem amiúde da observação e da representação. Elas têm por objetivo compreender melhor o espetáculo e produzir noções, conceitos, estruturas, sinais que permitam capturar a edificação do sentido sobre a cena e a natureza das trocas que aí se produzem: do texto ao ator, do ator ao espectador, dos atores ao espaço, do corpo à voz." As *teorias da produção* têm como objetivo "compreender o fenômeno teatral como *processo* e não como produto. Elas procuram dar ferramentas ou métodos para que o praticante desenvolva sua arte. Elas visam à habilidade". J. Féral, Pour une théorie des ensembles flous, op. cit.

A Teoria Permite Levantar Questões

Se a teoria, como diz Mieke Bal, não é nem linguagem, nem uma coisa, nem um todo; se, como o diz Jonathan Culler, a teoria não é teoria de algo em particular, nem mesmo de alguma coisa em geral[8]; se a teoria não é tampouco um conjunto de conhecimentos que podemos apropriar e comandar, então é preciso admitir que a teoria só existe como um exercício do pensamento:

Culler nota:

Chamei teoria o suposto nome para um *corpus* ilimitado de trabalhos que conseguiu desafiar e reorientar o pensamento em domínios outros que aqueles aos quais ostensivamente pertenciam porque suas análises de linguagem, mente, história ou cultura oferecem novos e persuasivos valores de significação, tornam estranho o familiar e talvez convençam leitores, por si mesmos, a conceber o pensamento e as instituições às quais eles se relacionem de novas maneiras.[9]

Nesse sentido, acrescenta Culler, a teoria não é de nenhum modo a justaposição de teorias particulares, mas deve ter efeitos práticos e, particularmente, é ela que permite conceber um objeto de estudo de forma diferente[10].

Por sua vez, Mieke Bal não fala outra coisa quando afirma que a teoria funciona sobre o modelo da metáfora[11], isto é, à

---

8   "Teoria nesse sentido geral é extremamente difícil de definir: não é uma teoria de nada em particular nem de coisas em geral; é menos um conteúdo particular, parece, do que algo que alguém possa fazer ou não, algo que alguém possa estudar, ensinar, ou ignorar, estar interessado nisso ou odiar.". J. Culler, op. cit., p. 13.

9   J. Culler, Literary Theory, *Introduction to Scholarship in Modern Languages and Literature*, 2 ed., New York: The Modern Language Association of America, p. 203.

10 "Esse relato evidencia duas coisas. Enfatiza que a teoria não é apenas a soma de teorias particulares – isto é, uma teoria de significado, somada a uma teoria de sexualidade, à teoria de perspectiva, e assim por diante: o corpo de teorias de fenômeno cultural de alguma forma agrupados [...]. Segundo, essa formulação enfatiza que a teoria deve, pelo menos até um certo ponto, ser definida em termos de efeitos práticos: como o que muda as opiniões das pessoas, o que faz com que concebam, de seus objetos de estudo e sua atividade, estudar de modo diferente". Ibidem.

11 George Steiner já afirmava isso *After Babel*. Sempre negando a existência da teoria, reconhecia que toda a reflexão teórica só podia existir sob o princípio metafórico: "Não há 'teorias de literatura', não há 'teoria de crítica'. Tais rótulos são blefes arrogantes, ou um empréstimo, transparente em seu *páthos*, de invejáveis acasos, movimento avante de ciência e tecnologia [...] O que temos,

imagem de um "conceito nômade" (a expressão é de Isabelle Stengers) que se situa em um lugar móvel entre as disciplinas: "móvel" porque não é localizável em um único lugar, "nômade" porque o pesquisador a utiliza segundo suas necessidades. Como a metáfora, a teoria preencheria assim certas funções bem específicas: teria um papel cognitivo importante, atuaria em deslocar o sentido, em criar novos, em focar novos elementos. Instauraria perspectivas inesperadas, para ser efetiva, sempre mantendo um elo entre o novo e o antigo.

A teoria apareceria, pois, como uma prática, uma forma de interpretação. Não estando marcada pela objetividade, ela serviria antes de pedra de toque por uma subjetividade que fixaria, contudo, sua ancoragem no real[12].

Elizabeth Bronfen nota que: "A visão de teoria tem o efeito de aguçada focalização. As obscuras margens e sobreposições de minhas impressões de leitura de repente ganham contornos definidos, mesmo se a cada nova mirada coloque mais ambivalências que requeiram até um sempre contínuo processo de *re*focalização."[13]

Por sua vez, Siep Stuurman observa: "Estudar um tema sem noções teóricas seria como escalar uma superfície montanhosa por aleatórios movimentos corporais: você pode chegar a algum lugar, mas é mais provável que ficará empacado, ou pior."[14]

Poderíamos estender indefinidamente a lista dessas observações, mas o que retemos, sobretudo dessas quatro abordagens, é que a teoria parece ter definitivamente perdido aquilo que, em seus primórdios, fora sua justificativa primeira: ou seja, a necessidade de estabelecer os fundamentos de uma ciência

---

sim, são descrições razoáveis de processos. No melhor dos casos, encontramos e procuramos, em troca, articular narrações de experiência sentida, anotações exemplares ou heurísticas de trabalho em progresso. Essas não têm *status* 'científico'. Nossos instrumentos de percepção não são teorias ou hipóteses em trabalho em nenhum sentido científico, o que significa falsificável, mas o que eu denomino de 'metáforas de trabalho'." G. Steiner, *After Babel: Aspects of Language and Translation,* 2 ed., Oxford: Oxford University Press, 1992, p. xvi.

12 "Nesse sentido teoria é uma prática, uma forma de interpretação, não o pináculo de objetividade quanto uma pedra de toque para a subjetividade; não abstrata, mas empiricamente ancorada." M. Bal, Scared to Death, M. Bal; I.E. Boer (eds.), op. cit., p. 47.

13 E. Bronfen, Death: The Navel of the Image, M. Bal; I.E. Boer (eds.), op. cit., p. 287.

14 S. Stuurman, In the Long Run We Shall All Be Dead, M. Bal; I.E. Boer (eds.), op. cit., p. 290-291.

analítica, criando métodos de investigação e ferramentas de desempenho, permitindo penetrar em profundidade na obra estudada e fazê-la falar.

Atualmente, não é mais o caso, a função da teoria visa antes fazer emergir novos aspectos de uma obra ou de uma peça, confrontando-a com diversos saberes, por vezes aleatórios, fazendo-a entrar em atrito com discursos diferentes, observando-a sob perspectivas diversas para que novas interrogações surjam e forcem a reflexão a ir mais longe. Topologicamente poder-se-ia dizer que ela cria sentidos na obra, abre caminhos, traça novas vias.

Dito de outra maneira, a teoria cedeu lugar às teorias multiformes, plurais e amiúde parceladas

A TEORIA É UMA PRÁTICA

Se tal é o caso, que diferença se pode fazer entre a teoria e a prática artística? Pois, é preciso reconhecer: tudo o que acabamos de dizer para a teoria se aplica igualmente à prática. A prática, por isso, pelo menos no domínio do teatro, é o lugar correto de confrontação de saberes, de atritos de diversos conhecimentos emprestados de diferentes domínios e de experimentação desses mesmos saberes sobre uma obra em curso de criação. Um encenador, por exemplo, confrontado com um texto que deve montar, o submete às diversas perspectivas, suscitando diversas interrogações que lhe permitem fazer brotar dele todos os sentidos possíveis. Citemos, por exemplo, o que diz Vitez de sua visão da encenação e de seu trabalho sobre os textos:

A encenação é necessariamente crítica do autor."[15]

Isso nos faz retornar a considerar que tudo aquilo que foi escrito desde a origem pertence a nós todos e devemos – é uma necessidade imperiosa – transportá-lo ainda e sempre sobre a cena. E sempre recomeçar. As obras são enigmas aos quais, perpetuamente, devemos responder. Isso é verdadeiro, mesmo no caso em que uma obra-prima da encenação e da interpretação pareça responder por longo tempo a todas as questões que lhe foram colocadas.[16]

15   Antoine Vitez, *Le Théâtre des idées,* Paris: Gallimard, 1991, p. 270.
16   Ibidem, p. 293.

E ainda: "O teatro é [...] o lugar da troca de ideias e do trabalho da sociedade sobre sua própria língua e seus próprios gestos. A cena é o laboratório da língua e dos gestos da nação."[17]

Se essa posição de Vitez fosse naturalmente endossada por um grande número de encenadores e se Vitez, como se verá mais adiante, considera de bom grado a encenação como tradução, podemos por esse motivo dizer que todo encenador faça necessariamente obra teórica?

A resposta não é evidente e varia, é claro, segundo as diversas práticas.

Colocando tal questão, meu objetivo aqui não visa negar a dicotomia habitual entre prática e teoria, ao reconduzir a complexidade do problema a um nível de reflexão único, mas simplesmente reduzir essa divisão que persiste entre teoria e prática e provar que, com a dissolução das teorias "fortes" (como Gianni Vattimo falaria das ideologias fortes[18]), os limites se tornaram cada vez mais porosos.

Será preciso, por isso, confundir a reflexão teórica desses praticantes e as teorias que se prendem à obra acabada? Com certeza não.

Teoria e Prática São Dois Domínios Interdependentes

Se nos esforçamos por um breve instante em olhar as coisas sob outro ângulo e de nos perguntarmos qual é o objetivo final do praticante e do teórico, será que não poderíamos dizer que cada um à sua maneira tenta entender, analisar e, somando tudo, traduzir o mundo que o envolve? O homem de teatro o faz com suas encenações, o pintor com seu quadro, o coreógrafo com suas coreografias. Cada um interpreta as coisas à sua maneira. Ele oferece uma resposta ao questionamento que lhe é feito. Apreende, interpreta, analisa e produz em função de sua visão específica, daquilo que é oferecido à sua percepção. Ele a traduz.

É nesse sentido que Vitez colocou o problema nas linhas que citamos acima, é também nesse sentido que aponta a

---

17 Ibidem, p. 294.
18 G. Vattimo, *La Fin de la modernité*, Paris: Seuil, 1985.

afirmação peremptória que Steiner fazia no início de *After Babel* (Depois de Babel):

> *After Babel* postula que a tradução está formal e pragmaticamente implícita em cada ato de comunicação, na emissão e recepção de todo e qualquer significado, seja ele no sentido semiótico mais amplo ou em trocas verbais mais específicas. Entender é decifrar. Escutar a significação é traduzir. Assim a estrutura essencial e os significados e problemas de execução do ato de tradução estão totalmente presentes em atos da fala, da escrita, de codificação pictórica no interior de qualquer linguagem dada. A tradução entre diferentes línguas é uma aplicação particular de uma configuração e modelo fundamental à fala humana mesmo onde ela é monoglota.[19]

Steiner concluía que esse postulado é no presente largamente aceito. A história das ideias parece lhe dar razão, da mesma forma que Octavio Paz, ao afirmar: "Nossa geração, nossas sensibilidades pessoais 'estão imersas no mundo da tradução ou, mais precisamente, em um mundo que é ele mesmo a tradução de outros mundos, ou outros sistemas'"[20].

Se todo ato de comunicação é tradução, então é fácil afirmar que tanto o teórico quanto o prático são ambos tradutores do mundo que os envolve. O teórico o faz, seja diretamente criando sistemas conceituais complexos, seja explorando uma obra em particular: a representação específica, o texto teatral, o percurso estético de um artista. Seu procedimento é a interrogação, o questionamento do saber, de nossos modos de conhecimentos, de nossa maneira de apreender as coisas, de exprimi-las, de traduzi-las. O artista escolhe como veículo de tal expressão sua arte; o teórico escolhe os conceitos. O fim de um e de outro é de melhor compreender as obras, de revelar seus limites e suas possibilidades, de aí introduzir as brechas, de estalar as estruturas, de descortinar, se for necessário, a face oculta.

Colocar o problema nesses termos é reconhecer implicitamente que a questão da preexistência da teoria em relação à prática ou da prática em relação à teoria é um falso problema, pois que se trata de um procedimento idêntico em seu objetivo

---

19 G. Steiner, op. cit., p xii.
20 Octavio Paz; Jacques Roubaud, Edoardo Sanguinetti; Charles Tomlinson, *Renga*, Paris, 1971, p. 20, apud G. Steiner, op. cit., p. 247.

final: entender, traduzir, comunicar. O problema, apesar de ser falso, não cessa de ser formulado. As respostas que se lhe podem dar serão, pois, necessariamente pontuais. Elas responderão cada vez a um caso específico segundo a teoria ou a prática estudada. A reflexão teórica em Vitez e o lugar que esta ocupa em relação à sua prática é dificilmente comparável à de Reza Abdoh nos Estados Unidos ou mesmo à de Peter Brook. Além disso, se é evidente que uma teoria elaborada a partir de uma obra pressupõe a obra em seu ponto de partida – pelo menos tal é o caso da maioria das teorias analíticas –, isso não é verdadeiro para toda teoria. As teorias científicas (cosmológicas, matemáticas, por exemplo) são a prova[21].

Exceto tais casos raríssimos, teoria e prática não constituem, na maioria das vezes, dois conjuntos que se excluem um do outro, mas são bem interdependentes, a teoria servindo amiúde de moldura à prática, de ponto de partida, ajudando sua progressão (teoria do jogo, por exemplo[22]). Igualmente, não existe teoria estável que não se fundamente sobre qualquer observação prática. Mesmo se as teorias de observação não parecem mais estar particularmente na moda (por exemplo, ver o que dizia Brian McHale a esse propósito[23]), ela não impede que seu papel na edificação dos saberes teóricos permaneça importante. Basta ver o trabalho que executa ainda Eugenio Barba sobre esse quesito[24].

21 Cf. o trabalho de Riemann e Lobatchévski, por exemplo, procedendo ambos de uma hipótese geométrica puramente teórica – pensar a geometria a partir da esfera e não a partir do plano – e conseguindo revolucionar por isso as pesquisas matemáticas. Sua teoria não se fundamentava sobre nenhum fenômeno concretamente assinalável, mas de um *a priori* metodológico.
22 Tal é o caso, sobretudo das teorias da produção. Pensamos nos textos de Stanislávski, Jouvet, Brook.
23 "Tem havido uma redução inicial do que, para Hrushovski, é (minimamente) uma estrutura *triádica* – teoria, descrição, objeto-discurso – para uma estrutura *binária* (teoria *versus* prática) antes do colapso dessa estrutura em uma monosuperfície de 'prática discursiva'. O que está inteiramente perdido – apagado, suprimido – neste colapso de níveis é que o nível intermediário de generalização e abstração, aqui denominado 'poética descritiva', se posiciona como jazendo em uma hierarquia vertical ou 'pilha' de níveis algo entre o 'objeto-discurso' (o texto literário) e uma extremamente abstrata 'teoria da literatura'." B. McHale, Whatever Happened to Descriptive Poetics?, M. Bal; I.E. Boer (eds.), op. cit., p. 58
24 Ver o trabalho que ele efetua na ISTA, International School of Theatre Antropology, e suas pesquisas sobre a energia, a pré-expressividade do ator.

É que a prática e a teoria são ambas metalinguagens[25] das quais só diferem as ferramentas. A teoria se fundamenta sobre o verbal e a abstração dos conceitos, a prática teatral, sobre o fazer[26]. Esta última constrói imagens, um objeto que atrai o olhar, que interpela o espectador, que lhe "fala". Ela constrói amiúde uma narração, interroga a língua, estrutura um espaço, cria uma ficção.

A teoria, por sua vez, opera exclusivamente sobre o modo discursivo. Ela se prende ao modo lógico, se apoia nas palavras, na coerência do pensamento. Fundamentada sobre a observação (tal é o primeiro sentido da palavra "teoria" em grego), ela analisa, codifica e decodifica os sinais, estabelece as relações entre as palavras e as coisas, os conceitos e as imagens. Ela reordena, pois, nossas percepções, nossa compreensão dos fenômenos, para ir além das impressões de superfície.

Se a teoria nos ajuda a organizar o saber, se hierarquiza os sinais, ainda de acordo com Vitez[27], é necessário reconhecer que a prática igualmente o faz, quaisquer que sejam os meios que adote para fazer com que seja, ela também, diferente. Ela tenta, da mesma forma, fazer emergir as novas relações entre as coisas, de nos fazer ver o mundo de forma diferente.

Como o diz muito bem H.-G. Gadamer, e como o recorda Michael Ann Holly[28], uma obra de arte tem o poder de modificar a consciência do observador que a examina[29].

25 Uma metalinguagem por definição é um sistema conceitual que não tem nenhuma referência exterior a si mesmo para lhe validar. Cf. J.R. Ladmiral: "Existe a metalinguagem quando, em termos linguísticos, não há outro referente que o signifique". *Traduire: Théorèmes pour la traduction*, Paris: Payot, p. 252.
26 Vitez contestaria provavelmente essa formulação, ele que afirmava que o teatro é "o lugar em que o povo vem escutar sua língua". Notava também: "O objeto permanece, perpetuamente, insolúvel, o rasto do texto, permanece, nós devemos perpetuamente traduzi-lo." A. Vitez, op. cit., p. 293; e ainda: "O teatro é [...] o lugar da troca de ideias e o trabalho da sociedade sobre sua própria língua e seus próprios gestos. A cena é o laboratório da língua e dos gestos da nação." A. Vitez, op. cit., p. 294.
27 "Isso me fez pensar que o que conta no fenômeno da tradução – e do espetáculo, e de tudo o que se faz no tempo, tudo o que corre – é a hierarquia dos sinais." Ibidem, p. 295; ou ainda; "Para mim, tradução ou encenação, é o mesmo trabalho, é a arte de escolher na hierarquia dos sinais." Ibidem, p. 296.
28 Witnessing an Annunciation, M. Bahl; I.E. Boer (eds.), op. cit., p. 228.
29 Hans-Georg Gadamer (1987), *Truth and Method*, 2. ed. rev., trad. Joel Weinsheimer e Donald Marshall. New York: Crossroad, 1990; Idem (1960). *The*

Não é senão guardando esse parentesco presente no espírito que será possível suprimir as clivagens, manter o diálogo entre praticantes e teóricos e paradoxalmente afirmar a autonomia de cada procedimento, ao mesmo tempo que sua legitimidade.

TANTO A TEORIA QUANTO A PRÁTICA TRADUZEM O MUNDO

Dizíamos acima que a teoria pode ser considerada como a tradução do mundo. Gostaríamos de retornar a essa ideia e impulsioná-la adiante em relação ao teatro.

Se a teoria do teatro é uma prática que organiza o mundo e nossos saberes, é preciso reconhecer que ela só pode fazê-lo agindo como função reguladora dos sistemas submetidos à sua observação, não no que ela lhes impõe de regras a serem seguidas, mas no que ela tenta ordenar dos saberes ou discursos que pertencem à obra ao traduzir os elementos, suas visualizações mais frequentes (a diferença entre um texto e sua colocação em representação se situa precisamente no aspecto cênico que a encenação autoriza), em um discurso diferente que os torna decodificáveis. Ela aparece, pois, como tradução de uma língua em outra, de um discurso em outro.

Essa segunda "leitura" que permite a teoria não substitui a primeira leitura que todo espectador faz espontaneamente diante de uma obra, ela enriquece esta última e a esclarece tornando visíveis as ramificações internas (estruturas, sentidos, sistemas significantes) ou externas (relações com o social, com o político) da obra observada.

A verdade dessa segunda leitura – e, portanto, do discurso teórico – vem de sua própria coerência interna, certamente, mas também de sua eficácia em ler a obra, do que revela de oculto, de não aparente. Ela vem também e, sobretudo, das brechas que permite abrir em um conjunto complexo e aparentemente suturado – o da representação. Tal é por isso a função do encenador e a do tradutor.

Relevance of the Beautiful and Other Essays, trad. Nicholas Walker, ed. Robert Bernasconi, Cambridge: Cambridge University Press, 1986.

Vitez afirma a esse propósito:

tudo que foi escrito depois da origem nos pertence a todos e [...] devemos – é uma necessidade imperiosa – levá-lo ainda e sempre em cena. E sempre recomeçar. As obras são enigmas aos quais, perpetuamente, devemos responder [...] O objeto permanece, perpetuamente, insolúvel, o rasto do texto permanece, nós devemos perpetuamente *traduzi-lo*[30].

Prosseguindo nessa via e estendendo para além o pensamento do próprio Vitez, Danièle Sallenave e George Banu, em seu posfácio ao livro de Vitez, *Le Théâtre des idées* (O Teatro das Ideias), comentam:

é, no ato que faz passar de uma língua à outra, manter uma afirmação ambígua e contraditória. Traduzir é necessário – traduzir é impossível. Em outros termos, se traduzir é uma tarefa interminável, porque sempre há o intraduzível (o essencial talvez), não podemos nos dispensar disso. Há um dever de tradução, que se confunde com a própria atividade do espírito. Traduzir é um humanismo. Se por vezes as línguas, os textos, os corpos resistem, não podemos renunciar a ela. Nós lhe devemos sempre[31].

E eles prosseguem:

Toda obra de Antoine Vitez, poeta, tradutor e encenador levou ao ápice essa consciência da necessidade de traduzir: toda sua obra é uma ética da tradução generalizada. Escrever, traduzir, atuar, encenar dependem de um pensamento único, fundamentado na própria atividade de traduzir, isto é, sobre a capacidade, a necessidade e a alegria de inventar sem trégua equivalências possíveis: na língua e entre as línguas, nos corpos e entre os corpos, entre as gerações, entre um sexo e o outro. E, finalmente, *o outro nome pelo qual se designa a arte da encenação é ainda tradução*: sistema por onde se comunicam o mundo do texto e o mundo da cena.[32]

De imediato, prós e contras são colocados em termos idênticos para o tradutor e o encenador. Traduzir é uma necessidade absoluta

---

30 A. Vitez, op. cit., p. 293. O autor vai até mais longe, pois afirma que o trabalho do tradutor é "pôr em cena", assim ele afirma que a tradução de *Hamlet* por Pasternak é "uma obra poética russa e uma *encenação,* em um momento da história", acrescentando que há também "na própria tradução, um efeito de encenação", p. 292.
31 Ibidem, p. 585.
32 Ibidem, p. 586.

e criadora de todo ato de comunicação e de todo pensamento. Ela implica: 1. uma passagem (de uma língua a outra língua, de uma forma em outra forma); 2. uma perda, pois todo ato de tradução se baseia em uma impotência e algo sempre escapa ao processo. Uma não pode se dar sem a outra e traduzir consiste em um mesmo sopro para estabelecer tal passagem, para criá-la negando sempre a possibilidade de uma transferência perfeita, de uma adequação exata entre a fonte e o alvo. Entre as duas, um dia se cria uma brecha na qual surge toda inventividade do "tradutor".

Steiner definia três movimentos no processo segundo o qual se entrega o tradutor quando trabalha em uma tradução: 1. um ato de fé é o que ele chama de *trust* (crença); 2. um trabalho de incursão na obra e de extração (incursivo e extrativo); 3. um trabalho de incorporação, de importação no curso do qual se opera uma certa restituição do que descobriu na fase 2, o fim último permanecendo a pesquisa de um certo equilíbrio entre o texto-fonte e o texto-alvo[33].

A tradução implica, é claro, quanto ao seu ponto de partida, penetrar no universo do outro, impregnar-se, proceder por empatia em relação ao objeto de origem (objeto-fonte, texto-fonte), por simpatia. Ela implica um trabalho de análise, de escuta, de observação e, no final do percurso, de interpretação, transmutação, transfiguração. Para assim fazê-la, necessariamente, ela apela a todos os saberes.

Aleatória em seus encaminhamentos, ela repousa sobre as intuições do tradutor. Entretanto, ela não pode se servir de um método rigoroso. Wittgenstein compara a esse propósito a tradução de um modelo matemático em que se encontrariam soluções, mas sem metodologia rigorosa[34].

É precisamente nessa ausência de método rigoroso – que não exclui a possibilidade de encontrar soluções – que surge toda a subjetividade do tradutor e seu talento. A ele compete

---

33 G. Steiner, op. cit., p. 313.
34 "Traduzir de uma língua para outra é uma tarefa matemática, e a tradução de um poema lírico, por exemplo, em uma língua estrangeira é quase análoga a um problema matemático. Pois alguém pode enquadrar bem o problema 'Como esta piada (p. ex.) pode ser traduzida (i.e. substituída) por uma piada em outra língua' e esse problema pode ser resolvido; mas não havia nenhum método sistemático para resolvê-lo". *Zettel*, p. 698, Oxford, 1967, apud G. Steiner, op. cit., p. 121.

fazer as escolhas que se impõem entre todas aquelas que se lhe oferecem, de sugerir as vias, de fazer surgir no seio do mesmo o diferente.

Parece que a teoria procede de maneira idêntica. Diante dos problemas que se lhe colocam, soluções existem, certamente numerosas, mas as metodologias estão longe de ter o rigor científico desejado. Elas repousam tanto sobre a intuição do pesquisador, seu grau de inventividade, quanto sobre os conceitos ou sistemas claramente definidos. A subjetividade do pesquisador está ainda lá na obra. Por isso, não é espantoso que o resultado da empreitada difira segundo os métodos utilizados e os indivíduos que a isso se entregam.

O que sublinha essa contradição no seio do andamento da tradução é que o próprio ato de traduzir impõe necessariamente uma distância crítica. Se o objetivo final do tradutor permanece exatamente aquele de restituir o espírito da obra-fonte, sua poesia, seu sentido, não demora muito que nesse percurso ele se encontre a sublinhar igualmente os limites e as dificuldades. Assim fazendo, introduz o estranho no âmago do familiar e faz emergir o novo para além do antigo. É certamente nessa brecha que o tradutor trabalha: entre o já conhecido e o desconhecido, o representado e o irrepresentável, o que transita facilmente na língua e o que lhe escapa. Ele revela, pois, as tensões da obra, fazendo com que ela se altere.

A literatura em tradução apresenta-se como a réplica de textos que já existem. É por isso que ela oferece um posto de observação privilegiado. Podemos rebater cada uma das traduções sobre o texto original que lhe corresponde e assinalar dessa maneira o que os tradutores alteraram [...] A tradução é por excelência um lugar de impedimentos e de tensões. Por natureza, ela cria a diferença. É por isso que ela oferece à investigação dos fenômenos discursivos e de seu fundamento institucional uma área de observação privilegiada.[35]

"Criar a diferença", suscitar as "tensões" na obra estudada. Falando da teoria, os termos que utiliza Culler não são muito diferentes. Este último evoca, também, o fato de que a teoria "torna estranho o familiar, nos força a conceber nosso objeto

35 Annie Brisset, *Sociocritique de la traduction: Théâtre et alterité au Québec (1968-1988)*, Longueuil: Le Préambule, 1990, p. 28.

de estudo de maneira diferente"[36]. Como a tradução e como a encenação, ela é, também, transmutação, transfiguração, transposição criadora da representação. Como a tradução, ela sublinha as relações que, de outra forma, permaneceriam invisíveis ao olhar ou à escuta do espectador, tornando-as quase familiares. Ela cria o distanciamento no seio da própria representação, se imiscui entre o objeto e o espectador, reorienta o olhar desse último. Ela explora a resistência da obra, sonda os perímetros. Seu objetivo primeiro é o de fazer estalar os sistemas e práticas os quais ela agride.

Esse processo de esclarecimento não pode, entretanto, ser exaustivo. De um lado, camadas inteiras da prática escapam necessariamente a essa atitude de "passagem". Por outro lado, o processo implica escolhas: teórico e tradutor aí têm o privilégio, sublinham os eixos, marcam as preferências, efetuam as escolhas obliterando outros aspectos que lhes parecem menos interessantes a explorar ou menos corretos. Não seria de surpreender quantas diferenças e assimetrias subsistem ou permanecem inexploradas. Tais são os limites de toda tradução.

A teoria, como a tradução, tornam-se assim jogos de revelação e de máscaras em que os sistemas escolhidos dependem tanto de modelos teóricos aplicados quanto da subjetividade do pesquisador.

Que, nesse processo de tradução, camadas inteiras do real lhe escapem, igualmente não é de surpreender. Aristóteles notava desde então que as palavras não podem de nenhum modo ser a cópia perfeita da realidade. E Michel Foucault, trabalhando sobre a história das ideias através dos séculos, demonstrou como no correr dos anos as palavras vieram progressivamente a se separar das coisas e a se tornar suspeitas.

---

36 J. Culler, Introduction..., op. cit., p. 13. Cf. as propostas do autor evocadas acima: "Chamei teoria o suposto nome para um ilimitado *corpus* de trabalhos que conseguiu desafiar e reorientar o pensamento [...] tornar estranho o familiar e talvez persuadir leitores a conceber por si próprios pensamento e instituições aos quais se relacionem em novos caminhos."; cf. também "Teoria é o que modifica os pontos de vista das pessoas, faz com que concebam seu objeto de estudo e sua atividade de estudar de um modo diferente." Ibidem. E ele acrescenta: "A natureza da teoria é desfazer, mediante um debate de premissas e postulados, o que você pensa conhecer" Ibidem, p. 15.

Annie Brisset falava da tradução como réplica dos textos existentes. A teoria não pode, de maneira alguma, assumir esse papel. Ela é somente interpretação, questionamento de uma obra. Ela a explora, a fragmenta, a desloca.

Por isso, se é impossível em todas as traduções atingir uma simetria real, fazer passar adequadamente um sistema semântico a outro (passagem de uma língua a outra, de um sistema discursivo a outro), é preciso admitir, com toda razão, que não é possível haver uma adequação perfeita entre dois sistemas conceituais tão diferentes como podem ser uma representação teatral e a teoria que o analisa. Aqui, como alhures, um processo de entropia está sempre presente na obra e faz com que haja sempre uma perda.

Que esse longo processo seja ditado pelo desejo de melhor compreender os fenômenos é uma evidência, porém esse desejo se duplica junto ao teórico na vontade de explicar a obra. Ora, em tal vontade existe um perigo inflacionista que Steiner assinalou com propriedade: "Porque a explicação é aditiva, porque simplesmente não reafirma a unidade original, mas deve criar para ela um contexto ilustrativo, um campo de ramificações atualizadas e perceptíveis, as traduções são inflacionárias [...] Em sua forma natural a tradução supera o original".[37]

A teoria não escapa ao perigo que Steiner sublinha para a tradução. Ela extravasa muito do original, o ultrapassa, engloba, se serve dele amiúde para assinalar outras vias. Com efeito, para além da primeira pretensão do teórico que visa confrontar-se com uma obra de partida para descobrir os aspectos, estruturas, leis ocultas, se perfila o desejo frequente de estender mais longe as investigações em direção à edificação de sistemas mais complexos e abarcantes em que a obra-fonte toma, é certo, seu lugar, mas de maneira marginal. A pletora espreita.

Por isso, jamais será possível dizer, a propósito do discurso teórico, o que Steiner ponderava a propósito da tradução, que esta última existe não "em lugar de", mas "no lugar do" texto de origem[38]. As construções teóricas estão condenadas a existir ao lado da obra, como complemento, trazendo um esclarecimento, certamente diferente, mas necessariamente incompleto.

---

37 G. Steiner, op. cit., p. 291.
38 Ibidem, p. 271.

Evidentemente, não se trata de estender demais o paralelo entre tradução e teoria. Os objetivos visados por esses dois procedimentos "práticos" são bem diferentes, mas nem por isso deixa de ser verdade que, ao considerar o trabalho teórico em uma perspectiva similar, nos é dado escapar das dicotomias nas quais nos encadeamos com muita frequência entre o pensar e o fazer, o corpo e o espírito, o visual e o verbal, o estético e o político.

Tal percurso permite, não obstante, ao encarar a teoria como um esforço de tradução de uma obra ou de um procedimento, colocar como *a priori*, para todo procedimento de ordem teórica, um certo número de balizas e, particularmente, a necessidade:

1. De certa escuta, para não dizer observação fundamental da obra ou dos fenômenos que se quer estudar.
2. De certa humildade ante a extensão dos saberes e dos conhecimentos à obra na representação e na sociedade que a integra.
3. De um procedimento incursivo e extrativo frente à prática.
4. De uma interdependência ou diálogo entre a prática e a teoria.
5. Da necessidade enfim de pesquisar ao termo do procedimento um determinado equilíbrio entre a fonte e o alvo.

Tal reflexão nos relembra também de que o pesquisador não deve esquecer que todo ato teórico o coloca, antes de tudo, como sujeito da enunciação e ele próprio como sujeito necessariamente inscrito no social e no político do discurso que ele veicula.

Além disso, parece que a interrogação fundamental que queremos propor sobre o papel da teoria em face da prática teatral reúne a de todas as práticas discursivas (tradução e encenação inclusa). A teoria teatral, como a teoria literária ou científica, procura a seu modo reinterpretar o mundo, traduzi-lo segundo os parâmetros que lhe são próprios. Assim procedendo, ela traduz o que o envolve tal qual o faz o artista frente à sua própria prática, ainda que com outros meios. Ambos apresentam, sem dúvida, um discurso diferente, mas cujas finalidades são as mesmas: as de melhor fazer compreender o mundo, as coisas e as práticas que nos rodeiam.

A teoria aparece, pois, como uma prática de uma natureza diversa da prática artística, mas ainda assim uma prática.

Por isso, contrariamente a Brian McHale, nós endossaremos de bom grado as palavras de Virgil L. Lokke ao afirmar:

> O que constitui a teoria não é uma essência ou algo imanentemente superior à prática e a seu domínio: é antes simplesmente outra prática discursiva, gerando certos padrões e marcações retóricas, sinais para uma dada cultura que o discurso em processo agora deslocou para o modo teorético – isto é, que o discurso agora é teoria praticante.[39]

Não é dessa passagem permanente entre prática e teoria que os praticantes como Peter Brook ou Antoine Vitez nos oferecem o exemplo? Não é senão sobre essa base comum que prática e teoria poderão dialogar e cessar de se excluírem. Não é senão ao preço de seu próprio requestionamento perpétuo que a teoria sairá enfim do enclausuramento que a espreita.

Trad. Fany Kon

---

39 V.L. Lokke, Narratology, Obsolescent Paradigms, and Scientific "Poetics; or Whatever Happened to PTL?", *Modern Fiction Studies*, n. 33, p. 550, apud B. McHale, Whatever Happened to Descriptive Poetics?, M. Bahl; I.E. Boer (eds.), op. cit., p. 58.

3. A Crítica de uma Paisagem Cambiante[1]

> *Os críticos julgam a obra e
> não sabem que são julgados por ela.*
>
> JEAN COCTEAU

O EXEMPLO DO ESPORTE:
O MUNDIAL, JULHO DE 1998

Estamos no domingo, 12 de julho de 1998. A Copa do Mundo de futebol opõe na final França e Brasil. A França ganha por 3 a 0. Dentro de alguns minutos, estará finalizada a partida. Contra todos os prognósticos, contra todos os críticos de esporte, pela primeira vez em sua história a França vai vencer o jogo, entrando para o clube seleto dos ganhadores do Mundial. O júbilo popular é sem precedente: 1,2 milhão de pessoas estão na Champs-Élysées, a França se reconhece por inteira nessa equipe: azul, branco, magrebino, negro.

Mas, apenas terminada a partida, as televisões transmitem em todos os canais a imagem do técnico Aimé Jacquet e toda sua cólera, uma cólera que não provém de ter vencido – certamente, ele estava eufórico por isso. Não, sua cólera se desencadeia contra os críticos e, mais particularmente, contra os críticos do jornal *L'Equipe,* o jornal desportivo que é lido por

---

1 Conferência ministrada no seminário organizado pelo Nordic Journalist Center, Tampere, Finlândia, jul. 1998.

todos os adeptos do esporte. Durante os dois anos que durou o treinamento, os críticos esportivos não cessaram de censurar cada um de seus atos. Denunciaram sua incompetência, as más escolhas que fazia de jogadores, suas técnicas de treinamento... Em suma, para os críticos e os jornalistas, particularmente os do *L'Equipe*, Aimé Jacquet não estava à altura. "Um bando de vagabundos" rugirá Aimé Jacquet na noite da vitória, ao falar dos críticos, reiterando alguns dias mais tarde sua opinião em termos tanto mais fortes: a Copa do Mundo "deve ser a recompensa daqueles que trabalharam como mouros e não daqueles que se aproveitam dela, essas pessoas que gravitam em torno do futebol profissional e que ainda vão se empanturrar"[2].

"Aqueles que se empanturram" são, certamente, os críticos e os jornalistas. Durante dois anos, Aimé Jacquet tentou manter-se longe deles e durante os dois meses dos jogos – nas oitavas, nas quartas, na semifinal e enfim na final – ele se recusou a lê-los. Fechou-se em silêncio, longe das mídias, longe da imprensa escrita. E depois, vejam! O time da França ganhou e essa vitória dá razão ao técnico, ao seu trabalho, às suas escolhas. Ela invalida o que puderam pensar os críticos durante todo o período dos treinamentos preliminares e dos primeiros jogos. Vemo-los, doravante, reduzidos ao silêncio. Fim dessa pequena história.

O que interessa desse pequeno desvio pelo esporte é que ele oferece, em resumo e de maneira bastante clara, as posições habituais de todo artista em confronto com a crítica. Visivelmente, o paralelo aproxima esporte e arte. Ele afirma – ou reafirma:

1. A convicção junto aos artistas (e aos esportistas) de que existe superioridade de ação ("aqueles que trabalharam como mouros") sobre a opinião parasita dos comentadores ("eles ainda vão se empanturrar").

2. A distância que opõe por vezes, para não dizer com frequência, os críticos ao público. No caso do Mundial, aparece nitidamente que o público sempre teve fé em *sua* equipe, que foi mesmo a fé que impeliu os jogadores. Se o público é *a favor* e os críticos são *contra*, em nome de quem falam, pois, os críticos? São na verdade seus próprios representantes ou falam em nome

2   *Le Monde*, 18 jul. 1998.

do público, eles que são considerados como os "cães de guarda da sociedade"?

3. Resta enfim a questão do papel do crítico: deve ele comentar, analisar, julgar o que se submete ao seu olhar? Deve ter uma empatia pelo trabalho do artista (ou do esportista)? Deve, ao contrário, permanecer do lado externo da empreitada sem tentar compreender as etapas que aí foram conduzidas? Deve contentar-se em analisar os resultados colocando-se acima da confusão, ser o olhar "objetivo" que reivindica? Ou, ao contrário, tomar partido e arriscar-se em dar uma opinião forçosamente subjetiva? Que parcela deve dar à análise circunstanciada e à crítica temperamental, apaixonada e parcial?

Para ser exemplar, a história que precede é, no entanto, bem particular e não pode se aplicar ao domínio das artes. Na verdade, o que torna as posições tão nítidas no caso do esporte é que, no final do percurso, há sempre a sanção da vitória ou da derrota. Foi pelo fato de ter a equipe francesa ganho que Aimé Jacquet pôde ser tão virulento. Sua vitória lhe dá razão, ela justifica seus métodos, suas estratégias. É por ter obtido a vitória que pôde fazer calar a crítica.

No domínio artístico, sabemos que isso jamais será o caso: um encenador não vence nunca de modo tão espetacular. Mesmo se o público lhe faz uma ovação de pé e sai entusiasmado de um espetáculo, o crítico não se comove. Ele pode achar suspeita essa adesão sem reserva, essa alegria popular e a explicar. Tal não o impede, a ele, de pensar diferentemente. Um sucesso popular não invalida, pois, jamais a crítica – e Aimé Jacquet, mesmo ganhando no domínio artístico, poderia da mesma forma ter errado. Por outro lado, uma dolorosa derrota não impede um sucesso de crítica. Afinal, os primeiros da fila são amiúde ignorados pelo grande público... Estamos, pois, no direito de colocar a questão de qual é o papel da crítica hoje e qual o papel que ela ainda pode vir a ter?

SEGUNDO EXEMPLO:
SETEMBRO DE 1983, O MEIO ARTÍSTICO
CONTRA A CRÍTICA

Em 16 de setembro de 1983, foi publicado no jornal *Le Devoir* uma crítica de Robert Lévesque, jornalista encarregado da rubrica de teatro, sobre a peça *Visite libre* (Casa Aberta) de Michel Faure, um espetáculo em cartaz no Théâtre de Quat'sous. A crítica foi severa. O meio, sempre crítico da crítica, se choca com o artigo que considera violento e injustificado. Decidem boicotar o jornal recusando toda publicidade em suas páginas, recusando oferecer entradas gratuitas ao crítico e recusando as entrevistas. Cento e cinquenta e seis artistas e artesãos da peça assinam uma petição denunciando os rigores do crítico, seu tom virulento, suas críticas acerbas. O debate se agrava. Todo o meio reage. O público intervém no debate e envia cartas de denúncia, fustigam amiúde os artistas. Alguns jornalistas aproveitam para acertar suas contas e acusar também o meio artístico. Eles denunciam a insegurança visceral dos artistas, falam de uma "matilha de raivosos", denunciam até a complacência das críticas, dando uma considerável publicidade gratuita e, por vezes, injustificada aos artistas, esses esfolados vivos, que não hesitam em solicitar a ajuda pública sem querer prestar contas. O debate toca todos os críticos. Dentre aqueles, uma que acabara de publicar uma crítica à *Sorcières de Salem* (Bruxas de Salém), até recebe pelo correio uma boneca vodu trespassada de agulhas.

O caso acabará por voltar ao normal, os teatros retornando a ter sentimentos melhores para com os críticos, os críticos por seu lado reencontrando um pouco de sua serenidade nesse debate em que as paixões se inflamaram[3].

O que essa crise sublinha, próxima de um *acting out* (atuação) coletivo é, uma vez mais, o mal-estar geral do meio artístico ante à crítica teatral, tolerada, mas não verdadeiramente aceita, sobretudo quando ela é negativa. O meio admite mal que a crítica se arrogue o direito não apenas de julgar, mas de denunciar. No fundo, ele adula a crítica quando ela é positiva; tolera-a quando é neutra, e contesta-a quando é negativa.

---

3   Para um relato detalhado desse acontecimento, ver Pierre Lavoie, Aimer se faire haïr ou haïr se faire aimer, *Cahier de Théâtre JEU*, n. 31, 1984, p. 5-13.

TODA PALAVRA SOBRE O TEATRO
É UM ATREVIMENTO

O que esses diversos exemplos sublinham é que toda palavra sobre o teatro – e sobre as artes em geral – é um atrevimento. Ela carrega em filigrana duas questões fundamentais:

1. Apoiado em que direito fala o crítico da obra artística? A que título? Em nome de quem ou de que ele fala?
2. Como falar da obra artística? O que dizer? Como traduzir em palavras o que é relevante de ser feito?

Tais questões pressupõem uma concordância de definições sobre o que é preciso entender por "crítica". Ora, essa concordância é ilusória. Ela cobre duas realidades diferentes conforme se fale da crítica como horizonte de espera ou como prática da vida cotidiana.

Digamos primeiramente que a prática artística, a prática da crítica assim como a prática da teoria são fundamentalmente três modos de tradução do mundo: o crítico traduz em palavras sua visão da arte, o teórico traduz em palavras sua visão da prática. Que a arte seja tradução das coisas é afirmar que toda forma de arte é de antemão crítica; que ela dá o que pensar. Era àquela altura a visão de Antoine Vitez afirmando que o encenador faz antes de tudo obra de tradução[4]. Era também, desde a origem, a visão de Aristóteles afirmando em *A Poética* que o poeta traduz em palavras as coisas.

Como em toda a tradução, a questão que se coloca para a crítica assenta sobre a natureza da tradução que opera. Tratar-se-á de uma tradução fiel da obra de arte sob forma de testemunho ou de comentário sobre o modo de pensar do artista? O crítico trabalhará então por empatia com o artista, entrará em seu universo, explorará seu processo de trabalho, suas intenções, sublinhará seus objetivos independentemente do resultado obtido? O crítico oferecerá daí um trabalho próximo a uma leitura tautológica da obra, oferecerá um espelho apenas distorcido e não será senão um elo suplementar na corrente que conduz a obra de arte ao público, prolongando os revezamentos dessa trajetória que vai do artista ao espectador.

---

4   Ver supra, p. 30, nota 30.

Ao ocupar uma função de cronista ou comentarista, de comentador ou escriba, ele se contentará em fazer eco às obras artísticas de maneira sem dúvida esclarecida, mas necessariamente insuficiente[5]. Tornado porta-voz, sua personalidade, sua identidade se perderá na sombra do andamento da criação que escolheu esclarecer. Para ser necessário, esse trabalho do crítico não é menos limitado e pode-se perguntar se tal é sua verdadeira função.

A segunda forma de tradução da obra de arte é a de um olhar crítico mais analítico e, portanto, necessariamente deformante. Pode-se traduzir sem trair, propondo-se como questão o problema dos especialistas da tradução? A questão se coloca necessariamente no domínio da crítica. Toda crítica é traição. Mas podia ser diferente? No mundo de hoje, o crítico não pode mais se contentar em receber a obra de maneira inocente. Para lhe dar sentido, deve fazê-la operar em um todo mais vasto: deve fazer referência ao encaminhamento global do artista, inscrevê-lo em um movimento estético, marcar seu percurso em relação às correntes dominantes. Deve de alguma forma reescrever a obra ao seu modo, mostrando a originalidade (ou a ausência de originalidade), fazendo-a dialogar com as outras obras, situando-a de novo no desenvolvimento da história. Um trabalho crítico que não faz tal labor de construção analítica e teórica se contenta em ser um espelho muito pálido da realidade artística. Não preenche sua função.

Impelido para mais longe, como ocorre no domínio das artes plásticas mais do que no domínio do teatro, isso leva o crítico a imprimir no campo cultural que escolheu percorrer os sulcos correspondentes aos movimentos, tendências, correntes artísticas que ele tenta assinalar e até nomear, dando-lhes por vezes existência em meio às leituras e observações que faz: pensamos nos escritos de Clément Greenberg, de Rosenberg ou mesmo de Baudelaire ou de Diderot sobre a pintura. Eles souberam, a seu modo, fazer ver aquilo que os artistas mesmos não viam de sua própria prática, situando-os nos grandes movimentos estéticos que agitavam o mundo deles, revelando

---

5 Era a política editorial do *The Drama Review* sob Michael Kirby. Toda análise dos espetáculos era colada a um desejo ilusório de estar o mais próximo da obra artística sem o filtro pessoal e deformante do olhar do analista.

correntes que a história recuperou em seguida como referências para pensar a história da arte[6].

No domínio teatral, alguns pesquisadores realizaram esse trabalho, mas com menos envergadura, sem dúvida, do que aqueles que se consagraram às artes plásticas. Max Herman na Alemanha, Jan Kott na Polônia, Martin Esslin nos Estados Unidos e, sobretudo, Bernard Dort na França, são alguns exemplos dos que realizaram tal trabalho de recuperação e decodificação das obras teatrais, permitindo ler a história do teatro de seu tempo, pressentindo as novidades e analisando todas as práticas de sua época, integrando-as na perspectiva mais vasta de um trabalho sobre um domínio particular: teatro, artes plásticas, música, cinema... Bernard Dort permanece um modelo do gênero, ele que soube aliar finura de análise, conhecimento aprofundado do teatro, desejo de pensar a história e a arte da escritura. Suas análises críticas, que apareceram ao mesmo tempo em jornais e revistas especializadas, permanecem como referências ainda hoje. Essa vitória da crítica sobre o tempo é o principal sinal de sua pertinência.

De forma mais modesta, outros críticos como Bonnie Marranca e Théodore Shank souberam dar, cada qual a seu modo, um nome a certas correntes artísticas, desenhando eixos que foram retomados em seguida para desenhar o mapa do teatro atual: teatro de imagens, teatro alternativo... Esse trabalho que baliza a prática permite estabelecer a cartografia da prática de nossa época. Sem isso, haveria um mosaico em que a prática de cada um se justaporia a dos outros, sem que dessa multiplicidade emergisse uma leitura globalizante e necessária segundo a qual cada obra ganha sentido em um vasto conjunto.

É preciso, pois, que o crítico atual pense a arte contemporânea, faça emergir conceitos novos, correntes que vão permitir a todos assinalar e criar a história de uma arte.

---

6   Aconteceu, é claro, de chegar a se enganar. Os escritos de Baudelaire a respeito de certos pintores pretensiosos da época sobre os quais gabava os méritos (Bouguereau) não sobreviveram ao tempo e, no entanto, o trabalho de reflexão crítica que Baudelaire realizou é um exemplo notável de análise e lucidez críticas. Cf. também hoje toda a polêmica lançada por Jean Clair sobre a arte contemporânea é outro exemplo do papel fundamental que pode ter o crítico a despeito da parcialidade de que tais combates são portadores.

É evidente que para concluir tal trajetória, as competências do crítico atual diferem necessariamente das de outros tempos. Elas necessitam de um saber teórico, estético e artístico importantes. Necessitam por isso, compreende-se bem, que as competências do crítico difiram daquelas que lhe são comumente solicitadas. É preciso que ele seja analista e tenha um conhecimento especializado do domínio que escolheu percorrer[7]. Dotado de uma visão mais vasta do que a do artista preso na rede de sua própria forma artística, deve poder elevar-se acima do campo cultural para poder analisá-lo com distanciamento. Ele deve, pois, ter uma visão. "O crítico atuante é aquele que já descobriu por si mesmo o que poderia ser o teatro", nota Peter Brook, "e que tem a audácia de recolocar em questão essa fórmula cada vez que participa de um acontecimento"[8].

Essas novas necessidades da crítica explicam sem dúvida as razões pelas quais hoje as pontes entre crítica jornalística e crítica erudita são mais fáceis de transpor. Numerosos pesquisadores, na verdade, se entregam a uma ou a outra segundo as necessidades dos órgãos nos quais publicam. A crítica erudita perdeu sua soberba e tornou-se menos esotérica, a crítica jornalística aspira, por seu lado, ser menos superficial. Tal é a imagem do crítico que se poderia desejar. A realidade da profissão é completamente outra.

DESCREVER, INTERPRETAR, JULGAR

De fato, na acepção comum, um crítico é aquele cuja leitura das obras se quer, em princípio, "esclarecida", no sentido que o século XVIII dava a esse termo. Não se trata de fornecer a leitura do que aparecer, mas oferecer uma leitura documentada, analítica, informativa. Agindo como primeiro filtro do espetáculo, ele informa o espectador, esclarece a obra, situa de novo,

---

[7] No domínio do esporte, por exemplo, os comentadores esportivos são ex--atletas. Sem querer que os críticos de teatro sejam ex-artistas, é importante que seu conhecimento da prática artística se apoie sobre outra coisa do que apenas na competência de espectador: é necessário que tenham um bom conhecimento da dramaturgia, da prática teatral em seu conjunto não apenas local, mas além da fronteira.

[8] P. Brook (1968), *L'Espace vide*, Paris: Seuil, 1977, p. 53.

rapidamente, o texto (se for necessário), diz algumas palavras sobre a encenação, a atuação dos atores, a cenografia. Faz, pois, para o espectador, um trabalho inicial de filtragem. Para executar tal tarefa, é necessário que tenha discernimento e a possibilidade de especificar, de denominar as coisas. Para assim fazer, ele designa as obras que merecem atenção. Seu trabalho habitualmente se interrompe aí. Raros são os casos em que estende mais além a análise, indicando pistas, situando mais amplamente a obra em um contexto histórico e estético mais vasto.

Escrevendo sobre seu ofício de crítica, Solange Lévesque assinalava que para ela importava "receber e analisar a obra teatral utilizando a si mesma como primeiro instrumento, e de se deixar vibrar da maneira mais precisa possível"[9]. A expressão parece bastante exata na visão que é mais comumente propalada. Ela sublinha o que causa o perigo da crítica (mas também sua grandeza): tornar a crítica tributária da personalidade do crítico.

Concebida assim, a crítica por vezes parece sem risco e tem uma duração de vida limitada. Consumida rapidamente, não deixa senão poucos rastos. Ela só é útil como reação epidérmica para um espetáculo em curso. O crítico aparece aí como um "cão de guarda" da sociedade, encarregado de citar seu prazer ou seu tédio e, portanto, indiretamente de servir de diapasão ao resto do público.

Mas ele pode fazer mais. Se atualmente não precisa responder à questão "o que é a arte?", questão outrora fundamental, ele pode apresentá-las como obras que extravasem o que dizer a respeito delas, que são os enigmas a cujo respeito tem a sensação de que a análise não é capaz de esgotar o sentido. Ele pode apresentá-las como obras abertas ao lhe abrir as portas.

Evitando os dois perigos que o espreitam – o dogmatismo e o impressionismo –, ele pode ter em mira aproveitar a causalidade entre a forma e o efeito produzido, entre a sensação, a emoção e o que a causa. Assim procedendo, o percurso do artista permite ao crítico traçar o seu próprio percurso, balizando a obra artística sem tomar seu lugar ou ocultá-la. É preciso que encontre um equilíbrio difícil entre a originalidade de seu próprio modo de reflexão e o respeito pelo trabalho

[9] S. Lévesque, Portrait du critique en créateur, *Cahiers de théâtre JEU*, n. 40, 1986, p. 61-65.

do artista, esforçando-se por deixar ver a obra através de suas palavras sem ocultá-la e sem tomar seu lugar[10].

Tal exige de sua parte um "atletismo do pensamento", a fim de desentocar o sentido, de fazer significar as obras além de seu primeiro e imediato sentido, de nomear as formas para permitir que as "reconheçamos". Dito de outra maneira, seu encaminhamento pode e deve ser criativo, como o do artista. Os melhores críticos são aqueles que têm, também, o exercício de um pensamento pessoal, que são criativos, pesquisadores, ensaístas. Convergimos nesse ponto com Peter Brook.

Essa visão idílica, entretanto, é infelizmente amiúde falseada por outra realidade e um jogo de poder que ultrapassam ao mesmo tempo o artista e o crítico.

A CRÍTICA: UMA GAMA VARIADA DE PRÁTICAS E DE IDEIAS

Efetivamente, a realidade da prática é outra. Forçoso é constatar que a profissão de crítico oscila com frequência entre o discurso complacente e tautológico sobre a obra de arte em que se apresenta na cena o discurso *do mesmo* e um discurso em que o crítico se faz passar por juiz e sua opinião se apresenta como espetáculo, exibindo-a em cena, justificando-a por vezes como um processo até certo ponto executado.

Para isso, podem-se encontrar várias razões. Uma dentre elas, a mais importante sem dúvida, é que a crítica atual sofre de uma falta flagrante de referências. Ela não é uma ciência e não pôde se dotar, apesar dos anos, de um aparato científico adequado. Ela permanece antes de tudo uma arte tributária da arte de escrever.

Além do mais, ela geralmente se apresenta à imagem das mídias às quais se destina. São estas últimas que lhe impõem não apenas sua forma, suas escolhas, mas igualmente seus conteúdos. Ela desposa o mínimo denominador comum.

Esse modo de funcionamento justifica a incompetência artística do crítico; não é senão segundo essa qualidade que

---

10 Duchamp nos recorda que são os contempladores que fazem o quadro.

ele se torna o espectador básico ao qual supostamente ele deve se dirigir. Há, portanto, uma indigência da crítica voluntariamente promovida pelas mídias de massa. O crítico é incitado, pelo pouco espaço que lhe é dado, pelos breves prazos que lhe são impostos, a não tomar distância em relação às obras, a evitar toda argumentação verdadeira para escorar seus julgamentos. Ele se deixa, pois, levar por julgamentos que partem do coração (ele gosta ou não gosta). Não é espantoso que vários críticos acabem por substituir seus próprios gostos, sentimentos, emoções, para se colocar diante da obra com o perigo de ocultá-la completamente. São eles próprios que se termina por ver por detrás de sua crítica e não a obra. O crítico acaba por se apresentar como espetáculo, feliz pela ocasião que a obra artística lhe concede de se colocar a si próprio em cena. Sua popularidade, ele a deve, para começar, não ao seu talento, mas ao meio que o carrega e que o projeta em evidência a cada vez que ele toma a palavra para falar de uma obra. Na maioria das vezes enfrenta poucos riscos nesse longo processo[11].

A CRÍTICA COMO PODER

A isto se acrescenta um segundo problema de importância que não se pode deixar passar em silêncio. A crítica é poder. O crítico se beneficia, quer queira quer não, de um argumento de autoridade, do qual, por vezes, parece abusar. Com efeito,

---

11 Aqui ainda é preciso estabelecer nuanças e variações. Se todos os críticos se reúnem aparentemente sob uma única bandeira, a realidade do que eles concluem difere profundamente de um para outro segundo a personalidade de cada um e, mais ainda, segundo o órgão de imprensa para o qual escrevem. Qual o parentesco que existe entre os críticos da televisão, do rádio e os que escrevem nos jornais? Nenhum. Os primeiros são comentadores em geral passivos da atualidade teatral, os segundos, de acordo com os casos, tentam assinalar na paisagem teatral as atividades dignas de interesse, as comentam e as analisam procurando informar o público. É preciso, portanto, começar por diversificar um vocabulário que dê a impressão ilusória de que todos os críticos fazem o mesmo trabalho, qualquer que seja o órgão de imprensa ao qual se consagram. Ora, o crítico que escreve nos jornais de grande tiragem, o cronista que anima uma emissão cultural na televisão ou no rádio, o analista que publica nos jornais especializados, aquele que se contenta em fornecer os ecos ou seus humores sobre a atividade cultural e artística, não têm nem os mesmos imperativos, nem as mesmas exigências.

se a crítica é intolerável para o artista (sobretudo quando é negativa), é porque participa de um jogo de poder cujas forças são em geral desiguais. Se encenadores como Robert Wilson, Peter Brook, Peter Sellars, Ariane Mnouchkine[12], podem não dar importância à crítica é porque a dominam com todo o peso de sua arte. Eles podem ignorá-la com soberba sem que isso afete profundamente sua arte ou seu talento. Mas, para a maioria dos artistas, não é o mesmo caso. A crítica e o crítico têm uma incidência importante sobre a frequência do público, o financiamento e as subvenções dos quais eles se beneficiam, o reconhecimento do meio, dados que ninguém pode ignorar.

A isto se acrescenta uma relação de forças que desfavorece o artista e que toca um número de indivíduos atingidos pela crítica e por um espetáculo. Se Mnouchkine chega a alcançar com alguns de seus espetáculos perto de 250 mil espectadores (*Os Átridas,* as peças de Shakespeare), poucos artistas podem dizer o mesmo. Eles atingem, no melhor dos casos, algumas dezenas de milhares de espectadores lá onde o crítico, pelo poder de seu órgão de difusão, alcança de imediato várias centenas de milhares (jornais, televisão, rádio). Em número de pessoas atingidas, o peso de um artigo fica evidenciado, pois, como infinitamente mais atuante do que aquele do espetáculo. Ora, quanto tempo o crítico investiu em uma crítica? Apenas algumas horas lá onde o artista empenha o trabalho de vários meses, senão alguns anos. É verdade que o "tempo em nada interfere na questão", mas é evidente que essa diferença suscita ali também um problema ético.

Por outro lado, quando a crítica não é concebida de modo criativo, como tentamos apresentar acima, ela permanece um exercício superficial de digestão rápida da obra artística. A esse trabalho superficial nos induz toda a nossa sociedade e, particularmente, as mídias de massa que se apoderaram das obras artísticas como bens de consumo, em busca de eventos culturais, do mesmo modo como são eventos sociológicos ou políticos, transformando tudo em *espetáculo* em si. A função

---

12 E, no entanto, o próprio Théâtre du Soleil notava que as críticas que tardam a sair os obrigam por vezes a fazer uma campanha publicitária que não havia sido prevista, pois o trabalho de difusão da informação tarda a se fazer. Foi o caso, parece, para *Et Soudain des nuits d'éveil* (De Repente, Noites de Vigília).

crítica, pois, cedeu o lugar também à função espetacular, tornando-se um espetáculo em si. Não são mais as obras que são valorizadas, mas o próprio crítico servindo-se amiúde de tal terreno para se colocar em cena. A própria obra de arte se perde atrás de seu valor como acontecimento.

Último ponto, relativo ao desequilíbrio que se estabelece entre o artista e o crítico, é que este último não tem contas a prestar a ninguém e, no entanto, por vezes a parcialidade de seus julgamentos autorizaria, e até mesmo exigiria, um direito de resposta do qual o artista é necessariamente privado. O crítico se beneficia, pois, de certa imunidade, qualquer que seja a natureza (ou a violência) de suas palavras.

Acrescentemos enfim que, segundo o país, segundo as cidades, segundo os casos, a incidência das críticas é mais ou menos considerável sobre a frequentação dos espetáculos. É relativamente fraca quando aquelas são dirigidas aos encenadores mais renomados, é pouco dissuasiva em cidades onde há uma diversidade de órgãos de imprensa, que raramente são da mesma opinião, mas se torna importante quando incidem sobre as companhias jovens ou encenadores mais dependentes da opinião pública. A responsabilidade da crítica nesses últimos casos é, portanto, grande.

UMA ARTE AMEAÇADA

A despeito do impacto importante que a crítica possa ter sobre um dado espetáculo, é preciso reconhecer, todavia, que esta não tem senão uma incidência limitada sobre a evolução da arte e, com mais razão, sobre a sociedade. E, contudo, a despeito desse domínio bem exíguo que lhe é reservado, ela está ameaçada. Em nossos domínios, há rarefação do espaço crítico. Na verdade, a arte da crítica está ameaçada por toda nossa cultura de massa que recusa a crítica. Está ameaçada pela era das mídias, na medida em que ela tem senão um fraco impacto frente ao que as mídias podem transmitir. Sofre, por outro lado, a concorrência da publicidade, pela multiplicação de cópias promocionais nos jornais, pelas entrevistas dadas pelos artistas para anunciar e explicar seu trabalho. Seu campo de ação está, pois, terrivelmente restrito. Daí a necessidade de lhe encontrar um novo sentido na falta de lhe encontrar novas formas.

Ademais, perante a fragmentação, ao parcelamento das práticas, à sua multiplicação que faz com que seja impossível para o crítico tudo ver, esse perdeu a função política e social que lhe dava sentido: a de formar o gosto do público, de orientá-lo, de canalizá-lo. Tendo perdido por isso seu objetivo inicial – aquele reivindicado por Diderot e Baudelaire – de formar o gosto ou mesmo o julgamento, de ensinar o discernimento, tal como podemos pensar que ela fazia outrora, a crítica se contenta atualmente em inscrever uma individualidade suplementar, a do crítico, à de todas as outras individualidades que constituem a trama de nossas sociedades explodidas. Ela dá, pois, indevidamente um lugar exorbitante ao parecer de um único sujeito.

Que lhe resta? No melhor dos casos, ela inscreve uma solidariedade com o meio, com o público, com a sociedade (Lucie Robert); ela converte o crítico em "cúmplice da aventura teatral, o parceiro de criação" (Pierre Lavoie), ao conduzir uma "formação do olhar". Tal papel não é desprezível.

Mais importante ainda, ela inscreve o espaço na obra, uma distância entre o espetáculo e o espectador, entre a recepção e seu tratamento pelo pensamento. O crítico analisa esse percurso que vai da reação epidérmica, gostar ou não gostar, às impressões mais profundas. Ele traça os caminhos, faz as ligações. Inscreve o afastamento no seio da experiência estética. Afirma que toda obra artística exige reflexão, que ela não é simplesmente um bem de consumo imediato e sem consequência, que participa de um conjunto social e estético e que faz parte de uma coletividade. A atitude individual do artista encontra o coletivo. É ela que permite tornar coletivo aquilo que depende do particular. Mesmo sendo produto de um indivíduo, ela é, antes de tudo, destinada a todos. E, destinada à coletividade, a posição crítica se justifica. A coletividade delega um indivíduo para representá-la, e este último faz a relação com a coletividade. Sem essa missão social, a função do crítico seria obscena, intolerável.

Existe então uma crítica justa? Provavelmente não. Gilles Sandier reivindicava o "direito à indignação". Como fazer para que esse direito não seja abusivo? Considerado do ponto de vista do público, Sandier tem razão. O crítico deve preencher tal papel. Ele é mesmo o único que pode fazê-lo. Do ponto de vista do artista, a coisa é mais difícil de aceitar. O artista não pode senão sentir-se necessariamente lesado pelo procedimento.

A dificuldade se prende às exigências contraditórias que impomos ao crítico. Sua arte é em primeiro lugar "arte de combate", certamente, segundo a expressão de Sandier, mas é também uma "arte de solidariedade", solidariedade com o meio artístico ameaçado em nossas sociedades, uma arte que deve sempre provar a sua necessidade. É também uma "arte do diálogo", diálogo com a obra, com o artista, com o público. Ele é aquele que permite tornar coletivo o que realça do particular.

Ameaçada, a arte da crítica não permanece menos essencial. A continuar por praticá-la como o fazemos nas mídias, não será em breve senão uma sobrevivência do passado sem urgência e sem necessidade. Por falta de encontrar novas referências no mundo atual, ela será levada a desaparecer ou a sobreviver como vestígios de um outro mundo. É preciso, pois, que o crítico reassuma com toda urgência sua responsabilidade social e sua função estética. Utilizando sempre com circunspecção sua subjetividade e explorando o espectro completo do saber, que vai da reação epidérmica aos espetáculos até as análises mais aprofundadas, é preciso que ele efetue a ligação entre emoção e conhecimento, tendo consciência que escreve a história ao delinear o traçado do futuro.

Trad. Fany Kon

4. Teoria e Prática: Além dos Limites[1]

Digamos, num primeiro momento, que o domínio da pesquisa teatral, como o da busca em outras disciplinas artísticas (artes plásticas, música) traz em seu cerne uma cesura, uma ruptura que opõe o mundo da prática e o da teoria. De um lado, figura o universo do artista e de seus lugares de referência, do outro, aquele do pesquisador e de suas categorias epistêmicas. Entre os dois, o decurso passa com pouca dificuldade, passa com dificuldade ou não passa absolutamente. Esta clivagem está presente, é preciso reconhecê-lo. Mesmo contornada às vezes por uns ou outros – artistas ou pesquisadores –, ela não deixa de ressurgir quando cada um se embrenhar na lógica de seu próprio encaminhamento intelectual.

Pode-se distinguir esta clivagem como uma situação inevitável que se refere à natureza de cada disciplina (a prática de uma arte ou a reflexão sobre uma prática) ou à forma de cada atividade (a prática buscando a construção de um objeto artístico, a pesquisa visando ao desenvolvimento do conhecimento). Mas a esse respeito pode-se também interrogar seu sentido e seus fundamentos, explorar as razões dessa ruptura. Numa época em

---

1   Texto apresentado na abertura do XVIII Congresso da FIRT-IFTR (The International Federation for Theatre Research), Canterbury, em julho de 1998, cujo tema abordado era precisamente Théorie et pratique: au-delà des limites.

que inúmeras pesquisas teatrais ocorrem na América do Norte no seio de escolas de teatro que formam atores, essas clivagens, se não são dolorosas, são pelo menos problemáticas. Elas nos obrigam a interrogarmo-nos acerca da natureza dos processos que opõem, deste modo, o encaminhamento do praticante e o do pesquisador. Não há, da parte de uns e outros, ausência de compreensão dos encaminhamentos próprios a cada um, não há arrogância dos pesquisadores ao constatar que estamos satisfeitos com nossos próprios domínios de exploração, indiferentes à rejeição do limite de nossos campos de competência, ao enfrentarmos domínios da arte teatral em que os instrumentos que nós instalamos não são suficientes para analisar? Onde estão os questionamentos fundamentais relativos à nossa disciplina? Quando nos interrogamos a respeito dos limites de nossos próprios instrumentos metodológicos? Das fronteiras de nossos campos de análise? Parece-me que atuamos muito melhor às vezes, para não dizer frequentemente, na convicção de nossos sistemas realmente experimentados do que nessas zonas mais problemáticas, terra de ninguém das posições fronteiriças.

Gostaria, portanto, de aproveitar a ocasião, que me oferece hoje o tema do congresso, para interrogar o campo disciplinar no qual nós todos operamos e para tentar ver algumas de suas limitações. É evidente que não trato de submeter à discussão tudo o que acontece nos diversos campos de especialização, realizações reais e que construíram, ao longo dos séculos, uma base fundamental aos nossos conhecimentos, mas gostaria de me aventurar nessas zonas não tão frequentadas, nos confins de nossos sistemas, de nossas metodologias, de nossos campos de pesquisa e de criação para ver o que nossas abordagens deixam habitualmente no esquecimento. Meu trabalho não será nem sistemático nem exaustivo. Ele se constitui num tracejado dos aspectos do teatro que me parecem esquecidos ou insuficientemente desenvolvidos, ou porque evoluem em tais zonas fronteiriças de nossos campos disciplinares (desempenhos limites), ou porque não temos os instrumentos para apreendê-los (trabalhos sobre os conceitos imprecisos de energia, presença, interpretação do ator).

Sem dúvida, haverá alguns que me dirão que vão me julgar, que tudo isso já é objeto de estudos aprofundados, que neste ou naquele canto do mundo tudo isto já pertence à norma. Eu gostaria, portanto, que isto fosse apreendido como o olhar, forçosamente parcial e parcelar da cientista que sou, no nosso campo disciplinar. Estou feliz que o tema do congresso me ofereça esta possibilidade que desencadeia a questão dos limites.

A noção dos limites é essencial em todo campo teórico. Ela é indispensável à edificação de um campo de análise homogênea. Ela afirma implicitamente o que faz parte de um campo de estudo e aquilo que dele é excluído. Falar, portanto, de limites é constituir necessariamente um interior e um exterior de um campo específico, uma abordagem teórica particular. Tal clivagem, todo cientista realiza-a automaticamente assim que recorre a uma metodologia ou teoria específica, desde que escolha uma determinada compilação. Nós falaremos, portanto, de duas formas de limites: a que concerne a uma aproximação teórica determinada; e aquela que é relativa também a um campo de investigação particular.

Falar de limites é desencadear certo número de observações:

a. No domínio científico, leis são consideradas como verdadeiras e operativas, desde que elas não sejam confrontadas a casos em que elas cessem de operar, portanto desde que elas não tenham atingido certos limites na sua aplicação. Quando estes são atingidos, é corrente que outras metodologias sejam descobertas para prestar contas da evolução das coisas. Falar, portanto, de limites é interrogar, num primeiro momento, os fundamentos epistemológicos sobre os quais funciona toda pesquisa teatral.

Segundo Michel Henry, "Toda ciência constitui-se numa redução que delimita o próprio campo e lhe fornece seus objetos – contudo, na medida em que ela coloca fora de jogo nesta redução, e por ela, tudo com o que ela não se preocupa – o que no fundo de suas decisões iniciais, ela não será jamais um tema."[2]

Tal modalidade de funcionamento que descreve Michel Henry para a ciência aplica-se muito seguramente ao teatro. Toda análise teatral, toda metodologia, toda teorização se constrói através de uma redução que delimita seu objeto. Esta

---

2   M. Henry, Descartes et la question de la technique, *Le Discours de la méthode*, Paris: PUF, 1987, p. 285.

limitação, nós queríamos pô-la em destaque em alguns casos específicos realçando o que permanece na penumbra.

b. Destacar também a questão dos limites ou das fronteiras, é supor que estas são fixas, ou nós estamos numa época em que essas fronteiras estão elas próprias em movimento? O que estava outrora excluído da ciência teatral, hoje faz parte de seu objeto, respondendo assim a uma evolução das mentalidades e a uma evolução das formas.

Observa Christian Décamps:

> Atualmente, os campos filosóficos como os campos científicos não cessam de se deslocar – de marcar igualmente – os limites e as direções do saber. Desde Dadá, pelo menos, a arte é também uma longa interrogação dos limites da obra.[3]

O teatro não escapa a tais flutuações de limites, longe disso, prova que os limites do campo teatral flutuaram no decorrer dos anos, adotando as trocas da própria prática. Assim a noção de teatro cedeu pouco a pouco o lugar a esta noção de representação teatral, de desempenho, à medida que o texto cedeu o lugar ao corpo do ator, que o palco enfatizou o espaço e a interpretação. À medida que emergiram formas artísticas limites, nos confins das artes: teatro-dança, butô, *performance art*, os limites do teatro alteraram-se, englobando todas as formas de representação, esticando às vezes ao extremo a representação, tais como todos os estudos americanos sobre o carnaval, os espetáculos de circo, os treinos de animais, os *peep shows*, os rituais. Desse ponto de vista, é claro que não há limites na compilação que pode conter os estudos teatrais. Ganhou-se realmente muito em tal abertura, para todos os sentidos, da noção de teatro? Difícil dizê-lo. Seguramente nós ganhamos nisso uma ampliação de nossas mentalidades, mas também nos trouxe instrumentos mais precisos de análise, uma melhor apreensão dos fenômenos que nos cercam? A questão merece ser formulada.

c. Observemos também:

> Cada recorte do saber, do espaço, faz ressurgir a necessidade – tanto quanto a arbitrariedade – dos limites. Demasiado restringidos,

---

3   C. Décamps, *Frontières et limites*, Paris: Centre Pompidou, 1991, p. 9.

estamos engastados, prisioneiros. Ilimitados, não somos mais nada! A cada vez, trata-se de escalas, de medidas, de cadastros, de trocas e de rejeições [...] Em outros termos, cada recorte cria uma estrutura, que diferencia, mostra ao irmão vidente.[4]

Tal estrutura é também a das metodologias específicas de que vamos tornar a falar. Essas recortam o objeto, o saber em conjuntos isolados e concebidos como autônomos. Ora, a realidade da prática teatral exige que se analise as interferências entre os diferentes sistemas significantes. Estes puderam ser definidos, mas existem poucas pesquisas que conseguem colocá-los em conformidade uns com os outros.

Afirma Jean Hamburger:

> Mais a pesquisa progride, mais é claro que abordando um objeto por métodos e escalas múltiplas, nosso espírito pode adquirir reflexos distintos. Nós notamos então o objeto sob pontos de vista diferentes e não podemos mais passar livremente de um para o outro. As regras do jogo do objeto não são as mesmas nas diversas escalas de observação.[5]

É reconhecer que nossas pesquisas teatrais assinalam a descontinuidade e não podem oferecer uma imagem global integrada.

As diversas disciplinas acabam por constituir-se em arquipélagos que poucos vínculos têm umas com as outras. Elas oferecem pontos de vista de abordagens diferentes e não integrados (ver, por exemplo, o que diz Michel Serres sobre o assunto). É preciso reconhecer que não é possível obter uma visão integrada da ciência. A unidade da ciência é um fato passado. O mesmo ocorre no teatro. É-nos necessário reconhecer, de agora em diante, que pode haver diferentes modos de conhecimento de um mesmo objeto, como observa Jean Hamburger[6].

O ato do conhecimento pode ser representado simultaneamente em vários palcos, comunicantes, mas distintos, ilusoriamente confundidos pelo nosso espírito apaixonado pela unicidade. Ademais, que essa ciência dividida em pedaços permaneça parcelar e múltipla, enquanto ela tenta descrever um mundo exterior que nós supomos sem cesura, e que traduza talvez simplesmente os limites da inteligência humana.[7]

---

4 Ibidem, p. 11.
5 J. Hamburger, *La Raison et la passion*, Paris: Seuil, 1984, p. 14-15.
6 Ibidem, p. 18-19.
7 Ibidem, p. 19.

Em resumo, os limites se ligam a várias coisas: ao campo inculto das observações; ao modo de seleção dos fenômenos; à escolha da linguagem utilizada; à impossibilidade de provar que tal teoria é verdadeira, mas que simplesmente ela não é falha. Há um caráter provisório da adequação de uma teoria à natureza, esperando um modelo melhor que o precedente.

Os escritos teóricos sobre o teatro, na forma intensa que eles tomaram hoje, são o resultado de uma época, a nossa, que desenvolveu há aproximadamente trinta anos uma teorização excessiva de todos os fenômenos literários e artísticos. É evidente, por outro lado, que esforços de teorização pontuais não são recentes e existem há muitos séculos, mas a forma intensa que tais pesquisas adquiriram hoje é o resultado de uma aceleração com ênfase na teoria. A autonomia da pesquisa teatral, ela própria em relação a uma época não tão distante, em que os estudos teatrais inscreviam-se na direção das investigações literárias, não está tão longe. Portanto, não surpreende que nossas pesquisas atuais contenham a marca dessa história.

De fato, nossos modelos epistemológicos foram trazidos da literatura, antes de se adaptarem às formas mais recentes de análise centradas na representação. Os estudos sociológicos, psicanalíticos, sociocríticos, por exemplo, até mesmo históricos[8], não diferem na sua essência (e nos instrumentos que eles adotam) daqueles que utilizam outros campos disciplinares, sobretudo literários. No que os instrumentos metodológicos utilizados diferem quando se aplicam à literatura ou à representação teatral? No que as metodologias propostas foram modificadas pelo seu objeto de análise? No que o objeto teatral trabalhou as categorias epistêmicas em uso?

Às vezes, tem-se a impressão de um molde uniforme que se aplica indiferentemente ao romance, à poesia, ao cinema, bem como acontece com o teatro. Sem dúvida tais aproximações nos

---

8   Duvignaud observa: "Quem acreditará que exista uma continuidade no tempo, uma evolução misteriosa e oculta do teatro desde as primeiras manifestações neolíticas (duvidosas, é verdade) até nossos dias? A ideia de uma criação das formas na sucessão, criação resultando numa lógica interna do desenvolvimento humano, pertence certamente ao arsenal ideológico do século passado [...] Não há vestígio de evolução quanto a isso, e nenhuma sequência liga, entre elas, os grandes períodos de expressão dramática europeias, exceto, sem dúvida, a identidade das inquietudes", *Le Théâtre*, Paris: Librairie Larousse, 1976, p. 7.

elucidam a respeito do fenômeno teatral, na sua relação com o social e com o indivíduo, mas elas nos dizem bem pouco, é preciso reconhecê-lo, sobre os métodos da própria produção da obra (interpretação do ator, afinidade do diretor com uma obra, correlação do ator a um papel, afinidades entre a produção da obra e a sociedade). Quase sempre tais análises contentam-se em estudar as temáticas da obra numa peça ou numa representação para ver o que elas nos dizem de uma determinada sociedade ou de uma psicologia particular: *Hamlet, O Cid, O Príncipe de Homburg* ou *Tartufo*.

Outras afinidades inscrevem-se nessa linhagem. Menos frequentes hoje, elas não se fazem menos presentes. Inspiradas pela filosofia, pela estética ou pela dramaturgia, elas tentam criar uma poética do teatro, analisando os gêneros e procurando diferenciar o teatro das outras formas artísticas (Gouhier, Veinstein, Kowzan, Banu).

Mais recentes, outras afinidades foram especificamente concebidas em volta da obra teatral. Ao emprestar seu impulso para pesquisas que se desenvolveram elas próprias em outras disciplinas: semiologia, por exemplo. Essas parecem ter modelado um instrumento especificamente destinado à representação e em condições de delimitar a natureza[9]. Os exemplos são inúmeros. Aí está um dos únicos exemplos de constituição sistemática de uma ciência própria à representação teatral: pesquisa das categorias de significação na representação, reconhecimento dos diferentes sistemas significantes, definição da noção de personagem.

Ora, nesse caso, a semiologia marcou seus limites. Na verdade, ela deixa por completo na obscuridade essas zonas imprecisas e, no entanto, fundamentais, da produção teatral, que são o desejo, a energia, a emoção. Em resumo, a representação, a produção, a criação. É possível delimitá-las? A resposta não é segura. Mas continua sendo importante questionar e reconhecer tal deficiência como limite de certas abordagens metodológicas.

Aliás, essas abordagens, que nós chamamos "analíticas"[10], "partem muitas vezes da representação. Elas têm por objetivo

9   Cf. A. Ubersfeld, E. Fischer-Lichte, P. Pavis, M.de Marinis, K. Elam, E. Rozik, G. Savona.
10 Cf. Pour une théorie des ensembles flous. *Theaterschrift*, n. 5-6, 1994, p. 58-80.

compreender melhor o espetáculo e produzir noções, conceitos, estruturas, referências que permitam apreender a construção do sentido em cena e a natureza das trocas que aí ocorrem: do texto para o ator, do ator para o espectador, dos atores para o espaço, do corpo para a voz... Elas analisam o fenômeno teatral como produto acabado, exploram os diferentes sistemas da representação, interrogam a relação do teatro com a sociedade, analisam o corpo do ator, seus movimentos, sua voz. Essas teorias visam ao saber: desenvolver os conhecimentos, melhor compreensão da representação.

Essas teorias agem de duas maneiras:

1. De maneira indutiva: nesse caso, elas partem da observação de inúmeras práticas para referenciar constantes, assentar as bases de uma metodologia, construir sistemas de explicação. Portanto elas ultrapassam frequentemente, no fim do processo, a análise de uma representação específica, de uma prática ou de uma forma estética, buscando extrair conclusões de ordem mais geral que seriam aplicáveis a outras práticas.

2. Ou de maneira dedutiva: nesse cao, elas partem de sistemas de pensamento já constituídos que tentam aplicar ao texto para descrever o fenômeno da representação. Tais teorias, esboçadas a partir de campos ideológicos diferentes daquele do teatro, apesar disso encontram neste último, um campo fértil de utilização. É o caso das teorias sociológicas, psicanalíticas, antropológicas, semiológicas, assim como teorias da recepção ou da comunicação mencionadas acima. Todas elas pedem emprestado de outros domínios de observação seus instrumentos e suas metodologias e, todavia, conferem um brilho particular ao fenômeno teatral que elas extravasam à larga.

TEORIAS EMPÍRICAS DA PRODUÇÃO

Existe um segundo grupo de referências, mais empíricas, que se poderia chamar de teorias da produção, cujos objetivos são a compreensão do fenômeno teatral como processo e não como produto. Elas procuram fornecer instrumentos ou métodos para que o prático desenvolva sua arte. Elas visam à experiência.

Esboçadas quase exclusivamente pelos próprios praticantes, tais teorias da prática são úteis para os diversos artífices do espetáculo: atores, diretores, cenógrafos. Elas não visam à melhor compreensão, mas à melhor realização. Elas constituem uma forma de teorizar a prática. Entram nessa categoria os textos de Appia, Craig, Meierhold, Taírov, Vakhtângov, Jouvet, Stanislávski, Brecht, mas também aqueles de Dullin, Brook, Grotowski e tantos outros.

Por vezes, mais próximas de uma metodologia que de uma verdadeira teoria, essas reflexões permitem, no entanto, melhor pensar o fenômeno teatral como aprendizagem e como criação.

Esses múltiplos esquemas que nós distinguimos pela comodidade da intenção, realmente não se excluem. Seus limites, às vezes, são nebulosos uns aos outros, porém nos pareceu útil marcar tais distinções, a fim de melhor circunscrever a natureza das confusas relações que a teoria mantém com a prática. Mas, ao final desse percurso, pergunta-se contudo se não haveria meio desses dois eixos teóricos (esses dois modos de referência) que nós mencionamos (as referências analíticas e as teorias da produção) se encontrarem, desenvolverem-se dialeticamente e enriquecerem-se mutuamente. Eis a questão que gostaria de formular.

Para o momento, isso parece ser difícil, dada a diferença dos objetivos processados segundo cada um dos grupos e a diferença dos interesses. Não se descarta que haveria talvez a possibilidade de procurar, como terceiro vetor teórico das zonas onde o questionamento e as expectativas do prático e do teórico seriam da mesma natureza, zonas teórico-práticas ou prático-teóricas em que as questões formuladas partiriam da prática, mas onde as respostas não poderiam ser encontradas sem uma cooperação entre artistas e pesquisadores, sem que interviesse seus modos de reflexão recíproca: trabalho sobre a energia, por exemplo, na presença do ator, no corpo, na voz e na relação com o texto. Tantas zonas "imprecisas" e contudo fundamentais, ao mesmo tempo, para a evolução do prático e para a compreensão do analista.

Não se poderia acrescentar também, aos modelos já existentes, outros modelos de teorização mais apropriados à natureza efêmera da representação teatral: teoria do impreciso, do movimento, do acaso, do caos? Teorias dos sistemas instáveis, noções de escolha, de risco, de incerteza? Isso permitiria adaptar nossos modelos à evolução dos conhecimentos. Nesse quesito, a pesquisa teatral tem ainda um incontestável caminho a percorrer.

Deixando portanto os sistemas de teorização rígidos, pareceria útil que hoje definíssemos novos caminhos de exploração, novas dimensões da teoria, que possam compreender esses conjuntos imprecisos (teoria da sedução, do obsceno, talvez). É somente a esse preço que o discurso teórico poderá encontrar a prática do teatro e falar disso de maneira viva.

Trad. Aimée Amaro de Lolio

5. Por uma Genética da Encenação: Take 2[1]

As primeiras bases desta reflexão foram lançadas em 1998, no artigo "Por uma Genética da Encenação", publicado na revista *Théâtre/public*[2] e traduzido pela revista *Assaph,* de Tel Aviv, no mesmo ano. Retomamos aqui alguns aspectos dele porque aquela cartografia de um campo ainda frágil permanece, todavia, válida. Em todo caso, há alguns anos, vários textos e pesquisas importantes foram publicados sobre tal tema, especialmente os trabalhos de Jean-Marie Thomasseau, de Marie-Madeleine Mervant Roux e de Sophie Proust, bem como o número especial de *Genesis,* dedicado ao teatro[3]. No âmbito anglo-saxão (no caso, australiano) podemos mencionar os estudos de Gay McAuley, um pioneiro nesse campo e que, há mais de vinte anos, observa o trabalho dos artistas em ensaio[4].

1   Publicado como introdução ao número especial do TRI (*Theatre Research International*) sobre Genética da Performance. Towards a Genetic Study of Performance: Take 2, TRI, v. 33, n. 3, oct. 2008, p. 223-233.
2   N. 144, p. 54-59.
3   N. 26, automne 2006.
4   Ver a revista *About Performance* (Universidade de Sidney), dirigida por Gay McAuley. Pode-se acrescentar a esta lista do universo anglo-saxão Shommit Mitter, *Systems of Rehearsal: Stanislavsky, Brecht, Grotowski and Brook*, London: Routledge, 1992; Susan Letzercole, *Directors in Rehearsal, a Hidden World*,

1995, take 1. Em visita à Universidade de Toronto, onde a Schaubühne foi convidada para apresentar um de seus espetáculos, a encenadora Andrea Breth oferece ao público uma *master class* baseada em uma das cenas de *A Gaivota*. A cena escolhida foi a do último encontro entre Treplev e Nina, onde Treplev descobre que Nina, de regresso já há algum tempo, e abandonada por Trigorin, não poderia, contudo, jamais amá-lo. Os dois atores, sob a direção de Breth, interpretam a cena. Nina está estirada sobre um divã enquanto Kóstia, sentado na extremidade superior, aperta-lhe os dedos com força, exprimindo assim, ao mesmo tempo, o seu desespero e a sua paixão. A atriz, então, interrompe a cena e se queixa que a pressão da mão de seu retraído enamorado está lhe quebrando as articulações.

1998, take 2. Em visita à Schaubühne de Berlim, assisto ao espetáculo já estreado de *A Gaivota*, encenado por Andrea Breth, e constato, agora, que os dois atores interpretam esta cena mantendo vários metros de distância entre eles, imóveis e com uma emoção contida. A força dessa relação à distância, onde os corpos não se tocam, mas onde toda a paixão de Treplev está lá, diante da indiferença de Nina – destruída por um amor não correspondido – mostra com força a irrevogabilidade daquela separação e intensifica o sentimento de fatalidade que vai se abater sobre aqueles jovens, esquecidos pela vida.

A primeira disposição espacial originalmente encontrada, aquela de 1995, revela, dessa maneira, suas insuficiências. O que terá levado a encenadora e os atores a esta transformação? Por meio de quantas etapas tal afastamento na cena ocorreu? Que discussões conduziram a tais escolhas? Essas foram as primeiras instâncias de uma interrogação que me despertaram o interesse pelos processos de criação de uma obra e, de modo especial, pelas fases de preparação de um espetáculo antes de sua cristalização final.

Qualquer apresentação de um espetáculo, estudado para fins de análise, se constitui apenas como um momento do processo, o qual se deve reafirmar continuamente como um instantâneo, capturado ao vivo, de uma circunstância que se

London: Routledge, 1992; Vasili Toporkov, *Stanislavski in Rehearsal*, London: Methuen, 2001. Na França, George Banu. (ed.), *Les Répétitions: Un siècle de mise en scène, De Stanislavski à Bob Wilson*, Bruxelas: Alternatives Théâtrales 52-53-54, 1997, e reeditado pela Actes Sud em uma versão revisada (2005).

inscreve na duração, devendo ser necessariamente lida como tal. Isso é confirmado, aliás, pelas várias obras *in progress* das quais acompanhamos o percurso: as de Wajdi Mouawad, Robert Lepage, Robert Wilson, Peter Sellars[5], apenas para citar algumas. A obra cênica, portanto, estaria sempre em vias de se fazer e estaria inscrita em um processo de constante criação.

Aquilo que é verdadeiro sobre uma obra apresentada ao público o é, mais ainda, em relação a uma obra em gestação. E, se não é uma novidade, no campo da pesquisa teatral, o interesse pelas fases de criação do espetáculo e a investigação de certos documentos existentes (entrevistas com encenadores e atores, depoimentos pessoais, descrição de seus modos de trabalho ou de suas visões de teatro, estudo de maquetes, croquis, anotações diversas), o estudo sistemático desses documentos e, mais ainda, dos cadernos de direção, dos esboços e anotações de cena que documentam os ensaios (redigidas pelo próprio encenador, por seus assistentes ou pelos atores), isso sim, ainda é raro. Contudo, se analisados de modo sistemático, todos esses materiais permitem que adentremos concretamente no mundo de trabalho de um criador – por meio de um determinado espetáculo – e que exploremos as fases de um processo de criação. Como trabalha um encenador? Que conselhos ele dá aos atores? Que diretrizes ele adota no que concerne ao espaço e à gestualidade? Como acontecem os ensaios? Como se efetua a entrada dos atores no palco? Em que momento a cenografia interfere no processo? De que forma ela afeta a marcação e a interpretação? Por que um determinado adereço de cena foi incorporado à obra? Tais anotações, por mais fragmentárias que sejam, são as únicas que podem revelar, em sua multiplicidade, as modificações trazidas ao espetáculo ao longo de sua gestação, bem como as hesitações, rasuras, descobertas e escolhas diversas que acompanham o trabalho.

Tais documentos, que chamaremos de "rascunhos"[6], a fim de caracterizar o seu *status* de obra inacabada e incompleta,

---

5   *Seuls* (Só), *Incendies* (Incênvios), *Littoral* (Litoral), de W. Mouawad; *Os Sete Afluentes do Rio Ota*, de R. Lepage; *Civil Wars* (Guerras Civis), de R. Wilson; *I Was Looking at the Ceiling and Then I Saw the Sky* (Eu Estava Olhando para o Teto e Então Eu Vi o Céu), de P. Sellars, por exemplo.

6   A. Grésillon dá o nome de "pré-texto" a todos os documentos dessa fase de gestação de um espetáculo. Cf *Éléments de critique génétique: Lire les manuscrits modernes*, Paris: PUF, 1994, p. 241. Artigo retomado em A. Grésillon; J.-M.

compreendem, ao mesmo tempo, tudo aquilo que diz respeito aos rascunhos de dramaturgos, tradutores e mesmo de encenadores, bem como todos os elementos que servem à composição do espetáculo: maquetes, croquis, registros visuais e sonoros e, sobretudo, os documentos que permitem recuperar as diferentes etapas dos ensaios. Criados durante a gestação de um espetáculo, eles se dividem em dois grandes grupos, de acordo com a natureza dos vestígios remanescentes: podem ser de ordem textual ou cênica.

RASCUNHOS TEXTUAIS

Esse primeiro grupo de documentos reúne tudo o que concerne ao texto propriamente dito: texto ou manuscrito de partida, onde se encontram sobrescritas todas as correções, modificações, adaptações e reescrituras, os cortes, que alteram uma determinada versão de partida. O estudo desses "rascunhos" textuais pode constituir – como havíamos chamado a atenção em um de nossos primeiros artigos sobre o assunto[7] – a genética dos textos propriamente dita. Criada por Louis Hay em 1968 e depois sistematizada por Almuth Grésillon em 1994[8], a genética dos textos procura traçar as diversas

   Thomasseau, Scènes de genèses théâtrales, *Genesis: Revue Internationale de Critique Génétique*, número especial dedicado ao teatro, n. 26, automne 2006, p. 21.
7 Ver o artigo Pour une analise génétique de la mise en scène, *Théâtre/public*, Paris, n. 144, p. 54-59, automne 1998. Foi publicado também em inglês sob o título For a Genetic Approach to Performance Analysis, *Assaph*, Tel Aviv, n. 13, 1998, p. 41-54.
8 Ver o número de *Genesis* mencionado anteriormente. Editado sob a coordenação de Nathalie Léger e Almuth Grésillon, ele procura exatamente lançar as bases, pela primeira vez na França, de uma "genética do teatro". Ver, de modo mais preciso, o artigo de A. Grésillon; J.-M. Thomasseau, Scènes de genèses Théâtrales, p. 19-34. Quanto à genética textual propriamente dita, ela teve por precursor – conforme o indicamos anteriormente – Louis Hay (e isso já desde 1968), que foi o primeiro a se interessar pelos processos de criação, trabalhando particularmente sobre os manuscritos de Heine, encontrados em um cofre. Depois dele, foi Almuth Grésillon que instituiu a genética textual na França, em seu livro *Eléments d'une critique génétique* (Elementos de uma Crítica Genética, 1994). Foi tomando os textos como seu *corpus*, que a análise genética encontrou, mais facilmente, sua aplicação e seus métodos. A passagem da genética textual àquela da representação foi, por sua vez, mais lenta e muito mais difícil de estabelecer. A análise genética passará, então, primeiramente, pelo estudo das transformações das peças escritas antes de ter como objeto o trabalho de preparação do espetáculo. Foi necessário determinar, nas primeiras fases da reflexão, não somente a factibilidade de tais estudos, mas também o *corpus* dos documentos que seriam submetidos à observação do pesquisador. No âmbito francês, foi J.-M. Thomasseau quem conduziu

etapas que levaram à forma final de um manuscrito. Inspirada pela teoria genética da literatura, com a qual ela partilha certo número de elementos metodológicos, a genética textual se concentra sobre o processo de escritura da obra em seu momento de gestação, tanto quando ele ocorre muito antes – a escritura de uma peça que preceda em muito a sua representação –, quanto no momento em que ele se efetua no corpo a corpo com a cena: como pode ocorrer nas peças de vários dramaturgos que trabalham com um encenador na urgência do palco e que modificam seu texto ao longo dos ensaios. A análise genética se esforça, portanto, em acompanhar e em reconstituir o processo de criação do texto a partir dos vestígios existentes, especialmente das anotações, rasuras, sobreposições, rascunhos de toda natureza – textos manuscritos ou partituras de encenadores ou de atores[9]. O método, que se pretende o mais rigoroso possível, deve, certamente, deixar espaço para a especulação, apontando pistas e elaborando argumentos possíveis, sem que se tenha certeza absoluta.

No campo teatral, os rascunhos textuais podem, certamente, ser estudados independentemente da representação, mas eles só encontram seu verdadeiro sentido no jogo de vai e vem entre a cena e o texto. Em oposição à análise genética dos textos propriamente dita, a análise genética da representação não pode ser realizada sem o estudo das relações entre o texto e a cena, mostrando como as modificações trazidas ao esboço textual

primeiro tais pesquisas na França. Seus primeiros artigos sobre o tema datam do fim dos anos de 1990. Quanto aos ensaios de cena, eles constituem um campo de investigação importante em si mesmo, indispensável ao estudo dos processos de criação. Gay McAuley, na Austrália, é sem dúvida o primeiro a se interessar pelo acompanhamento constante de ensaios. Cria até mesmo uma estrutura, no interior de sua universidade, que permitia às companhias trabalhar ali, o que lhe possibilitava condições de observação rigorosa do trabalho dos atores. Ver, no âmbito francês, Sophie Proust, *La Direction d'acteurs: Dans la mise en scène théâtrale contemporaine*, Montpellier: L'Entretemps, 2006.

[9] Ver, a esse propósito, o estudo de Anne-Françoise Benhamou, Genèse d'un combat: Une Rencontre "derrière les mots", publicado em *Genesis*, n. 26, p. 51-69, que analisa, de modo conciso e esclarecedor, os documentos com as anotações de Chéreau sobre os textos de Koltès, especialmente sobre *O Combate de Negro e Cães*. Confira também Marie-Madeleine Mervant-Roux sobre *Le Square* (A Praça), de Duras: The Fragility of Beginnings: The First Genetic Stratum of Le Square (M. Duras, 1956), *Theatre Research International*, n. 33, autumn 2008, Genetics of Performance, número dedicado aos processos de criação. Mervant-Roux analisa aí, particularmente, as diferentes etapas de criação pelas quais Duras teria passado e que a levaram do romance à peça de teatro.

condicionam o trabalho cênico e como esse último, por sua vez, interfere no texto e interage com ele. Seria instrutivo, por exemplo, estudar as diferentes fases de escritura das peças de Hélène Cixous em relação ao trabalho de ensaio dos atores do Théâtre du Soleil, especialmente em *L'Indiade ou l'Inde de leurs rêves* (A Indíada ou A Índia dos Seus Sonhos; Théâtre du Soleil, 1987) ou em *L'Histoire terrible mais inachevée de Norodom Sihanouk, roi du Cambodge* (A História Terrível mas Inacabada de Norodim Sihanouk, Rei do Camboja; Théâtre Du Soleil, 1985-1987).

Pondo de lado os rascunhos referentes ao manuscrito da peça, subsistem, com frequência, bem poucos vestígios facilmente consultáveis sobre as etapas que conduziram à construção de um espetáculo.

RASCUNHOS CÊNICOS E VISUAIS

O segundo grupo de documentos constitui aquilo que denominamos de rascunhos cênicos e visuais. Compreende o vasto conjunto de todos os documentos escritos, visuais e sonoros relativos ao trabalho de ensaio propriamente dito. Esses escritos são gerados, primeiramente, pelos diferentes criadores e técnicos do espetáculo (encenador, ator, dramaturgo, cenógrafo, figurinista, iluminador, engenheiro de som, aderecista). Figuram, portanto, nessa categoria, os cadernos de direção, as anotações dos assistentes, as notas dos atores, os cadernos do "ponto teatral" (quando existem), os planos de marcação, os procedimentos de condução do espetáculo, as notas do encenador para os atores, os planos de luz, as maquetes, os croquis do cenário, os desenhos de figurinos. Eles podem ser enriquecidos por outros vestígios, relativos aos meios atuais de notação e registro (fitas de vídeo e áudio, anotações de observadores externos), que permitem recuperar assim, mais facilmente, as etapas anteriores do trabalho.

Os Cadernos de Direção

Temos, antes de tudo, por ordem de importância e de confiabilidade, os cadernos de direção, que permanecem uma fonte interessante de pesquisa, embora raramente sejam de domínio público. Constituem-se, na maioria das vezes, de testemunhos das diversas fases pelas quais a montagem passou. Permitem acompanhar as experimentações cênicas, as correções, observações, modificações, hesitações de uns e de outros e as escolhas definitivas. Se são bastante interessantes de consultar depois que o espetáculo está terminado (por exemplo, os cadernos de direção de Roger Blin, Patrice Chéreau, Antoine Vitez[10], arquivados no IMEC*), eles o são ainda mais enquanto a montagem está em curso, pois permitem, então, um jogo de vai e vem entre a obra em processo e o espetáculo acabado. Os cadernos de direção de Roger Blin ou de Antoine Vitez são reveladores nesse sentido[11].

10 Ver também as anotações de trabalho de Stanislávski (*Mise-en-Scène d'Othello de Skakespeare*, Paris: Seuil, 1948, 1973) ou aquelas feitas por Brecht, por exemplo.
* IMEC é a sigla para Institut Mémoires de l'Edition Contemporaine, que reúne e preserva os arquivos das principais editoras da França, bem como de inúmeros artistas, constituindo uma memória do livro, da edição e da criação artística (N. da T.).
11 Conferir os diários de trabalho de Vitez, tornados públicos graças aos esforços de Nathalie Léger, do IMEC, e da editora POL. Eles permitem um mergulho no universo viteziano. Ver *Écrits sur le théâtre I, II, III, IV*, Paris: POL, 1994, 1995, 1996 e 1997. Ler, por exemplo, as notas sobre *Partage de midi*, que Antoine Vitez monta em 1975: "29 de dezembro de 1974 (a Yannis Kokkos): A ideia do 'Museu Claudel' me persegue [...] No fundo, trata-se menos do museu Claudel, mas do interior da cabeça de Claudel, no momento de sua morte. Haveria lá todas as épocas de sua vida desde 1905. Os retratos de mulheres, o Ernest-Simons (uma marinha soberba), as cartas guardadas, os móveis de diferentes épocas, crucifixos, um genuflexório, um rosário, um retrato de sua irmã Camille, uma escultura feita por ela e luminárias de escritório, móveis, cortinas, forros [...] Outra indicação [...] é a sua ideia sobre a iluminação. Uma arte figurativa no limite da abstração, pois só é necessário mostrar poucas coisas do cenário real [...] somente a luz.
10 de março de 1975 (a Yannis Kokkos): Aí está a árvore. Mas ela deveria ter um quê a mais de chinesa, ou mais Hokusai. E de modo geral, eu gostaria que o quadro da cena, assim claro e frágil, tivesse qualquer coisa de Hokusai e de desenho japonês. É verdade o que você diz: se nós atulharmos o palco em declive, ele parecerá um mecanismo. É necessário selecionar os signos utilizados na parte de cima – por exemplo, os sapatos.
15 de agosto de 1975. A rampa. Ela precisa ser utilizável. É indispensável que os móveis possam se manter nela, pois os objetos devem ser a coisa que transforma a aparência de brincadeira em um verdadeiro teatro – a não ser que tenhamos um cenário figurativo estilizado (e de forma nenhuma abstrato)."
Ao final de todas essas observações, das quais reproduzimos aqui apenas alguns fragmentos, o espaço de *Partage de midi*, criado por Yannis Kokkos "será composto por um grande semicírculo branco em declive, atravessado, no lado mais distante da plateia, por uma faixa de piso em madeira clara, e fechado, ao fundo, por um toldo branco. Alguns objetos marcavam o ritmo

Se esses cadernos se tornassem acessíveis logo após o final dos ensaios, eles permitiriam análises mais pertinentes e mais esclarecedoras sobre o espetáculo, análises que diriam respeito diretamente ao trabalho de criação, conectando este último ao resultado final. Seria possível, portanto, perceber as fases de criação de um encenador, quais vozes toma emprestado para efetuar as suas pesquisas, em que momento retém ou elimina uma determinada interação cênica, um gesto, um deslocamento, um adereço relativo àquele espetáculo em questão. Contudo, os cadernos não revelam como um encenador dirige os atores, como a cenografia intervém no seu trabalho, em que momento e de acordo com quais parâmetros entram em jogo a cenografia e os figurinos, elementos fundamentais de qualquer criação teatral. Para tal, é necessário recorrer a uma observação do trabalho em processo.

A visão analítica, levada à representação pelo viés genético, longe de recortar a encenação em momentos descontínuos, reintegra-os na continuidade de um fluxo geral, reinscrevendo a escolha específica de um determinado movimento, deslocamento, gesto, objeto, no fio de um processo esboçado no tempo. Os contornos do presente se desenham, dessa maneira, sobre as virtualidades de um passado, cuja principal virtude é aquela de ter sido esquecido. Contudo, é sobre os rastros e as sombras deixados por tal passado que melhor se pode ler as escolhas deliberadas do presente e aquilo que foi preservado.

Todavia, uma questão se coloca: a da interpretação desses cadernos de direção, já que não existe um sistema uniforme de notação para registrar as escolhas da encenação e nem mesmo para anotar as modificações que interferem no curso de um processo de criação. O que registra um determinado encenador nos seus cadernos? De acordo com quais parâmetros? Privilegiando quais detalhes? As respostas diferem dependendo do artista. Se para um Vitez as anotações são bastante detalhadas, para vários outros encenadores elas se configuram muito mais sóbrias e menos sistematizadas. Por outro lado, surge

      da representação: a maquete do navio a vapor Ernest-Simons descia do urdimento; uma mobília de rotim: cadeiras, mesa baixa, cadeira de balanço; um grande apoio de pedra; uma árvore estilizada, ideograma da China". La Scène, *Ecrits sur le théâtre*, p. 7-27.

outra dificuldade: de fato, a maior parte dos encenadores tem tendência a apagar os registros das etapas anteriores de uma montagem, preservando por escrito apenas as suas últimas escolhas. Como então resgatar essas etapas, a fim de conseguir registrar, em palimpsesto, os rastros dos deslocamentos anteriores? Seja como for, o pesquisador permanece tributário da forma de notação que cada assistente inventou em função de suas necessidades.

É claro que as modalidades de pesquisa e de trabalho dos encenadores diferem não somente em função de cada artista, mas também em função dos espetáculos e das condições espaciais e temporais sob as quais eles se desenrolam. Cada espetáculo constitui um caso único, cada cena um caso com feições particulares.

O estudo genético aplicado ao teatro não estudaria, então, a totalidade de uma encenação, mas escolheria alguns momentos privilegiados a serem analisados, a fim de esclarecer as etapas que conduziram até ela. Tentaria, dessa maneira, tornar mais claras as modalidades de criação de uma determinada cena, de um gesto, de um deslocamento, com objetivo de delinear, nuançadamente, as sombras sobre as quais o trabalho de gestação se constrói, o modo como se operam as renúncias, as retificações, as mudanças de percurso, ou seja, todas as etapas preliminares que levaram às escolhas definitivas.

Não se trata, de maneira nenhuma, de realizar tal trabalho para o conjunto de uma peça – o que seria um trabalho titânico, de necessidade discutível –, mas sim para alguns momentos escolhidos, privilegiados pelo olhar do pesquisador por lhe parecerem portadores de instâncias significativas de um espetáculo. Portanto, a análise genética é marcada, em seu ponto de partida, por certa dose de subjetividade, pelo menos em relação às escolhas efetuadas, subjetividade essa que nos parece indispensável de ser preservada a todo custo.

Os Registros de Vídeo

O segundo material de pesquisa a partir do qual é possível se trabalhar compreende os registros em vídeo que alguns encenadores realizam durante o período de ensaio e aos quais eles recorrem como documentos de trabalho. Tais fitas de vídeo, espécie de arquivo da montagem em processo, representam as diversas fases de elaboração do projeto. Elas constituem um momento específico, ao longo dos ensaios, durante o qual os encenadores e atores se detêm para um tempo de reflexão, para observar a cena e avaliar o estágio no qual eles se encontram. Ocorre também que essa instância de "parar sobre a imagem" nasça de uma dificuldade particular do processo, sobre a qual o vídeo, por meio do distanciamento, possibilite uma explicitação. Hoje em dia, são vários os encenadores que fazem uso corrente de tal procedimento, mas ainda são poucos os pesquisadores que abordam sistematicamente a análise desse tipo de documento.

Tais registros das fases de trabalho são fundamentais. Ocorre-me como prova o filme *Tartuffe: Au Soleil, même la nuit* (Tartufo: o Sol, Mesmo à Noite), que Eric Darmon e Catherine Vilpoux realizaram ao acompanhar a gestação do espetáculo de Mnouchkine[12]. Mais que o próprio espetáculo, o trabalho de criação da obra foi aqui privilegiado, tendo sido reconstruído para o benefício do espectador. É evidente que tal filme ilumine, de modo fundamental, o espetáculo visto pelo público. Ele preserva os fluxos de vida que animam a representação. E por trazer à tona, por exemplo, as diferentes etapas que conduziram ao surgimento da personagem de Damis ou de Dorine, ele explicita não somente as escolhas da encenação, mas, sobretudo, o trabalho profundo, indizível, do ator em busca de sua personagem, e também o de toda uma companhia.

As Anotações de Ensaios

Na ausência de todas essas balizas, as sessões de observação e as notas tomadas pelo próprio pesquisador ao longo dos ensaios se tornam uma importante fonte de referência – desde que o encenador e os atores aceitem esse olhar exterior lançado sobre o seu trabalho. De fato, nem sempre tal presença é bem-vinda, e algumas pessoas ligadas à prática recusam qualquer observador externo em suas empreitadas, a fim de evitar que o trabalho

---

12 Uma coprodução de La Sept ARTE, Agat Films & Cie. com o Théâtre du Soleil, 1997.

seja perturbado por ele. Outras, quando concordam com esse "direito de observar", exigem uma presença assídua por parte do pesquisador, o que implica uma disponibilidade que ele nem sempre pode assumir. Habitualmente, ele prefere optar por uma presença episódica, que pode se configurar como um mal menor, mas que não substitui o acompanhamento completo do processo de trabalho[13].

As proposições esparsas, nascidas da prática e mantidas pelos artistas, estão no centro de seu processo de criação. É necessário assegurar o lugar que lhes cabe na análise dos

13 Coloca-se também a questão do estatuto a ser dado a outros tipos de documentos não mencionados anteriormente, já que muitos deles pontuam o percurso dos artistas: trata-se de entrevistas, declarações públicas, depoimentos de artistas que esclarecem o trabalho de um encenador. Conferir os livros sobre ou de encenadores, publicados há mais de dez anos: Philippe Adrien, *Instant par instant*, Paris: Actes Sud, 1988; Luc Bondy, *La Fête de l'instant*, Paris: Actes Sud, 1996; Jacques Lassalle, *Pauses*, Paris: Actes Sud, 1991; Richard Foreman, *Unbalancing Acts: Foundations for a Theater*, New York: Theatre Communications Group, 1992; Claude Régy, *Espaces perdus* (1998), *L'Ordre des mots* (1999), *L'Etat d'incertitude* (2002), Besançon, *Les Solitaires intempestifs*; Bernard Sobel, *Un Art légitime*, Paris: Actes Sud, 1993; Antoine Vitez, *Le Théâtre des idées*, Paris: Gallimard, 1991, *Ecrits sur le théâtre, I, II, III, IV*, apenas para citar algumas obras. Estudos sobre a prática, muito raros nos anos de 1960 e 1970, propagaram-se bastante desde o início dos anos de 1990. Confira também os livros editados sobre direção de atores: Thomas Richards, *Travailler avec Grotowski*, Paris: Actes Sud, 1995; *Vassiliev, maître de stage*, Bruxelles: Lansman, 1997. Ver ainda Maria Delgado; Paul Heritage, *In Contact With the Gods? Directors Talk Theatre*, Manchester: Manchester University Press, 1996; Josette Féral, *Dresser un monument à l'éphémère: Rencontres avec Ariane Mnouchkine*, Paris: Editions Théâtrales, 1995; *Mise en scène et jeu de l'acteur* - t. 1: *L'Espace du texte*, Montréal/Bruxelles: Jeu/Émile Lansman, 1997; 2001; t. 2: *Le Corps en scène* (1998; 2001); t 3: *Voix de femmes*, Québec: Amérique, 2007.

Essas entrevistas e reflexões sobre a prática teatral, escritas frequentemente *a posteriori*, são igualmente esclarecedoras sobre as etapas preliminares do espetáculo acabado, cumprindo um papel fundamental, por motivos diversos, para a compreensão do percurso de um artista. Permitem acompanhar a criação em movimento: criação da encenação, de um papel, de uma personagem, do espaço. A importância desses vestígios é grande, já que eles contribuem para recolocar a trajetória de um determinado artista numa perspectiva mais ampla, englobando o conjunto do teatro. Dessa maneira, o percurso de Claude Régy ou de Vitez se torna mais claro, evidentemente, por conta de seus próprios escritos.

Por mais úteis que sejam, esses documentos ligados à reflexão *a posteriori* de um artista sobre a sua própria trajetória não são, entretanto, levados em consideração nas páginas seguintes, pois não se encontram conectados com a urgência da representação. Isso não os torna menos importantes. É que somente nos interessa aqui os vestígios ligados diretamente ao processo de gestação de um determinado espetáculo.

espetáculos, mesmo que elas sejam, frequentemente, apresentadas de maneira fragmentária, pois determinam a forma final da representação. Constituem, com frequência, o terreno fértil que conduz a certas escolhas, que define determinados gestos, que incita a algumas rasuras. São os eixos profundos que nutrem a peça acabada. Silenciá-las, em proveito apenas dos signos perceptíveis sobre o palco, é arrancar a peça do solo adubado no qual ela floresceu, fazendo dela um objeto abstrato de pesquisa. O teatro está em outro lugar. Ele se encontra na própria vida que anima a cena e que faz, ano após ano, espetáculo após espetáculo, com que o teatro não pare de se renovar, sem que nenhum estudo consiga petrificá-lo e nem mesmo descobrir as suas leis fundamentais. É essa vida que a análise genética deve procurar preservar a fim de evitar tais clivagens mortais, das quais toda a análise teórica do teatro carrega estigmas.

Portanto, a análise genética privilegia o espetáculo como uma obra de criação em movimento, como um processo do qual aqueles que realizam a prática não são jamais excluídos. Ela tenta construir a ponte entre o saber prático do artista (teorias do fazer, mas também todo um saber pragmático que lhe é próprio) e o saber teórico da análise (teorias do espetáculo e da obra acabada).

Tal abundância de documentos, cada qual trazendo informações diferentes passíveis de exame ao longo da análise dos processos de criação, não nos deve fazer esquecer nem do ecletismo do conjunto, nem do fato de cada um desses documentos se encontrar necessariamente cheio de lacunas. Com efeito, eles são, com frequência, difíceis de datar, incompletos e nenhum deles pode, por si só, explicar a gênese do espetáculo.

Desejar empreender *a posteriori* tal trabalho de reconstrução, por uma via exploratória, coloca, todavia, certo número de problemas: por um lado, o da reunião dos documentos, e até o da existência mesma dos vestígios iniciais da montagem, mas também o relativo à legibilidade, à credibilidade e ao modo de análise de tais documentos. Também se coloca a questão do estatuto conferido a eles em uma obra em processo. Trata-se de uma memória fiel convocada a durar ou de marcas elípticas inscritas no imediatismo da ação presente?

Além disso, a ambiguidade de tal trabalho genético se amplifica em razão de todos os vestígios remanescentes não terem o mesmo *status* nem a mesma finalidade. De fato, a maior parte dos – senão todos os – documentos produzidos pelos artistas tem como primeira intenção auxiliá-los na construção da obra. Estão lá, antes de tudo, como instâncias do trabalho que permitem a comunicação e o acordo entre os realizadores. E, uma vez que sua missão foi cumprida, são relegados ao esquecimento. Portanto, o seu uso *a posteriori* para fins de análise é secundário para o artista, o qual costuma devotar um interesse moderado em relação a eles, uma vez que o espetáculo esteja terminado.

Mencionamos as notas do encenador como exemplo do desafio com o qual o crítico genético se vê confrontado. O desafio é ainda maior na medida em que os elementos reunidos para o estudo são de natureza diversa, se apoiam sobre diferentes suportes materiais (papéis, fitas magnéticas, vídeos, DVDs, imagens digitais, fotos etc.) e carregam com eles informações fragmentadas que respondem aos imperativos dos diferentes criadores e executores do espetáculo (encenadores, atores, cenógrafos, assistentes, iluminador etc.). Ao trazer informações sobre os diversos aspectos da representação, eles oferecem um quadro caleidoscópico e inacabado das distintas etapas da montagem e da imbricação dos variados discursos cênicos. Traçam assim, nas entrelinhas, as diferentes fases do trabalho anteriores à apresentação do espetáculo.

Em face de tal diversidade de documentos, coloca-se de modo mais agudo ainda, não somente a questão da coleta desses registros, mas também a de sua decodificação e análise. Coloca-se também, de forma crucial, como já dissemos anteriormente, a importância dos cadernos de direção. Percebe-se, por exemplo, pelos escritos dos assistentes de direção, que não existe nenhum método de notação, e que, a cada assistente, não somente adota uma maneira de tomar notas que lhe é peculiar, mas decide – segundo os imperativos do encenador ou dele próprio – anotar certos detalhes em detrimento outros[14]. O resultado disso é que, para aqueles que desejariam acompanhar as diversas opções esboçadas antes do trabalho de seleção

---

14   Ver, a esse propósito, S. Proust, op. cit.

final ter sido operado[15], tal objetivo torna-se frequentemente impossível, pois as versões anteriores anotadas pelo assistente são apagadas, na maioria das vezes em função da opção atual em curso. De fato, amiúde não subsiste nenhum registro das diversas escolhas anteriores que pontuaram a montagem. Os cadernos de direção tornam-se, portanto, palimpsestos impossíveis de prospectar, pois as novas versões se sobrepõem às precedentes, sem deixar que nada subsista. E empobrecem, proporcionalmente, a análise genética.

É necessário se render às evidências. Contrariamente à análise genética de textos aplicada à literatura, a relativa à representação não pode ser exaustiva e só a muito custo consegue analisar todas as etapas que conduziram ao espetáculo final. Ela pode, no máximo, ajudar a compreender melhor a forma de trabalhar do encenador, um modo de interpretar do ator, uma conexão particular do cenógrafo com o espaço, uma relação específica com a luz, com um volume, com uma geometria, mas não pode atestar todos os detalhes que levaram da ideia inicial à realização final do espetáculo. O pesquisador deve, portanto, se contentar em pinçar dos documentos existentes algumas informações que esclareçam um ou outro aspecto do trabalho do encenador, dos atores ou demais idealizadores, caso não esteja sujeito a constituir ele mesmo essa memória, como fruto da observação de numerosas horas de ensaio. Foi isso o que tentaram fazer, cada um a seu modo, Gay McAuley, Sophie Proust ou Andreas Yandl, em relação às obras dos encenadores cujos ensaios eles observaram[16]. A presença desse tipo de pesquisador, ainda pouco frequente nas salas de ensaio, cria uma narratividade do trabalho construída em relação às origens do

---

15 As diferentes etapas de improvisação da personagem de Valère, no filme *Au Soleil même la nuit* (E. Darmon e C. Vilpoux, coprodução de La Sept ARTE, Agat Films & Cie. e Théâtre du Soleil, 1997), constituem, nesse sentido, uma exceção, tanto quanto o filme *Claude Régy, Le Passeur* (Claude Régy, o Barqueiro) realizado por Elisabeth Coronel e Arnaud de Mezamat (1997), consagrado ao trabalho de criação de Régy, ou ainda o filme realizado por Stéphane Metge sobre o trabalho de Chéreau em *Fedra*.

16 Ver ainda a revista *Rehearsal*, editada por Gay McAuley, bem como a dissertação de Andreas Yandl intitulada *En quête d'une vérité: Analyse herméneutique de la genèse d'Urfaust, tragédie subjective; mise en scène de Denis Marleau*, Théâtre UBU, UQAM, 2001. Outros também se dedicaram igualmente ao estudo dos ensaios, mas de modo, às vezes, menos sistemático. Ver nota 13, supra.

espetáculo, e compensa, pelas anotações por ele efetuadas, as omissões, as rasuras, os vazios que os documentos habituais deixam necessariamente intocados.

Para o pesquisador, esses vestígios são hoje indispensáveis. Visto o crescente interesse em relação ao processo de uma obra em construção, eles foram repostos na ordem do dia, com o intuito de esclarecer a trajetória de um encenador e de interrogar a sua criação. Tal mudança de foco reflete uma modificação importante do ponto de vista dos estudos teatrais. Doravante, longe de se concentrar sobre a análise de um espetáculo como uma produção acabada, capaz de veicular um sentido ou revelar uma estética, trabalha-se sobre esse ponto nevrálgico da obra em vias de nascer, buscando refazer o curso do tempo para saber como o artista consegue efetuar suas escolhas e de que modo determinada estética se constrói.

Tal visão se impõe ainda mais quando todo teatro contemporâneo de natureza performativa decide, a partir de agora, encenar obras em constante movimento, nas quais o processo é levado para dentro da obra acabada, onde o acontecimento se sobressai, e onde tudo se passa na urgência de um encontro que tudo tende a privilegiar (Jan Lauwers, Guy Cassiers, Ivo van Hove, Elizabeth Lecompte, Josef Nadj, Jan Fabre). Daí ser, como afirmamos, na análise genética, imprescindível a manutenção do impacto da subjetividade evidenciada nas opções efetuadas[17].

Trad. Antonio Araújo

---

17 São os diferentes estágios dessa reflexão que tentamos conduzir no âmbito do grupo de trabalho da FIRT (Fédération Internationale pour la Recherche Théâtrale), dedicado aos processos de criação, criado em 2003 e cujas atividades ocasionaram um dossiê especial da revista *Theatre Research International* (a. 3, n. 33, out. 2008, número especial sobre Genética da Performance). Tal dossiê procura tornar mais claro esse campo de pesquisa, ainda pouco desenvolvido, que são os processos de criação.

Parte II

Para uma Definição da Teatralidade

1. A Teatralidade

em busca da especificidade da linguagem teatral[1]

Colocar-se hoje a questão da teatralidade é tentar definir o que distingue o teatro dos outros gêneros e, mais ainda, o que o diferencia das outras artes do espetáculo, particularmente da dança, da performance[2] e das artes multimídia. É esforçar-se por atualizar a natureza profunda do teatro, para além da multiplicidade de práticas individuais, teorias de atuação, estéticas. É tentar encontrar parâmetros comuns a toda realização teatral desde sua origem. O projeto parece ambicioso, titânico, talvez irrealista. Portanto, trataremos aqui de ensaiar referências, estabelecer balizas para uma reflexão que demanda continuidade.

1 Desenvolvimento de uma conferência dada em 1987, no Departamento de Teatro da Faculdade de Letras e Filosofia da Universidade de Buenos Aires. Foi ampliado e publicado pela primeira vez na revista *Poétique*, em 1988. La Théâtralité: La spécificité du langage théâtral, *Poétique*, Paris, set. 1988, p. 347-361,. O final do artigo foi modificado para levar em conta pesquisas realizadas posteriormente sobre a questão da teatralidade.
2 O termo "performance" corresponde àquilo que o inglês chama de *performance art*, quer dizer, uma arte nascida do *happening*, cujos limites com as outras artes (pintura, escultura, música) não são estanques. Cf. o estudo de RoseLee Goldberg, *Performance: Live Art, 1909 to the Present*, New York: E.P. Dutton, 1979. Cf. também J. Féral, Performance e Théâtralité: Le sujet démystifié, J. Féral; J. Savona; E. Walker (eds.), *Théâtralité, écriture, mise en scène*, Coll. Brèches, Montréal: Hurtubise HMH, 1985, p. 125-140.

Diria que o século XX colocou em xeque as certezas do teatro e das outras artes, se é que se pode falar assim. O que ainda era importante para as estéticas teatrais definidas e essencialmente normativas do final do século XIX, foi questionado no século XX, ao mesmo tempo que a cena distanciou-se do texto e do lugar que ele deveria ocupar na realização teatral[3].

Desse modo, com o texto sofrendo ataques e não podendo mais garantir a teatralidade da cena, era normal que os homens de teatro começassem a se interrogar sobre a especificidade do ato teatral, especialmente porque essa especificidade parecia, a partir daí, fazer parte de outras práticas como a dança, a performance, a ópera.

A emergência da teatralidade em outros espaços que não o teatro parece ter por corolário a dissolução dos limites entre os gêneros e das distinções formais entre as práticas: da dança-teatro às artes multimídia, passando pelos *happenings*, a performance, as novas tecnologias, é cada vez mais difícil determinar as especificidades. À medida que o espetacular e o teatral passaram a fazer parte de novas formas, o teatro, repentinamente descentrado, foi obrigado a se redefinir. A partir daí, perdeu suas certezas.

Como, então, definir a teatralidade hoje? É preciso falar de teatralidade, no singular, ou de teatralidades, no plural? A teatralidade é uma propriedade que pertence, em sentido próprio e único, ao teatro, ou pode investir, paralelamente, o cotidiano? É uma qualidade (no sentido kantiano do termo) pré-existente ao objeto em que se aplica, a condição de emergência do teatral? Ou seria antes a consequência de um determinado processo de teatralização dirigido ao real ou ao sujeito? Essas são as questões que pretendemos propor aqui.

---

3   Um indício dessa importância foi a pesquisa realizada em 1912 pela revista *Les Marges*, que perguntava ao público: "Segundo você, quem é superior, o homem que ama a leitura ou o homem que tem paixão pelo teatro?". Na ocasião, a maioria dos participantes respondeu que o texto era mais importante que o espetáculo. O fato é descrito por André Veinstein em *La Mise en scène théâtral et sa condition esthétique*, Paris: Flammarion, 1955, p. 55.

RETOMADA HISTÓRICA

A noção de teatralidade parece ter surgido na história ao mesmo tempo que a noção de literaridade[4], ainda que tenha experimentado uma difusão menos rápida, já que a maior parte dos textos que abordam o tema, e que pudemos inventariar, datam dos anos de 1980[5]. Portanto, é preciso dizer, antes de tudo, que a noção de teatralidade enquanto conceito é uma preocupação recente, que acompanha o fenômeno de teorização do teatro no sentido moderno do termo. Entretanto, pode-se objetar que *A Poética* de Aristóteles, *O Paradoxo Sobre o Comediante*, de Diderot, os prefácios de Racine e Victor Hugo, para citar alguns exemplos, constituem, efetivamente, um trabalho de teorização do teatro. É claro que sim. Mas sabemos que a teorização do teatro no sentido atual, ou seja, enquanto reflexão sobre a especificidade dos gêneros e a definição de conceitos, como a "semiotização", a "ostenção", o "enquadramento", a "liminaridade" é muito mais recente. É o signo de uma época cujo fascínio pela teoria Roland Barthes expôs.

Se a noção de teatralidade difundiu-se ativamente há cerca de alguns anos, essa difusão recente parece ter esquecido a história mais longínqua do conceito, já que a noção de teatralidade pode ser encontrada nos primeiros textos de Nicolai Evréinov (1922). Nesses escritos, ele fala de *teatralnost* e insiste na importância do sufixo *nost*, afirmando que é sua maior descoberta[6].

Pouco definida lexicalmente, etimologicamente pouco clara, a teatralidade parece resultar desse "conceito tácito" que

---

4 Ver a respeito Mircea Marghescou, *Le Concept de littérarité: Essai sur les possibilités théoriques d'une science de la littérature*, Coll. De proprietatibus litterarum, Haia: Mouton, 1974; Charles Bouazis, *Littérature et société : Théorie d'un modèle du fonctionnement littéraire*, Paris: Mame, 1972; Thomas Aron, *Littérature et littérarité : Um essai de mise au point*, Coll. Annales littéraires de l'Université de Besançon, Paris: Les Belles Lettres, 1984, assim como as primeiras referências à noção de "literaridade", esboçadas no âmbito da Escola de Praga.
5 No entanto, é preciso notar que o termo "teatralidade" foi introduzido na França por Roland Barthes em 1954 (em Le Théâtre de Baudelaire, prefácio à edição de *Oeuvres complètes de Baudelaire,* Paris: Club du meilleur livre, 1955; reeditado em *Essais critiques*, Paris: Seuil, 1964).
6 Ver Sharon Marie Carnicke, L'Instinct théâtral: Evreinov et la théâtralité, *Revue des études slaves*, v. 53, f. 1, p. 97-108, 1981. Em francês, a expressão mantida foi "théâtralité", em inglês, parece oscilar entre "theatrality" e "theatricality", e seu uso é menos importante do que faz o francês.

Michael Polanyi menciona[7] e define como uma "ideia concreta diretamente manipulável, mas que só pode ser descrita indiretamente", associando-se, de modo privilegiado, ao teatro.

A TEATRALIDADE COMO PROPRIEDADE DO COTIDIANO

A partir da investigação das condições de manifestação da teatralidade em cena e fora de cena, pode-se esclarecer que a teatralidade não pertence, em sentido exclusivo, ao teatro. Alguns exemplos são capazes de orientar nossa reflexão. Suponhamos os seguintes cenários:

1º Cenário: Vocês entram em um teatro onde uma determinada disposição cenográfica está, evidentemente, à espera do início da representação; o ator está ausente; a peça não começou. Pode-se dizer que aí existe teatralidade?

Responder de modo afirmativo é reconhecer que a disposição "teatral" do lugar cênico traz em si certa teatralidade. O espectador sabe o que esperar do lugar e da cenografia: teatro[8]. Quanto ao espaço, surge como portador de teatralidade porque o sujeito percebe nele relações, uma encenação do especular. Essa importância do espaço parece fundamental a toda teatralidade, já que a passagem do literário ao teatral sempre se funda, prioritariamente, sobre um trabalho espacial.

2º Cenário: Vocês estão em um metrô e assistem a uma discussão entre dois passageiros. Um deles fuma e o outro lhe pede, com veemência, que não fume, pois é proibido. O primeiro não

---

7 Em *The Tacit Dimension*, New York: Garden City, 1967, Polanyi nota que esse saber tácito provém das ligações que o indivíduo estabelece entre duas entidades. O conhecimento de uma permite que deduza as características da outra ["tacit knowing establishes a meaningful relation between two terms" (p. 13); "we know the first term only relying on our awareness of it for attending to the second" (p.10)]. Aplicado à noção de teatralidade, isso sublinha que nosso conhecimento do que é o teatro permitiria deduzir as características da teatralidade. Ver também Jacques Baillon, D'une entreprise de théâtralité, *Travail théâtrale*, n. 18-19, 1975, p. 109-122.

8 A ausência do ator coloca um problema. Há teatralidade sem ator? Essa é a questão fundamental. Beckett tenta dar uma resposta fazendo com que o ator trabalhe no limite do desaparecimento.

A TEATRALIDADE

obedece: insultos, ameaças, o tom sobe. Os outros espectadores observam atentamente, alguns fazem comentários, tomam partido. O vagão para diante de uma imponente propaganda publicitária. A agredida (é uma mulher) desce, fazendo com que os espectadores presentes notem a desproporção entre a proibição de fumar, escrita em letras muito pequenas sobre as laterais do metrô, e o estímulo a fumar que ocupa toda a parede da plataforma.

Há teatralidade nesse incidente? A tendência seria responder pela negativa: não houve nem encenação, nem ficção, nem apelo ao olhar do outro por parte dos protagonistas; apenas pessoas envolvidas numa escaramuça. Ora, o espectador que tivesse descido na mesma estação teria descoberto que as pessoas eram atores e faziam teatro invisível, segundo os princípios definidos por Augusto Boal[9]. Portanto, havia teatralidade no espetáculo a que o espectador assistiu involuntariamente? *A posteriori*, seria possível dizer que sim.

O que concluir dessa mudança de opinião? Que a teatralidade, nesse caso, parece ter surgido do conhecimento do espectador, desde que foi informado da *intenção de teatro* em sua direção. Esse saber modificou seu olhar e forçou-o a ver o espetacular onde até então só havia o especular, ou seja, o evento[10]. Ele transformou em *ficção* o que pensava surgir do cotidiano; semiotizou o espaço, deslocou os signos e pode lê-los em seguida de modo diferente, fazendo emergir o simulacro nos corpos dos *performers* e a ilusão onde, supostamente, ela não estaria próxima, ou seja, em seu espaço cotidiano. Nesse caso, a teatralidade surge a partir do *performer* e de sua intenção expressa de teatro. Mas é uma intenção que o espectador deve conhecer, necessariamente, sem o que não consegue notá-la, e a teatralidade lhe escapa.

3º Cenário: Enfim, o último exemplo. Sentada no terraço de um café, olho os homens passando na rua. Eles não têm intenção

9   Foi efetivamente o que aconteceu nesse exemplo real. O passageiro agressor, que desceu na mesma estação, notou a multidão que se formava em torno da passageira agredida, e compreendeu que se tratava de uma ficção teatral. Ficou irritado por ter sido enganado dessa maneira.
10 A respeito do espetacular, Guy Debord escreve: "O espetáculo não é identificável ao simples olhar, mesmo combinado à escuta. É o que escapa à atividade dos homens, à reconsideração e à correção de sua obra. É o oposto do diálogo." Guy Debord, *La Société du spectacle*, Paris: Champ libre, 1971, p. 4.

de ser vistos nem desejo de atuar. Não projetam simulacro nem ficção, ao menos aparentemente. Não exibem seus corpos ou, ao menos, não é essa a razão de sua presença nesse lugar. Eles mal dão atenção a esse olhar que se dirige a eles e que ignoram. Ora, o olhar que lhes dirijo lê certa teatralidade nos corpos que observa, em sua gestualidade, em sua inscrição no espaço. O simples exercício do olhar inscreve essa teatralidade, colocando a gestualidade do outro no espaço do especular.

Desse exemplo final, pelas restrições mínimas que exige do espectador[11], pode-se depreender uma importante conclusão: a teatralidade não parece relacionar-se à natureza do objeto que investe – o ator, o espaço, o objeto, o evento; também não se restringe ao simulacro, à ilusão, às aparências, à ficção, já que pudemos apreendê-la em situações cotidianas. Mais que uma propriedade, cujas características seria possível analisar, é um *processo,* uma produção relacionada sobretudo ao olhar que postula e cria *outro espaço,* tornado espaço do outro – espaço virtual, é claro – e dá lugar à alteridade dos sujeitos e à emergência da ficção. Esse espaço resulta de um ato consciente tanto do próprio *performer* (no sentido amplo do termo: ator, encenador, cenógrafo, iluminador, e também arquiteto) – e esse é o sentido dos dois primeiros exemplos –, quanto do espectador, cujo olhar cria uma clivagem espacial de onde surge a ilusão; olhar dirigido, sem distinção, a eventos, comportamentos, corpos, objetos, espaço cotidiano e também ficcional – e isso tem relação com nosso último exemplo.

A condição da teatralidade seria, portanto, a identificação (quando é produzida pelo outro) ou a criação (quando o sujeito a projeta sobre as coisas) de um *outro espaço,* espaço diferente do cotidiano, criado pelo olhar do espectador que se mantém fora dele. Essa clivagem no espaço é o espaço do outro, que instaura um fora e um dentro da teatralidade. É um espaço fundador da alteridade da teatralidade.

Percebida dessa forma, a teatralidade não seria apenas a emergência de uma fratura no espaço, uma clivagem no real

---

11 Isso nos permite ler, pelo avesso, o segundo exemplo dado (a cena no metrô), dessa vez para responder afirmativamente à questão colocada anteriormente (Esta cena é teatral?): sim, o espetáculo no metrô é portador de teatralidade, mesmo que o espectador ignorasse tratar-se de teatro.

que faz surgir aí a alteridade, mas a própria constituição desse espaço por meio do olhar do espectador, um olhar ativo que é condição de emergência da teatralidade e realmente produz uma modificação "qualitativa" nas relações entre os sujeitos: o outro torna-se ator seja porque mostra que representa (nesse caso, a iniciativa parte do ator), seja porque o olhar do espectador transforma-o em ator – a despeito dele – e o inscreve na teatralidade (nesse caso, a iniciativa parte do espectador).

Assim, a teatralidade consiste tanto em situar a coisa ou o outro nesse outro espaço, em que ela pode aparecer graças ao efeito de enquadramento através do qual inscrevo o que olho (ver nosso terceiro exemplo) quanto em transformar um evento em signo (quando um simples fato cotidiano transforma-se em espetáculo – ver nosso segundo exemplo). Portanto, nessa etapa de nossa reflexão, a teatralidade não aparece como uma propriedade, mas como um processo que indica "sujeitos em processo"[12]: aquele que é olhado – aquele que olha. É um fazer, um vir a ser que constrói um objeto antes de investi-lo. Essa construção é resultado de uma dupla polaridade, que pode partir tanto da cena e do ator quanto do espectador.

O que faz o olhar da espectadora sentada no terraço do café, ou o do espectador no vagão do metrô, ou mesmo aqueles dos espectadores que entram no teatro, é criar esse espaço de clivagem, um outro espaço ou o espaço do outro no lugar do seu próprio. Se essa clivagem não existisse, não haveria possibilidade de teatro, pois o outro estaria em meu espaço imediato, ou seja, no cotidiano. Não haveria teatralidade e muito menos teatro.

Portanto, em princípio a teatralidade aparece como operação cognitiva e até mesmo fantasmática. É um ato performativo daquele que olha ou daquele que faz. Cria o espaço virtual do outro, o espaço transicional referido por Winnicott, o espaço liminar mencionado por Turner, o enquadramento evocado por Goffman. Permite ao sujeito que faz, e àquele que olha, a passagem daqui para outro lugar.

---

12 Segundo a expressão consagrada por Julia Kristeva (1977) em O Sujeito em Processo, *Polylogue*, col. Tel quel, Paris: Seuil, 1991. Com essa expressão, Kristeva pretende sublinhar o movimento do sujeito sempre em processo de estruturação, sujeito não monolítico, que escapa à lei unificadora da linguagem.

O que quer dizer que a teatralidade não tem manifestações físicas obrigatórias, nem propriedades qualitativas que permitam reconhecê-la com exatidão. Ela não é um dado empírico. É uma situação do sujeito em relação ao mundo e a seu imaginário. É essa situação das estruturas do imaginário, fundadas sobre a presença do espaço do outro, que permite o teatro. Ver a teatralidade nesses termos coloca a questão da transcendência da teatralidade.

O TEATRO COMO PRÉ-ESTÉTICA: O QUE PERMITE O TEATRAL?

Para Nicolai Evréinov, um dos primeiros a teorizar sobre a noção, a teatralidade é vista como *instinto* de "transformação das aparências da natureza". Esse instinto, que Evréinov chama, em outra passagem, de "vontade de teatro", é um impulso irresistível encontrado em todos os homens (ver *O Teatro Por Si Próprio*, 1930, ou *Apologia da Teatralidade*, 1908), do mesmo modo que o jogo nos animais (ver *Teatro Entre os Animais*[13], 1924, *Le Théâtre dans la vie* [O Teatro e a Vida], 1930). Portanto, trata-se de uma qualidade quase universal e presente no homem antes de todo ato propriamente estético. É o gosto pelo travestimento, o prazer de criar a ilusão, projetar simulacros de si e do real em direção ao outro. Nesse ato que o transporta e o transforma, o homem parece ser o ponto de partida da teatralidade: é sua fonte e seu primeiro objeto – oferece simulacros de si. Evréinov fala da transformação da natureza[14], outro nome dado ao real. Assim, para Evréinov o homem está no centro do processo; é fundamental para a emergência e a manifestação da teatralidade.

Com origem no "instinto", nesse caso a teatralidade liga-se sobretudo ao corpo do ator e resulta de uma experiência física e lúdica, antes de tornar-se um meio intelectual visando a uma dada estética. Essa experiência lúdica leva à *transformação* da natureza. Isso quer dizer que, nesse caso, o processo fundante

---

13 O título exato do livro é *Teatr u jivotnykh* (O Teatro nos Animais: Sobre a Significação Biológica da Teatralidade), Leningrado/Moskvá: Kniga, 1924, não traduzido em francês.
14 Não desenvolveremos aqui as questões teóricas levantadas pelas noções de natureza e de real.

da teatralidade é pré-estético. Apela à criatividade do sujeito, mas precede a criação como ato artístico e estético acabado. Como nota Evréinov, é uma transformação que pode acontecer na vida cotidiana. Nesse aspecto, o limite entre teatro e cotidiano é mínimo. Em sua definição mais ampla, a teatralidade pertence a todos.

Ainda que se compreenda profundamente as convicções de Evréinov e a relação que mantém com a época em que foram elaboradas (especialmente no que se refere à noção de instinto), trata-se de um modo de ver a teatralidade que não diz respeito especificamente ao teatro, e que pode ser aplicado à antropologia, à etnologia, à sociologia[15]. Na tentativa de aproximar teatralidade e cotidiano, Evréinov corre o risco de anular a especificidade da teatralidade cênica (pois inscreve a teatralidade no cotidiano), mas confere uma extensão ao termo teatralidade que merece ser explorada. Evréinov nota que a teatralidade, antes de ser um fenômeno teatral, é uma propriedade (uma transcendência) que pode ser deduzida, sem passar pelo estudo empírico que pressuporia a observação de diversas práticas teatrais.

Se estamos próximos de admitir que existe de fato uma teatralidade dos atos, dos acontecimentos, das situações e dos objetos fora da cena teatral, coloca-se, a partir daí, uma questão de ordem filosófica, a da existência possível de uma *transcendência* da teatralidade (para falar em termos kantianos) de que a teatralidade cênica seria apenas uma expressão. Colocando em outros termos, a teatralidade é uma propriedade transcendental que pode investir todas as formas do real (o artístico, o cultural, o político, o econômico)? Ou só pode ser deduzida a partir do empirismo e da observação do real, com base em um denominador comum a práticas artísticas dotadas de teatralidade?

Vista como estrutura transcendental, a teatralidade seria dotada de características nas quais o teatro poderia inscrever-se naturalmente. E seria justamente por existir a possibilidade de transcendência da teatralidade que haveria teatralidade em cena. Dito de outra forma, o teatro só seria possível porque a

---

15 Como faz Elizabeth Burns em seu *Theatricality. A Study of Convention in the Theatre and in Social Life*, New York: Harper & Row, 1973.

teatralidade existe e o teatro a convoca. Uma vez convocada, a teatralidade passaria a adquirir características propriamente teatrais, valorizadas coletivamente e socialmente profundas. Mas essa teatralidade própria ao teatro não poderia existir se não houvesse a possibilidade de uma transcendência da teatralidade. O ator toma lugar nessa estrutura transcendental, mergulhando nesse espaço clivado que escolheu ou que lhe foi imposto[16].

A TEATRALIDADE TEATRAL

Se a condição *sine qua non* da teatralidade, como acabamos de defini-la, é a criação de outro espaço onde a ficção pode surgir, essa característica não nos parece específica do teatro. Então, quais seriam os signos característicos da especificidade cênica?[17] O que apenas o teatro consegue produzir?

Evréinov afirmava que a teatralidade do teatro repousa essencialmente sobre a teatralidade do ator, movido por um instinto teatral que lhe suscita o gosto por transformar o real circundante. Apresentava a teatralidade como uma propriedade que parte do ator e teatraliza aquilo que o rodeia: o eu e o real. Ora, temos nessa dupla polaridade (eu-real) as "interfaces" fundamentais de toda reflexão sobre a teatralidade cênica: seu lugar de emergência (o ator) e seu ponto de finalização (a relação que institui com o real). As modalidades de relação que se estabelecem entre os dois polos são dadas pelo *jogo*, cujas regras tem a ver, ao mesmo tempo, com o pontual e o permanente. Na verdade, os percursos entre esses dois polos podem ser variados, mas não obrigatórios. Eles organizam as três modalidades da relação que definem o processo de teatralidade e que pode envolver o conjunto do

---

16 Ver a participação forçada a que os espectadores são submetidos, às vezes, pelos atores. São eloquentes, nesse sentido, as experiências do Living em *Antígone*, por exemplo, ou determinadas práticas teatrais dos anos de 1960, em que os espectadores eram forçados a entrar no espaço de representação, ou seja, no espaço do outro, muitas vezes com relutância.

17 Em *Le Souffleur inquiet*, número especial de *Alternatives Théâtrales*, n. 20-21, dez. 1984, Jean-Marie Piemme afirmava que a teatralidade é aquilo que o teatro é o único a produzir, aquilo que as outras artes não oferecem, não podem produzir.

teatro, respeitando as mudanças históricas, sociológicas ou estéticas: o ator, a ficção e o jogo.

Ator .... Ficção
Jogo

O Ator

Se o ator é portador da teatralidade no teatro – axioma que Peter Brook, sem dúvida, endossaria[18] –, é porque todos os sistemas significantes – espaço cenográfico, figurinos, maquiagem, narração, texto, iluminação, acessórios – podem desaparecer sem que a teatralidade cênica seja profundamente afetada. É suficiente que o ator permaneça para que a teatralidade seja preservada e o teatro possa acontecer, prova de que o ator[19] é um dos elementos indispensáveis à produção da teatralidade cênica.

Pois o ator é, ao mesmo tempo, produtor e portador da teatralidade. Ele a codifica, inscreve-a em cena por meio de signos, de estruturas simbólicas trabalhadas por suas pulsões e seus desejos enquanto sujeito, um sujeito em processo que explora seu avesso, seu duplo, seu outro, a fim de fazê-lo falar. Essas estruturas simbólicas perfeitamente codificadas, facilmente identificáveis pelo olhar do público, que delas se apropria como modo de conhecimento ou de experiência, são todas as formas do narrativo e do ficcional que se inscrevem em cena (personagens, atletas do gesto, marionetes mecanizadas, narrativas, diálogos, representações), e que o ator faz surgirem no teatro. Resultantes de simulacros, de ilusões, essas estruturas manifestam em

---

18 Ver Peter Brook: "Eu poderia tomar não importa que espaço vazio e chamá-lo de cena. Alguém atravessa esse espaço vazio enquanto alguém o observa, e é suficiente para que o ato teatral se inicie." Peter Brook, *L'Espace vide: Ecrits sur le théâtre*, col. Pierres vives, Paris: Seuil, 1977, p. 25. A essa primeira definição, Peter Brook acrescenta a necessidade de um diálogo sobre a cena. "O elemento de base de uma peça é o diálogo. Ele implica uma tensão e supõe que duas pessoas não estejam de acordo. O que significa um conflito. Que ele seja latente ou manifesto, pouco importa", em Peter Brook, *Points de Suspension*, col. Points Essais, Paris: Seuil, 2004.

19 A noção de ator é tomada aqui no sentido mais amplo possível: pode-se tratar de marionetes, é claro, mas igualmente de teatro sem atores, como faz o Nouveau Théâtre Expérimental de Montréal, quando apresenta uma peça em que apenas os objetos atuam (*Les Objets parlent* [Os Objetos Falam], 1986-1987).

cena a emergência de mundos possíveis, dos quais o espectador apreende, simultaneamente, toda a verdade e toda a ilusão. Mais que as estruturas dadas a ver o que o olhar do público interroga sob a máscara, é a presença do outro, seu *savoir-faire*, sua técnica, seu jogo, sua arte da dissimulação, da representação.

Pois o olhar do público é sempre duplo. Jamais se deixa tomar completamente. O paradoxo do comediante é o seu próprio: acreditar no outro sem acreditar. Como diz Schechner, o espectador é confrontado com o *not-not me* do ator[20]. O ator se oferece *a ele* por meio de simulacros que são estases de um processo e o público sabe muito bem que aquilo que assiste representa apenas uma de suas etapas. Diz respeito à travessia do imaginário, ao desejo de ser outro, à transformação, à alteridade. Assim questionado, posto em cena, dado a ver, o ator trabalha nos limites do eu, onde o desejo torna-se performance. Ele sinaliza a diferença, o deslocamento, o desconhecido.

Portanto, a teatralidade do *performer* está nesse deslocamento que o ator opera entre ele próprio e ele como um outro, nessa *dinâmica* que registra. A teatralidade está nesse processo do qual o ator é o foco, que faz com que ele sinta, nos momentos de imobilismo das estruturas simbólicas, a ameaça sempre presente de retorno ao sujeito. Conforme as estéticas, a tensão entre as estruturas simbólicas do teatral e as invectivas do pulsional é mais ou menos valorizada. Em um extremo encontra-se Artaud, em outro, o teatro oriental. De um a outro, está toda a diversidade das escolas e das práticas individuais[21].

O lugar privilegiado desse confronto da alteridade é o corpo do ator, um corpo em jogo, em cena, corpo pulsional e simbólico em que a histeria fricciona a maestria. O corpo é, a um só tempo, o lugar do conhecimento e da mestria. Um corpo constantemente ameaçado por certa insuficiência, falhas,

---

20 "Todos os espetáculos partilham esse 'não-não eu': Olivier não é Hamlet, mas ao mesmo tempo ele não é não Hamlet: seu jogo se situa entre a negação de ser um outro (= eu sou eu) e a negação de não o ser (= eu sou Hamlet)". Richard Schechner, *Between Theatre and Anthropology*, Philadelphia: University of Pennsilvania Press, , 1985, p. 123.

21 A relação com o corpo difere, é claro, segundo as escolas de formação. Algumas tendem a inculcar no ator uma maestria absoluta, fundada em um método atlético – é o exemplo de Grotowski – e outras exaltam a perda do ator em si mesmo: é o exemplo de Artaud.

dificuldade de ser. Porque, aqui, o corpo é imperfeito por definição, conhece seus limites. Feito de matéria, é vulnerável e surpreende quando se supera[22].

Mas esse corpo não é apenas *performance*. Posto em cena, posto em signos, semiotiza tudo que o rodeia: o espaço e o tempo, a narrativa e os diálogos, a cenografia e a música, a iluminação e os figurinos. Introduz (cria?) a teatralidade em cena. Quanto menos é portador de informação e saber, quanto menos leva em conta a representação, não assumindo a mimese, mais fala da presença do ator, do imediatismo do evento e de sua própria materialidade[23].

Exibido enquanto espaço, ritmo, ilusão, opacidade, transparência, linguagem, narrativa, personagem, atleta, o corpo do ator é um dos elementos mais importantes da teatralidade em cena.

O Jogo

É nesse ponto que intervém uma segunda noção fundamental para a teatralidade do ato teatral: a noção de jogo. Para quem tenta apreender a noção de jogo no teatro, a definição de Huizinga é apropriada. Jogar é fazer

> uma ação livre, sentida como "fictícia" e situada fora da vida corrente, e no entanto capaz de absorver completamente o jogador; é uma ação desprovida de todo interesse material e de toda utilidade, que se pratica em um tempo e um espaço expressamente circunscritos, desenvolve-se segundo uma ordem e com regras dadas[24].

Portanto, o jogo implica uma atitude *consciente* da parte do *performer* (tomado aqui em seu sentido geral: ator, encenador,

---

22 Surpreendentemente idêntica àquela que o espectador sente em uma competição esportiva; o paralelo entre os esportes e o teatro é retomado com frequência. Ver *Théâtre/Public*, n. 63, maio 1985.
23 Para Jean-Marie Piemme, esse corpo traz a materialidade, a singularidade, a vulnerabilidade, pois é cada vez mais anacrônico diante das tecnologias. Mesmo sendo cada vez mais mediatizado, permanece singular. "No momento em que o real mediatiza-se cada vez mais, em que o ser humano mergulha nas imagens de si mesmo que as modernas tecnologias de reprodução lhe remetem de volta, o corpo, na radicalidade de sua presença material no espaço não para de ganhar importância.", op. cit., p. 40.
24 Johan Huizinga, *O Jogo Como Elemento da Cultura*, 7. ed., São Paulo: Perspectiva, 2012, p. 16.

cenógrafo, dramaturgo... todos eles participam), realizando-se no *aqui e agora* de *outro espaço* que não o cotidiano, visando à realização de "gestos fora da vida corrente". Esse jogo provoca um dispêndio pessoal cujos objetivos, intensidade e manifestações variam de um indivíduo a outro, de uma época a outra e de um gênero a outro.

Além disso, o jogo é codificado aí a partir de regras específicas que se relacionam, por um lado, com as regras do jogo em geral (enquadramento cênico, outro espaço, liberdade no interior dessa moldura, ostensão, transformação, transgressões), e por outro com regras mais específicas que é possível historicizar, na medida em que dão conta de estéticas teatrais diferentes de acordo com épocas, gêneros e práticas específicas[25]. Essas regras impõem uma moldura de ação no interior da qual o ator pode tomar certas liberdades em relação ao cotidiano.

Essa moldura não é cênica, como se poderia pensar (moldura física que pertence, com frequência, ao domínio do visível), mas uma *moldura virtual,* aquela que o jogo impõe com suas constrições e suas liberdades. Ela é visível graças à codificação tácita que opera no espaço e nos seres que o ocupam, criando o fenômeno teatral. Em lugar de moldura, seria conveniente falar aqui de enquadramento teatral, para retomar um conceito que Erving Goffman[26] definiu e tem a vantagem de sublinhar o caráter dinâmico do processo. Se a moldura é um resultado que é possível impor, o enquadramento, ao contrário, é um processo, uma produção que expressa o sujeito em ato. O enquadramento sublinha muito bem o fato de ser

---

25 As regras do jogo teatral são diferentes, por exemplo, na época elisabetana ou na época clássica; da mesma forma que a *Commedia dell'Arte* não impõe as mesmas regras de jogo que a tragédia de Sófocles. Hoje, à medida que nos colocamos ao lado do teatro herdado dos anos de 1960 ou do lado da tradição, as regras do jogo cênico são diferentes. Nesse sentido, a historicização das regras do jogo surge de um estudo da estética.

26 A noção de enquadramento foi definida por Ervin Goffman em 1959 em *Frame Analysis: An Essay on the Organization of Experience*, London: Harper & Row, 1974, assim como em *La Mise en scène de la vie quotidienne*, Paris: Éditions de Minuit, 1973 (1959). Nesse domínio da psicologia, o enquadramento é aquilo que permite a interpretação da experiência. Esse enquadramento virtual que impõe regras, mas também liberdades, tem certo parentesco com o espaço transicional de Donald Woods Winnicott em *Jeu et réalité: L'Espace potenciel (Playing and Reality),* 1971, traduzido do inglês por Claude Monod e J.-B. Pontalis, Paris: Gallimard, 1997 (1975), reeditado na col. Folio, 2002.

uma apreensão, uma iluminação das relações perceptivas entre um sujeito e um objeto; sublinha que esse objeto transforma-se em objeto teatral e, nessa transformação, espaço cênico e ficção estão imbricados. A teatralidade não emerge aí como passividade, olhar que registra conjuntos de objetos teatrais (de que seria possível enumerar as propriedades), mas como dinâmica, resultado de um fazer que sem dúvida pertence, de forma privilegiada, ao teatro; mas a teatralidade também pode pertencer àquele que se apossa dela pelo olhar, quer dizer, o espectador.

A Ficção e Sua Relação Com o Real

O terceiro termo da relação é aquele que trata do real. Optar por falar da relação com o real no teatro pode parecer problemático, já que supõe a existência de um real concebido como entidade autônoma, cognoscível e representável. Ora, a reflexão filosófica atual tende a mostrar que o real só pode ser resultado de uma observação problemática, pois é sempre produzido, sendo ele próprio resultado de uma representação, para não dizer um simulacro. Entretanto, é importante questionar a relação da teatralidade com o real porque ela marcou a reflexão teatral desde o princípio do século XX, e diversas arte poéticas (Stanislávski, Meierhold) trazem a marca dessa interrogação. Em outros termos, seria possível associar a teatralidade a uma adequação, maior ou menor, da representação teatral ao real?

Para determinados artistas ligados a outras formas de arte que não o teatro, e também para certos artistas de teatro, a noção de teatralidade traz uma soma de conotações pejorativas. Gérard Abensour escreve: "Nada é mais odioso para uma peça lírica do que a ideia mesma de 'teatralidade'. Em seu primeiro nível, ela designa uma atitude completamente exterior, descolada do sentimento íntimo que se supõe inspirá-la, e se identifica com a ausência deliberada de sinceridade. A partir dessa ótica, ser teatral é ser falso."[27]

---

27 Gérard Abensour, Block face à Meyerhold et Stanislavski ou le problème de la théâtralité, *Revue des études slaves*, v. 54, f. 4, p. 671-679, 1982.

Na linguagem popular, a teatralidade opõe-se à sinceridade que Meierhold e Stanislávski reivindicam com objetivos diferentes, cada um por seu lado.

O objetivo manifesto de Stanislávski é fazer o espectador esquecer que está no teatro, e o termo "teatral" tornou-se pejorativo no Teatro de Arte de Moscou. A verdade da peça depende da proximidade entre o ator e o real a ser representado. A teatralidade aparece aí como um desvio em relação à verdade, um excesso de efeitos, um exagero de comportamentos que soam falsos e estão distantes da verdade cênica.

Em sentido oposto à tese stanislavskiana, para Meierhold a cena deve manifestar-se por meio do realismo grotesco, realismo que refuta as teses naturalistas em todos os pontos. A teatralidade é o ou são os procedimentos por meio dos quais o ator e o encenador fazem com que o espectador jamais esqueça que está no teatro e que tem, diante de si, um ator em pleno domínio de seus meios, interpretando um papel. Afirmar o "teatral" como distinto da vida e distinto do real aparece como condição *sine qua non* da teatralidade em cena. A cena deve falar sua própria linguagem e impor suas próprias leis.

Meierhold questiona-se acerca da adequação da representação ao real. Sublinha que a teatralidade não pode ser encontrada na relação ilusória com o real; não está ligada a uma estética particular, mas deve ser buscada no discurso autônomo que constitui a cena. Insiste na necessidade de uma especificidade teatral.

No pensamento de Meierhold, é importante reter a ideia que define a noção de teatralidade como um ato de *ostenção* sustentado pelo ator (ao mostrar ao espectador que está no teatro) e que designa o teatro enquanto tal, e não o real. A distinção é fundamental, pois centra a teatralidade, por um lado, exclusivamente no funcionamento do teatro enquanto teatro, transformando-o na máquina cibernética de que falava Barthes; por outro lado, coloca-a em um espaço fora do cotidiano, onde o processo de produção do teatral é importante, e onde tudo se torna signo, e é exterior a toda relação com o real.

Ao contrário da definição de teatralidade dada por Meierhold, a de Stanislávski tem a marca da história, pois levanta questões que hoje não se colocam mais nos mesmos termos. Corresponde a um momento histórico em que se buscava o natural contra o artifício teatral do final de século XIX, que todos condenavam. Mas se o combate contra o realismo ainda não terminou de fato, não pode mais ser lido nos mesmos termos, já que o próprio realismo é reconhecido como uma forma de teatralidade.

Hoje parece clara a resposta à questão de saber se a teatralidade pode ser definida por meio da relação que a cena mantém com o real que toma por objeto. A teatralidade aparece como um processo ligado, antes de tudo, às condições de produção do teatro e não ao grau de semelhança ou desvio em relação ao real representado. Nesse sentido, é possível dizer que não há assuntos mais teatrais que outros, imitações mais teatrais que outras, e que a teatralidade tem a ver com o próprio processo de representação.

A PROIBIÇÃO

Na tripla relação que a dinâmica cênica registra, aparecem proibições. Com efeito, como em toda moldura, o enquadramento teatral é dotado de uma dinâmica dupla: visto do exterior garante a ordem; visto do interior autoriza todas, ou quase todas[28], as transgressões. "A essência do teatro não está, antes de tudo, na capacidade de transgredir as normas estabelecidas pela natureza, o Estado e a sociedade?", perguntava Evréinov. Essa possibilidade de transgressão garante

---

28 Seria correto dizer que as transgressões que o jogo autoriza são determinadas por diversos gêneros, épocas, países e estéticas. É onde a teatralidade no singular dá lugar às teatralidades no plural (conceito que é, aqui, quase sinônimo de estéticas). Explorar esses limites poderia ajudar-nos a estabelecer a diferença entre teatralidades específicas ligadas a épocas ou gêneros dados e a teatralidade profunda, aquela que sobrevive através de todas as teatralidades específicas. A título de início de reflexão, poderíamos dizer, por exemplo, que a nudez hoje aceita em cena, como já o foi na Idade Média, provocou escândalo nos anos de 1960. No entanto, o quadro virtual do jogo estava bem colocado, mas as liberdades e transgressões autorizadas pela cena e pelas estéticas de épocas anteriores não permitiam o desnudamento do corpo do ator. Prova de que o quadro virtual colocado pelo processo de jogo não permite (autoriza) todas as liberdades e elas continuam marcadas por certas restrições ligadas a épocas específicas, estéticas, gêneros, mesmo se uma das funções do teatro é assumir essas transgressões.

a liberdade cênica do ator e a potência do livre-arbítrio dos diversos participantes[29].

As liberdades que o jogo oferece são de reproduzir, imitar, duplicar, transformar, deformar, transgredir as normas, a natureza, a ordem social. No entanto, como mostrou Huizinga, o jogo em geral, e o jogo teatral em particular, são constituídos, ao mesmo tempo, por uma moldura limitativa e um conteúdo transgressivo. O jogo é, ao mesmo tempo, aquilo que autoriza e proíbe. Não é constituído por *todas* as liberdades. As liberdades que oferece são dadas por regras iniciais – ou seja, pela moldura virtual que os participantes partilham (mas na qual o espectador não pode intervir, pois franquearia um espaço que não lhe é destinado) –, mas também pelas liberdades admitidas por uma época ou um determinado gênero. Tais liberdades ligam-se, com frequência, a estéticas específicas e a normas de recepção que constituem para o ator e o espectador um código comum de comunicação. É possível transgredir o código, surpreender o público, chocá-lo, ampliar os limites da moldura; mas não é possível fazer de tudo nesse lugar.

De fato, as liberdades não podem nos fazer esquecer certas proibições fundamentais. A transgressão dessas proibições faz explodir a moldura do jogo e abre espaço para a vida[30], ameaçando a cena teatral.

Há uma dessas proibições que podemos chamar de *lei de exclusão do não-retorno*. Essa lei impõe à cena a reversibilidade do tempo e dos acontecimentos, que se opõe a toda mutilação ou morte do sujeito. Dessa forma, são recusadas como teatro cenas de retaliação do corpo às quais certas performances dos anos de 1960 apelaram: mutilação real em cena, assim como morte teatralizada de animais sacrificados em benefício da representação[31]. Tais cenas rompem o contrato tácito com o

---

29 Em outro lugar, Dostoiévski observou que "no teatro duas vezes dois são três ou até mesmo cinco, em função do grau maior ou menor da teatralidade implementada". Citado por Evréinov, e retomado por Marie Carnicke, op. cit., p. 105.
30 É um processo paralelo àquele que D.W. Winnicott estabelecia, ao afirmar que o investimento pulsional no jogo não devia reduzir os desejos do sujeito, senão o jogo não seria mais possível.
31 Ver os espetáculos de Hermann Nitsch, cuja centésima performance, concebida como a conclusão de sua obra, aconteceu em 1998 e durou seis dias. Ainda que se mantenha enquanto proibição, o processo de morte de animais

espectador. A ele cabe assistir a um ato de *representação* inscrito numa temporalidade outra, que não a do cotidiano, onde o tempo é como que suspenso e, pode-se dizer, reversível, o que impõe ao ator o retorno sempre possível ao ponto de partida (ver o *Paradoxo* de Diderot). Ora, atacando o próprio corpo, (ou o de um animal que é morto), o ator destrói as condições da teatralidade. A partir daí, não está mais na alteridade do teatro. Ao se mutilar, o *performer* associa-se ao real e seu ato fora das regras e dos códigos não pode mais ser percebido como ilusão, ficção, jogo. O espaço e o tempo da cena são dramaticamente modificados e, por isso mesmo, destruídos. Essas proibições constituem precisamente um dos limites do teatro[32], pois ameaçam a moldura do jogo e transformam o teatro, momentaneamente, em pista de circo. Se a teatralidade do evento continua lá, o teatro, ao contrário, desapareceu.

Trad. Sílvia Fernandes

parece, paradoxalmente, entrar mais facilmente na ordem da representação do que aquele de mutilação do ator.
[32] Mas não os limites da teatralidade. Ver a esse respeito a noção de "sagrado" em Georges Bataille, especialmente em *La Sociologie sacrée du monde contemporain*, Coll. Lignes, Paris: Manifestes, 2004, p. 33-34.

2. Mimese e Teatralidade[1]

É necessário fazer um paralelo entre mimese e teatralidade. Se o teatro traz em seu núcleo a noção de teatralidade, que funda o processo teatral, também traz a noção de mimese. Analisada por Aristóteles e Platão, Diderot e Brecht, Stanislávski e Artaud, a mimese está no núcleo do processo cênico, ao mesmo tempo como texto e jogo[2]. De fato, existe no teatro uma dupla mimese: uma mimese textual, fundada na noção de representação por meio da linguagem, noção que Aristóteles foi um dos primeiros a afirmar, e sobre a qual as pesquisas de Saussure projetaram uma luz particular. Por seu lado, Derrida comentou extensamente a representação que se coloca nos fundamentos da língua e do pensamento ocidental. Existe também uma mimese que

1 Apresentado inicialmente como conferência na Fundação Soros e na Universidade de Brastilava em Eslováquia, durante encontro sobre questões de mímesis realizado em 13 -16 jan. 2001. Uma versão modificada foi exposta no Colóquio Internacional de Estudos Teatrais, organizado pela seção de Teatro Comparativo, Sociedade Japonesa de Pesquisa Teatral, Universidade de Seijo, Tóquio, 2-8 maio 2001.
2 A mimese é abordada segundo várias abordagens: a. de modo onto-epistemológico (René Girard); b. bio-antropológico (Walter Benjamin e Theodor Adorno); c. psicanalítico (Sigmund Freud); d. linguístico e literário (Jacques Derrida), entre outros.

diz respeito à "representação" e, portanto, ao jogo do olhar, mimese que está na base do jogo do ator e da cenografia.

As ligações que se estabelecem entre a noção de mimese aplicada ao teatro e a de teatralidade também são de duas ordens: ligações no nível dos fundamentos teóricos (filosóficos, metafísicos) que essas duas noções evidenciam e também ligações no nível da pragmática da cena, já que ambas, mimese e teatralidade, fazem a cena funcionar: o texto, o jogo do ator, a cenografia. Também poderíamos nos perguntar, com razão, se a teatralidade não é uma das modalidades particulares da mimese.

Para começar, pode-se notar que tudo aproxima as duas noções, sobretudo a extensão dos conceitos. Em um e outro caso – mimese e teatralidade – os conceitos utilizados ultrapassam o domínio estrito das artes e nos obrigam a examinar as relações entre a arte e o real. Forçam o pesquisador a questionar a inserção da obra em seu entorno (real, natureza, sociedade).

Do mesmo modo, as duas noções interpelam o posicionamento do sujeito. Se a mimese, em suas múltiplas acepções, implica a intervenção de um sujeito (porque requer os atos de representação ou interpretação), a noção de teatralidade pressupõe um sujeito que olha (o espectador) e só tem sentido em relação a ele.

Filósofos e homens de teatro (René Girard, Nicolai Evréinov) afirmam que mimese e teatralidade são dois modos fundamentais de funcionamento do ser humano e surgem da própria essência do homem. Girard fala também de *instinto mimético* característico do sujeito; Evréinov fala de *instinto teatral*. Assim, enquanto o primeiro sublinha a tendência do indivíduo a imitar ou representar, o segundo salienta a tendência a se transformar. Afirmação que o próprio Aristóteles já havia feito, quando notava na *Poética*:

> Desde a infância os homens têm, inscritas em sua natureza, ao mesmo tempo a tendência a representar – e o homem diferencia-se dos outros animais porque é particularmente inclinado a representar e recorre à representação em suas primeiras aprendizagens – e uma tendência a encontrar prazer nas representações.[3]

---

3   Aristote, *Poétique*, ch. 4, 48b4, trad. Roselyne Dupont-Roc; Jean Lallot, Paris: Seuil, 1980, p. 43.

As duas noções têm uma ambiguidade conceptual. Com efeito, *mimese* e *teatralidade* podem cobrir um campo bastante vasto de manifestações. A um só tempo resultado (da ação mimética ou teatral) e processo, são aplicadas, sem discriminação, a todos os aspectos da representação: texto, narração, personagens, jogo, cenografia; a teatralidade (como a mimese) são, ao mesmo tempo, o ato de tornar a ação teatral e o resultado obtido.

Enfim, as duas noções são indissociáveis da noção filosófica de *representação* definida por numerosos filósofos, especialmente Derrida: representação dirigida por texto, jogo e narrativa.

Portanto, em princípio, tudo justificaria a aproximação que fizemos entre mimese e teatralidade.

EVOLUÇÕES DIFERENTES

Na tradição anglo-americana[4], a noção de mimese (entendida como "imitação"), presente na reflexão dos filósofos através dos séculos, readquiriu certa atualidade no princípio do século XX, por meio dos trabalhos de Samuel Henry Butcher, da Escola de Chicago, que traduziu e apresentou a *Poética* de Aristóteles nos anos de 1930. A seguir, vieram os trabalhos de Erich Auerbach e Northrop Frye. Na França, a noção passa a interessar aos pesquisadores especialmente nos anos de 1970: Roland Barthes, Jacques Derrida, Gérard Genette, René Girard, todos se manifestaram sobre a questão.

Por seu lado, a noção de teatralidade surgiu no início do século XX, como dissemos anteriormente. Evréinov foi o primeiro a mencionar a palavra em russo (*teatralnost*) em 1922. Será esquecida durante alguns decênios, antes de reaparecer nos textos. Ela se apoia na palavra *literaridade*, que aparece nos anos de 1950 e entra em voga nos anos de 1960, ainda que sua disseminação nos textos críticos seja menos rápida.

A definição da mimese como imitação (ou representação) da natureza pode implicar:

---

4 Ver o histórico feito por Mihai Spariosu em *Mimesis in Contemporary Theory; An Interdisciplinary Approach*, Philadelphia/Amsterdam: John Benjamins, 1984, p. I-XXIX.

- a imitação (representação) de objetos ou fenômenos da natureza (visão neoclássica), associada à mimese imitativa, ou;
- a imitação (representação) da natureza como processo (visão romântica), associada à mimese não imitativa.

Essa dualidade no interior da noção de mimese permite a Philippe Lacoue-Labarthe definir a existência de duas mimeses[5]:

- a mimese restrita, que é a reprodução, a cópia, a reduplicação do que é dado – trabalhado, realizado, apresentado pela natureza;
- a mimese geral, que não reproduz nada do que é dado (e, portanto, não reproduz), mas supre uma certa carência da natureza, sua incapacidade de tudo fazer, organizar, trabalhar; de tudo produzir. É uma mimese produtiva.

Portanto, a teatralidade poderia ser apenas mais uma das modalidades do ato mimético. Ao menos, é o que gostaríamos de provar a partir deste último exemplo.

TEATRUM MUNDI

Estamos no Brasil, à beira de um lago. Eugênio Barba anunciou que haveria um espetáculo de *teatrum mundi*. Estamos sentados na grama, cercados por 2 mil espectadores. Em frente, está um palco flutuante de dimensão modesta, montado para a ocasião. O espetáculo ainda não começou, nenhuma ficção se esboçou e, no entanto, a teatralidade do espaço e dos objetos circundantes já é perceptível. O espaço e as coisas começaram, de fato, a se transformar. Tudo diz ao espectador que haverá teatro.

É interessante constatar que nossa expectativa já modificou nossa percepção das coisas ao redor, quer dizer, nosso olhar de espectador começou a perceber de forma diferente o espaço, os eventos e os objetos circundantes. Em lugar de serem perceptíveis em sua relação com o real, eventos, objetos e signos diversos começam a significar de modo diferente.

---

5   Na sequência, resumimos as propostas de Philippe Lacoue-Labarthe, *L'Imitation des modernes*, Coll. La philosophie en effet, Paris: Galilée, 1986, p. 15-35.

Nosso olhar, nossa expectativa, nosso conhecimento de que haverá teatro começa a semiotizar o espaço e os objetos, ou seja, a transformá-los em signos que ainda não são significantes, mas podem vir a ser. Dois incidentes permitem identificar o processo desencadeado no espectador:

1. Após meia hora de espera, quando sabemos que o espetáculo ainda não começou, não há nenhum ator em cena, nenhuma ficção aconteceu, uma fumaça começa a subir de uma pequena ilha situada à esquerda da cena, há cerca de dois metros. Nada indica que a ilha faça parte do espaço cênico e nem sabemos se a fumaça que sobe é acidental ou se foi projetada, voluntariamente, pelo encenador.
2. Quase simultaneamente, um barco surge ao longe, do outro lado do lago. Não conseguimos distinguir quem está a bordo, mas podemos ver que cresce lentamente[6]. Ele se dirige ao palco? A distância não permite responder à questão.

O espectador não sabe se os dois eventos estão ligados à representação, mas é evidente que seu olhar começa a semiotizar o espaço e os eventos, a vê-los de forma diferente. Portanto, ele os transformou em signos ao inseri-los em uma ficção potencial, que não sabe como vai se desenrolar, mas que supõe que vai acontecer. Dito de outra forma, o processo de teatralização extraiu os objetos ou eventos de seu contexto cotidiano para inseri-los (hipoteticamente) em outra estrutura, de onde poderiam surgir.

É preciso reconhecer que se instalou certa teatralidade. No entanto, ainda não há ator, nem ação, nem ficção. De fato, a teatralidade apareceu de forma latente quando o espectador soube que haveria teatro. A teatralidade nasceu, portanto, da *expectativa* do espectador, confirmada por certos indícios – cena, refletores, público, anúncio – e essa expectativa modificou seu olhar, seu modo de ver as coisas, e estimulou sua atenção de tal forma que ele começou a enxergar os eventos e os objetos circundantes de modo diferente.

Se analisarmos a cena de outra forma, é preciso reconhecer que, no caso de que nos ocupamos, o trabalho do espectador baseia-se no rastreamento de uma mimese. O que o espectador

---

6   Seria necessário quase meia hora para que ele chegasse à beira do palco flutuante e pudéssemos ver os atores saindo dele.

fez, efetivamente, quando identificou o barco no lago e a fumaça na ilha? Leu-os, sobretudo, como signos e os integrou à estrutura teatral que supunha estar na origem dos eventos que se produziam. Assim fazendo, percebeu a "semelhança" do barco e da fumaça com eventos idênticos que poderiam acontecer na realidade.

Aquilo que seu olhar identificou como teatralidade é, de fato, o processo de *imitação* por trás do evento ou do objeto. Ele percebeu o aspecto *re*presentação. Portanto, leu os dois incidentes como resultantes do trabalho de um artista que dispõe os signos com finalidade ficcional. De fato, estamos no domínio de uma dupla mimese: uma *mimese passiva* fundada no reconhecimento e uma *mimese ativa* fundada na transformação, no jogo. Ora, o público vai descobrir, à medida que o tempo passar, que a fumaça era acidental e não tinha nenhuma relação com o espetáculo, enquanto a aproximação do barco vai revelar os atores a bordo. O que aprendemos com esse exemplo? Sobretudo, o papel fundamental que o espectador representa. São necessárias duas condições para identificar essa teatralidade:

- saber que o teatro vai acontecer, que há intenção de teatro;
- intencionalidade confirmada por indícios, signos (refletores, palcos, anúncios) cuja presença permite semiotizar os objetos e os eventos circundantes, que poderiam não partir, necessariamente, da produção teatral (barco, fumaça).

As mesmas condições prevalecem quando há o reconhecimento de uma ação mimética. Na identificação da teatralidade, foi a expectativa de teatro que modificou o olhar do espectador e semiotizou aquilo que o cercava. Esse estado levou-o a ver teatralidade mesmo onde não havia.

Entretanto, mesmo se admitirmos que não chegamos à ação teatral propriamente dita (a peça não começou), a teatralidade já está ali. Ela precedeu o espetáculo propriamente dito. Manifestou-se como uma possibilidade de teatro.

Em todos os aspectos, esse exemplo é contrário àquele do passageiro fumando no vagão do metrô, que apresentamos anteriormente. Com efeito, nesse caso o olhar semiotizou os signos imediatamente e leu a mimese onde ela não estava (a fumaça). Ao contrário, o passageiro – espectador involuntário da cena no metrô – não pode fazer isso no momento do evento. Foi apenas *a posteriori*, com distância temporal em relação à ação, que a identificação da mimese pode ser feita e o espectador reconhecer a imitação em ação. Assim, a partir do momento em que o espectador soube que se tratava de teatro, a leitura da teatralidade foi sucedida, imediatamente, pela identificação da mimese. Sem tal conhecimento, não haveria qualquer semiotização de signos de sua parte e nenhum reconhecimento de mimese.

Mais uma vez, esse exemplo confirma o que dissemos anteriormente a respeito da teatralidade:

- como a mimese, a teatralidade tem pouca relação com a natureza do objeto ou do evento que investe (ator, espaço). O que importa não é o resultado do processo – o engano, a ilusão, a aparência, a imitação (a teatralidade não se mede em graus ou intensidade). É o próprio processo que importa, a transformação que permite identificar. Isto é válido também para a mimese. É o processo mimético que importa.
- como a mimese, a teatralidade tem relação fundamental com o olhar do espectador. Esse olhar identifica, reconhece, cria o espaço potencial em que a teatralidade será identificada. Ele reconhece esse outro espaço, espaço do outro onde a ficção pode surgir. Esse olhar é sempre duplo. Vê o real e a ficção, o produto e o processo. Como dissemos anteriormente, a teatralidade diz respeito, sobretudo, e antes de tudo, ao espectador. Sem ele, o processo mimético e teatral não tem nenhum sentido.

A partir dessas observações, pode-se deduzir que a teatralidade não é uma soma de propriedades ou uma soma de características que se poderia delimitar. Ela só pode ser apreendida por meio de manifestações específicas, deduzidas da observação dos fenômenos ditos "teatrais". Longe de ser sua forma exclusiva, tais manifestações são apenas algumas de suas expressões, pois a teatralidade excede os limites do fenômeno estritamente teatral e pode ser identificada tanto em outras formas artísticas (dança, ópera, espetáculo) quanto no cotidiano.

A noção de teatralidade excede os limites do teatro porque não é uma propriedade que os sujeitos ou as coisas possam adquirir: ter ou não ter teatralidade. Ela não pertence exclusivamente aos objetos, ao espaço e ao próprio ator, mas pode investi-los se necessário. Acima de tudo, é resultado de uma dinâmica perceptiva do olhar que une algo que é olhado (sujeito ou objeto) e aquele que olha.

Tal relação pode acontecer por iniciativa do ator que manifesta sua intenção de jogo ou do espectador que toma a iniciativa de transformar o outro em objeto especular. Desse modo, por meio do olhar que dirige àquilo que vê, o espectador cria outro espaço – cujas leis e regras já não são as do cotidiano, e onde inscreve o que olha, percebendo-o com um olhar diferente, distanciado, como se pertencesse a uma alteridade que só pode olhar do exterior. Sem esse olhar, indispensável à emergência da teatralidade e ao seu reconhecimento enquanto tal, o outro que "eu olho" estaria em meu próprio espaço, no espaço do espectador e, portanto, no espaço cotidiano, exterior a todo ato de representação.

Ora, o que cria a teatralidade é o registro do *espetacular* pelo espectador, ou até mesmo do *especular*, ou seja, de outra relação com o cotidiano, de um ato de representação, de uma construção ficcional. A teatralidade é a imbricação da ficção com o real, o surgimento da alteridade em um espaço que situa um jogo de olhares entre aquele que olha e aquele que é olhado. Entre todas as artes, sem dúvida é o teatro que melhor realiza essa experiência.

AS TRÊS CLIVAGENS

Para chegar a uma definição da teatralidade, digamos que ela seja o resultado de um ato de reconhecimento por parte do espectador. Foi inscrita pelo artista no objeto ou no evento que o espectador olha pelo filtro de procedimentos que se pode estudar (distanciamento, ostensão, enquadramento, por exemplo). Para o espectador, o reconhecimento desses procedimentos é a primeira etapa de um processo de percepção que opera uma série de clivagens nas ações oferecidas a seu olhar, que lhe permite reconhecer a existência da teatralidade. A teatralidade resulta precisamente dessa série de clivagens que o espectador põe em movimento visando à disjunção dos sistemas de significação, na intenção de fazê-los atuar uns em relação aos outros a fim de criar as condições da representação.

A primeira clivagem que o olhar do espectador realiza separa a ação ou o sujeito observado do espaço cotidiano que o rodeia. Assim, isola a ação de seu entorno e, dessa forma, consegue localizá-la em outro espaço, onde a representação pode surgir. Sabemos que, sem essa ruptura no espaço, a ação (até então inseparável do real) não pode dar lugar à ficção. Graças a essa transformação inicial, o espectador percebe que o evento que testemunha pertence a outro espaço que não o cotidiano. Ao mesmo tempo, percebe que os signos adquirem um sentido diferente nesse espaço, pois pertencem à estrutura secundária da ficção em vias de se constituir. Tal espaço de representação tem parentesco evidente com o espaço que Winnicott chama de potencial e considera a primeira condição do jogo[7].

A defasagem entre espaço cotidiano e espaço de representação cria uma primeira dualidade, sem a qual a teatralidade não seria reconhecida, e constrói um primeiro nível de fricção realizado pelo olhar do espectador. Efetivamente, este último não limita seu olhar a um único espaço, mas apreende os dois ao mesmo tempo, navegando de um a outro em um jogo de vai e vem que é uma das condições constitutivas da teatralidade.

Portanto, essa primeira defasagem permite ao espectador sair do universo cotidiano e reconhecer o caráter ficcional daquilo que se oferece a seu olhar. Pela mesma razão, permite que coloque as bases da teatralização do objeto ou da cena oferecida a seu olhar. Ator e espectador rearticulam os signos, retirando-os de seus sistemas habituais de significação e integrando-os a outro universo ficcional. Por meio desse simples jogo, conseguem fazê-los significar de outra forma e constroem as bases da teatralidade.

A segunda clivagem acontece no próprio núcleo da representação e mais uma vez opõe realidade e ficção, agora no nível

---

[7] Ainda que D.W. Winnicott trate do jogo da criança, tudo que diz sobre as condições que favorecem esse último parecem poder aplicar-se ao jogo teatral. Ver Donald Woods Winnicott (1971), *Jeu et réalité: L' Espace potentiel* (*Playing with Reality*), trad. Claude Monod e J.-B. Pontalis, Paris: Gallimard, 1997 [1975], reeditado na col. Folio, 2002.

da ilusão. Efetivamente, cada evento representado inscreve-se, ao mesmo tempo, na realidade (por meio da materialidade sempre presente dos corpos ou dos objetos e também da ação em vias de se desenvolver) e na ficção (as ações e os eventos simulados remetem à ficção, ou pelo menos a uma ilusão). Em qualquer evento observado, a ação representada envolve o real – apesar do jogo de aparência e ilusão – e é percebida enquanto tal: os corpos movimentam-se, fazem gestos, realizam ações, os objetos têm certa densidade, as leis da gravidade funcionam. Mais uma vez, o espectador percebe tal dualidade, a fricção entre realidade e ficção. Seu olhar se movimenta de um nível a outro, operando uma disjunção-unificação de natureza semelhante àquela que Michel Bernard descreveu[8]. O movimento une e opõe dois universos que se excluem e, no entanto, se superpõem. É precisamente esse movimento de vai e vem que constitui a segunda condição da teatralidade.

Até aqui, considerou-se a teatralidade o resultado de duas clivagens simultâneas: aquela que opõe espaço cotidiano e espaço de representação, e a que opõe realidade e ficção no interior da mesma cena. A primeira mostra que os signos e os objetos adquirem um sentido diferente quando deslocados de seu contexto comum. A segunda estabelece a disjunção no interior do mesmo, substitui a unidade das formas pela dualidade, ao passo que nossa percepção comum vê apenas unidade entre signo e sentido. Por seu lado, o espectador percebe as fricções e as tensões entre os diferentes mundos que a teatralidade põe em jogo. Por isso mesmo, é obrigado a olhar de outra forma. Criada pelo artista ou pelo espectador, a teatralidade sempre tem, em seu núcleo, a duplicidade do olhar, da percepção que reconhece a existência simultânea de realidade e ficção, e sua mútua exclusão.

À dupla clivagem mencionada acima, acrescenta-se uma terceira clivagem, que desta vez se situa no próprio núcleo do teatro, à medida que tem relação específica com o ator. Liga-se ao esclarecimento do equilíbrio precário que este deve estabelecer, em seu íntimo, entre as forças do pulsional e do simbólico. No sucesso de tal equilíbrio encontra-se grande parcela de sua arte. É também esse equilíbrio que o espectador vê, atento às

---

8 Michel Bernard, *L'Expressivité du corps: Recherches sur les fondements de la théâtralité*, Coll. Corps et culture, Paris: J.P. Delage, 1976.

forças opostas sempre presentes no jogo teatral: aquelas que permitem o confronto entre a ordem e a desordem, o instintivo e o simbólico. Tais forças estão presentes em todo sujeito, mas são mais sensíveis no teatro, pois de sua harmonia dependem o talento do ator e a especificidade do jogo.

Portanto, o olhar do espectador lê nos corpos em cena o movimento dessas forças em ação constante, que reativam incessantemente o processo do jogo e o fragilizam. O espectador lê o jogo de fricções e tensões perceptível na ação cênica. Tem prazer em reconhecer os signos que se expõem a seu olhar e sua subversão permanente pelo próprio ato de ilusão. Dessa forma, nota o esforço do ator para controlar a tensão profunda no interior do jogo – tensão que o coloca em perigo, em estado contínuo de vulnerabilidade. No ator, as forças do simbólico sempre superam o instinto que, no entanto, surge com frequência de modo imprevisto. A beleza do jogo do ator provém, precisamente, desse combate incessante entre a mestria de seu corpo e o permanente transbordamento que o ameaça.

Assim, o olhar que o espectador dirige ao ator é sempre duplo: vê neste último ao mesmo tempo o sujeito que é e a ficção que encarna (a ação que interpreta e a ilusão cênica em que se inscreve; ele o vê ao mesmo tempo como senhor de si e trabalhado pela alteridade, pelo outro em si). Apreende não apenas o que o ator diz e faz, mas também o que lhe escapa – o que diz a despeito de si mesmo, apesar de si mesmo. Então consegue apreender a extensão da alteridade do ator e a grandeza de ser, a um só tempo, o mesmo e o outro. O espetáculo veicula todos os olhares ao mesmo tempo, mas é a última clivagem que causa um dos prazeres mais profundos do espectador. Nesse nível, ninguém duvida que estamos muito próximos da performatividade.

Espaço cotidiano	Espaço de representação	
	Real	Ficção
	Simbólico	Pulsional

Esquema: as três clivagens constituintes da teatralidade.

Quando as três clivagens operam e se superpõem, permitem que um objeto, um evento e uma ação sejam considerados "teatrais". Elas constituem os fundamentos da teatralidade e são também suas estruturas constitutivas, o que permite propor a seguinte definição do conceito: a teatralidade não é uma propriedade, uma qualidade (no sentido kantiano do termo) que pertence ao objeto, ao corpo, ao espaço ou ao sujeito. Não é uma propriedade pré-existente nas coisas. Não espera ser descoberta. Não tem existência autônoma. Só pode ser apreendida enquanto processo e deve ser atualizada em um sujeito ao mesmo tempo como ponto de partida do processo e como sua conclusão. Resulta de uma vontade deliberada de transformar as coisas. Impõe aos objetos, aos eventos e às ações um ponto de vista constituído por várias clivagens: espaço cotidiano – espaço da representação, real – ficção, simbólico – pulsional. Tais clivagens impõem ao olhar do espectador um jogo de disjunção-unificação permanente, uma fricção entre esses níveis. No movimento incessante entre o sentido e seu deslocamento, entre o mesmo e o diferente, surge a alteridade no interior da identidade, e a teatralidade nasce.

Trad. Sílvia Fernandes

3. Por uma Poética da Performatividade:

o teatro performativo[1]

> *A performance poderia ser hoje um ponto nevrálgico do contemporâneo.*[2]

Meu objetivo é apresentar os conceitos de performance e performatividade, amplamente utilizados nos Estados Unidos há duas décadas, e que gostaria de utilizar para redefinir o teatro que se faz hoje e que carrega em seu cerne essas duas noções. Tal teatro, que chamarei de *teatro performativo*, existe em todos os palcos, mas foi definido como teatro pós-dramático a partir do livro de Hans-Thies Lehmann, publicado em 2005, ou como teatro pós-moderno. Gostaria de lembrar aqui que seria mais justo chamar esse teatro de "performativo", pois a noção de performatividade está no centro de seu funcionamento.

Para realizar tal empreendimento, uma incursão em direção à noção de performance se impõe, concebida aqui como forma artística (*performance art*) e a performance concebida como ferramenta teórica de conceituação do fenômeno teatral, conceito popularizado por Richard Schechner, particularmente nos Estados Unidos, e que constitui a base principal sobre a qual se estruturam os Estudos da Performance nos países anglo-saxões.

---

1   Apresentado em conferência durante o Ecum (Encontro Mundial das Artes Cênicas, Belo Horizonte/São Paulo), mar. 2008. Foi publicado em versão modificada em *Théâtre/Public*, n. 190, sept. 2008.
2   Laurent Goumarre; Christophe Kihm, Performance contemporaine, *Artpress*, Paris, n. 7, nov-déc-jan. 2008.

Minha abordagem será feita em três momentos: por um lado, tentarei delimitar as noções em vigor, traçando um mapa dos principais sentidos que lhes são atribuídos; em seguida, tentarei estabelecer algumas das características da performatividade e, enfim, por meio de exemplos e excertos de peças, tentarei mostrar como alguns dos espetáculos evocados são propriamente *performativos*.

Existe, desde sempre, entre a performance e o teatro, uma desconfiança recíproca que não parou de se desenvolver ao longo dos anos, uma desconfiança que Michael Fried resume nestas palavras lapidares, frequentemente evocadas: "A arte degenera à medida que se aproxima do teatro" ou ainda "O sucesso, ou mesmo a sobrevivência das artes, começa crescentemente a depender de sua capacidade de negar o teatro"[3].

Entretanto, se há uma arte que se beneficiou das aquisições da performance, é certamente o teatro, dado que ele adotou alguns dos elementos fundadores que abalaram o gênero (transformação do ator em *performer*, descrição dos acontecimentos da ação cênica em detrimento da representação ou de um jogo de ilusão, espetáculo centrado na imagem e na ação e não mais sobre o texto, apelo à uma receptividade do espectador de natureza essencialmente especular ou aos modos das percepções próprias da tecnologia). Todos esses elementos, que se inscrevem numa performatividade cênica, hoje tornada frequente na maior parte das cenas teatrais do Ocidente (Estados Unidos, Países Baixos, Bélgica, Alemanha, Itália e Reino Unido em particular), constituem as características daquilo a que gostaria de chamar de "teatro performativo".

Desejaria discutir algumas das características de tal teatro e de sua evolução, posicionando-o em relação às práticas artísticas norte-americanas, mas também flamengas, britânicas etc.

De início, e para contextualizar essa reflexão, parece-me que recapitular o sentido (ou os diferentes sentidos) da palavra performance se faz necessário. Gostaria de fazê-lo rapidamente, lembrando as publicações de duas obras fundadoras de dois eixos ao longo dos quais a questão da performance seria

---

3 Paris, em *Art and Objecthood*, publicado inicialmente em *Artforum*, 5, New York, June 1967, depois retomado em Gregory Battcock (ed.), *Minimal Art: A Critical Anthology*, New York: P.P. Dutton, 1968, p. 139 e 145.

discutida no decorrer dos anos de 1980, cujo impacto no meio acadêmico literário e artístico seria importante. A primeira, *The End of Humanism* (O Fim do Humanismo) de Richard Schechner[4], abria de certa forma a década de 1980 e reunia textos publicados no decorrer dos anos precedentes com uma questão fundamental: o que é a performance? Ou melhor, o que é uma performance? Schechner ampliava ali a noção para além do domínio artístico para nela incluir todos os domínios da cultura. Em sua abordagem, a performance dizia respeito tanto aos esportes quanto às diversões populares, tanto ao jogo quanto ao cinema, tanto aos ritos dos curandeiros ou de fertilidade quanto aos rodeios ou cerimônias religiosas. Em seu sentido mais amplo, a performance era "étnica e intercultural, histórica e a-histórica, estética e ritualística, sociológica e política"[5].

Tal trabalho de definição daquilo que pode recobrir a noção irá se afinando – mas também tornando-se cada vez mais abrangente – nos livros que se seguiriam, particularmente em *Teoria da Performance*[6] e em *Estudos Performativos: Uma Introdução*[7]. Em quadros cada vez mais inclusivos que ele desenvolverá[8], Schechner chega a incluir neles, atrás da noção de performance,

---

[4] Era o segundo livro da série *Performance Studies*, lançado por Brooks McNamara, o primeiro sendo aquele de Victor Turner, *From Ritual to Theatre: The Human Seriousness of Play*, New York: Performance Art Journal, 1982 (PAJ Publications, 1982).

[5] Proposta de Brooks McNamara e Richard Schechner no texto de apresentação da série.

[6] Publicado desde 1977, mas retomado em 1988 e depois em 2003, New York: Routledge.

[7] R. Schechner, *Performance Studies: An Introduction*, New York: Routledge, 2002, mas também em *The Future of Ritual: Writings on Culture and Performance*, New York: Routledge, 1993; *By Means of Performance: Intercultural Studies of Theatre and Ritual*, Cambridge: Cambridge University Press, 1990; *Between Theater and Antropology*, Philadelphia: University of Pennsylvania Press, 1985.

[8] Ver quadro p. 71 (3.1 Overlaping Circles) e p. 72 (3.2 Theater Can Be Considered a Specialezed Kind of Performance [O Teatro Pode Ser Considerado uma Forma Especializada de Performance]) da edição *Performance Theory*, New York: Routledge, 2003, e o quadro p. 245 (2.2 La "Boucle infinie" [A "Volta Infinita"] ref. do croquis na versão inglesa, p. 68 de *Performance Studies*). "A 'volta infinita' ilustra a positividade da dinâmica de intercâmbio (troca). Os dramas sociais afetam os dramas estéticos e vice-versa. As ações visíveis de um dado drama social são sustentadas – moldadas, condicionadas, guiadas – por processos estéticos subjacentes e técnicas teatrais/retóricas específicas. De maneira recíproca, a estética teatral numa dada cultura é sustentada – moldada, condicionada, guiada – por processos de interação social subjacentes.", R. Schechner, op. cit. p. 245.

todas as formas de manifestações teatrais, rituais, de divertimento e toda manifestação do cotidiano[9]. Uma inclusão tão vasta suscita, sem dúvida, um problema importante. Por querer abarcar tanto, não nos arriscamos a diluir a noção e sua eficácia teórica? Tal é uma primeira questão que convém ser colocada.

Por trás dessa redefinição da noção de performance e sua inscrição no vasto domínio da cultura, é preciso antes ver um desejo político – muito fortemente ancorado na ideologia americana dos anos de 1980 (ideologia que perdura até hoje) – de reinscrever a arte no domínio do político, do cotidiano, quiçá do comum, e de atacar a separação radical entre cultura de elite e cultura popular, entre cultura nobre e cultura de massa.

A expansão da noção de performance sublinha, portanto (ou quer sublinhar), o fim de um certo teatro, do teatro dramático particularmente e, com ele, o fim do próprio conceito de teatro tal como praticado há algumas décadas. Mas tal teatro está realmente morto, apesar de todas as declarações que afirmam seu fim? A questão permanece atual mesmo nos Estados Unidos. Essa é a segunda questão que gostaríamos de levantar.

Levantando os mesmos questionamentos, mas de um ponto de vista teórico diferente (filosófico e estético desta vez) um segundo livro é publicado alguns anos mais tarde, em 1986, cujo título *After the Great Divide* (Após a Grande Divisão) analisa os laços entre o modernismo, a cultura de massa e o pós-modernismo[10]. Andreas Huyssen, professor em Columbia, reúne ali artigos que testemunham uma reflexão iniciada no fim dos anos de 1970 e no começo dos anos de 1980 e se empenha em mostrar, dessa vez sob uma perspectiva puramente artística – e não sociológica e antropológica –, que foi o modernismo – e não as vanguardas históricas – o responsável pela ruptura com a visão elitista da arte e da cultura popular e que foi igualmente o responsável pelo afastamento da arte das esferas política, econômica e social. Huyssen lembra que as vanguardas históricas recusam-se a separar a arte de sua inscrição no real.

9   O que Elizabeth Burns e Erving Goffmann já haviam feito antes dele. Burns tinha, assim, mostrado que a teatralidade impregna o cotidiano. Ver E. Burns, *Theatricality*, Londres: Longman, 1973; E. Goffman (1959), *La mise en scène de la vie quotidienne*, Paris: Minuit, 1973.
10 Andreas Huyssen, *After the Great Divide: Modernism, Mass Culture, Postmodernism*, Blommington: Indiana University Press, 1986.

A visão de Huyssen trata da performance no seu sentido puramente artístico – e não antropológico. Ele se coloca numa visão essencialmente estética que continua a dominar na maior parte de nossos departamentos das Artes do Espetáculo. A performance, no seu sentido, é a arte da performance, uma arte que abalou nossa visão de arte nas décadas de 1970 e 1980. (Tratarei das características dessa arte um pouco mais adiante.)

Meu objetivo não é favorecer uma visão mais que outra, mas enfatizar que emergem, por meio dessas duas visões de performance – uma herdada da vanguarda e da arte da performance (a de Huyssen e de tudo que poderei chamar, para ser breve, de tradição europeia dos países latinos), a outra herdada de uma visão antropológica e intercultural com a qual Schechner contribui fortemente para sua difusão – os dois grandes eixos a partir dos quais podemos pensar o teatro – e, mais amplamente, as artes – hoje.

A concepção de Schechner é dominante nos países anglo-saxões; a de Huyssen em certos países europeus (França), ou Canadá, em nossas universidades, nas escolas de formação que buscam preservar uma visão puramente estética da arte.

O interesse da evocação desses dois eixos (performance como arte e performance como experiência e competência) vem do fato de que emergem, no cruzamento deles, uma grande parte do teatro atual, um teatro cuja diversidade das características atuais Hans-Thies Lehmann analisou com precisão e que ele definiu como pós-dramáticas, mas para o qual eu gostaria de propor a denominação "teatro performativo", que me parece mais exata e mais de acordo com as questões atuais.

De fato, se é evidente que a performance redefiniu os parâmetros, permitindo-nos pensar a arte hoje, é evidente também que a prática da performance teve uma incidência radical sobre a prática teatral como um todo. Dessa forma, seria preciso destacar também mais profundamente tal filiação, operando essa ruptura epistemológica nos termos e adotando a expressão "teatro performativo".

Performer, quer seja num sentido primeiro "de superar ou ultrapassar os limites de um padrão" ou ainda no sentido de "se engajar num espetáculo, num jogo ou num ritual", implica ao menos três operações, diz Schechner:

1. Ser/estar, ou seja, se comportar;
2. Fazer. É a atividade de tudo o que existe, dos *quarks* aos seres humanos;
3. Mostrar o que se faz (ligado à natureza dos comportamentos humanos). Esse consiste em apresentar-se como espetáculo, a mostrar (ou se mostrar).

Tais verbos (que representam ações), que todo o artista reconhece em seu processo de criação, estão em jogo em qualquer performance. Por vezes separados, por outras combinados, eles não se excluem jamais. Muito pelo contrário, eles interagem com frequência no processo cênico.

Performer, no seu sentido schechneriano, evoca a noção de *performatividade* (antes mesmo daquela de teatralidade) utilizada por Schechner e por toda a escola americana[11]. Mais recente que a noção de teatralidade, e de uso quase exclusivamente norte-americano (mesmo que Lyotard utilize o termo), sua origem poderia ser retraçada nas pesquisas linguísticas de Austin e Searle, que foram os primeiros a impor o conceito pelo viés dos verbos performativos que *executam uma ação*. Eis uma primeira consideração.

Trata-se de ideia que valoriza a ação em si, mais que seu valor de representação, no sentido mimético do termo. O teatro está indefectivelmente ligado à representação de um sentido, passe ele pela palavra ou pela imagem. O espetáculo nele segue uma narrativa, uma ficção. Ele projeta ali um sentido, um significado.Esse vínculo com a representação, que Artaud recolocou em questão na sequência das grandes correntes artísticas do início do século xx, deixou igualmente sua marca no teatro, ainda que mais tardiamente.

Não reconstituirei aqui toda a história da evolução da prática artística no decorrer do século xx, mas é possível dizer que diversos autores e encenadores buscaram criar essa dissociação

---

11 Schechner, com certeza, que esteve no centro desta mutação linguística e epistemológica e na origem da onda dos Performance Studies nos Estados Unidos (que ele contribuiu fortemente para implementar nos estudos teóricos sobre as artes do espetáculo), mas também Philip Auslander, Michael Benamou, Judith Butler, Marvin Carlson, Dwight Conqueergood, Barbara Kirshenblatt-Gimblett, Bill Worthen e vários outros que contribuíram igualmente na reflexão coletiva sobre o assunto.

unívoca entre um discurso (verbal ou visual) e um sentido dado. Logo, quando Schechner menciona a importância da "execução de uma ação" na ideia de *performer*, ele, na realidade, não faz senão insistir neste ponto nevrálgico de toda performance cênica, do "fazer". É evidente que tal fazer está presente em toda forma teatral que se dá em cena. A diferença aqui – no teatro performativo – vem do fato de que esse "fazer" se torna primordial e um dos aspectos fundamentais pressupostos na performance.

Para ilustrar tal importância, gostaria de tomar dois exemplos que exprimem bem essa argumentação, esse "enquadramento", poder-se-ia dizer, para retomar a expressão de Turner, do "fazer". O primeiro é de *La Chambre d'Isabella* (O Quarto de Isabella), espetáculo de Jan Lauwers que debutou em Avignon em 2004 e que desde então não parou de rodar não só pela Europa e pela América do Norte, mas também pela Ásia (Seul, 2007) e pela América Latina (Bogotá, 2008). O segundo vem de *Dortoir* (Dormitório) de um encenador do Quebec, Gilles Maheu.

Uma mulher, velha e cega, conta a história de sua vida, de 1910 aos dias atuais, mas não a conta sozinha. Todos aqueles que tiveram importância para ela contam a história com ela, os numerosos mortos de sua vida: Anna e Arthur, seus amantes Alexander e Frank. E juntos, não apenas contam a história de Isabella, como a cantam também. Não é a primeira vez que a música é tocada ao vivo e que os atores cantam em cena em um espetáculo de Jan Lauwers, mas isso nunca havia sido feito de uma maneira tão aberta e convidativa quanto aqui.

Rapidamente, entretanto, percebe-se que a vida de Isabella é dominada por uma mentira. Seus pais adotivos, Arthur e Anna, que moram juntos num farol, numa ilha, onde Arthur é o vigia do farol, fizeram-lhe acreditar que é filha de um príncipe do deserto que desapareceu na ocasião de uma expedição. Isabella parte em busca desse pai e essa viagem a leva não à África, mas a um quarto em Paris, cheio de objetos antropológicos e etnológicos.

Tal história comporta alguns episódios diretamente inspirados na vida do próprio Lauwers. De fato, ele conta que quando seu pai faleceu em 2002, ele lhe deixou de herança em torno de 5800 objetos etnológicos e arqueológicos. Seu pai era médico, mas nas horas livres também era etnógrafo amador.

Quando criança isso nunca despertou questionamentos em sua casa e ele cresceu entre tais objetos. Tendo falecido o pai, ele se viu "com essa coleção nos braços". Foi-lhe necessário decidir o que fazer com aquilo. Era igualmente uma questão ética, já que alguns daqueles objetos haviam sem dúvida sido roubados daqueles que os haviam feito. Daí veio a história que Lauwers concebeu. Ela é contada por uma mulher, Isabella Morandi que, na realidade, jamais existiu[12].

O início da narração sublinha, de maneira muito clara, a colocação em primeiro plano da *execução das ações* por parte dos *performers* que cantam, dançam, contam, às vezes encarnam a personagem, mas que saem dela completamente na sequência. O ator aparece aí, antes de tudo, como um *performer*. Seu corpo, seu jogo, suas competências técnicas são colocadas na frente. O espectador entra e sai da narrativa, navegando ao sabor das imagens oferecidas ao seu olhar. O sentido aí não é redutor. A narrativa incita a uma viagem no imaginário que o canto e a dança amplificam. Os arabescos do ator, a elasticidade de seu corpo, a sinuosidade das formas que solicitam o olhar do espectador em primeiro plano, dependem da proeza e, longe de buscar um sentido para a imagem, o espectador se deixa prender por essa *performatividade em ação*. Ele performa.

Ao apresentar a coleção do pai de Isabella, para além da descrição exata dos objetos mencionados que dela fazem parte, a performatividade dos atores toma o primeiro lugar e termina por se veicular como um excesso, um "por demais" pleno, uma cólera, uma frustração, a qual podemos facilmente imaginar ter sido a do próprio Lauwers quando confrontado com essa coleção legada por seu pai como herança. Estamos bem inseridos na performatividade do ator (e fora de uma personagem), aquela da ação que se executa. O espectador é confrontado com esse fazer, com essas ações colocadas, das quais só lhe resta, a ele próprio, encontrar o sentido.

O segundo caso, o espetáculo *Le Dortoir,* é um pouco mais antigo, já que foi criado em meados dos anos de 1980. Todavia, parece-me que ele oferece um exemplo quase perfeito desse teatro que Hans-Thies Lehmann chamou de teatro

---

12 Livremente adaptado a partir do site da companhia.

pós-dramático e que eu desejaria, de preferência, definir como teatro performativo.

Le Dortoir, um pouco à imagem de La Chambre d'Isabella, é uma viagem pela memória (um quarto de memória, diria Kantor), memória da vida em um dormitório nos anos de 1960, na época da morte de Kennedy. Trata-se, portanto, da vida de um grupo, realizando ações rotineiras (todas estilizadas sob a forma de coreografias) ligadas a uma vida numa escola com direção de religiosas. Mas, nesse casulo aparentemente fechado, se apresentam todas as notícias do momento, principalmente a morte de John Fitzgerald Kennedy.

Gilles Maheu é um encenador do Quebec, formado em mímica, que fundou em 1968 Les Enfants du Paradis (As Crianças do Paraíso) – que em 1981 tornou-se Carbone 14 – e que evoluiu gradativamente na direção do teatro corporal, na sequência, ao performativo e em direção à dança-teatro, sem realmente deixar de lado o teatro.

O espetáculo me parece eloquente na medida em que apresenta de forma límpida numerosas características desse teatro performativo que ocupa as cenas teatrais. De fato, no cerne da noção de performance reside uma segunda consideração, a de que as obras performativas *não são verdadeiras, nem falsas*. Elas simplesmente sobrevêm. "As play acts, performative are not 'true' or 'false', 'right' or 'wrong', they happen", disse Schechner[13]. Essa é uma segunda consideração. Insistiremos, portanto, nesse caráter de descrição dos eventos* que se torna, assim, uma característica fundamental da performance.("It happens", disse

---

13   Schechner, op. cit., p. 127.

*   *Evénementiel* (vocábulo do qual provavelmente *événementialité* tenha derivado) é utilizado para designar "aquilo que apenas descreve os acontecimentos"; dessa forma, *histoire événementielle* seria aquela que apenas descreve os grandes fatos históricos (guerras conquistas, etc). Em seu estudo *Entre points d'entrées et points de ruptures épistémologique(s): L'Événementialité architecturale... en question* (que pode ser acessado em http://www.res-systemica.org/afscet/resSystemica/Paris05/ismail.pdf) Maldiney faz algumas reflexões sobre o sentido de *événementialité* que nos parecem pertinentes: "O evento [*l'événement*] é frequentemente considerado como sinônimo de referência [*repère*] ou de descontinuidade, ou seja, de ruptura de continuidade [...] O ponto de partida epistemológico da questão da *événementialité* cria um espaço de reflexão e de emergência *de* e *sobre* o conhecimento; ele se inscreve, no entanto, neste duplo movimento: como *referência* [*repère*] *temporal* e como *significante* (parâmetro agindo) de uma ruptura produtora de sentido." (N. do T.)

Schechner) A esse respeito, os textos falam de *eventness*. Ela coloca em cena, com esse fim, *o processo*. Ela amplifica, portanto, o *aspecto lúdico* dos eventos bem como o aspecto lúdico daqueles que dele participam (*performers*, objetos ou máquinas). Existe uma tomada de risco real ao *performer*.

Derrida será o primeiro a prolongar tal noção, introduzindo nela um fator importante, o de sucesso ou malogro. Mesmo se o essencial da reflexão desse último recaia sobre a escrita enquanto obra performativa por excelência, ele afirmará que a obra, para ser realmente performativa, pode ou não atingir os objetivos visados. A reflexão de Derrida marca um redirecionamento na evolução do conceito de performatividade, na medida em que ele afirma que a ação contida no enunciado performativo pode ou não ser *efetiva*, portanto, na medida em que essa observação se torna um real princípio inerente à própria natureza dessa categoria de locução. O "valor de risco", o "malogro", tornam-se constitutivos da performatividade e devem ser considerados como lei. Insistiremos, portanto, nesse caráter de descrição de eventos que se torna, dessa maneira, uma característica fundamental da performatividade[14].

Se seguirmos nosso primeiro impulso, duas fortes ideias estão no centro da obra performativa. De um lado, seu caráter de descrição dos fatos. Por outro, as ações que o *performer* ali realiza. A performance toma lugar no real e enfoca essa mesma realidade na qual se inscreve, desconstruindo-a, jogando com os códigos e as capacidades do espectador (como puderam fazer Guy Cassier, Jan Lauwers, Heiner Goebbels, Marianne Weems ou a Societas Raffaelo Sanzio, de maneiras diversas). Tal desconstrução passa por um jogo com os *signos que se tornam instáveis, fluidos*, forçando o olhar do espectador a se adaptar incessantemente, a migrar de uma referência a outra, de um sistema de representação a outro, inscrevendo sempre a cena no lúdico e tentando por aí escapar da representação mimética. O *performer* instala a ambiguidade de significações, o deslocamento dos códigos, os deslizes de sentido. Trata-se, portanto, de *desconstruir a realidade, os signos, os sentidos e a linguagem*.

14 É assim que Derrida consegue fazer a performatividade sair de sua aporia austiniana, permitindo-lhe tornar-se uma verdadeira ferramenta teórica transferível a outros campos além do da linguística.

Tomemos um terceiro exemplo, emprestado desta vez de Robert Lepage. Em 1994, Lepage funda sua própria companhia, Ex Machina, após ter sido membro do Théâtre Repère de 1980 a 1986. Seu objetivo é o de favorecer a permeabilidade das disciplinas e a multidisciplinaridade em cena. Portanto, de renovar o teatro por meio das outras artes. Ele quer fazer um teatro em sintonia com nossa época. Ele vai desenvolver uma "poética tecnológica" na qual as tecnologias estão a serviço da arte do teatro.

Em certo trecho de *La Face cachée de la lune* (A Face Oculta da Lua), de 2000, a máquina de lavar se torna um cosmonauta. O interesse dessa passagem é ver na obra a maneira pela qual Lepage desenvolve a narrativa, imbrica as narrações em jogo nos espaços (interior/exterior), encaixando-as, invertendo-as. "O teatro é uma arte da transformação em todos os níveis", ele escreveu[15]. Lepage vai, portanto, buscar novas maneiras de contar e criar uma "expatriação". Ele poetisa o banal. É a tecnologia que o leva a transformar em poesia tal cotidiano. Onde sentimos, com certeza, a *influência do cinema* (cortes nítidos; fusões encadeadas; mudanças de foco). É uma arte da metáfora que permite a estratificação do sentido (dos sentidos) a partir de um mesmo elemento, de um mesmo objeto (uma escotilha).

Para Lepage, com intuito de estar de acordo com sua época, o teatro deve dar conta da evolução dos modos de narração, dos modos de percepção e compreensão do mundo. Não se pode mais fazer o mesmo teatro senão pelo passado, mesmo se no fundo são sempre as mesmas histórias que nele são contadas.

O *performer* desfaz o sentido unívoco – de uma imagem ou de um texto –, a unidade de uma visão única e institui a pluralidade, a ambiguidade, o deslize do sentido – talvez dos sentidos – na cena. Esse teatro procede por meio da fragmentação, paradoxo, sobreposição de significados (Hotel Pro Forma), por meio de colagens-montagens (Big Art Group), intertextualidade (Wooster Group), citações, *ready-mades* (Weems, Lepage). Encontramos as noções de desconstrução, disseminação e deslocamento de Derrida[16].

---

15   Irène Perelli-Contos; Chantal Hébert, La Tempête Robert Lepage, *Nuit Blanche*, n. 55, Primavera de 1994, p. 64.

16   Quanto aos signos, necessariamente presentes – pois é impossível escapar a qualquer representação – esses permanecem decodificáveis, mas seu sentido

A escrita cênica não é mais hierárquica e ordenada; ela é desconstruída e caótica, ela introduz o evento*, *reconhece o risco*. Mais que o teatro dramático, e como a arte da performance, é o *processo*, ainda mais que o produto, que o teatro performativo coloca em cena: Kantor praticava já esta antecipação da obra sendo feita; Lepage a coloca no centro de sua conduta de criador.

Meu quarto exemplo é a partir de *Eraritjaritjakat-musée des phrases*[17], de Heiner Goebbels, compositor e encenador que montou a peça em 2004, no Théâtre Vidy de Lausanne. É baseada na obra de Elias Canetti, romancista alemão de origem búlgara (diário e anotações, aforismos) e foi interpretada por André Wilms e o Mondrian String Quartet no Teatro Vidy de Lausanne. Nela, Canetti explora as maneiras como um artista percebe e absorve o mundo. Nós sabemos pouco, observa Goebbels, apenas que Canetti preencheu cinco ou seis cadernetas com observações feitas cotidianamente durante seus passeios, olhando pela janela, lendo os jornais e olhando as pessoas no metrô ou no trem. É a partir dessas anotações e aforismos que se constrói a peça, como uma longa meditação interior por parte da personagem principal que atravessa o mundo. Essa entrada no espírito de um indivíduo agrada Goebbels particularmente, pois permite "tornar visível o invisível"[18]. Trata-se de um gênero não dramático na medida em que nenhuma narrativa linear mantém os elementos unidos.

Fato importante, a música ocupa um lugar tão essencial quanto o do ator e do texto. Estabelece-se entre os três um

---

é frequentemente tributário da relação cênica bem mais que de um referente pré-existente. A ficção em si, assim que se torna presente, não constitui necessariamente o coração da obra. Ela está ali como um dos componentes de uma forma em que a colagem das formas e dos gêneros, a justaposição das ações domina. Performativa, no sentido de Derrida, ela preconiza a "disseminação" escapando ao horizonte da unidade do sentido.

* A etimologia da palavra *événement* (evento, acontecimento), segundo Henry Maldiney, remeteria *àquilo que acontece* e talvez daí venha a sua associação com a palavra *avènement* (advento). (N. do T.)

17 O título da peça remete a uma palavra australiana que significa "esperar algo perdido".

18 Cf. sítio do artista (http://www.heinergoebbels.com/): "What I love so much in this genre of non dramatic literature is that you can attend somebody's thinking. I try to make it visible or audible" ("O que eu adoro nesse gênero de literatura não dramática é que você pode assistir ao pensamento de alguém. Eu tento torná-lo visível e audível").

diálogo que o espectador acompanha com fascínio e prazer. A música, de uma grande variedade, é emprestada de diferentes compositores, de Bryars, Kurtag (o *Black Angel* de Crumb), e Scelsi, a Bach (A Arte da Fuga), passando por Schostakóvitch e Ravel. A peça começa pelo "Oitavo Quarteto de Cordas de Schostakóvitch".

Goebbels afirmava: "Como a música pode ser visível? Isso é algo que experimento em *Eraritjaritjakat*: não apenas como a mente pode ser visível de maneira muito divertida, mas também como a música pode ser visível"[19] . A certa altura, a música é tocada ao mesmo tempo que o ator descasca cebolas ou bate um omelete no mesmo ritmo que o *pizzicato* do *Quarteto* de Ravel.

Trata-se precisamente de um *jogo com os sistemas de representação*, um jogo de ilusão em que o real e a ficção se interpenetram. Ali onde o espectador crê estar no real, ele descobre que tinha sido enganado e que o que era dado como real, era apenas ilusão. Essa câmera ao vivo, que surge no interior do teatro, é somente ilusão. Houve, ao mesmo tempo, precisamente uma derrota do real e da representação. Ao invés de perceber o real mediado pela tela, ele descobre um efeito de real, e o teatro retoma todos os seus direitos.

Acrescento que nas "colocações em situação" (*mises en situation*) que os espetáculos performativos instalam, é *a inter-relação*, que liga o *performer*, os objetos e os corpos, que é primordial. O objetivo do *performer* não é absolutamente o de construir ali signos cujo sentido é definido de uma vez por todas, mas de instalar a ambiguidade das significações, o deslocamento dos códigos, o deslizamento de sentido. Ele joga ali com os signos, transforma-os, atribui-lhes um outro significado (Lepage criando o foguete a partir de um pacote de salgadinho em *La Face cachée de la lune*; o Big Art Group, em *House of No More* (A Casa do Nunca Mais), criando os objetos cênicos por meio de uma bricolagem de natureza cinematográfica a partir de simples truques de luz). O que o espectador olha, aquilo pelo que se deixa seduzir, é precisamente essa arte da esquiva, da falsa aparência, do jogo em que ele está precisamente num

---

19 Ibidem.

lugar onde não sabia que estava. Ele descobre, portanto, a força da ilusão.

O último exemplo é proveniente de Marianne Weems, que fundou em 1994 a companhia Builders Association, após ter sido dramaturga e assistente de Elizabeth Lecompte do Wooster Group. Trata-se de um teatro que alia tecnologia, performance e arquitetura. Seus trabalhos gostam de colocar em paralelo as imagens do real com o real reproduzido pelo vídeo. Ela também deseja modificar as modalidades atuais de narração, buscando criar na cena um mundo que reflita a cultura contemporânea. A obra de Weems questiona o uso da tecnologia em sua relação com o homem. À sua maneira, ela procura aumentar as fronteiras do teatro. Conforme ela mesma afirma, a tecnologia é a personagem principal de suas peças e os *performers* devem aprender a compor com ela, não a sentindo como um perigo, mas como uma cúmplice. *Jet Lag* foi criada em 1998; *Alladeen* em 2003.

Jet Lag relata dois excertos extraídos de fatos vividos. Um deles conta a história de um eletricista que empreende uma corrida ao redor do mundo num veleiro, patrocinado pela BBC. Vendo que não vai conseguir vencer, ele usa um estratagema que consiste em fazer crer, por meio de uma instalação tecnológica, que ele está ganhando a corrida. Ele transmite as imagens de sua corrida por satélite, enviando dados falsos que o colocam na dianteira. Ele desaparece antes que o subterfúgio seja desvendado. Apenas seu barco abandonado é encontrado[20].

O que está em jogo em todos esses casos é um jogo com *a representação*. Uma forma de representação que nega a si mesma (o eletricista faz *como se* estivesse na dianteira e coloca em cena – encena – sua vitória).

Escrevemos bastante sobre a fuga da *re*presentação ou a desconstrução que colocava em jogo (desafiava) o teatro atual, tentando por vezes operar nos limites do simbólico, na

---

20 A segunda narrativa de *Jet Lag* trata de uma viagem em "alta velocidade" de uma mulher que foge para salvar seu neto da internação. Os dois encontram-se como prisioneiros dos aeroportos fazendo 167 vezes a ida e a volta Amsterdã – Nova York. A avó não sobreviverá a esta experiência e morrerá de *jet lag* (cansaço extremo ocasionado pelo excesso de viagens).

descrição pura das ações (Annie Sprinkle, Laurie Anderson); na falta de referencialidade por trás dele[21].

É precisamente essa falta de referencialidade que *Jet Lag* encena. A personagem se contenta em nos fazer crer que está onde não está. E Weems nos mostra, graças à tecnologia, esse jogo de ilusão. Mas, ao nos mostrar o procedimento, ela dissipa o jogo da ilusão, mantendo ao mesmo tempo à vista do espectador a ilusão (ele está no mar) – e sua enganação (vemos sua instalação rudimentar). Estamos aqui diante de uma performatividade da tecnologia que desmonta habilmente a teatralidade do processo para trazer à luz sua performatividade.

Alladeen joga ainda para mais longe o sistema, centrando, dessa vez, toda a performatividade sobre os procedimentos tecnológicos, que não apenas permitem o jogo da ilusão, mas que o desmontam do avesso, na medida em que assistimos à construção do cenário (que é fortemente realista). Mas ao colocar em primeiro plano o processo, Weems põe em xeque a teatralidade, estabelecendo a performatividade – tanto a dos *performers* quanto a das máquinas – no centro da cena. É o que demonstra essa passagem de *Alladeen*.

Alladeen conta a história verídica de operadores de *call--centers* indianos empenhados em atender aos telefonemas dos clientes nos Estados Unidos. As exigências da profissão fazem com que eles tenham que simular um sotaque americano para que os clientes acreditem que eles não estão longe e que são mesmo norte-americanos. Assistimos, portanto, a uma lição de cultura norte-americana que tende pouco a pouco a modificar seus referentes culturais e fazê-los adentrar em um universo, do qual são, *a priori*, excluídos.

O ato performativo se inscreveria assim contra a teatralidade que cria sistemas de sentido e que remete à memória. Lá onde a teatralidade está mais ligada ao drama, à estrutura narrativa, à ficção, à ilusão cênica que a distancia do real, a performatividade (e o teatro performativo) insiste mais no aspecto

---

21 "O performativo não tem seu referente [...] fora dele ou, em todo caso, antes dele e diante dele. Ele não descreve algo que existe fora da linguagem e antes dela. Ele produz ou transforma uma situação, ele opera; e se podemos dizer que um enunciado constativo efetua também algo e sempre transforma uma situação, não se pode dizer que isso constitui sua estrutura interna, sua função ou seu destino manifestos." Cf. J. Derrida, *Marges de la philosophie*, Paris: Minuit, 1972.

lúdico do discurso sob suas múltiplas formas – (visuais ou verbais: as do *performer*, do texto, das imagens ou das coisas). Ela os faz dialogar em conjunto, completarem-se e se contradizerem ao mesmo tempo, como nos espetáculos de A. Platel ou nos de Gómez Pena e Coco Fusco. Mas é realmente possível escapar de toda a referencialidade e, assim, à representação? A questão permanece aberta.

Eu dizia que havia duas ideias principais no cerne da obra performativa. A segunda consiste no *engajamento total do artista*, colocando em cena o desgaste que caracteriza suas ações (Nadj, Fabre). Não se trata necessariamente de uma intensidade energética do corpo no modelo grotowskiano, mas de um investimento de si mesmo pelo artista. Os textos evocam a "vivicidade" (*liveness*) dos *performers*, de uma presença fortemente afirmada que pode ir até uma colocação em risco real e um gosto pelo risco (é o caso do Jan Lauwers que mostramos anteriormente).

Poderíamos tentar uma análise mais aprofundada dessas duas características do teatro performativo, mostrando os grandes princípios e a diversidade das práticas que fazem parte dele, do Théâtre de Reza Abdoh ao de Robert Wilson, das encenações de Wajdi Mouawad às de Ivo van Hove, dos espetáculos de Karen Finley aos de Anne Bogart, dos do Big Art Group às performances de Annie Sprinkle. Seria muito longo fazê-lo nos limites deste capítulo, mas é necessário insistir no panorama bastante diversificado das práticas que se inscrevem nele, a performatividade penetrando em todas as formas de teatro, compreendendo as mais tradicionais, assim como o drama impregna todas as formas pós-dramáticas.

Quanto ao espectador, *ele está, assim como o performer, situado na intimidade da ação,* absorvido por seu imediatismo ou pelo risco colocado em jogo (*Le Dortoir*, de Gilles Maheu), mas ele também pode ficar no exterior da ação, gravar com frieza as ações que se desenrolam diante dele[22], mantendo um direito de olhar que permanece exterior, como ele o faz diante de certas performances. Sua maneira de percepção, portanto,

---

22 Pode também tratar-se de uma alternância destas duas formas de recepção (adesão, distância), como em Castorf ou Marianne Weems.

nem sempre implica a absorção na obra. Ele pode também sustentar um direito de olhar que permanece exterior.

É dizer que, mais que nas outras formas teatrais (particularmente as dramáticas), *o teatro performativo toca na subjetividade do performer*. Para além das personagens evocadas, ele impõe o diálogo dos corpos, dos gestos e toca na densidade da matéria, sejam as do *performer* em cena ou das máquinas performativas: vídeos, instalações, cinema, arte virtual, simulação (The Builders Association, Big Art Group, Castrof).

Quais conclusões tirar deste percurso traçado:

1. Inicialmente, uma ressalva: apesar do quadro que tentamos esboçar de maneira ampla, qualquer generalização no domínio da prática em si não é bem-vinda. O panorama teatral é bastante diversificado tanto na América do Norte quanto na França. As práticas atuais não são nem uniformes nem unívocas e elas não podem ser comparadas umas com as outras sem quaisquer falsos apontamentos. Todas elas tomam emprestadas de diversas filiações – tanto a do texto, quanto a da imagem, a do formalismo das artes visuais, como a da interpretação – e nem sempre é fácil distinguir as influências e as rupturas. Seria necessário, portanto, para aproximar a realidade da prática, oferecer de preferência o quadro caleidoscópico das formas e das estéticas.

2. Existe, apesar de tudo, uma linha, uma fratura entre duas visões do teatro, uma que rompeu com a tradição e se inspira na performance e uma visão mais clássica da cena teatral. A primeira é mais livre e inventa os parâmetros que permitem pensá-la, a segunda permanece em certa medida tributária do texto e da fala, mesmo que esse último não seja mais, necessariamente, o seu motor. Os encenadores de que falamos (norte-americanos, flamengos e alemães particularmente), em sua grande maioria, privilegiam a primeira destas opções, a qual chamaremos de teatro performativo[23], lá onde a aproximação

---

23 Termo que nos parece mais adequado que teatro pós-dramático, cuja definição dada por Lehmann é a seguinte: "O teatro pós-dramático é um teatro que exige um evento [acontecimento] cênico que seria, a tal ponto, pura representação, pura presentificação do teatro, que ele apagaria toda ideia de reprodução, de repetição do real" J-P. Sarrazac, *Critique du théâtre*, 2000, p. 63, citado pelo próprio Lehmann, p. 14. É evidente que não pode existir "pura representação do teatro", não mais no teatro pós-dramático que no teatro performativo. A tese de Lehmann é de que "a profunda ruptura das

francesa e do Quebec, por exemplo, permanecem, ambas, claramente mais teatrais.

3. Se a arte da performance se dispersou nas numerosas práticas performativas atuais, ela o fez em maior grau do lado norte-americano, anglo-saxão, dever-se-ia dizer, mas também flamengo, belga, britânico, italiano, suíço, alemão. Uma das principais características desse teatro é que ele coloca em jogo o processo sendo feito, processo que tem maior importância do que a produção final, mesmo quando esta for meticulosamente programada e ritmada, assim como na performance. O desenrolar da ação e a experiência que ela traz, por parte

> vanguardas nos arredores de 1900 a [...] continuou a preservar o essencial do 'teatro dramático', em despeito de todas as inovações revolucionárias. As formas teatrais que surgiram então, continuaram a servir à representação, a partir de então modernizada com universos textuais" p. 28. Estas mesmas vanguardas só colocavam em questão o modo transmitido da representação e da comunicação teatral de maneira limitada, permanecendo, finalmente, fiéis ao princípio de uma mimese de uma ação no palco p. 28. É "na esteira do desenvolvimento, seguido da onipresença das mídias na vida cotidiana desde os anos de 1970, [que] surge uma prática do discurso teatral nova e diversificada", aquela a que Lehmann qualifica de teatro pós-dramático (p. 28). O epíteto "pós-dramático" aplica-se a um teatro levado a operar para além do drama; isto é, que o drama nele subsiste como "estrutura do teatro normal, numa estrutura, enfraquecida e em perda de crédito: como espera de uma grande parte de seu público, como base de inúmeras de suas formas de representação, enquanto norma de dramaturgia funcionando automaticamente", p. 35. Será preciso esperar os anos de 1980, fato ainda observado por Lehmann, para que "o teatro obrigue, para tomar os termos de Michael Kirby, a considerar que uma ação abstrata, um teatro formalista em que o processo real da 'performance' substitua o *mimetic acting*, um teatro com textos poéticos nos quais praticamente nenhuma ação seja ilustrada, não define mais somente um 'extremo', mas uma dimensão primordial da nova realidade do teatro" (p. 49). O teatro pós-dramático tem certo parentesco com a ideia desenvolvida por J.-F. Lyotard de teatro energético que não será sobremaneira teatro da significação, mas "teatro das forças, das intensidades, das pulsões em sua presença [...] Um teatro energético existiria para além da representação – o que, certamente, não quer simplesmente dizer sem representação, mas antes não submetido à sua lógica", p. 52. E de acrescentar, "é somente quando os meios teatrais – além da língua – serão colocados no mesmo nível que o texto e pensáveis mesmo sem o texto, que poderá se falar de teatro pós-dramático", p. 81. A ação tende a desaparecer, assim como o começo de processos fictícios (p. 105); desaparece também a descrição, a narratividade fabuladora do mundo. Esta definição de Lehmann deve, certamente, ser nuançada, como ele mesmo faz. Ela constitui um horizonte de espera mais que uma realidade, na medida em que é impossível para uma forma teatral, qualquer que ela seja, de escapar à narratividade e, de fato, à representação. Hans-Thies Lehmann, *Le Théâtre post-dramatique*, Paris: L'Arche, 2002.

do espectador, são bem mais importantes do que o resultado final obtido.

4. A diferença entre as duas abordagens é igualmente perceptível no tocante aos discursos teóricos e das abordagens analíticas, os universitários norte-americanos tendo preferido desenvolver o conceito de performance em seu sentido antropológico, multicultural e multidisciplinar, abarcando pelo fato em si toda a imensidade do real e perdendo, nessa empreitada, a especificidade da obra artística em si. Do lado francês, a resistência ao conceito é grande (o conceito permanece ali desconhecido ou subestimado), como já havia sido com a *performance art*. A visão permanece definitivamente estética.

5. No teatro performativo, o ator é chamado a "fazer", a "estar presente", a assumir os riscos e a "mostrar o fazer", em outras palavras, a afirmar a *performatividade* do processo. A atenção do espectador se coloca na execução do gesto, na criação da forma, na dissolução dos signos e em sua reconstrução permanente. Uma *estética da presença* se instaura.

6. Nessa forma artística, que dá lugar à performance em seu sentido antropológico, *o teatro aspira a fazer evento (acontecimento)*, reencontrando o presente, mesmo que esse caráter de descrição das ações não possa ser atingido. A peça não existe senão por sua lógica interna que lhe dá sentido, liberando-a, com frequência, de toda dependência, exterior à uma mimese precisa, a uma ficção narrativa construída de maneira linear. O teatro se distanciou da representação.

Mas, ele se distanciou, de fato, da teatralidade? A questão merece ser colocada.

Trad. Lígia Borges/Rev. Cícero Alberto de Andrade Oliveira

Parte III:

Performance e Performatividade

1. A Performance ou a Recusa do Teatro[1]

A performance não gosta do teatro e desconfia dele. O teatro, por sua vez, não gosta da performance e se distancia dela. Existe entre essas duas artes uma desconfiança recíproca. Tudo coloca a performance do lado das artes plásticas: sua origem, sua história, suas manifestações, seus lugares, seus artistas, seus objetivos, sua concepção de arte, sua relação com o público. É preciso ler o livro de RoseLee Goldberg que marca a genealogia da performance a partir do surrealismo e do dadaísmo até os nossos dias, passando pelo *happening* de Kaprow e pelas manifestações do Fluxus.

A origem reconhecida é pictórica, escultórica, arquitetural, musical, literária. Ela é raramente e, por assim dizer, jamais teatral, como se o teatro fosse uma forma de decadência que espreitava as artes plásticas. É assim que RoseLee Goldberg ignora voluntariamente performances teatrais que se aproximam, no entanto, muito nitidamente do teatro: assim, os efêmeros de Jodorowski, o delírio de Arrabal, os espetáculos de Bob Wilson ou, mais próximas de nós, as performances de Valère Novarina.

1   Publicado pela primeira vez em *Protée*, v. 17, p. 60-66, 1989.

As performances têm lugar essencialmente nas galerias, museus ou ao ar livre. Raramente nos teatros. Quando ocorrem nos teatros, elas são vistas, de início, como produções teatrais (casos de Rachel Rosenthal e de Valère Novarina). Hoje, tal clivagem é menos acentuada, na medida em que, cada vez mais, gente de teatro se aventura a esta experiência. Mas essas performances estão muito longe das que são realizadas por performadores, coreógrafos (Marie Chouinard), cantores (Michel Lemieux) e músicos (Rober Racine).

Nos anos de 1980, era possível falar na proximidade da performance e do gênero teatral. Nessa época, escrevi, aliás, um texto que se intitulava "Performance e Teatralidade" e concluía pela teatralidade da performance e sua aproximação evidente do fenômeno teatral. Hoje, isso não é mais possível, e conviria reescrever a história. A arte da performance dos anos de 1980 não é mais a dos anos de 1970. O gênero – pois ela se tornou um gênero, um gênero não homogêneo, muito diversificado, mas ainda assim um gênero – evoluiu, modificou-se, transformou-se. Observa-se concomitantemente um aprofundamento das práticas e, ao mesmo tempo, o que se poderia chamar uma "instalação" na performance. Quero dizer com isso que a urgência que governava certas performances dos anos de 1970 e as justificava desapareceu. Ela foi substituída por uma prática cujos objetivos não são mais tão claros quanto puderam ser na época da emergência de tal forma artística. E, no entanto, tudo coloca certas performances atuais ao lado do teatro, em particular, sua escritura cênica, sua relação com o corpo do performador, com o tempo de representação, com o real, com o espaço.

Todavia, querer falar da performance de maneira geral em sua relação com o teatro, condenaria a análise a interromper-se rapidamente por falta de parâmetros comuns. A necessidade de estar em guarda impõe-se, pois.

Jamais se dirá o suficiente sobre a diversidade do fenômeno da performance. Desde seu início, no fim dos anos de 1960, na esteira dos *happenings* e até suas manifestações midiáticas atuais, passando pelos anos de ouro que foram os da década de 1970, a performance sempre afixou uma multiplicidade de inspirações e de formas, que nenhuma outra arte pôde preservar com a mesma intensidade. Vindos à performance de horizontes muito diferentes (música, pintura, dança, escultura, literatura, teatro), os *performers* integraram progressivamente em suas criações as mídias e a tecnologia moderna, a tal ponto que essas novas tecnologias constituem hoje uma das características essenciais da performance dos anos de 1980, embora a títulos diversos e com uma maior ou menor intensidade.

E, no entanto, para além de tal diversidade, um ponto comum une as diferentes performances e muito particularmente uma interrogação idêntica em face da arte e do lugar que essa deve ocupar com respeito ao real. A performance se propõe, com efeito, como modo de intervenção e de ação sobre o real, um real que ela procura desconstruir por intermédio da obra de arte que ela produz. Por isso ela vai trabalhar em um duplo nível, procurando, de um lado, reproduzi-lo em função da subjetividade do *performer*; e, de outro, desconstruí-lo, seja por meio do corpo – performance teatral – seja da imagem – imagem do real que projeta, constrói ou destrói a performance tecnológica. Em um caso como no outro, a imagem nunca é fixa e o *performer*; a manipula à sua vontade, conforme a instalação que estabeleceu em tal lugar.

É essa relação com a imagem, que consideramos aqui como uma relação com o especular, que nos permite classificar hoje as performances em duas grandes categorias, uma que se situa do lado do teatral, e outra do lado do tecnológico, sublinhando por aí uma divergência de ordem estética que a evolução atual da performance parece confirmar.

Com efeito, em face das performances teatrais, que não parecem ser senão o prolongamento das práticas dos anos de 1970, as performances midiáticas conhecem há alguns anos um surto que as propulsionou, levando-as ao proscênio e convertendo-as em uma arte autônoma, dotada de leis próprias que conservam uma lembrança longínqua das formas artísticas das quais são oriundas. Será preciso ver em tal evolução o fascínio de nossa época pelo mundo da imagem, cuja importância em nossos dias Jean Baudrillard e Marcelin Pleynet mostraram? Ou será preciso ver aí antes a recusa de certa teatralidade que a performance afixa desde suas origens? A essas duas questões convém responder, perguntando-se, todavia, que preço a performance paga por esta evolução?

O TEATRAL DA PERFORMANCE

Michael Fried afirmava em 1968, "o sucesso, inclusive a sobrevida das artes, passou a depender de maneira crescente de sua faculdade de pôr em xeque o teatro" e acrescentava mais adiante: "A arte se degenera à medida que se aproxima do teatro."[2] Podemos nos perguntar sobre as razões dessa desconfiança das artes, e cumpre entender por arte as artes plásticas, em relação ao teatro. Por que essa inquietação? Por que tal recusa?

A desconfiança de Fried com respeito ao teatro de fato carrega consigo a recusa de certas noções fundamentais: a de teatralidade em primeiro lugar (a performance não deve recorrer ao teatral, que a faz soçobrar no exagero, na *mise-en-scène*, no falso); a de jogo de atuação em seguida (o performador não pode interpretar, se não ele se instala na mentira, porquanto ele não é mais ele mesmo). Ora, interpretar implica necessariamente tornar-se outro, estar à escuta do outro dentro de si; implica representação enfim, noção fundamental aqui, na medida em que a performance, desde suas origens, que se tornaram agora distantes, insistia no aspecto "presença" de toda manifestação. O tempo aí se escoa efetivamente e os corpos se transformam de maneira irrevogável. Os objetos viajam, as vidraças se quebram, as escadas caem; os atos são efetivamente praticados.

No entanto, um rápido percurso histórico nos permitiria constatar que tal desconfiança com respeito ao teatro é mais verbal do que real e que, se a performance nasceu das artes plásticas e se ela se inscreve realmente na linhagem surrealista e dadaísta, se ela era profundamente nutrida pela arte conceitual, pela arte minimalista, pela *body art*, pelo *happening*, pela *pop art*, ela não cessou, no curso de sua evolução, de produzir obras que eu não diria de imediato que são teatrais, mas antes que nelas a teatralidade não está ausente. Basta pensar nas primeiras criações de Cage, de Kaprow e, mais próximas de nós, de Chris Burden, Lucile Mercile, Marie Chouinard, Meredith Monk, Rose English, Marie-Jo Lafontaine ou Rachel Rosenthal.

---

2 M. Fried, Art and Objecthood, em Gregory Battcock (ed.), *Minimal Art: A Critical Anthology*, New York: E.P. Dutton, 1968, p. 136-142.

Rachel's Brain (Cérebro de Rachel), de Rachel Rosenthal, 1987.
Sozinha em cena, um músico na lateral, Rachel Rosenthal se veste. Ela põe saia e pantalona uma por vez, enfia um vestido e pega uma cesta à medida que desfilam na parede diapositivos sem ordem aparente, em que aparecem cenas da cidade, do campo, do mar, de pessoas que caminham, de crianças que andam de bicicleta, de animais enjaulados etc. Durante esse tempo ela fala, e se dirige a uma mesa do lado do pátio em que se encontra, em uma tigela, uma couve-flor que ela começa a cortar com uma faca, de início com calma e determinação, depois cada vez mais com violência, para acabar arrancando as folhas, fazendo saltar por toda parte os ramos. Durante esse tempo, profere com viva intensidade um discurso sobre a origem do cérebro, sobre as experiências a que são submetidos os animais, sobre suas faculdades intelectuais pessoais, sobre suas possibilidades, seus limites, sua exploração, sua utilização pelos homens. E quanto mais fala, mais a couve-flor que ela manipula torna-se obscena sobre a mesa, assemelhando-se progressivamente ao seu crânio calvo para terminar chocando-se com ele. Ela se empanturra, come e fala, fala e come; o alimento escorre, transborda, deforma seu rosto; depois, voltando à calma, ela vem ao proscênio e, com seus punhos nus, bate violentamente na cabeça e, de frente para o público, com uma voz cada vez mais rouca, enrouquecida pelos gritos, lança à plateia "Eu não sou nada, eu sou uma fraude, eu sou um ninguém; eu não sou nada, eu sou uma fraude, eu sou um ninguém". A performance toda conduz a esse momento de grande intensidade de denúncia de si em que, em um gesto de oferenda ao público, a atriz *performer* se mortifica verdadeiramente.

O segundo exemplo é menos teatral e repousa mais sobre as mídias.

A las Cinco de la Tarde, de Marie-Jo Lafontaine, 1984.
De conformidade com seu hábito, Marie-Jo Lafontaine trabalha cercando-se de rigorosas instalações de vídeo em que se desenrolam cenas de morte infinitamente repetidas. Na performance que nos interessa, o espectador está rodeado de uma quinzena de monitores dispostos em semicírculo que difundem todos as mesmas cenas: as de uma corrida, entrecortada de cenas de flamenco.

Mas as cenas são todas defasadas umas em relação às outras, de tal modo que, a todo momento, o espectador pode captar com um lance de olhos e de maneira simultânea, em cada uma das telas, diferentes momentos da ação, perdendo nesse processo suas referências temporais. Como notou Marie-Jo Lafontaine por ocasião de uma entrevista efetuada em 1985[3]:

Quando se ralenta a imagem, cria-se uma intimidade com o objeto [...] Simbolicamente, parece-me que a sedução é sempre uma execução de morte (*mise à mort*). Acontece o mesmo com a dançarina do flamenco. Ela se oferece ao espectador sem nada dar em troca. Ela tem um ar ameaçador, provocador. Ela provoca como o matador. É o desejo do público que a impele.

Nos dois exemplos que apresentamos acima, tão diferentes em seu espírito e suas apostas, como apreender a teatralidade da performance? O que chama a atenção desde logo, na maior parte das performances, e particularmente naquelas que são aqui descritas, é antes de tudo

UMA *MISE-EN-SITUATION*. Assiste-se aí ao recurso a certos elementos cênicos, ali importados como objetos e não como signos, e cujo deslocamento já é portador de sentido. Esses objetos são postos em relação uns com os outros de maneira a interagir primeiro entre si, depois com o performador e, enfim, com o espectador. Dessa interação nasce a dinâmica da performance. Tais objetos estão raramente em representação e não é seu valor simbólico que constitui sua importância, mas antes a ação que os integra, pois esses objetos são tomados por um fazer que lhes dá sentido, do mesmo modo como dá sentido à performance toda. Assim, na performance de *Rachel's Brain*, a couve-flor está ali como que remetendo a si própria e não à categoria couve-flor. Ela não é signo de outra coisa. Igualmente, na performance de Marie-Jo Lafontaine, o filme da corrida de touros, apresentado pelos monitores de vídeo, não remete a qualquer denúncia dos combates de touro, mas de fato à própria imagem fílmica, imagem que é multiplicada, dessincronizada no transcurso da performance. Essa dessincronização da imagem é o ponto

---

3   *Art Press*, n. 92, May 1985.

essencial dessa performance, antes mesmo da decodificação da narrativa que se desenrola. O espectador é, pois, colocado de pronto em uma posição voyeurista em face de uma ação em processo e não em curso de apresentação. É assim que, na performance de Marie-Jo Lafontaine, a condução à morte do touro, relatada de maneira indireta, em múltiplas telas, atrai mais a atenção sobre o modo de narração utilizado (tela) e sua estrutura (redundância do filme) do que sobre o ato mesmo que é contado (a morte do touro), portanto, sobre o fato de que um filme se desenrola sob os nossos olhos e que esse filme é usado pelo performador como um objeto com o qual ele atua.

Está aí uma das primeiras características da performance: a recusa do signo em proveito de uma manipulação de objetos, a permitir o liame com um real imediatamente operatório. O performador não constrói signos, ele faz. Ele é na ação, e o sentido emerge do encontro de todos esses fazeres. Assim, Rachel Rosenthal, ao golpear o crânio, no seu jogo de atuação, não representa uma personagem, do mesmo modo que não representa Rachel Rosenthal martelando-se a cabeça; sua ação é bem real e é preciso tomá-la sem distância. A denúncia reside aí na realidade de tal violência: violência do gesto, violência do verbo, "Eu sou um ninguém". Toda a força da performance está nessa convicção que ela consegue insuflar no espectador. Não! Ela não representa. Nós estamos na imediatidade da ação! Nós estamos aqui no domínio do sério. Nada é fictício. Os objetos, as ações, os seres, o tempo mesmo são reais.

A situação é, pois, dada de pronto: um *performer* em um zoológico (Alberto Vidal), encerrado com coiotes; (Joseph Beuys), rodeado de objetos que ele vai deslocar um a um, bloqueado atrás de vidraças das quais vai procurar sair. A situação é dada; só resta descobrir a ação; mas bem depressa ela será previsível. O cenário, muitas vezes mínimo (*Barbie*, de Lucille Mercile, a *Escala Williams,* de Rober Racine), é posto no lugar desde o começo e instala-se uma desconstrução em que cada gesto, cada objeto conta.

Não há a bem dizer surpresa, apenas uma espera mais ou menos longa, curiosa, e a questão: "O que ele está fazendo? Por que ele está fazendo isso? O que ele quer dizer? Até onde ele poderá ir? Quanto tempo poderá ficar nisso?" e depois a interrogação angustiada: "Por que estou aí? Quanto tempo minha paciência vai aguentar? O que há aí realmente para se ver?" A palavra importante aqui é "ver". Tudo se passa na performance ao nível do olhar. Nós estamos no domínio do especular (e não do espetacular) e da espera. Espera do acontecimento, espera de ser impregnado pelas coisas, espera que permite aos sentidos, às sensações, entrar em atividade, espera simplesmente que aquilo acabe. O espectador não embarca, ou raramente o faz. Ele não se deixa levar. Não há aí efeito catártico como no teatro, mesmo nos momentos de extrema violência, porque não há jogo de representação propriamente dito, porque não há corpo lúdico, porém um corpo sério a experimentar seriamente no real.

É que a performance, e a performance mediática mais ainda do que a teatral, procura provocar os sentidos, a operar uma dissolução dos referenciais habituais (em relação ao espaço, ao tempo, ao real). Para isso, ela instala o espectador em certa receptividade. Ora, ela instala, ela não constrói, e é precisamente na medida em que tal receptividade é uma instalação e não uma construção que ela está condenada amiúde a permanecer superficial, visto que passa pelos sentidos, logo pelas sensações, e que se situa à flor da pele. Essa é uma de suas diferenças com o teatro. Lá onde o performador quis criar algo de natureza do acontecimento (*événementiel*), ele só pôde instalar algo especular.

Isso nos conduz à segunda característica da performance: o *enquadramento* que ela submete à cena. A palavra é imprópria. Não há cena na performance, mas lugares. Na medida, pois, em que o lugar está preparado tendo em vista uma ação, dá-se um enquadramento espacial que solicita o olhar do espectador. O enquadramento cria um espaço, espaço do especular que recusa tornar-se espetacular.

Ao criar um espaço para si, um lugar para si, a performance cria ao mesmo tempo o espaço do outro, o meu, o do espectador, e paradoxalmente estabelece a base de toda teatralidade. Ela permite que a alteridade de um sujeito aí se inscreva. Ela cria uma clivagem espacial cujos limites, cujas franjas, cujas margens querem ser tão pouco marcadas quanto possível, tão pouco constrangedoras quanto possível. De fato, tal espaço, ela o inscreve no real e institui entre ambos uma permeabilidade que o teatro não autoriza. É aí onde a performance se separa de novo do teatro.

Porque difuso, e provindo do performador, que aí dispõe suas leis, o espaço da performance autoriza transgressões que o teatro não permite. Os tabus são franqueados, os interditos derrubados. Com efeito, na medida em que o enquadramento da performance é menos nítido do que o da cena, ele autoriza de modo bem particular a transgressão de uma das leis fundamentais do teatro, uma lei que eu chamaria de lei da exclusão do não retorno. Tal lei, aplicada ao teatro, impõe habitualmente uma reversibilidade do tempo e dos acontecimentos que se opõe a toda mutilação ou execução de morte (*mise à mort*) do sujeito. São recusadas como não pertencentes mais ao teatro cenas de fragmentação do corpo às quais certas performances dos anos de 1960 recorreram: mutilações verdadeiras em cena, assim como execuções teatralizadas dando morte a animais sacrificados (Hermann Nitsch) para o "prazer" do *performer*. Tais cenas no teatro rompem o contrato tácito com o espectador: o de assistir a um ato de representação inscrito em uma temporalidade diferente daquela do cotidiano em que o tempo é como que suspenso e, por assim dizer, reversível, que impõe ao ator um retorno sempre possível à sua posição de partida. Ora, atacando seu próprio corpo, o ator destrói as condições da alteridade e faz surgir o real lá onde o espectador acreditava estar a ilusão e a representação. Mutilando-se, o performador une-se de novo ao real, e seu ato, fora das regras e dos códigos, não pode mais ser percebido como signo, como jogo de representação. O espaço do teatro viu-se aí dramaticamente modificado. É que na performance não há jogo, nem representação, nós já o dissemos. Ora, se o enquadramento ao qual a performance submete o espaço é impreciso, torna-se tanto mais fácil transpor seus limites. Esses interditos constituem um dos extremos da performance. Se a teatralidade do acontecimento permanece sempre lá, o teatro, quanto a ele, está definitivamente banido dali[4].

---

4   Cf. J. Féral, Théâtralité, recherche sur la espécifité du langage théâtral, *Poétique*, Paris, automne 1988.

Tal transgressão revestia outrora a forma de um atentado ao corpo do *performer*. Hoje, essas formas de mutilação um tanto exibicionistas desapareceram. Elas foram substituídas por uma violência diferida que as diversas tecnologias introduzem sem distância sob o olhar do espectador: guerras, tourada, estatelamento de avião, destruição de imóveis, aldeias arrasadas por bombardeio, corpos mortos, desmembrados, queimados etc.

A tecnologia, e os recursos à imagem que ela permite, autoriza, assim, a deitar o olhar sobre o que seria, em outras circunstâncias, obsceno. Ela coloca face a face o espectador e o real, mas um real que só pode ser apreendido por diversas mediações, por meio de toda uma aparelhagem (vídeo, televisão, câmera etc.) em que sua realidade mesma se perde em proveito de uma tecnologia da qual o espectador capta todo o poder.

Nessa transferência do real para a máquina, a performance perdeu mais do que o jogo da ilusão. Ela perdeu sua relação com o próprio corpo. Essa será a terceira característica que estudaremos. Ela versa sobre a *prevalência do corpo*. Se a importância do corpo é sempre reafirmada pela performance teatral, tal importância se perde, todavia, na performance tecnológica, o corpo do *performer* cedendo lugar a uma relação mais cerebral entre o eu do *performer* e a máquina pela qual ele se mede.

Nas performances teatrais, a força desse corpo é grande, pois ele é movido pelos afetos, desejos, libido e pelas sensações do performador. Ora, os corpos dos performadores estão presentes, inteiros, unos. Tudo passa por eles. E é sobre seu movimento unicamente que repousa a dinâmica da representação. Mas esses corpos não atuam, eles não têm duplo, nem paradoxo. Eles não são corpos de atores em luta com uma alteridade. Eles não são tomados pelo jogo do não-eu e do não-não-eu do ator do qual fala Richard Schechner a propósito do comediante, ao mesmo tempo ator e personagem. Os corpos do performador são corpos de domínio de si que filtram o real. É por meio deles que a performance se dá; eles são os motores indispensáveis da ação. Pois tais corpos em cena realizam, colocam ações, deslocam coisas, emitem energia, mas jamais se implicam ao nível das emoções. Eles filtram o mundo e projetam imagens.

Mas esses corpos não são insensíveis, longe disso. Eles são a medida de todas as coisas e podem ser agredidos. Orlan, *performer* francesa[5], definia a performance como "o momento em que o corpo se põe em situação de ser agredido". Essa definição parece muito justa. A performance teatral foi, no seus inícios, e continua a ser, embora de maneira diferente, um lugar em que o performador se deixa marcar pelos objetos, pela matéria, pelos seres, pelas situações, pela sociedade, pelos acontecimentos, pelas sensações, pelos espectadores, portanto por todas as formas que a alteridade pode revestir. Tal alteridade, ele assume o seu peso, ele a toma sobre si, ele a experimenta, ele a analisa, a desconstrói e a dispensa como forma artística. É assim que ele se põe em estado de vulnerabilidade (Rober Racine em sua *Escala Williams*; Marina Abramovič, nua à porta da galeria; Servie Jansen (1981), atrás de sua vidraça, que um espectador exasperado irá quebrar, ferindo-o ligeiramente.

Nessa ação, o *performer* mede seus limites e inscreve o corpo nas coisas. Tudo passa pelo filtro de seu corpo, de seu olhar, de sua medida (é o exemplo de Orlan, deitado sobre as lajes de um antigo claustro, que mede o Museu São Pedro, museu dos beneditinos que data do século XVII, e avalia seu tamanho tomando seu próprio corpo como padrão de medida).

Toda performance gira assim em torno do corpo, tomando-o como sujeito ou como objeto de exploração; servindo-se dele como de uma ferramenta, e inscrevendo o humano nas coisas até os limites do possível: É o caso por exemplo do artista Christo embalando em Paris a Ponte Nova; é o de Alberto Vidal Beuys encerrando-se no zoológico e convidando o público a olhá-lo como a um animal bizarro, a mesmo título que os ursos ou os pinguins em suas jaulas; era o que Joseph Beuys já fazia em seus inícios, fechando-se em uma jaula durante dias com coiotes; é também o de Chris Burden correndo o risco de ser eletrocutado e levando os espectadores benevolentes nessa viagem ao perigo.

Além do anedótico, da situação divertida, além do jogo com o perigo, do desejo de implicar um público sempre impassível

---

5 Organizadora de um simpósio internacional sobre a performance em Lyon, em 1979 e 1981. Criadora, em 1979, da Association Comportement, Environnement, Performance.

e sempre *voyeur* passivo, além mesmo do desejo de interrogar através de si o papel da arte e do espectador, além do desejo de transgredir tabus a fim de fazer com que transgridam o próprio público que mede assim nos dedos seus próprios interditos, a performance aparece como a arte do eu, uma arte em que se exprime uma força muito grande de enunciação, um *mim eu* (*moi je*) que reduz tudo a ele e ele mesmo filtra o mundo*. *Mim eu* falo, eu vejo, eu digo, eu faço, eu desloco, eu meço, eu construo, eu destruo, eu produzo e eu produzo sentido. Por isso o *performer* reduz tudo a ele. Ele está, pois, no mais das vezes só.

Com efeito, o performador está, amiúde, senão sempre, sozinho em cena. Ele fala de tudo através dele, através de seus atos, através da instalação que ele fez, da situação que ele armou ou da experimentação que ele tenta. Abraham Moles falava, a esse propósito, de "narcisismo ativo"[6]. Há na performance esse chamado do olhar do outro para si e para si só.

É aí que a performance teatral deriva para longe do teatro. É que o *performer* não representa. Ele é. Ele é isso que ele apresenta. Ele não é nunca uma personagem. Ele é sempre ele próprio, mas em situação. Ele fabrica signos brutos sem mediações. Nós estamos no domínio do um. O performador não tem duplo. Ele não é o lugar de nenhuma emoção. Ele permanece um olhar que observa, um tocar que apalpa, um gesto que faz. Em outras palavras, ele é sensação e não emoção. Ele joga (representa) com seus sentidos e não com seu coração. Ele recusa toda interioridade. Ele é na unicidade da matéria, na imediatidade do fazer, na urgência da experiência, lá onde o ator é na urgência de um estado.

O *performer* não tem estado (ou então ele não os projeta). Ele não tem interioridade. Ele é (está) todo em superfície. Ele

---

6   Em Jorge Glusberg, *A Arte da Performance*, 2 ed., São Paulo: Perspectiva, 2009. Ele nota também "A performance do *body art* situa-se no universo das fracas densidades: fraca densidade de atos, fraca densidade de gestos, fraca densidade de realização. Nisso, ele decepciona perpetuamente como uma espécie de regra do jogo que é preciso aceitar; o espectador, aquele que vai lá para ver, não espera certamente a plenitude, mas antes o jardim de pedregulhos redondos que o zen budista contempla. Ele deve se dar ao trabalho, à ascese, de apreender os micro-acontecimentos em um relativo deserto temporal ou o longo resultado em uma performance ritualizada."

*   A expressão *moi je* é intraduzível; manteve-se para assinalar o jogo de relações no ego do sujeito. (N. da E.).

fabrica e não se deixa habitar por nenhum outro. Sempre só, filtra o mundo através de si. É dele que parte toda palavra, todo gesto. É a ele que ela retorna. E se nesse percurso, nessa palavra ou nesse fazer, ele encontra o outro espectador e a alteridade de seu olhar, seu procedimento se especulariza, se teatraliza a ponto de que esse olhar importa o teatral lá onde ele não deveria registrar senão um fazer. É o olhar do espectador que faz nascer a teatralidade da performance lá onde havia apenas o especular. A arte da performance deveria, portanto, ler-se em primeiro grau.

Tal tendência à teatralidade que se encontra em certas performances, junto com essa desconfiança do *performer* a respeito do teatro, explica sem dúvida por que, nas performances vídeo, o corpo foi fagocitado, absorvido, devorado pela máquina.

Mais próximo da *body art* dos anos de 1970, as performances unicamente corporais cederam lugar às performances mais tecnológicas. E se a relação com o corpo subsiste apesar de tudo, ela não tem mais a mesma coloração, nem a mesma intensidade. É que as apostas, elas mesmas, mudaram. Lá onde, nos anos de 1970, as ideologias permaneciam fortes, lá onde a arte estava engajada e lá onde o perigo para o *performador* se media como um atentado ao corpo ameaçado de mutilação e de morte – uma das provas do engajamento do *performer* e da seriedade de sua arte era esse jogo que ele instituía com o perigo – o perigo com o qual se mede o *performer* de hoje não é mais o perigo físico, mas o que se poderia denominar uma violência branda (como se fala de terapias brandas). Não é mais seu corpo físico que está ameaçado. Ele não corre o risco nem de mutilação, nem de morte. O perigo para ele é um desaparecimento na matéria, uma dissolução no vazio da máquina. As apostas disso são menos graves fisicamente, porém seus efeitos são muito mais perigosos

O *performador* reconhece tal perigo e faz uso dele. Ele o denuncia e é, no entanto, seduzido por ele. Utiliza o seu corpo para produzi-lo. Seu corpo se tornou aí, ele mesmo, máquina de produzir, manipulando as mídias e deixando-se manipular por elas. Desse encontro, o corpo emerge como imagem e como ilusão, como fragmentos e superfície; sem espessura e sem risco.

Metáfora do mundo em que vivemos, o *performer* perdeu seu corpo em proveito da máquina, de uma máquina que o persegue, o obseda e substitui a ele. A máquina tornou-se o seu duplo, máquina que lhe devolve sua imagem como estranheza. Nessa dissolução de si mesmo, ele encontrou, no entanto, o domínio de si. Pois é ele quem manipula a máquina e a faz existir; aí está seu paradoxo. Ele joga com a dissolução de seu próprio ser justamente pela mesma razão que joga com a dissolução do real. Evacuando os referenciais espaciais e temporais, ele substitui os referenciais por uma estrutura midiática em que seus sentidos são solicitados e desconcertados (caso de *A las Cinco de la Tarde*). O próprio real é abolido. Só subsiste para o espectador uma impressão sinestésica em que suas sensações são chamadas e não suas emoções. Com efeito, a máquina incita a um investimento em nível da percepção e não em nível do desejo, da libido. As imagens se sucedem demasiado rápido para que uma teatralidade se instale. O especular prevalece sobre o teatral. Há nesse arranjo das imagens veiculadas pela técnica alguma coisa de voluntarista. O *performer*, mesmo sendo o mediador indispensável dessa estrutura, passa ao segundo plano. É ultrapassado pelo poder de evocação e de aceleração fabulosos da máquina que ele tem entre as mãos. Não há mais limites ao seu poder, se não aqueles da sua imaginação. Ele consegue criar o real[7].

A performance aparece assim como o lugar em que o *performer* digere o real e o reflete nos dois sentidos do termo (reflexão; reflexo). As referências temporais desapareceram pela mesma razão que as referências espaciais. Os gestos reais substituíram os gestos aprendidos, denunciando estes últimos (por exemplo, *Barbie* de Lucile Mercile). A performance instituiu sua própria temporalidade, suas próprias imagens, definindo o que Lyotard denomina "uma estética da dispersão".

Diante dessas imagens múltiplas coloca-se a questão: onde se detém a imagem e onde começa o real? Onde termina o real e onde começa a verdade da obra artística?

Trad. J. Guinsburg

---

7 Cf. J. Féral, La Performance et les média: L'Utilization de l'image, em Cl. Schumacher (ed.), *40 ans de mise en scène: 1945-1985*, Dundee: Lochee Publications, 1985, p. 263-276.

2. Performance e Teatralidade: O Sujeito Desmistificado[1]

Segundo os mestres do pensamento chinês, duas tendências compartilham hoje o teatro, tendências que sublinharei aqui, retomando uma reflexão que Annette Michelson fez acerca das artes do espetáculo e que me parece muito pertinente ao meu propósito (1974):

> Há na renovação contemporânea dos modos de representação, dois movimentos de base divergentes que modelam e animam suas principais inovações. O primeiro, ancorado nos prolongamentos idealistas de um passado cristão, é mitopoético, por suas aspirações ecléticas, por suas formas, e é constantemente atravessado pelo estilo dominante e polimorfo que constitui o vestígio mais tenaz do passado: o expressionismo. Seus porta-vozes são: para o teatro, Artaud e Grotowski; para o cinema, Murnau e Brakhage; para a dança, Wigman e Graham. O segundo, consequentemente profano no seu engajamento na objetificação, procede do cubismo e do construtivismo; suas abordagens são analíticas e seus porta-vozes são: Meierhold e

---

1 Publicado pela primeira vez em *Modern Drama*, v. 25, p. 170-181, mar. 1982. Ele foi reproduzido a seguir em francês em J. Féral, Jeannette Laillou Savona (ed.), *Théâtralité, écriture et mise en scène*, Montréal: HMH, 1985; depois em Timothy Murray (ed.), *Mimesis, Masochism and Mime*, Detroit: University of Michigan Press, 1997, p. 289-300.

Brecht, para o teatro; Eisenstein e Snow, para o cinema e, para a dança, Cunningham e Rainer.[2]

Sem querer repor em discussão essa classificação e a parte insuficiente que ela reserva a homens de teatro como Gordon Craig ou Appia, ou a práticas teatrais tão diversificadas como as do teatro de guerrilha de Augusto Boal, ou práticas teatrais tão diversificadas quanto as experiências teatrais de André Benedetto, de Ariane Mnouchkine, do Teatro Nacional de Estrasburgo, da San Francisco Mime Troupe ou dos Mabu Mines etc. Eu gostaria, entretanto, de retomá-la por minha conta, pois ela me parece dar conta do fenômeno da performance tal como ele se manifesta nos Estados Unidos e na Europa desde os anos de 1920.

Herdada das práticas surrealistas dos anos de 1920, como RoseLee Goldberg mostrou em seu livro *Performance*[3], a performance artística conheceu um grande surto nos anos de 1950, sobretudo a partir das experiências de Allan Kaprow e de Cage. Considerada uma forma de arte no cruzamento de outras diferentes práticas significantes tão diversificadas como a dança, a música, a pintura, a arquitetura, a escultura, a performance parece corresponder paradoxalmente em todos os pontos a esse novo teatro que Artaud invocava: teatro da crueldade e da violência, teatro do corpo e de sua pulsão, teatro do deslocamento e da "disrupção", teatro não narrativo e não representacional. É essa experiência de um novo gênero que eu gostaria de analisar aqui para revelar suas características fundamentais, assim como seus processos de funcionamento. Meu objetivo último é o de mostrar o que tais práticas, nos limites do teatro, nos dizem da teatralidade e de sua relação com o ator e a cena.

Entre as múltiplas características que marcam a performance, salientarei três que colocam, para além da diversidade das práticas e dos modos, fundamentos essenciais de toda performance. Trata-se, de um lado, da manipulação à qual a performance submete o corpo do *performer*, elemento fundador

---

2 Annette Michelson; Yvonne Rainer, Parte I: The Dancer and the Dance, *Artforum*, Jan. 1974, p. 57.
3 RoseLee Goldberg, *Performance, Live Art, 1909 to the Present*, New York: Harry N. Abrams, 1979.

e indispensável de todo ato performativo, e, de outro, da manipulação do espaço que o performador esvazia para decupá-lo e habitá-lo em suas menores ondulações e recantos, e enfim da relação que a performance institui entre o artista e os espectadores, o espectadores e a obra de arte, a obra de arte e o artista.

a. *Manipulação do corpo em primeiro lugar.* A performance quer ser uma realização física, por isso o *performer* trabalha com seu corpo como o pintor com sua tela. Ele o explora, o manipula, o pinta, o cobre, o descobre, o imobiliza, o desloca, o isola, lhe fala como um objeto que lhe é estranho. Corpo camaleão, corpo estranho sobre o qual afloram os desejos e os recalques do sujeito. É a experiência de Hermann Nitsch, de Vito Acconci, de Elizabeth Chitty. Recusa de toda ilusão, e da ilusão teatral em particular, que procede de uma repressão dos valores "baixos" do corpo, do rosto, da mímica gestual, da voz, que escapariam à observação normal. Daí o recurso às diferentes mídias (teleobjetiva, máquina fotográfica, câmera, tela-vídeo, televisão) como outros tantos microscópios destinados a aumentar o infinitamente pequeno e a focalizar a atenção do público em espaços restritos arbitrariamente recortados pelo desejo do performador que os transforma em espaços imaginários, zona de passagem de seus fluxos e de seus fantasmas. Tais espaços físicos podem ser certas partes do próprio corpo do *performer* (ponto de pele, mão, cabeça etc.), aumentados ao infinito, mas também podem ser certos espaços naturais arbitrariamente limitados que o performador escolhe para empacotar e reduzir assim as dimensões de um objeto manipulável (por exemplo, as experiências de Christo nesse domínio. Christo isola, empacotando-os em seu contexto natural, falésias ou imóveis inteiros, sublinhando assim seu gigantismo ao negá-lo por seu procedimento mesmo, tornando-os estranhos ao conjunto natural de onde ele os extrai[4]).

É a mise-en-scène de um corpo parcelar, fragmentado e, no entanto, um corpo percebido e apresentado como lugar do desejo, lugar de deslocamento e de flutuações. Um corpo que a performance considera como reprimido e que ela tenta libertar, ainda que ao preço das maiores violências. Daí as cenas

---

4 Ver ilustrações em Luciano Inga-Pin, *Performances: Happenings, Actions, Events, Activities, Installations*, Padova: Mastrogiacomo, 1970, foto 48.

voluntariamente provocantes em que Vito Acconci joga em cena com os diversos produtos de seu corpo. Tais manifestações, trazidas mais ou menos violentamente à superfície pelo *performer*, são ofertadas aos olhares do outro, dos outros, a fim de submetê-los a uma verificação coletiva. Uma vez efetuada essa exploração do corpo, e mesmo do sujeito, uma vez postos à luz certos recalques, representadas certas objetividades, elas ficam então petrificadas sob o olhar do espectador que se apropria deles como modos de saber, deixando assim o performador livre para novos atos e novas performances.

Daí o caráter insuportável de certas performances, como a de Hermann Nitsch, que submetem à violência não só o *performer* (trata-se, no seu caso, de uma violência consentida), mas ainda o espectador, que é importunado com imagens que o violam e o violentam a um só tempo[5]. O espectador tem a impressão de participar de um rito no qual se combinam todas as transgressões possíveis: sexuais, físicas, reais e cênicas, rito que leva o *performer* aos limites do sujeito constituído como entidade e que tenta explorar, a partir de seu "simbólico", a face oculta do que o constitui como sujeito unificado, isto é, uma "semiótica", estes *chora* que o obsedam[6]. Mas não se trata aqui de modo algum, como afirmava Kristeva a propósito de Artaud, de uma volta ao corpo materno "esquizado" e mudo, mas, ao contrário, de marcha para frente rumo à dissolução do sujeito, não na explosão, na dispersão ou na

5   Os espetáculos de Hermann Nitsch, artista de nacionalidade austríaca, inspiram-se em antigos ritos dionisíacos e cristãos adaptados a um contexto moderno, considerado como capazes de fornecer a ilustração pragmática da noção aristotélica de catarse pelo viés do medo, do terror ou da compaixão. Suas *Orgias, Mistérios, Teatro* foram apresentadas em múltiplas reprises nos anos de 1970. Uma performance típica durava várias horas, começava por uma música muito forte, depois Hermann Nitsch dava ordens para que a cerimônia se iniciasse. Conduziam então por entre os assistentes um cordeiro degolado, crucificavam sua carcaça, esvaziavam-no de suas tripas que eram despejadas (com o sangue) sobre uma mulher ou um homem nus debaixo do animal. Uma tal prática tinha sua origem na convicção esposada por Hermann Nitsch de que os instintos agressivos da humanidade haviam sido reprimidos pelas mídias. Até o ritual de levar os animais à morte, tão comum nos povos primitivos, havia desaparecido totalmente da experiência do homem moderno. Por isso os atos rituais de Hermann Nitsch representam um meio de dar livre expansão a essa energia reprimida no homem, ao mesmo tempo que servem como atos de purificação e de redenção pelo viés do sofrimento. O original deste texto encontra-se em R. Goldberg, *Performances*, p. 106. Apresentamos aqui uma tradução.
6   Julia Kristeva, *La Révolution du langage poétique*, Paris: Seuil, 1974.

folia – outras formas de volta à origem – mas na morte. A performance como fenômeno é trabalhada pela pulsão de morte. A ligação não é fortuita, mas se baseia em toda uma prática consciente, deliberadamente consentida; prática do corpo ferido, desmembrado, mutilado, recortado (ainda que seja pela câmera: caso de *Demo Model* de Elizabeth Chitty) que provém de um "lesionismo" assumido).

Cortar o corpo, não para negá-lo, mas para fazê-lo reviver em cada uma de suas partes, cada uma delas convertida em um todo. (Procedimento idêntico ao de Buñuel, ao fazer com que uma de suas personagens fosse representada, em *Um Cão Andaluz*, com uma das mãos mutiladas sobre a calçada em meio à circulação de transeuntes). Em vez de se atrofiar, o corpo se enriquece assim com todos esses objetos parciais e o sujeito aprende a descobrir a riqueza no seio da performance. Ora, o *performer* privilegia e engrossa tais objetos parciais ao estudar seu funcionamento e seus mecanismos e explora suas partes baixas, oferecendo assim ao olhar dos espectadores a experiência *in vitro* e em câmera lenta do que se passa habitualmente na cena.

b. Manipulação do corpo em primeiro lugar e *manipulação do espaço em seguida*, entre os dois aparece uma identidade de funcionamento que faz com que o *performer* atravesse esses lugares sem jamais se imobilizar definitivamente. Aí recortando espaços imaginários ou reais (é o caso de *Red Tapes*, de Vito Acconci), ora em um ora em outro, ele não se instala nunca no seio desses espaços – ao mesmo tempo físicos e imaginários – mas os percorre, os explora e os mede, aí operando deslocamentos e ínfimas variações. Ele não se investe neles, assim como não se limita a eles, jogando com o espaço da performance como um objeto, transformando-o em máquina "que age sobre os órgãos sensoriais"[7]. Assim como o corpo, o espaço torna-se existencial a ponto de vir a ser inexistente como quadro e como lugar. Ele não rodeia, não cerca a performance, porém, tal como o corpo, faz parte estreitamente dela ao ponto de não poder mais distinguir-se dela. Ele é a performance. Daí

---

7   O termo *lesionisme* não possui equivalente em francês e indica uma prática que tende a representar o corpo não como entidade, como unidade, mas dividido em partes, em fragmentos. Inga-Pin, op. cit., p. 5.

a afirmação de que toda performance não é feita (e não pode ser feita) senão em e para um espaço dado ao qual é indissoluvelmente ligada.

No seio desse espaço convertido em lugar de uma travessia do sujeito, o performador parece de súbito pôr-se a viver em marcha lenta. O tempo se alonga, se dissolve à medida que os gestos "dilatados, repetitivos, exasperados" (Luciano Inga-Pin) parece muitas vezes matar o tempo (por exemplo, a lentidão quase insuportável de certas experiências de Michael Snow). Gestos multiplicados ao infinito, infinitamente recomeçados (caso de *Red Tapes* de Vito Acconci) e sempre diferentes, desdobrados por uma câmera que os registra e os reenvia enquanto eles operam sob os nossos olhos na cena (por exemplo, Elizabeth Chitty). É a diferença tornada perceptível. Não há aí, por conseguinte, nem passado, nem futuro, mas um presente contínuo que é o da imediatidade das coisas, a de uma ação em fazimento. Tais gestos aparecem ao mesmo tempo como produto acabado e como em curso de realização, em movimento e já terminados (por exemplo, a utilização da câmera, da máquina fotográfica), gestos que revelam seu mecanismo profundo e que o *performer* não efetua senão para descobrir as partes baixas, semelhante nisso à câmera de Michael Snow que filma seu próprio tripé. E esse gesto, a performance o mostra, o mostra de novo a ponto de saturar com ele o tempo, o espaço e a imagem e, às vezes até à náusea, a fim de que não subsista mais do que o cinetismo do gesto quando desaparece o sentido, todo sentido.

A performance como ausência de sentido. A afirmação é decerto fácil de sustentar por quem quer que venha do teatro (daí a surpresa e o furor do público em face das primeiras "encenações" do Living Theatre, ou de Wilson ou de Foreman). E, no entanto, se há uma experiência que faça sentido, ela é seguramente a da performance. A performance não visa um sentido, mas ela faz sentido, na medida em que trabalha precisamente nesses lugares de articulação extremamente frouxa de onde acaba por emergir o sujeito. Nesse sentido, ela o questiona de novo enquanto sujeito constituído e enquanto sujeito social, para desarticulá-lo, para desmistificá-lo.

A performance como morte do sujeito. Falamos há pouco de pulsão de morte inscrita na performance, voluntariamente posta em cena, posta em jogo por um jogo de repetições livremente pretendidas e assumidas. Esta pulsão de morte, que fragmenta o corpo do sujeito e o leva a operar um certo número de objetos parciais, reaparece ao termo da performance em sua fixação na tela-vídeo. É, com efeito, interessante observar que toda performance volta a encontrar em seu último grau a tela-vídeo em que o sujeito desmistificado se fixa e morre e na qual a performance reencontra a representação à qual ela queria a todo custo escapar e que consigna ao mesmo tempo a sua realização e o seu fim.

c. Por esse fato mesmo, *a relação do artista com sua própria performance não é mais a do ator com seu papel*, ainda que esse último fosse o seu próprio, como pretendia o Living. Recusando-se a ser protagonista, o *performer* não apresenta a si mesmo, assim como não se representa. Ele é antes fonte de produção, de deslocamento. Convertido no lugar de passagem de fluxos energéticos (gestuais, vocais, libidinais etc.) que o atravessam sem jamais se imobilizar em um sentido ou em uma representação dada, seu jogo de atuação é o de fazer os fluxos operarem, captar as redes. Esses gestos que ele executa não desembocam em nada a não ser nos fluxos de desejo que os põem em ação. Isso é prova mais uma vez de que uma performance não quer dizer nada, que ela não visa nenhum sentido preciso e único, mas que ela procura antes revelar lugares de passagem, de "ritmos", diria Foreman (trajetória do gesto, do corpo, da câmera, do olhar etc.) e, assim fazendo, despertar o corpo, o do *performer* assim como o do espectador, da anestesia ameaçadora que os persegue.

Parece-me que nós trabalhamos todos no nível do material, arranjando-o de novo a fim de que a performance daí resultante reflita mais exatamente não uma percepção do mundo, mas os ritmos de um mundo ideal de atividade, refeito, para chegar melhor ao tipo de percepção que nós desejamos.

Nós apresentamos então ao público estranhos objetos que não podem ser apreciados a não ser que o público esteja preparado para adotar novos hábitos de percepção – hábitos que se chocam com os que lhe foram ensinados nas performances clássicas a fim de ser recompensado pelos prazeres esperados. No que concerne às performances clássicas, o público descobrirá que, se permitir que sua atenção seja conduzida por um desejo-pelos-doces, infantil e retrógrado, o artista terá colocado esses doces nos lugares estratégicos da peça em que a atenção ameaça atingir seu apogeu[8].

Daí esta "desatenção seletiva" de que falava R. Schechner em *Essays on Performance Theory* (Ensaios sobre a Teoria da Performance)[9]. Ora, não mais do que o espectador, o *performer* se implica na performance. Ele mantém sempre um direito de olhar. Ele é o olho, substituto da câmera que filma, congela ou ralenta, operando deslizamentos, superposições, ampliações em um espaço e em um corpo convertidos em ferramentas de sua própria exploração.

Em nosso trabalho, o que é apresentado nem sempre é, todavia, o que é "atraente" (no momento em que uma coisa é atraente, ela faz referência ao passado e a um "gosto" herdado), mas antes o que até agora não foi ainda organizado em *gestalten* reconhecíveis; tudo o que até agora "escapou à atenção". E a tentação contra a qual nós lutamos todos, creio, é de nos tornarmos prematuramente "interessados" no que descobrimos[10].

Situação tanto mais difícil para o espectador quanto a performance, presa em uma série perpétua de transformações, com frequência mínimas, escapa a todo formalismo. Sem forma fixa, cada performance é assim para si mesma seu próprio gênero e cada artista lhe traz, conforme sua formação e seus desejos, nuanças que lhe são próprias: as experiências de Trisha Brown tenderão para a dança, as de Mareh Monk para a música enquanto algumas terão propensão, a despeito delas próprias, para o teatro, como é o caso de *Red Tapes*, de Vito Acconci, ou *Down in the Rec Room*, de Michael Smith, revelando que é difícil falar da performance. É o que revelam, aliás, as diversas pesquisas sobre o tema, as quais tomam a forma de álbuns de fotografias a oferecer os traços fixos de performances para sempre desaparecidas, ao passo que os discursos críticos, que continuam sendo raros sobre o assunto, caem no histórico ou

---

8   Richard Foreman, Performance: A Conversation, em Stephen Kock (ed.), *Artforum*, 1972, p. 24.
9   Richard Schechner, *Essays on Performance Theory 1970-76*, New York: Drama Book Specialists, 1977, p. 24.
10 R. Foreman, op. cit., p. 24.

na descrição. Tocamos aí em um problema idêntico ao que o teatro de não representação conhece: como falar dele sem traí-lo? Como expô-lo? Entre descrições de encenações que foram efetuadas em outros lugares ou que não o são mais e o discurso crítico e parcelar do pesquisador, a experiência teatral está condenada a escapar incessantemente de toda tentativa destinada a explicá-la exatamente. Em face desse problema constitutivo de todo espetáculo, a performance deu-se a si mesma sua própria memória. Por intermédio do aparelho de vídeo no qual toda performance vai parar, ela se dotou assim de um passado. De tudo o que foi dito até agora acerca da performance, parece realmente que as relações entre o teatro e a performance sejam difíceis de estabelecer. E a tomar por referência as declarações de certos *performers*, as relações parecem mesmo ser necessariamente relações de exclusão. Fried escreve a esse propósito: "O teatro e a teatralidade estão hoje em dia em guerra, não somente com a pintura modernista, mas com a arte como tal – na medida em que as diferentes artes podem ser descritas como modernistas, com a sensibilidade modernista como tal". Fried articula tese em duas proposições:

1. O sucesso, mesmo a sobrevivência das artes, passou a depender, de maneira crescente, de pôr em cheque o teatro;
2. A arte se degenera à medida que se aproxima do teatro[11].

Como explicar, senão justificar, tal afirmação? Se admite-se, seguindo Derrida, que o teatro não pode escapar da representação e que esta última o aliena e o mina; se admite-se também que o teatro não pode escapar totalmente à narratividade (todas as experiências teatrais atuais o provam, com exceção, as de Wilson ou de Foreman talvez, mas aí nós já estamos do lado da performance), então parece evidente que teatro e arte são incompatíveis. "No teatro, toda forma, tão logo nascida, já é moribunda"[12], escrevia Peter Brook, em *O Espaço Vazio*, ou, como afirmamos há pouco, a performance não é um formalismo. Ela recusa a forma, pois essa é imobilismo, e opta pelo descontínuo, o deslizamento, procurando o que Allan Kaprow

---

11 Michael Fried, Art and Objecthood em Gregory Battcock (ed.), op. cit., p. 136-142.
12 Peter Brook, *L'Espace vide: Ecrits sur le théâtre*, Paris: Seuil, 1977, p. 33.

reclamava para os *happenings* há trinta anos[13]: "que a linha de divisão entre a arte e a vida permaneça tão fluida e tão indistinta quanto possível – que o tempo e o espaço permaneçam variáveis e descontínuos a fim de que, permanecendo abertos e suscetíveis de deixar espaço à mudança e ao improviso, as performances não ocorram senão uma vez".

Estamos muito longe do que Artaud preconizava para o teatro (ou do que o Living ou Grotowski, na sua esteira, como modelo da renovação do teatro): a cena como um lugar "vivo", a peça como experiência "única"?

O fato de a performance recusar-se a proceder do teatro é bem o signo de que uma aproximação entre teatro e performance é não só possível mas sem dúvida legítima, uma vez que não se trata de sublinhar aqui suas distâncias senão com aquilo a que se está ameaçado de assemelhar-se. Tentaremos, pois, não destacar aqui as semelhanças entre teatro e performance, porém de marcar de preferência sua complementaridade, sublinhando como o teatro pode ter o que aprender na escola da performance. Com efeito, por seu funcionamento extremamente desnudo, pela exploração à qual a performance submete o corpo, por sua articulação do tempo e do espaço, a performance oferece a câmera lenta de uma certa teatralidade, a que está sendo trabalhada no teatro atual: e esse teatro explora suas artes baixas, oferecendo ao público um apanhado de seu avesso, seu reverso, sua face oculta.

O teatro, tal como a performance, trabalha com o imaginário (o imaginário tomado em seu sentido lacaniano), quer dizer que ele usa uma técnica de construção do espaço para a qual o sujeito se coloca ou para a qual se colocam sujeitos. Construção do espaço físico primeiro, psicológico em seguida. Entre os dois, um estranho paralelo desenha-se tendendo a decalcar a decupagem do espaço cênico sobre o do sujeito e reciprocamente. Assim, em uma época em que o ator se vê na obrigação de fagocitar as personagens que encarna a fim de tornar-se um só com elas (e cabe pensar no teatro do século XIX, no teatro naturalista ou nos primeiros papéis de Sarah Bernhardt), a cena afirma sua unicidade e sua totalidade. Ela é, mas ela é una, e o ator, na medida em que é esse sujeito unitário, pertence a essa globalidade.

---

13 A.A. Bronson; Peggy Gale, *Performance by Artists*, Toronto: Art Métropole, 1980, p. 133. L. Inga-Pin, op. cit.

Mais próximas de nós, as experiências do teatro atual (teatro experimental, teatro alternativo e as primeiras experiências do Living ou, as mais recentes, de Bob Wilson), a técnica de construção do espaço cênico tenta tornar tangível e visível todo esse jogo do imaginário que coloca sujeitos (e não *um* sujeito) na cena. Assim, tornam-se aparentes os processos de construção do fenômeno teatral e daquilo que o funda, isto é, todo um jogo de desdobramento e de permutação mais ou menos bem encenados, mais ou menos bem distinguidos, conforme os encenadores e os objetivos visados: desdobramento do ator e da personagem (Pirandello tratou muito bem do tema); desdobramento do autor (na medida em que esse sobrevive à morte do texto) e da personagem; desdobramento do autor e do encenador (caso de Ariane Mnouchkine); desdobramento, enfim, do encenador e do ator (por exemplo, Schechner em *Clothes* – Roupas). O conjunto dessas permutações constrói diferentes espaços projetivos para configurar diferentes posturas do desejo, ao colocar sujeitos em processo.

Sujeitos em processo: que se constrói em cena, projeta-se em objetos (personagens para o teatro clássico, objetos parciais para a performance) que pode inventar, multiplicar, eliminar em caso de necessidade. E esses objetos construídos, produzidos por seu imaginário e pelas diferentes posturas de desejo, são outros tantos objetos "a" dos quais ele usa ou abusa segundo as necessidades de sua economia interior (é o caso da utilização da câmera ou da tela-vídeo para um bom número de performances). No teatro, esses objetos "a" são fixados durante o transcurso da peça. Na performance, eles são, ao contrário, moventes e revelam um imaginário não alienado a uma figura de fixação que é a personagem no teatro clássico, ou em outra forma congelada do fenômeno teatral. Pois se trata realmente do "sujeito" no teatro atual (Foreman, Wilson) e na performance, e não de personagem. Com efeito, a base convencional da "arte" do ator, inspirada em Stanislávski, quer que o ator viva sua personagem pelo interior e torne não aparente em cena a duplicidade que o habita. É contra essa ilusão que Brecht se ergueu, reivindicando o distanciamento do ator em face de seu papel e do espectador em face da cena. Diante dessa problemática, a resposta do *performer* é original na medida em que ela parece resolver o dilema, renunciando totalmente à personagem e encenando o próprio artista, artista que se coloca como sujeito a desejar e a performar, mas sujeito anônimo a apresentar a si mesmo na sua atuação na cena. Por conseguinte, não relatando nada e não imitando ninguém, a performance escapa a toda ilusão, a toda representação, sem passado nem futuro, ela se dá transformando a cena em acontecimento, acontecimento do qual o sujeito sairá transformado, à espera de outra performance para prosseguir seu percurso. Tanto quanto a performance se recusa assim a toda representação, a toda narratividade, ela recusa igualmente a organização simbólica que domina o fenômeno teatral, e expõe, como tais, as condições da teatralidade. É desse jogo incessante, desses deslocamentos contínuos de posição do desejo que é feita a teatralidade, isto é, uma posição do sujeito em processo em um espaço construtivo imaginário.

É precisamente em torno da posição do sujeito que a performance e o teatro parecem excluir-se, e que o teatro talvez tenha algo a aprender da performance. Com efeito, o teatro não pode dispensar o sujeito (sujeito perfeitamente assumido) e os exercícios aos quais Meierhold e depois Grotowski submeteram os alunos não podiam senão consolidar essa posição de sujeito unitário na cena teatral. A performance, ao contrário, embora falando de um sujeito perfeitamente assumido, ramifica fluxos e objetos simbólicos sobre uma zona desestabilizada (corpos, espaço), zona infrassimbólica. Esses objetos só acessoriamente se apresentam em trânsito por um sujeito (aqui o *performer*), um sujeito que não se presta, a não ser de um modo muito superficial e parcialmente à sua própria performance. Retalhado em feixes semióticos, em pulsão, ele é um puro catalisador. Ele é aquilo que permite aparecer àquilo que deve aparecer. Ele permite de fato a transição, a passagem, o deslocamento.

A performance aparece assim como um processo primário sem teleologia, sem processo secundário, visto que a performance nada tem a representar para ninguém. Eis por que ela designa a margem (R. Schechner diria *the seam* – a costura), a franja do teatro, o que não é nunca dito, mas que está necessariamente presente, embora ocultado. Ela desmistifica o sujeito em cena, sujeito cuja entidade é ao mesmo tempo explodida em outros tantos objetos parciais e condensada em cada um desses objetos, tornado, para si entidade única, ao mesmo tempo margem e centro. Margem quer dizer aqui não o que é excluído, mas, ao contrário, margem como quadro no sentido derridariano do termo e, por consequência, o que é o mais importante, o mais ocultado, o mais recalcado, mas também o mais ativo no sujeito ("o parergo" – suplemento, diria Derrida[14]) e, portanto, todo seu recurso de não teatralidade.

A performance aparece assim, de algum modo, como o armazém dos acessórios do simbólico, como o entreposto dos significantes, o todo fora do discurso estabelecido e nos bastidores da teatralidade. O teatro não pode recorrer a isso como tal, mas esses acessórios constituem implicitamente aquilo sobre o qual se edifica o espetáculo cênico.

Com efeito, ao contrário da performance, o teatro não pode colocar, dizer, construir, proporcionar pontos de vista: ponto de vista do encenador, do autor sobre a ação, do ator sobre a cena, do espectador sobre o ator. Há toda uma multiplicidade de pontos de vista e de olhares, uma "espessura de signos" (para citar Barthes) que coloca uma multiplicidade tética* ausente da performance.

A teatralidade aparece assim feita de dois conjuntos diferentes: um, que valoriza a performance, são as realidades do imaginário; o outro, que valoriza o teatro, são as estruturas simbólicas precisas. As primeiras se originam no sujeito e deixam falar seus fluxos de desejo, as segundas inscrevem o sujeito na lei e nos códigos cênicos, isto é, no simbólico. Do jogo dessas duas realidades nasce a teatralidade, uma teatralidade que aparece, por conseguinte, necessariamente ligada ao sujeito que deseja. Daí, sem dúvida, a dificuldade de defini-la. A teatralidade não é, ela é *para* alguém, quer dizer que ela é *para o outro*.

A multiplicidade de estruturas simultâneas (de que falamos mais acima e que vemos em trabalho na performance) parece reduzir-se, de fato, a uma infrateatralidade sem autor,

---

14   Jacques Derrida, *La Vérité en peinture*, Paris: Flammarion, 1978.
*   Em francês, *thétique* designa o que coloca alguma coisa no existente. Em ternos filosóficos, afirma o ser: "o supremo juízo tético seria 'eu sou', no qual, segundo Fichte, 'nada se afirma do eu, mas deixa-se vazio o lugar do predicado para possível determinação do eu ao infinito'"; ver N. Abbagnano, *Dicionário de Filosofia*, 5. ed., São Paulo: Martins Fontes, 2007, p. 958 (N. da E.).

sem ator e sem encenador. A performance parece, com efeito, atuar em seu jogo para revelar, para encenar aquilo que ocorre antes da figuração do sujeito (mesmo se ela o faz a partir de um sujeito já constituído), na mesma medida em que ela se interessa por uma ação em trabalho de produção mais do que pelo produto acabado. Ora, o que ocorre em cena são fluxos, agregados, ramificações de significantes ainda não ordenados em código (daí a multiplicidade das mídias e das linguagens significantes às quais a performance recorre: migalhas de representação, de narração, migalhas de sentido), não ordenados ainda em estruturas que permitam significar. A performance surge assim como uma máquina a funcionar com significantes seriados: nacos de corpos (por exemplo, o desmembramento, a desarticulação, o lesionismo de que falamos mais acima), mas também nacos de sentido, de representação, fluxos libidinais, nacos de objetos conectados segundo concatenações multipolares (caso de *Red Tapes* e os espaços parcelares em que ele se desloca: nacos de imóvel, nacos de peças, nacos de paredes etc.) e o todo sem narratividade.

Tal ausência de narratividade (narratividade contínua, entende-se) é uma das características dominantes da performance. E se, por descuido, o *performer* cede à tentação, não é nunca de maneira contínua ou seguida, mas ao contrário de maneira irônica, em segundo grau, como citação ou para revelar aqui ainda seus mecanismos profundos.

Daí certa frustração de parte do espectador em face da performance e que a afasta da experiência da teatralidade. É que da performance não há nada a dizer, a dizer-se, a apreender, a projetar, a introjetar senão fluxos, redes, sistemas. Tudo aí aparece e desaparece como uma galáxia "de objetos transicionais"[15] que representam apenas os defeitos de apresamento da representação. Para vivê-la, é preciso ao mesmo tempo estar aí e fazer parte dela, permanecendo ao mesmo tempo estranho a isso. Ela não fala somente ao espírito, mas aos sentidos (por exemplo, as experiências de Angela Ricci Lucchi e Gianikian com respeito ao olfato) e fala de sujeito para sujeito. Ela não procura dizer (como o teatro), mas provocar relações sinestésicas de

---

15 D.W. Winnicott, *Jeu et réalité*, Paris: Gallimard, 1975.

sujeito para sujeito, semelhante nisso ao espetáculo de Robert Wilson *The Lie and the Times of Joseph Stalin* (A Mentira e os Tempos de Josef Stálin) relatado por Richard Schechner em *Essays on Performance* (Richard Schechner desenvolve aí a noção de "desatenção seletiva" a propósito do referido espetáculo, na representação levada a cabo na Brooklyn Academy of Music's Opera House, em dezembro de 1973). Nessa ocasião, o espaço – Le Perq, peça de cerca de 50 x 25m – fora preparado a fim de receber o público não só durante os seis entreatos de quinze minutos cada que a ópera comportava, mas durante a própria ópera, cuja duração devia atingir doze horas. A atitude do público sofreu alterações no curso do espetáculo. Enquanto o espaço – Le Perq – permaneceu na maior parte vazio (exceto nos entreatos) durante os três primeiros atos da ópera, viu-se que pouco a pouco ele se tornou o centro de uma intensa atividade, à medida que a noite avançava. Uma filtragem operava-se no público, filtragem que não deixava subsistir em seus lugares senão um número cada vez mais reduzido de adeptos de Wilson a partilhar ao mesmo tempo sua experiência da peça e a experiência dessa experiência[16].

A performance aparece assim como uma forma de arte cujo objetivo primeiro é o de desfazer as "competências" (essencialmente teatrais). Essas competências, ela as reajusta, as rearranja em um desdobramento dessistematizado. Não se pode deixar de falar aqui de "desconstrução", mas, em vez de se tratar de um gesto "linguístico-teórico", trata-se aí de um verdadeiro gesto, uma gestualidade desterritorializada. Como tal, a performance apresenta um desafio ao teatro e a toda reflexão do teatro sobre si próprio. Tal reflexão, ela a reorienta, forçando-a a uma abertura, e obrigando-a a uma exploração das margens do teatro. É a esse título que uma excursão pelos lados da performance nos pareceu interessante e necessária, tendo sido o nosso último desejo voltar ao teatro após um longo desvio pelos bastidores da teatralidade.

Trad. J. Guinsburg

---

16   Cf. R. Schechner, op. cit., p. 147-148.

3. O Que Resta da Performance?

autópsia de uma arte realmente viva[1]

É possível que um dia, quando o fenômeno da performance tiver cumprido o seu tempo de serviço, o problema de sua especificidade se torne legítimo. Será tempo então, não de fazer o histórico de um gênero, nem de pôr em perspectiva os acontecimentos segundo um conceito enfim completo, mas de escrever a genealogia de um nome: segundo quais filiações de influência, por quais razões de compreensão ou de incompreensão histórica, em vista de quais necessidades da conjuntura, em resposta a quais condições da enunciação artística, a palavra performance terá aparecido em tal data e para tal duração, e designando um conjunto de práticas que, de toda maneira, continuarão a se lhe subtrair em parte? Esta será talvez um dia uma questão legítima.[22]

---

1 Publicado sob o título What is Left of Performance Art? Autopsy of a Function, Birth of a Genre, *Discourse: Journal for Theoretical Studies in Media and Culture*, Milwaukee, v. 14, n. 2, p. 142-162, 1992.

2 La Performance hic et nunc, *Performance, texte(s) & documents*, Actes du colloque Performance et multidisciplinarité: Postmodernité, sob a direção de Chantal Pontbriand, Montréal: Parachute, 1981, p. 18.

É assim que, em 1981, Thierry de Duve resumia ou, antes, anunciava, o futuro de toda interrogação sobre a performance. "É possível que um dia...", "Será tempo então..." É espantoso pensar que "esse dia" que Thierry de Duve anunciava não há tanto tempo, situando-o em um porvir relativamente longínquo, já tenha chegado, mais depressa, sem dúvida, que o autor, ele mesmo, o previra.

"É possível que um dia, quando o fenômeno da performance tiver cumprido seu tempo de serviço, o problema de sua especificidade se torne legítimo", tal era a hipótese adiantada com prudência por Thierry de Duve. A questão tornou-se de atualidade: por que a performance? Por que a palavra? E por que a "coisa"?

Tantas questões hoje em dia certamente legítimas em face das quais poderíamos suscitar essas outras interrogações: por que a performance não existe mais? Por que sempre a palavra quando a coisa desapareceu?

Dez anos apenas bastaram para que os dados mudassem. Dez anos para que a performance desabroche e "morra". Dez anos também para que o discurso crítico que se encontrava então em seus primeiros balbucios nesse domínio, e que se empenhava em uma teorização prudente do fenômeno, enfatizando amiúde sua impotência na tentativa de cercar o acontecimento, abandone esse campo de exploração. Durante esse tempo a performance desaparecia sem fragor do proscênio e das preocupações da maioria do meio artístico, relegada às galerias, aos circuitos periféricos, evacuada, menos visível, às vezes ausente[3].

3 Annette Michelson e Thierry de Duve tentaram no início dos anos de 1980 estabelecer uma taxionomia para diferentes tipos de performance, distinguindo:
 a. Aquelas que assinalam uma volta do existencialismo, mais ou menos inspiradas no *Teatro e Seu Duplo*, baseadas em uma liberação das pulsões, em uma expressão de um inconsciente do corpo, a oscilar, como desejava Artaud, entre "a gratuidade frenética das pulsões" e o "rigor de uma sintaxe". Tal categoria, na qual podemos inscrever, embora a títulos diversos, certas performances de Vito Acconci, de Alberto Vidal ou de Hermann Nitsch, bem como as de Monty Cantsin em Quebec, seria teatral, aurática, sacrificial, segundo Thierry de Duve (op. cit., p. 23). "Trata-se de uma encenação arcaizante, sacralizante, que exclui toda intervenção da moderna tecnologia na cena". Interrogando a relação do artista com o simbólico, jogando com os afetos e os fantasmas do *performer*, essas performances convertiam cada

Ausência ilusória, pois ao olho aguçado do amador, ao xereta da "coisa" artística, parece cada vez mais evidente que tal desaparecimento não passa de um engodo. De fato, performances continuam a ocorrer, artistas continuam a reivindicar o título de *performers*, locais artísticos persistem em programar performances.

Essas práticas ainda vivas que nos esforçaremos em rastrear mais abaixo, por mais interessantes que elas sejam, não chegam,

> espetáculo em acontecimentos, criando às vezes para o artista e o espectador um ritual em que eram chamados a participar.
>
> Essa forma de performance desapareceu nos dias de hoje, não encontrando mais sua justificação artística, assim como desapareceram, no domínio do teatro, as influências conjugadas de Grotowski e de Artaud, seja porque a prática teatral se afastou do valor redentor do corpo pulsional, seja porque os artistas perceberam os limites disso como modo de expressão.
>
> b. A segunda categoria de performance em vigor nos anos de 1970 é mais próxima da tradição das artes plásticas e, portanto, de certo formalismo minimal que opta por certa desconstrução das coisas, dos gestos e das linguagens. Animada de uma suspeita acerca da noção de signo, ela põe em questão a instrumentalidade da linguagem por meio de procedimentos de repetição, desaceleração e explosão que levam aos limites do sentido, aos confins de uma zona em que não subsiste mais senão para o artista e o espectador "o desgaste, a presença física, o germe da voz", diz Scarpetta, p. 139.
>
> Dessas performances, não há nada a dizer exceto a vertigem que provocam no espectador, a energia de que são portadoras e que se torna para ela só objeto e sujeito da performance. Essas performances, dotadas, segundo Régis Durand, de "signos flutuantes, com valências múltiplas" (o que Richard Schechner denomina *multiplex signals*), renunciam ao vetor todo-poderoso do relato, para usar um procedimento de sobreimpressão em camadas (o que Lee Breuer chama *tracking*) e jogam com o jogo do traço e do apagamento, com o efeito do duplo (o que Herbert Blau chama *ghosting*).
>
> Segundo Guy Scarpetta, elas reinterrogam, além disso, o "signo teatral" pelo simples fato de que renunciaram ao modo narrativo tradicional e, portanto, abandonaram toda continuidade, saindo assim do conjunto que as integra. Livres de todo laço discursivo, os signos *flous* que os compõem estão livres para entrar em diversas *assemblages* conforme a energia de que são portadores.
>
> É a esse gênero de performances que pertencem práticas como as de Laurie Anderson, Elizabeth Chitty, Michel Lemieux. Tal forma de performance, ela também, desapareceu em parte hoje em dia, tendo a arte abandonado um formalismo um pouco seco e havendo se voltado doravante para uma nova busca do sentido que se encontra na pintura.
>
> c. A terceira categoria, enfim, menos numerosa, segundo Thierry de Duve (op. cit., p. 23, 27), reúne as performances que indicam uma verdadeira assimilação do formalismo e apontam para novos enigmas. As últimas performances de Rachel Rosenthal pertencem a tal categoria, assim como as de Marina Abramovič: "Elas fazem intervir explicitamente um processo de gravação e reprodução. No mais das vezes, acoplam o *performer* a um transcodificador qualquer, incorporando o aparelho e o *performer* em um mesmo *feed back*."

todavia, a apagar a impressão de que a performance não é um fenômeno "na moda", apenas uma sobrevivência de uma prática de outro tempo, talvez uma arte ultrapassada e até uma arte *do* passado, como seria a ópera.

É a impressão que o presente artigo pretende pôr em discussão ao trabalhar sobre a brecha que existe entre uma interrogação (por que a performance?) e um paradoxo (a performance não existe mais, embora continue existindo). A posição é insustentável como sempre foi para todo discurso sobre a performance, pois hoje, como ontem, é difícil fazer uma ideia precisa do objeto de análise que se pretende definir e que se deseja tratar. É ainda mais difícil situar-se em um lugar que nos autorize a falar, ainda que esse último fosse o do artista (necessariamente unívoco), o do crítico (necessariamente orientado) ou o do espectador (necessariamente fragmentário).

No fundo, todo discurso sobre a performance, com mais razão ainda sobre seu desaparecimento, continua sendo um discurso *em torno* da performance, um discurso sobre o próprio discurso crítico. Essa linguagem é feita de derrapagem, de ruptura, de aproximação. Não tem interesse senão aquilo que ela nos diz do próprio discurso e daquele que o usa. Mais do que qualquer outro, ela é reveladora de nossas teorias críticas, estéticas no tocante às artes.

> Essas performances foram mais frequentes nos anos de 1970 e são hoje as que apresentam a melhor sobrevida ante a evolução das práticas. Menos formalistas do que aquelas que compõem o grupo precedente, não tendo renunciado à narração, recorrendo ocasionalmente ao microrelato, servindo-se amiúde da palavra em primeiro grau como veículo dos sentidos, tais performances, colocando ao mesmo tempo o *performer* no centro do processo cênico, não fazem disso seu único objeto de exploração. Elas reinterrogam o mundo e desconstroem a ordem existente, mas o exercício a que se entregam não se deixa abocanhar pelo mecanismo de sua própria desconstrução, pela vertigem de uma dissolução de palavras, de coisas ou do mundo. Uma vez operado o trabalho de desconstrução, essas performances introduzem aí sentido, recusando-se a deixar o lugar vazio. As performances que Rachel Rosenthal faz hoje em dia são as que mais se inscrevem nessa via. Em Quebec, poderíamos citar a título de exemplo as de Nathalie Derome ou de Martine Chagnon.
>
> "Eh! É engraçado! Agora se pode comprar camisetas com desenhos de animais em vias de extinção. Eu, eu estou contente porque os animais em vias de extinção são os que eu prefiro. Isso, em primeiro lugar e, em segundo, eu digo a mim mesma que se há camisetas com animais debaixo, isso quer dizer que há alguém que sabe disso e se há alguém que sabe disso, há talvez alguém que faz qualquer coisa e, em terceiro lugar, a mim, sempre me dá prazer saber que há um pouco de dinheiro que vai para o armamento."

Se a performance mima bem "o desmoronamento de um lugar social, central, cerrado, dominado, transparente", como notava em 1981 Birgit Pelzer[4], é evidente por si que todo discurso sobre tal prática descentrada não é, ele mesmo, descentrado, aliás. Nós não poderíamos escapar aqui desse paradoxo.

AUTÓPSIA DE UMA FUNÇÃO

Nascida de um movimento de contestação dos valores estabelecidos que era o de toda uma época (recusa da noção de representação, de ensaio, de memória; recusa de uma prática sem interrogação e sem risco tanto para o artista como para o espectador), a *performance art* conheceu seu apogeu nos anos de 1970. Vindos à performance de horizontes muito diversos (artes plásticas, música, arquitetura etc.), os performadores haviam de início investido com entusiasmo nessa nova forma de arte que lhes oferecia um meio de expressão renovado.

Depois, ao longo dos anos, os dados mudaram. Os dados ideológicos se transformaram e os artistas, vindos à performance a partir de outras disciplinas, puderam pouco a pouco reintegrar suas respectivas artes, deixando no campo da performance três categorias de praticantes: os videoastas, que recuperaram a performance para seus próprios fins, convertendo-a em uma arte autônoma inteiramente à parte, que tomou daí por diante suas distâncias em relação à arte da performance; os artistas inter ou multidisciplinares que reivindicam muitas vezes o título de *performers* devido à multiplicidade das artes e das tecnologias às quais suas obras recorrem; e os *performers* que eu definiria como "teatrais", cuja arte e procedimento permanecem próximos daqueles dos anos de 1970, mesmo se seus questionamentos e seus objetivos não são mais os mesmos.

Por que essa sobrevivência do fenômeno da performance? Que lugar ela ainda ocupa nos esquemas de pensamento e das práticas artísticas? Como é possível que uma prática artística, baseada em um requestionamento de valores, não desapareça, uma vez que todos os próprios pressupostos ideológicos que lhe

---

4 La Performance ou l'intégrale des équivoques, *Performance, texte(s) & documents*, p. 31.

davam sentido desapareceram? Tais são algumas das questões que se colocam para nós.

A Performance Nasceu de uma Teorização do Fenômeno Artístico

Para compreender a evolução da prática da performance e a relação que essa última mantém com a teoria, é preciso inscrevê-la na problemática mais ampla que toca a questão da modernidade.

"O modernismo é dominante, mas está morto", dizia Jürgen Habermas ironicamente, tomando posição contra essa ideia que pretende que nossa época seja o testemunho do fim da modernidade. A modernidade estaria em decadência porque a ideologia que a estriba estaria ela própria bombardeada pela evolução de nossos modos de pensamento, que refutam os fundamentos sobre os quais a modernidade havia construído ela própria seu domínio: a recusa da noção de progresso, de norma, de a-historicidade.

A performance como prática artística, proveniente de um procedimento essencialmente moderno, participaria dessa ampla rediscussão do problema? E poder-se-ia dizer, para retomar aqui a expressão de Habermas, segundo a qual "A *performace art* é dominante, mas está morta"?

Colocar a questão é já respondê-la parcialmente. É verdade que o fenômeno da performance espalhou-se muito desde o fim dos anos de 1970, porém por mais espalhada que esteja, ela tem atraído doravante tão pouca atenção que numerosos artistas e críticos anunciaram sua morte: a performance não existe mais, diz-se, e aquelas que se realizam procedem mais do teatro do que da performance propriamente dita.

No entanto, o número de performances que é possível arrolar na Europa e na América do Norte, e o número de artistas que a ela se consagram, revelam que essa arte, longe de desaparecer, perdura e mesmo se institucionaliza. Certamente ela levanta menos questões que outrora, espanta e choca muito menos que no passado (por exemplo, as primeiras performances de Vito Acconci, Hermann Nitsch, Chris Burden), seja porque os *performers* se tornaram eles mesmos mais circunspectos com o passar dos anos, seja porque o público, ao contrário, não possui mais essa faculdade de espanto, de entusiasmo ou de rejeição violenta que marcou sua reação a certas experimentações fracassadas nos anos de 1970.

Nosso olhar se dobrou ao que se tornou a norma nesse domínio. O novo, o diferente, o original não mais suscitam automaticamente o interesse, nem mesmo a atenção.

Será realmente que nosso olhar se embotou ou que a própria novidade se tornou uma norma, se bem que o novo não seja ele mesmo completamente novo? Wilhelm Reich respondeu à questão, mostrando como nossa sociedade conseguiu recuperar toda dissidência em seu seio, tornando, pois, inoperante, devido ao próprio fato, a revolução procurada.

A emergência da performance coincidiu, portanto, com a grande época do modernismo triunfante do qual ela endossou certos comportamentos e certos atos de fé.

Ora, dentre as características do moderno (que eu não retomarei todas aqui), há uma sobre a qual eu gostaria de me debruçar porque ela toca mais especificamente a performance: é a relação que essa mantém com a teoria.

O moderno, desde suas origens, façamo-las remontar ao começo de século XX, à época romântica ou até à Renascença, manteve relações privilegiadas com a teoria, aí buscando sempre a recusa do passado, a justificação da mudança e a garantia do progresso vindouro.

Numerosos são os movimentos artísticos que foram precedidos, acompanhados ou seguidos por teorias: as diversas vanguardas, o surrealismo, o romantismo, o naturalismo mesmo etc. Será preciso lembrar a esse propósito a onda do terrorismo teórico dos anos de 1970?

Tal relação com a teoria esteve fortemente presente na performance, ao menos em seus inícios. Ela constituiu inclusive o embasamento sobre o qual se edificou a prática. Ela justificou os objetivos da performance e explicou suas diferentes modalidades.

Vista sob esse ângulo, a performance não pode ser senão moderna.

Com efeito, se um dos signos da modernidade em arte é realmente a oposição à função normativa das tradições estéticas, a performance é por certo a forma artística que mais teorizou seus objetivos. Desde as primeiras experiências de Cage no Black Mountain College em 1952[5] até as experiências de Rachel Rosenthal, Meredith Monk no fim dos anos de 1970, passando por *performers* montrealenses como Monty Cantsin, Louise Mercille, Rober Racine, Michel Lemieux, Marie Chouinard[6] etc., a performance foi feita contra uma certa concepção da arte e de sua relação com a sociedade:

- refutação da noção de representação por uma presença "real" do performador (o que leva à recusa de todo papel, de toda personagem, assim como à recusa de reapresentar uma performance, portanto de ensaiar do mesmo modo que gravar o acontecimento);
- oposição ao valor comerciável da arte (daí a recusa de entrar nos museus, de deixar traços, em outras palavras, de transformar a obra de arte em mercadoria);
- primado concedido ao processo mais do que ao produto;
- inscrição da arte na vida e recusa de uma clivagem que fizesse da prática artística uma esfera autônoma sem incidência no real;
- recusa, é claro, de toda catarse, não tendo o espectador, muitas vezes, nenhuma empatia com o espetáculo que lhe é apresentado.

A performance perdeu também seu valor de experimentação (como o teatro experimental, aliás), seja porque a experimentação se converteu no modo habitual de funcionamento da arte e se viu então dotada de uma nova legitimidade

---

5 Experiências que Allan Kaprow assiste, então, em sua sala de aula.
6 Todos esses *performers* ocuparam o proscênio montrealense nos anos de 1980, embora a títulos diversos e com mais ou menos sucesso. Os mais conhecidos dentre eles são, sem nenhuma dúvida, Marie Chouinard, que durante muito tempo fez performances extremamente corporais, trabalhando seu corpo e a matéria (*Marie Chien Noir*), Michel Lemieux, cujas performances se baseavam na música e na palavra (ele apresentou ulteriormente espetáculos demasiado tecnologizados e menos performáticos) e Rober Racine, que realizou ao mesmo tempo performances musicais, corporais e sonoras (*L'Échelle Williams*). Quanto aos outros, Louise Mercille (*Barbie, Thermes*) e Monty Cantsin (*Restrictions*), que citamos aqui, parecem ter tomado distância em relação à performance. O procedimento de Monty Cantsin se inscrevia sobretudo em uma forma de performance existencial, e a de Louise Mercille era mais feminista e engajada.

não subversiva, seja porque a experimentação simplesmente desapareceu como conceito[7]. É evidente que as práticas atuais da performance tendem a nos convencer de que a realidade se situa em alguma parte entre esses dois extremos.

A performance perdeu igualmente certas características distintas que constituíam sua originalidade:

- o trabalho sobre a temporalidade da representação e sobre a duração, que era específica da performance, investiu as outras artes (cinema, sobretudo);
- o trabalho sobre o *corpo*, que era o centro do ato performativo, deslocou-se para a imagem, para a tela televisada. Ele não está mais no centro da performance, mesmo se ainda continua a ocupar aí um lugar importante. Ele se tornou um elemento da performance, entre outros;
- o trabalho sobre o *espaço* (investimento em lugares diferentes, fora dos museus) voltou a centrar-se nos lugares habituais de representação (galerias, salas de espetáculos, salas polivalentes). Deixou definitivamente os locais originais: zoológico (Alberto Vidal), jaula (Joseph Beuys), piscina (Chris Burden). Voltou a um confronto tradicional com o público em espaços eles mesmos tradicionais: museus, galerias.

Por outro lado, a performance perdeu aquilo que constituía uma de suas forças em seus inícios: a recusa de considerar a obra de arte como mercadoria. A performance, a exemplo do *happening*, devia ser única. Ela não devia deixar traços, recusando assim a dotar-se de uma memória, recomeçando sempre o empreendimento desde a origem. Necessariamente inscrita na intensidade do presente, ela não tinha nem passado, nem futuro, renunciando a todo laço que poderia assinalar filiações, anunciar uma descendência.

O mercado de arte acabou por juntar-se à performance criando vedetes presas, elas mesmas, nas malhas dos circuitos comerciais: é o exemplo de Laurie Anderson, Meredith Monk.

Wendy Woodson, uma *performer* da dança, observava recentemente que outrora ela evitava o rótulo de *performance artist* porque a noção se ligava então, amiúde, nos espíritos,

---

[7] Vale notar que a noção de experimentação desapareceu igualmente do domínio do teatro, bem como a de teatro alternativo.

com as performances masoquistas e violentas. Hoje em dia, ela evita sempre o termo porque a performance se tornou "*slick*, comercial e mais teatral no mau sentido do termo"[8].

Acrescentemos, para terminar essa lista que não pretende ser de modo algum exaustiva, que a performance perdeu igualmente esta primazia que ela concedia ao processo (à criação em fazimento), para se concentrar sobre o produto. O cuidado com a obra acabada, polida, está de novo presente. O próprio ato de produção é velado aos olhos do público. Ela reintegrou os bastidores, deixando em cena uma obra cuja imperfeição se aceita, mas em que todo traço de bricolagem tende a desaparecer.

De todos esses reparos, surge essencialmente que a performance dos anos de 1970 correspondeu a um vasto movimento de subversão que veiculava, ele próprio, uma ideologia cuja força se devia à importância das estruturas e das práticas que ela procurava derrubar. Ora, tal ideologia desapareceu, carregando com ela a força de subversão que agitava a performance.

O desaparecimento dessa ideologia – e da teoria que a fundamenta – explica-se, sem dúvida, pela evolução de uma época em que Jean-François Lyotard, Gianni Vattimo, Edgar Morin, Gilles Lipovetsky e tantos outros mostraram a desconfiança que ela dedica doravante aos grandes conjuntos (ideológicos ou teóricos). Ora, o desaparecimento dessa ideologia afetou a performance, na medida em que ela perdeu nessa evolução aquilo que lhe dava ao mesmo tempo seu sentido e sua justificação.

Caberia deduzir dessas constatações que a performance mudou de natureza renunciando às reivindicações que constituíram sua originalidade e que a haviam imposto no panorama artístico da época? Isso é evidente por si. A performance hoje não tem os mesmos parâmetros que os de outrora, porque suas apostas não são mais as mesmas, bem como as teorias que as fundamentam.

---

8 Observações feitas por ocasião de uma mesa redonda sobre a performance em 23 out. 1987, no Hampshire College, Amherst, Massachusetts, e mencionadas por Jeanie Forte, Woman's Performance Art, em Sue-Ellen Case (ed.), *Performing Feminisms*, Baltimore: The Johns Hopkins University Press, 1990, p. 266-267.

O Nascimento de um Gênero

Se quiséssemos traçar um esboço de explicação para o desaparecimento de todos esses fenômenos, diríamos que a performance dos anos de 1970 tinha, sem dúvida, uma *função* nitidamente definida. Ela participava de um movimento de contestação dos valores vinculados tradicionalmente à arte e pretendia ser a espora de um movimento de rejeição da obra artística como objeto. Daí as múltiplas performances tomarem posição contra a obra acabada, exposta, consumida, contra a obra como produto. A performance insistia nos processos, no trabalho em fazimento, no contato com o público. Não é de espantar que nesse requestionamento todas as formas tenham sido admissíveis e todas as tendências tenham podido se manifestar, desde a arte conceitual na tradição minimalista até uma forma de arte pulsional, mais teatral, existencialista, prática inspirada em Artaud ou em Grotowski.

De fato, seria justo dizer que, nos anos de 1970, mais do que um gênero, a performance era sobretudo uma função[9] e, como toda função, ela podia pertencer a práticas e artes diferentes. Esta distinção que desejamos fazer aqui entre *função* e *gênero* nos permitiria explicar no que a performance de hoje difere daquela de ontem e por que ela pode sobreviver enquanto seus objetivos e as motivações que guiam os artistas não são mais os mesmos.

Com efeito, se a performance foi, antes de tudo, uma função – função de despertar, de provocar, de tomada de posição contra a tradição, de instituir relações diferentes entre a obra e o seu público – ela não tinha gênero ou forma específica, ainda que uma multidão de práticas tenham sido catalogadas sob tal denominação.

---

9   Em um artigo redigido em 1980 (Une Nouvelle théâtralité: La performance, *Revue française d'études américaines*, n. 10, out. 1980), Régis Durand observava que a performance não é nem um gênero, nem uma arte, talvez uma função, sublinhando então que seria possível referenciar uma função performance em quase todas as artes. Haveria assim uma performance interna a uma arte, e uma performance pura, isto é, desembaraçada de toda hegemonia de gênero. Tal ideia da performance como função se nos afigura interessante, conquanto pareça difícil operar uma aproximação entre a performance interna a uma arte (o teatro, por exemplo) e a performance pura. Sem dúvida, o momento em que Régis Durand efetuava esta análise (1979, portanto no preciso início da performance) explica tal comentário.

Essa diversidade das práticas e de formas às quais as performances recorreram não pode, todavia, esconder o fato de que essas últimas tinham, todas elas, uma só e mesma função: a de contestar a ordem artística e estética que prevalecia então. Não é, pois, espantoso que a performance desaparecesse como forma quando a função que lhe foi atribuída veio a ser preenchida. Incumbência que a performance parece haver executado muito bem.

É certo que nos dias de hoje a performance, ou aquilo que dela subsiste, não preenche mais essa mesma função. Ela parece inclusive não preencher nenhuma função que constituiria o denominador comum das práticas atuais e das quais se poderia dizer que sejam específicas à própria performance. Fato que poderíamos traduzir em outros termos ao dizer que um artista que escolhe hoje a performance como modo de expressão não profere forçosamente um discurso acerca de sua relação com a arte, o que outrora ele fazia necessariamente.

Escolher a performance hoje, não é mais, portanto, escolher como prioridade uma função; é optar acima de tudo por uma forma, um gênero talvez, que permita ao artista pronunciar um discurso, primeiro sobre o mundo e acessoriamente sobre a arte. No procedimento do *performer*, as preocupações formalistas não são mais primazias. O artista se preocupa de novo com a mensagem, com a significação. E quando ele faz intervir as tecnologias na cena (recorrendo ao vídeo sobretudo, mas também ao filme, à foto etc.), essas últimas estão lá apenas como sistemas diferentes para ajudar a melhor construir o sentido. Esse recurso às tecnologias não veicula mais em si mesmo uma forte posição ideológica concernente ao valor artístico dessas mídias. O lugar destas últimas é doravante um lugar conquistado e não surpreende mais.

Aí está o deslizamento (*shift*) importante ocorrido no domínio da performance a partir dos anos de 1980. A performance não é mais uma função. Ela se tornou um *gênero* e, como tal, ela pôde por sua vez, como todo gênero, preencher várias funções (de denúncia, ritual, discurso sobre o mundo, sobre o eu), tudo aquilo de que não se privam os múltiplos artistas que a ela se entregam.

ALGUNS EXEMPLOS DOS ANOS DE 1990

Eu gostaria de tomar aqui três exemplos que abrem o decênio dos anos de 1990 e que ilustram bem certas formas de que a performance atual pode se revestir, ficando desde logo entendido que toda prática em si é única e que nenhuma entre elas pode, sozinha, servir de testemunha do conjunto do gênero. As duas primeiras performances têm por autores veteranos da arte da performance, pois se trata de Rachel Rosenthal, de um lado, e de Marina Abramovič/Ulay, de outro. A última é a de uma jovem *performer* de origem quebequense, Martine Chagnon, proveniente do teatro.

Esses três exemplos sublinham a títulos diversos três formas de performances e três relações com o sentido. Essas performances ocorreram, todas, nesses últimos anos: a de Marina Abramovič em 1988, a de Rachel Rosenthal na primavera de 1991 e a de Martine Chagnon no outono de 1990.

A. *O Percurso da Muralha da China*:
   um caso limite que não mais torna a questionar a função da arte.

Em 1988, Marina Abramovič e Ulay, conhecidos no mundo das artes desde o começo dos anos de 1970, empreendiam sua última performance comum. Essa deveria marcar sua separação. Daí por diante, eles iriam um e outro seguir caminhos separados e, para salientar esse fato, decidiram realizar conjuntamente um projeto que levavam a peito há muito tempo e que consistia em percorrer em toda a sua extensão a muralha da China, projeto concebido desde 1980, no tempo de sua colaboração.

A performance deles consistia, pois, em um trajeto, uma trajetória de fato, que ia dos confins da Ásia ao Pacífico. Tratava-se de atravessar a China e percorrer sua muralha, única construção humana perceptível do espaço. Cada um dos dois devia partir de uma extremidade da muralha e caminhar ao encontro do outro.

Ulay partiu dos confins do deserto de Gobi, Marina das costas do Pacífico. A marcha solitária devia durar três meses, ao termo dos quais elas deviam se encontrar para se separar para todo o sempre.

A performance propriamente dita consistia, por certo, na própria caminhada sobre a muralha da China, caminhada que implicava um desgaste físico dos dois *performers*, assim como um deslocamento cuidadosamente traçado, mas, para ser exato, seria preciso sem dúvida incluir também, como fazendo parte da performance, não só todo o trabalho preparatório necessário para o acerto final desse projeto e a organização dessa longa viagem – trabalho que durou vários anos e requereu talentos de negociações importantes a fim de se obter todas as autorizações necessárias, de planejar o trajeto, de organizar a chegada e as condições dessa experiência – mas também todo o trabalho subsequente: produção de um filme, exposição, fotos, criação de obras de arte inspiradas pela viagem etc.

Seria demasiado longo retomar aqui todas as etapas desse labor que se tornou objeto de um grosso álbum[10] em que são retraçados os diferentes momentos desse périplo, mas é interessante sublinhar que os traços restantes desta aventura (filme, álbuns, fotos, exposição, comentário, relato) são os únicos meios do público tomar conhecimento desta performance e, portanto, de "vê-la".

O interesse dessa performance é por certo que ela constitui um caso extremo em face do qual a gente se interroga sobre os limites da performance e sobre o seu sentido hoje em dia. Com efeito, mesmo se os artistas insistem que para eles se tratava apenas de uma viagem, toda a embalagem artística que envolveu esse longo périplo (encenação, câmera, álbum, exposição, filme) milita em favor da transformação desse evento em performance. Essa levanta, entretanto, certas interrogações:

1. A imensidão do trajeto a realizar e realizado (perto de 4 mil km), assim como a duração da experiência (perto de três meses) não repõem em discussão a própria noção de performance? As experiências teatrais dos anos de 1970, as de Bob Wilson, as de Jean-Pierre Ronfard em Quebec[11], já nos haviam

---

10 Marina Abramovic; Ulay, *The Lovers*, Amsterdam: Stedelijk Museum, 1989.
11 Em 1981, Jean-Pierre Ronfard, do Théâtre Éxperimental de Montréal, concebia e punha em cena uma obra monumental intitulada *Vie et mort du roi boiteux* (Montreal, VLB, 1981). Apresentada no começo em três representações, a obra foi levada em sua íntegra em jun. 1981 e durou quase doze horas.

mostrado que a duração faz parte íntima da experiência estética, mas até onde se pode levar essa relação com o tempo e o espaço? O problema aqui não é tanto a natureza, ela mesma, do procedimento, porém o fato de que uma tal experiência artística exclui a possibilidade de que tenha um público, ainda que fosse um espectador único. Ela sublinha que, no limite, a performance é feita essencialmente, se não unicamente, para o próprio artista.

Se admitirmos tal afirmação, que não nos surpreende desmedidamente, visto que a questão já se havia proposto ao teatro no decorrer dos anos de 1970, surge então uma outra questão: que diferença há entre essa performance e a de um explorador que decide realizar uma façanha: escalar um pico rochoso, por exemplo? Será que o intuito de realizar uma obra artística é em si suficiente? Será que o olho da câmera, a fotomontagem e a exposição que se seguem bastam para transformar a aventura inicial em performance? Compreender-se-á que a questão oculta por trás de tal interrogação é referente à natureza e à finalidade da arte.

A diferença entre essa performance e as dos anos de 1970 se deve ao fato de que a questão aqui colocada sobre a função da arte emerge de nossa própria interrogação e não daquela do artista. Se os artistas a tivessem, eles mesmos, programado e teorizado, teríamos reencontrado o gênero de preocupações que a performance dos anos de 1970 e 1980 veiculava de bom grado. Mas, renunciando a tal preocupação, transformando essa aventura em uma simples viagem, Marina Abramovič e Ulay sublinham bem a guinada que a performance deu nos dias de hoje. Ela não tem mais a função de requestionar nossa relação com a arte. Ela não é mais senão um gênero que veicula ideias sobre a distância, a duração, a multiplicidade dos povos etc. Isso ressalta que a distância tomada pela performance com respeito às questões teóricas por nós apontadas mais acima, constitui uma de suas características atuais.

2. Uma performance sem público pode ser considerada uma performance, ficando entendido que os espectadores ocasionais encontrados por nossos dois *performers* no curso desse longo périplo, o foram apenas contra a vontade, sem dúvida um pouco surpresos de ver esses viajantes de um outro mundo passar em seu horizonte cotidiano?

Com efeito, o único olhar direto no decorrer dessa viagem foi o de uma câmera, mas esse não foi nem exaustivo, nem completo. Ulay não pôde viver a performance de Marina que, por sua vez, não pôde efetuar a de Ulay. Necessariamente fragmentária, implicando uma construção *a posteriori* dos diferentes ângulos de visão, a experiência assim transmitida não contou com nenhum público propriamente dito, exceto os próprios participantes que tiveram de acompanhar os dois *performers* no transcurso de sua viagem – técnico de câmera, assistente, guia – mas esses últimos não escolheram seu papel como público. Só o olho de uma câmera, pois, estava lá para imortalizar alguns extratos, e esses últimos necessariamente fragmentários, impotentes para reconstituir a duração, são o único traço que nos resta disso.

Aí ainda a prática artística moderna nos habituou a aceitar o fato de que uma obra artística existe mesmo sem público (por exemplo, a *land art* que dificilmente podia escapar dessa regra), porém, o que nos parece mais interessante no exemplo que damos aqui, é que, malgrado a ausência de público, por ocasião da performance, houve, não obstante, espectadores: espectadores do filme, da exposição. Esses últimos puderam *a posteriori* "assistir" à viagem, reconstituindo-a a partir dos traços apresentados. Puderam, pois, efetuá-la como percurso mental.

Tal observação sublinha, no caso, que há um efeito *a posteriori* da performance que é muito importante, valorizando uma característica do fenômeno performativo: é que ele age, amiúde, como traço, como transbordamento. O essencial daquilo que se passa para o espectador não ocorre forçosamente[12] no próprio local da performance, mas alhures, depois.

Cumpriria estudar a performance como "política de restos" para mostrar que toda performance, mesmo hoje em dia, é interessante mais pelas interrogações que suscita, do que pelo não dito que nela se discerne, mais pelo que ela deixa subir à superfície de nossas próprias incertezas. A performance de Marina Abramovič e de Ulay é, neste sentido, exemplar e permanece, ainda, muito próxima, no seu espírito, das performances dos anos de 1980. A de Rachel Rosenthal é algo totalmente diferente.

---

12 Cf. Marina Abramovič e Ulay, *Nightsea Crossing*, em cujo transcurso, durante 90 dias não consecutivos (1981-1986), eles ficaram sentados, face a face, em silêncio e sem um só gesto, de um lado e de outro de uma mesa.

B. *Pangeia* de Rachel Rosenthal.
San Diego, abril de 1991: um tema político.

Sobre um palco à italiana, colocando, portanto, face a face o público e a artista em uma relação frontal tradicional, surge Rachel Rosenthal em uma cadeira de rodas. Inválida, encoletada por todos os lados, coberta de talas e segurando uma bengala, ela profere um discurso sobre o envelhecimento, o abandono do corpo, a impotência, a fraqueza, a morte. O "eu" que ela utiliza no seu discurso remete, de maneira ambígua, perturbadora, ao mesmo tempo a Rachel (que parece não poder mais se mexer) e a Terra, a Gaia[13]. De repente Rachel se interrompe, se levanta da cadeira de rodas e se desfaz brutalmente de seu aparato de inválida, continuando ao mesmo tempo a falar. À medida que o discurso se desenvolve, com projeções de imagens de movimentos telúricos, compreende-se que se trata de refazer a unidade perdida e de reintegrar a um só tempo o Eu e a Terra, e também a mulher em geral.

Os movimentos mal coordenados do início convertem-se em uma dança e Rachel canta e baila a unidade a ser reencontrada em uma performance que consegue ser concomitantemente um discurso engajado, autobiográfico e feminista; o mais impressionante, sem dúvida, é esse modo que a artista encontra para dizer "eu" falando ao mesmo tempo da Terra Mãe que trata de salvar.

As palavras não são maneirosas, delas se desprende uma verdadeira força que provém do próprio poder da artista que espanta por sua energia e impõe seu talento incontestável[14].

A história apresentada por Rachel Rosenthal inspira-se, é evidente, na grande teoria apresentada por James Lovelock[15] sobre a Gaia, a Terra. Ela constitui uma performance por várias razões:

---

13 Cf. a hipótese sobre Gaia, tal como apresentada por J.E. Lovelock, *The Ages of Gaia: A Biography of Our Living Earth*, 1 ed. New York: W.W. Norton, 1988; J.E. Lovelock (1987), *Gaia, a New Look at Life on Earth*, Oxford: Oxford University Press, 1979.

14 Cf. R. Rosenthal, Rosenthal Statement Concerning the NEA Grant (Termos e Condições com Respeito à Arte-Performance e à Obscenidade), em *The Drama Review*, v. 35, n. 1, p. 13-14, Spring 1991

15 Lovelock desenvolveu uma teoria da evolução da Terra que vai de encontro à exposta por Darwin. Ele afirma, em particular, que o motor da evolução não é/foi a luta e a sobrevivência do mais forte, porém a cooperação e a coexistência. Procurou, pois, promover uma visão do desenvolvimento da Terra fundada na solidariedade. Tais considerações têm, evidentemente, consequências políticas e ideológicas.

a. ela foi anunciada e programada como tal pelo museu de belas-artes de San Diego;

b. sua estrutura estourada, seu aspecto multidisciplinar (ela recorre à música, ao vídeo, aos diapositivos) e a natureza da intervenção da artista a colocam, incontestavelmente, do lado da performance. Rachel é ao mesmo tempo narradora, dançarina, cantora, humorista, polemista etc. Contando uma história pessoal, na aparência, a artista profere de fato um discurso político, tomando posição contra a destruição de nossa Mãe Terra.

Há nessa coexistência permanente entre o relato pessoal e o discurso quase místico que o acompanha alguma coisa de um ritual ao qual somente o artista é convidado, mas que não pode deixar o público indiferente. Rachel não cede jamais totalmente a esse misticismo e as sequências mais "performativas" sucedem amiúde aos discursos mais engajados, fazendo do conjunto, que dura mais de uma hora, um espetáculo em que o artista está no centro da cena e toma posição sobre o mundo.

Esse segundo exemplo ilustra admiravelmente bem uma das vias que a performance tomou hoje em dia: a de uma forma espetacular que põe em cena um artista em ambiente midiático, muitas vezes complexo, e que veicula uma mensagem explícita.

Com efeito, nessa performance, Rachel Rosenthal não se apresenta em cena simplesmente como certos performadores puderam fazê-lo no passado. Ela não trabalha no sentido de mostrar o processo de fabricação da obra de arte, mas para desconstruir a própria forma a cujo respeito ela se interroga sobre a natureza da performance. Tudo isso é algo já firmado. O que é primordial para a artista é dizer qualquer coisa sobre sua visão de mundo e sobre nossa relação com as coisas, sobre a destruição da Terra e sobre a possibilidade de recriar uma unidade perdida.

A performance da artista veicula, portanto, uma mensagem e um engajamento; ao fazê-lo, Rachel Rosenthal afirma sua posição de sujeito na História, uma história da qual ela recusa abstrair-se e sobre a qual ela deseja ter poder.

Temos aí uma outra característica das performances atuais. Contrariamente à imagem de um sujeito essencialmente pulsional que era o da performance dos anos de 1970, a dos anos de 1990 substitui a imagem de um sujeito que se recusa a eliminar as tensões entre seu eu e a história, entre a política e a estética, reinstituindo as complexidades da enunciação.

Lá onde a performance dos anos de 1970 recusava simplesmente a representação de um real que ela procurava atender em sua imediatidade[16], lá onde, paralelamente, ela tornava a questionar a transparência desse mesmo real (que ela alimentava a ilusão de alcançar), interrogando o jogo de atuação de simulacros dos quais ele é muitas vezes o objeto, a performance dos anos de 1990 renunciou a tal jogo da ilusão. Ela escolheu retornar a esse mesmo real como fabricação do político e de mostrá-lo como necessariamente ligado ao indivíduo. A performance é, pois, uma ação engajada, e o recurso a ela como gênero torna-se um meio eficaz de atingir um objetivo (engajamento social, político, ecológico). Ela se tornou, por isso, um gênero entre outros que não mais propõe problema.

Paradoxalmente, desse percurso, dos mais narcisistas, emerge um retorno às antigas mitologias. Como afirma Edgar Morin: "Encontramo-nos no necessário desencantamento que traz muitas vezes o desencorajamento, o qual acarreta o recuo cínico para dentro de si ou repõe em cena ou em sela os antigos mitos abandonados."

Esse não é um dos menores paradoxos da performance ao qual tal arte, edificada contra todo conteúdo, volta de novo hoje em dia sob a forma de ritual, de uma quase cerimônia[17].

O discurso da performance reintegra então a palavra e o sentido, o relato e a narração, conquanto de maneira não tradicional. Como notava de um modo muito justo Yvonne Rainer: "A questão é como contar uma história sem reduzir seus caracteres e situações à mera coerência, ao 'discurso naturalista.'"[18]

---

16 Muito antes das performances dos anos de 1970, foram os *happenings* os primeiros a repor em discussão o problema da relação com o real.

17 Segundo V. Turner, o ritual é um dos meios mais elementares de introduzir um elemento de desordem no processo da história. É um dos primeiros meios utilizados pelas diversas culturas a fim de modificar o próprio sentido da história. E. Henry M. Sayre (*The Object of Performance: The American Avant-Garde since 1970*, Chicago: The University of Chicago Press, 1989), adotando as distinções estabelecidas por Victor Turner e Richard Schechner, mostrou como a performance dos anos de 1990 se situa entre o ritual e o relato, não como criação, porém como resultado de um vasto e ininterrupto diálogo com os outros textos.

18 Henry Sayre, *The Object of Performance: The American Avant-Garde since 1970*, Chicago: The University of Chicago Press, 1989, p. 177.

Trata-se de um retorno ao relato, um relato sempre sem linearidade, mas em que as microssequências se sucedem construindo, para além da fragmentação, uma história, um trajeto, uma significação. A experiência do indivíduo, sua relação com o mundo e consigo próprio, seu caráter único e sua originalidade estão no centro da cena. É o que ilustra perfeitamente a terceira performance que propomos como exemplo.

C. Martine Chagnon[19]: *O Fazer*, Montreal, 1990.

Em uma pequena sala, a artista instalou no palco para o lado do pátio uma pequena árvore em duas dimensões, para o lado do jardim o vídeo e no centro uma corda que desce do alto, dos cintros. Um grande círculo circunda a área de atuação.

A artista chega e de repente se põe a falar. Ela continuará a fazê-lo por quase toda duração do espetáculo com curtas interrupções durante as quais descreverá grandes círculos com os braços, irá balançar-se na corda ou correrá ao redor da área de atuação.

As cenas se sucederão segundo uma ordem deliberada e contarão com humor a dificuldade das relações humanas, dos contatos, das ligações, a timidez em face do outro, o aguardo e depois a emancipação progressiva e a libertação. Esse percurso pessoal será pontuado de reflexões mais políticas, de tomadas de posição sobre acontecimentos (massacre na École Polytechnique de Montreal), situações (a violência contra as mulheres, a solidão, o desaparecimento das árvores, o armamento), ou interrogações de natureza estética (questionamento da artista sobre sua própria arte. Por que a performance? Por que a arte?).

A artista desfila as sequências, atacando o público, interpelando-o, devolvendo-lhe sua própria imagem. O rir está aí, o humor também, mas sobre um fundo sempre sério, em que Martine Chagnon analisa suas relações com os outros e com o mundo. É por certo de sua experiência que ela fala, mas, por trás dessa, projeta-se o perfil do indivíduo em geral e do espectador em particular, o qual se sente necessariamente concernido.

---

19 Martine Chagnon veio para a performance a partir do teatro; ela apresentou *Le Faire* (1990), *Entre le dire et le faire* (1991).

Martine Chagnon vem do teatro e sua performance traz os traços dessa proveniência: presença muito forte do intérprete, sensibilidade, jogo de atuação, relação com a palavra, com o corpo, mas também ausência de meios tecnológicos. No palco, a artista está sozinha em um cenário muito sóbrio. Ela fala e é esta palavra, sempre na primeira pessoa, que a põe em cena.

Eu queria uma coisa da vida, a de não deixar nunca fazer isso, a de não me deixar sem você.

Eu me debato no vazio. Eu estou lá onde eu não sou nada.

Eu tenho sempre muita dificuldade com a atualidade, sobretudo quando estou trabalhando sobre uma performance em arte. Não! Mas é verdade. Isso me faz sempre perguntar o que estou fazendo ali! Por que faço isso? Eu não sou a única a dizê-lo. É encorajador.

O massacre na Polytechnique, isso nada nos ensinou de novo, nada que não se soubesse a respeito do ódio, do desprezo, da hipocrisia. Compreendam-me bem. Não digo que é banal. Não! Polytechnique, isso fez mal, isso vai fazer mal por longo tempo. O que eu digo somente é que o massacre de 6 de dezembro é a sequência lógica da mesma história. Não é de ontem que massacram as mulheres porque são mulheres. É a sequência lógica da mesma História com um h maiúsculo e um i minúsculo, conforme as circunstâncias.*

As frases são na primeira pessoa. Os acontecimentos são mediados pela narradora *performer* que acumula as reflexões, as observações, as tomadas de posição, as denúncias. Tudo passa pelo Eu, o *moi*, o ego.

O "precisamos ser absolutamente modernos" da vanguarda é substituído aqui pela palavra de ordem "precisamos ser absolutamente nós mesmos". A performance torna-se um lugar privilegiado da individualização generalizada que caracteriza nossa sociedade. A performadora coloca assim o acento em sua experiência pessoal dotada de toda a carga emocional outrora ausente das performances dos anos de 1970. O lado pessoal não é mais apenas político, tornou-se essencial. Surge uma institucionalização da expressão de si.

---

* No original inglês, o jogo de palavras é feito em "history" e "story", daí a função das letras "H" e "h" para significar a primeira. (N. do T.)

É interessante notar que nessa questão as mulheres recorreram e recorrem amiúde à performance[20]. É preciso escrever o corpo, dizia Hélène Cixous. Mais que o corpo, as *performers* escrevem hoje em dia o sujeito falante.

A importância concedida a esses microrrelatos da vida que Chagnon desfila diante do espectador, sua frequência impõe um novo modo de narração, uma outra narratividade. Esta levou, por seu turno, à emergência de um novo gênero de performances, do qual o espetáculo de Martine Chagnon oferece o exemplo, um gênero que se baseia muito naturalmente na tradição do *stand up comedians*.

A *performer* tornou-se uma forma de "comediante" que conta sua vida como todo e qualquer indivíduo poderia fazê-lo[21], redescobrindo assim os relatos de vida que os psicólogos, sociólogos e antropólogos utilizam como base de sua exploração.

As microssequências se enfileiram umas após as outras constituindo uma narração não linear que nos convida, por sua vez, a refazer o percurso de sua fabricação (ver, por exemplo, *The Dinner Party* [O Banquete], de Judy Chicago).

Essas microssequências remetem, além disso, a outros textos e desbordam o quadro estrito da performance, estabelecendo um diálogo com outras performances, com outros microrrelatos, remetendo ao político, aos acontecimentos fora da cena (como, por exemplo, o massacre da Polytechnique ou a referência aos problemas ecológicos em Rachel Rosenthal). Instala-se uma intertextualidade. A leitura se faz, portanto, sob a forma de uma decodificação de um palimpsesto.

Paradoxo nessa intertextualidade que se instala na performance, o *performer* aceita pela primeira vez se pôr a "atuar"[22].

Se procurarmos, pois, saber quais são os fundamentos que tornam a performance ainda possível hoje em dia, quando a maioria dos parâmetros que prevaleciam em seu surgimento desapareceram, cumpre reconhecer que a performance era antes de tudo uma forma, e como forma ela ocupava uma

---

20 Moira Roth, *The Amazing Decade: Women and Performance Art in America 1970-1980*, Los Angeles: Astro Artz, 1983.
21 Gray Spalding em *Swimming to Cambodia ou Marty Pottenger*, San Diego, maio 1991.
22 Esse retorno ao jogo do ator é tanto mais interessante quanto, em um texto polêmico vivamente discutido, Michael Fried havia escrito que "a arte degenera à medida que se aproxima do teatro".

função no domínio artístico. Ora, com os anos de 1990, a teoria da forma desapareceu e a função da performance também.

O que mudou desde os anos de 1970 são as razões que determinaram, causaram, condicionaram a emergência desse novo gênero em decorrência da evolução das formas artísticas. Mais uma vez, o aspecto revolucionário desta forma é admitido e até banalizado; a performance torna-se um gênero entre outros e ela pode, portanto, pôr-se a significar "de outro modo".

As mudanças que a performance sofreu ligam-se à evolução de uma época em que não há mais ideologias fortes (ideologias políticas, econômicas, estéticas) e projetos artísticos comuns. A desaparição dessas vastas ideologias, assim como a desafeição aos grandes sistemas de sentido, foi compensada pela emergência dos individualismos, dos nacionalismos que afirmam a diferença dos sujeitos, dos grupos, dos países, uns em relação aos outros. E a performance dos anos de 1990 presta-se admiravelmente a tal visão. Ela se presta a uma expressão do *moi*, de um eu que quer viver no presente integrando em suas preocupações imediatas um futuro que ele imagina necessariamente em crise.

Tomando posição sobre a *res publica*, sobre a qual tem cada vez menos domínio, o *performer* atual ilustra este enfraquecimento do ser que Vattimo considera indispensável à positividade da era moderna.

Fazendo isso, tocamos em uma das razões da sobrevivência da performance nos anos de 1990. É que, sem o saber, a performance problematizou o indivíduo, quando, nos seus inícios, ela acreditava problematizar o corpo e suas pulsões. Fazendo isso, ela chegava no momento exato em que sociólogos como Daniel Bell e Cristopher Lasch teorizavam, por sua vez, o surgimento de um novo individualismo.

Uma outra razão para essas transformações, razão de ordem estética dessa vez, se deve ao fato de que os procedimentos aos quais a performance recorreu em seu começo, foram ultrapassados, absorvidos, marcando ao mesmo tempo seus limites: os procedimentos de explosão, de fragmentação, de repetição que correspondiam a uma época que se contrapôs à unicidade e aos dogmas que essa última veiculava. Esses procedimentos, abundantemente utilizados, levaram, por seu turno, a um retorno a uma certa unicidade, mas não totalitária.

De fato, todas as aquisições dos anos de 1970 não foram refutadas, porém excedidas. A performance aparece desde então como se apresentasse características pós-modernas, mesmo se eu emprego aqui o termo com prudência, pois adiro à reflexão de Habermas, o qual afirma que o "pós-modernismo não emite qualquer sinal claro"[23].

A performance não possui teoria, uma vez que ela não precisa mais de teoria, porque nela ocorre a teoria contemporânea. Hoje em dia, todo indivíduo é um indivíduo preocupado com seu corpo, com sua relação para com o outro, com a implosão do coletivo, com a evaporação das ideologias, com o fim das subversões, com o nascimento dos nacionalismos, com os problemas ecológicos. O *performer* aparece, por esse motivo, como um indivíduo que não é diferente dos outros quanto às preocupações que ele afixa na sua prática artística. Ao fazê-lo, ele é pós-moderno.

Dito isso, vale ressaltar que a performance conserva uma inquietude: o que a gente esquece, o que a gente sufoca, o que a gente expulsa? Qual é o preço a pagar por essas novas evidências?

Trad. J. Guinsburg

---

23 Neoconservative Culture Criticism in the United States and West Germany: An Intellectual Movement in Two Political Cultures, em R. Bernstein, *Habermas and Modernity*, Cambridge.: MIT Press, 1985, p. 90.

4. Da Estética da Sedução à do Obsceno[1]

É verdadeiramente possível cercar a definição de performance? Dar a volta ao seu redor para conseguir defini-la e caracterizá-la em função de parâmetros que lhe seriam próprios? Falar dela de maneira geral?[2] Os múltiplos textos, artigos, livros, escritos sobre o assunto começam sempre por um alerta, uma negação "A performance não é nem isso, nem aquilo."[3] Os críticos se interrogam sobre a abordagem que seria a mais apropriada: semiótica, hermenêutica, psicanalítica, ontológica, erótica[4]?

---

1 A noção de obsceno foi emprestada aqui de Georges Bataille que a definiu assim: "A obscenidade significa a perturbação que desordena um estado dos corpos conforme a possessão de si, à possessão da individualidade durável e afirmada"; ver G. Bataille, *L'Erotisme*, Col. 10/18, U.G.E., , p. 22.

2 Cf nosso texto: Performance et théâtralité: le sujet démystifié, em *Théâtralité, écriture et mise en scène*, Montréal: HMH, 1985, p. 125-140; mas também What is Left of Performance Art? Autopsy of a Function, Birth of a Genre, *Discourse*, v. 14 n. 2, p. 142-162, Milwaukee, 1992, ambos incluídos nesta compilação.

3 Cf. Guy Scarpetta, Erotique de la performance, em *Performance*, Montréal: Parachute, 1980, p. 138: "A performance, tem-se escrito, não é nem um gênero, nem uma arte. Dever-se-ia antes dizer uma função?". Esse texto retoma ele próprio um artigo de Régis Durand, Une nouvelle théâtralité: La performance, em *Revue française d'études américaines*, v. 5, n. 10, p. 199-206, oct. 1980.

4 Cf. a interrogação de Régis Durand ao final de seu artigo La Performance et les limites de la théâtralité, *Performance*, p. 54.

A performance se define mais facilmente pelo que ela não é, do que pelo que ela é realmente e todo estudo de performances específicas, como o que vamos tentar aqui, deve definir a cada vez suas ferramentas de abordagem, sua própria metodologia.

Um fato permanece constante e aí está todo o interesse da performance, é que ela questiona nossos próprios parâmetros de análise do teatro e nos obriga incessantemente a redefinir os limites no seio dos quais nosso estudo é válido. Ela nos interroga, além disso, sobre nossa própria relação de espectador da obra, sobre nossa posição de olhar observante. Ela nos remete sem cessar à questão da natureza do objeto olhado, sobre o que aí é dito, o que aí é feito, o que aí se é dado a ver, e assim fazendo ela nos interroga sobre nosso próprio olhar. Ela nos questiona sobre o como mais ainda do que sobre o por quê e nos repropõe incansavelmente a questão da finalidade visada pelo artista.

E como toda performance nos força "a refletir sobre nossa própria posição de crítico, de espectador"[5], é sob esse ângulo que abordaremos duas obras de artistas que começaram no domínio da performance antes de evoluir para outros campos artísticos: Laurie Anderson (*Home of the Brave* [A Pátria dos Bravos]) e Karen Finley (*The Constant State of Desire: From Mondo New York* [O Constante Estado do Desejo: Do Mondo New York]) e acompanhando-as com nosso próprio discurso crítico.

DE UMA PERFORMANCE A OUTRA

Vendo sucessivamente as performances de Laurie Anderson e de Karen Finley, parece desde o início que o afastamento entre elas é tão grande que é presunção querer aproximá-las, presunção também poder pensar que se trata de uma mesma forma artística. Sem dúvida, seria possível efetuar a análise semiológica de uma ou outra separadamente, mas essas análises, por úteis que sejam, dariam apenas uma visão bastante estreita de uma prática que as desborda largamente.

Pareceu-me, portanto, mais interessante compará-las para ver a extensão do que as separa e o que elas nos dizem, uma e outra, das práticas atuais da performance.

5   René Payant, Le Choc du présent, *Performance*, Montréal: Parachute, 1980, p. 127.

Centralizei, pois, minha interrogação em torno de três questões:

1. No que as performances de Laurie Anderson e de Karen Finley constituem realmente performances? Quais são suas características? E pode-se dizer que elas representem uma e outra duas tendências das performances de hoje?
2. No que essas performances, uma vez categorizadas, preenchem sempre o mandato ou a função que foram conferidos à performance nos seus inícios? Se uma evolução ou modificação pôde ser observada, em que sentido ela se desenha?
3. No que essas performances podem nos ensinar sobre certos aspectos do teatro?

As duas performances que pudemos ver estão verdadeiramente em antípodas uma da outra: se de um lado uma é tecnologizada, harmoniosa, estética, espetacular e seduz o olho e o ouvido do espectador; de outro, a segunda é provocante, agressiva, violenta, crua e procura chocar acima de tudo. No primeiro caso estamos em um ambiente quente, ritmado, harmonioso em que a voz do artista embala e penetra com doçura o ouvido. No outro, o ambiente é cru, as cores violentas, o corpo exibido, a voz rouca e estridente, a linguagem da gíria, extremamente sexualizada.

O tratamento da palavra é aí diferente: em Laurie Anderson estamos próximos da afasia, as palavras são raras, as frases curtas e poéticas, as falas se apresentam raramente na primeira pessoa, trata-se de frases feitas, prontas – *ready-made* do discurso e são reprisadas pela música. Em Karen Finley o texto precipita-se, as palavras se atropelam. O artista grita, vocifera de maneira estridente ao microfone, suas frases veiculam sua cólera, seu desprezo, suas reivindicações e não têm nenhum apoio musical. Estamos na pletora.

Ora, para quem olha essas duas performances, é evidente que se a primeira procura agradar e seduzir[6], acostumando o olho e o ouvido por meio de imagens estilizadas (dança, pictogramas) ou ritmos (música, canção, voz quente, frases murmuradas) e valendo-se de um aparato tecnológico muito sofisticado,

---

6 L. Anderson afirma, por outro lado, que "a sedução é realmente uma parte da performance para ambos os homens e mulheres", em Lenora Champagne (ed.)*Out from Under: Texts by Women Performance Artists*, New York: Theater Communication Group, 1990, p. 48.

a segunda investe essencialmente na nudez do corpo e na provocação, apelando a uma tralha inteira de festa: confetes, guirlandas, cores vistosas, procurando provocar pela destruição de imagens ligadas à infância (babás transformadas em esponjas e saturadas de ovos) ou recorrendo a elementos desviados de sua função primeira (ovos quebrados com os quais o artista lambuza o corpo). Estamos no domínio da estética do feio que aproxima aquela performance da de um Vito Acconci ou de um Hermann Nitsch há vinte anos, performances das quais foi dito então que elas marcavam uma forma de regressão na arte e um dos vestígios mais tenazes do passado[7].

Se fosse preciso, pois, categorizar essas duas performances, a primeira pertenceria sem dúvida às performances formalistas e estéticas procedentes do cubismo e do construtivismo, a segunda às performances corporais procedentes do expressionismo.

Paradoxalmente, e apesar da sedução incontestável que o espetáculo de Laurie Anderson opera, pareceu-me ao assisti-la que a performance de Karen Finley se aproximava mais das performances do passado, enquanto a de Laurie Anderson parecia surgir de um registro mais tecnológico, o do espetacular, e se aproximava de um show musical ou de um videoclipe com um estilo particular. De fato, neste último caso, afigurou-se-me que o espectador assistia mais a um espetáculo do que a uma verdadeira performance. Por certo, o concerto de Laurie Anderson era excelente e dotado de imagens soberbas, apoiado em um domínio de tecnologia notável, mas cujo propósito parece difuso. Que diz a performance? Qual posição toma em relação à arte e à sociedade? Em contrapartida, a performance de Karen Finley veicula uma violenta denúncia a certas relações familiares e sociais.

Se levarmos em conta o fato de que a performance tinha uma função de contestação a preencher em suas origens, não me pareceu descobrir a marca de qualquer contestação na performance de Laurie Anderson, porém um show admiravelmente bem azeitado e terrivelmente sedutor. Tomado assim, a performance não tem mais função, ela se tornou um gênero que cada artista preenche à sua vontade, mas que não tem mais valor

---

7   Cf. Annette Michelson, em Yvonne Rainer, Part I: The Dancer and the Dance, *Art forum*, v. 12, n. 5, jan. 1974, p. 57., citado supra, p. 152.

algum de contestação, qualquer que seja ele. Estamos no universo da sedução, aquele que tão bem definiu Jean Baudrillard, o de uma dissolução dos signos, um jogo de fachada, de ilusões, de falsa aparência, em que o real se abole em uma desrealização dos fenômenos largamente desejados e assumidos. Sem dúvida trata-se aí de uma escolha decididamente pós-moderna, feita de peças e de fragmentos, sem narratividade, sem personagem, sem representação, na qual o artista faz malabarismos com as imagens e os signos. O espectador recebe disso uma série de sensações e se deixa levar por uma sucessão rápida de imagens que se sucedem umas às outras e que ele tem apenas o tempo de decodificar. O sentido escapa, não resta senão o momento presente e intenso de um artista no auge de sua forma, cuja voz e música impõem a adesão.

A performance de Karen Finley, por outro lado, pode desagradar profundamente em sua feitura, mas ela está mais próxima das performances antigas que põem em cena o corpo[8]. O conteúdo é a princípio cáustico, as imagens não podem senão provocar um certo distanciamento, e até uma revulsão. O voyeurismo do espectador está em ação, assim como o exibicionismo do artista. Mas o propósito permanece, que é o de uma denúncia de certo relacionamento com o corpo, de uma denúncia social que o artista faz com apelo à violência, violência verbal ou imagens provocantes que não podem deixar o espectador indiferente.

É preciso acrescentar a essa relação, no corpo sobre o qual a performance aí se construiu, que a performance de Finley é uma performance solitária, um *one-woman* show que parece entrar na categoria do que Christopher Lasch definiu como sendo a "cultura do narcisismo"[9].

Assim fazendo, ao tomar o corpo como matéria-prima (e não a música ou a tecnologia como o faz Laurie Anderson), a performance de Karen Finley se aproxima da *body art* de

---

8   É, certamente, presunçoso, querer caracterizar as performances atuais comparando-as àquelas de outrora, mas o exercício não visa aqui apenas ver onde estão os limites da própria performance. Eles parecem estar no "espetacular", de um lado, do qual versa Laurie Anderson e, do outro, o "teatral" do qual se aproxima Karen Finley.

9   Christopher Lasch, *The Culture of Narcissism: American Life in an Age of Diminishing Expectations*, New York: W.W. Norton, 1978, 1979.

antigamente. Sabemos que outras performances de Annie Sprinkle[10] irão ainda mais longe nessa via, extravasando aí também a performance, cortejando com os limites da arte para tocar no que poderíamos por vezes chamar de *soft porn*.

Essa preparação de contexto tendo sido feita, tentemos estudar agora as duas performances do ponto de vista de seu relacionamento com o corpo, a linguagem, a tecnologia, com o espectador, com a manipulação dos signos.

LAURIE ANDERSON: UMA ESTÉTICA DO DESCONTÍNUO E DA SEDUÇÃO

Dos Objetos que Produzem Signo

A performance de Anderson assenta-se inteiramente sobre um relacionamento quase erótico com a tecnologia[11]: música, vídeo, microcomputador, diapositivo. Recusando todo naturalismo, sua abordagem é resolutamente estética, projetando sobre a tela desenhos, representando em geral signos que dialogam com as palavras das canções: universo de desenhos infantis, alfabeto ideogramático mais próximo dos elementos de sonho do que do real que a performance pretenderia levar em cena. Desfilando assim pássaro, avião, casa, cavalo etc. enquanto uma claridade muitas vezes uniforme (azul, amarela, dourada) banha o artista e a tela de um mesmo halo. O artista entra na tela, se projeta sobre ela, se integra a ela ou se distancia dela de acordo com os momentos. A música constitui a trama essencial, sonora, harmoniosa que liga todos os elementos entre si enquanto dançarinos e cantores acompanham a partitura do artista.

O humor não está ausente desse quadro: personagens um tanto paródicos por seus costumes permitem um percurso no mundo (Japão, China, México) enquanto Laurie Anderson, ser andrógino nesse universo, dirige todo esse conjunto

---

10 Cf. Annie Sprinkle; Marie Beatty, *The Sluts and Goddesses Video Workshop or How to Be a Sex Goddess in 101 Easy Steps*, New York, Film Film, 1992, 52 min.

11 Anderson tem amiúde falado da fascinação que a tecnologia exerce sobre ela, da sensualidade das máquinas, desse poder que ela concede. Cf. Le Romantisme de la technologie, *Art Press*, n. 38, p. 24-26, jun. 1980.

acompanhando-se de instrumentos de música originais: violão remendado, gravata transformada em sintetizador, que se transformam em seus parceiros de cena.

A Pura Ressonância dos Vocábulos

As palavras são raras, os relatos quase inexistentes, as frases são pronunciadas *soto vocce* de modo atonal, as fontes de emissões da voz são multiplicadas. A voz sai amplificada, transformada, multissexuada. Os sujeitos de enunciado deslocam-se, fazem eco.

> Sim La La La La (Yeah. La La La La)
> Aqui. E Lá. (Here. And there)
> Oh Sim (Oh Yes)
> Essa é a linguagem do amor. (This is the language of love)
> Ooooo. Oh yeah. (Ooooo. Oh sim.)
> La La.
> Aqui está. Lá está. La La. (Here it is. There it is. La La)
> Essa é a linguagem do amor. (This is the language of Love)

Os vocábulos mal têm significado. Estão lá pelas sonoridades que carregam, pelo seu timbre, pelas sugestões que evocam, mas não se encontram aprisionadas em nenhuma sintaxe, em nenhum relato, estão livres para suscitar imagens ou não suscitá-las. A dissolução dos sons responde à dissolução das imagens.

O estatuto de todos esses signos – visuais e sonoros – projetados ou evocados é particular na medida em que perderam toda homogeneidade e continuidade entre si. Eles aparecem, segundo a expressão de Régis Durand, como "signos flutuantes de valências múltiplas, suscetíveis de entrar em diversas combinações de acordo com a energia da qual eles são portadores"[12].

Uma Organização Por Sobreimpressão

É que seu modo de organização não é o do relato ou de uma narrativa qualquer que seja, porém antes a de uma organização

---

12 Régis Durand, La Performance et les limites..., op. cit., p. 40.

por camadas sucessivas, sobreimpressão (os algarismos que se substituem uns aos outros e se multiplicam), por superposição (L. Anderson como eixo do radar projetado sobre a cena que se cria na tela), repetição (algarismos multiplicados: o depois 1 depois 0 depois 1), por deslocamentos, translação[13]. Eles se apagam, se transformam ao olhar (a casa se transforma em pictograma que se transforma por sua vez em impulso). O espetáculo procede por inscrição e supressão de traços, por escorregadelas furtivas. Não há choques violentos, nem rupturas salvo a que divide as "cenas" ou os atos entre eles.

Uma Poética do Fragmento

Esses signos só mantêm com seu referente um elo muito tênue e fragmentário. Eles não estão lá propriamente a falar para relembrar, mas para abrir caminhos múltiplos nos quais o imaginário do espectador pode se aventurar.

Tentando reaproximar a performance do teatro, como desejava Artaud, R. Durand notava que a performance marca o fim de uma "dramaturgia do conflito" e opta deliberadamente por um outro modo de comunicação mais próximo do ritual, em que a indeterminação tem seu lugar assim como a variabilidade os signos[14]. A performance de L. Anderson oferece-nos a ilustração perfeita.

Os signos que nos são dados ver não são jamais unívocos. Necessariamente fragmentários, sempre apresentados fora de contexto, eles não reenviam ao real pelo fato de não serem portadores de significado. Eles "fazem signo", como dizia Artaud, eles relembram, eles lançam o imaginário do espectador sobre uma pista, mas não o deixam aí se aventurar por muito tempo.

Sua rapidez de aparição e de sucessão sobre a tela reconduz o espectador para outros lugares, lança-o desde logo sobre outras pistas que não aquela para a qual ele naturalmente iria, se estivesse inteiramente livre para seguir os atalhos oferecidos ao seu olhar. Os signos aparecem assim como "significantes" visuais cujo

---

13 Ibidem, p. 50.
14 Ibidem, p. 51.

significado se esfumou. Estamos próximos do "efeito cinema" tal como o definiu René Payant[15] a partir de W. Benjamin.

A razão principal vem de que a sintaxe de conjunto, tão rigorosa quanto seja, escapa a toda lógica racional: os signos aparecem antes como um alfabeto que o artista propõe. Eles constituem uma linguagem cujas regras e as combinatórias somente são dele conhecidas. Estabelece-se assim sobre a cena uma dinâmica que projeta o espetáculo constantemente à frente.

Uma Economia dos Signos

Jean-François Lyotard observava que o teatro oscilava sempre entre um simbólico e um econômico[16]. Com L. Anderson estamos bem no domínio do econômico, uma economia dos signos em que o fluxo a leva acima do sentido e em que esse último aparece como fora do tempo, levado não pelos vocábulos, nem pelas imagens, nem mesmo pela própria artista, mas pela conjunção global de todos os elementos cênicos.

Desse sentido, o espectador é o único depositário. É ele quem o fabrica, quem o constitui, a partir daquilo que o espetáculo desperta nele. É, pois, do trabalho dele que depende no final do percurso a significação – se houver uma – que ele oporá ao andamento da performadora.

De fato, como tivemos ocasião de dizer anteriormente, a performance em si não tem sentido, pois nada tem a dizer. Em compensação, ela faz sentido[17].

15 Cf. "O cinema [...] produziu no espectador um choque e não pode ser percebido senão graças a um esforço acentuado de atenção. A cada imagem projetada, recebida pelo espectador, se substitui rapidamente uma outra a qual o olho deve se readaptar. O deslocamento, que caracteriza o reencontro do espectador e da obra, o efeito deste sobre aquela, e que provoca a ansiedade (a experiência da ausência de sentido, da desorientação) quanto à continuação, ao desenrolar, ao desenlace. O espectador de cinema deve, pois, de algum modo, agir: se reajustar, se transformar, se instalar no mundo aberto pela obra. Tanto em Heidegger quanto em Benjamin, o choque-deslocamento que definiu a experiência estética não desemboca em uma inteira familiaridade. O mundo exposto pela obra já é marcado por oscilação entre o estranho e o familiar", op. cit., p. 136. Cf. também Notes sur la performance, *Parachute*, n. 14, p. 13-15, printemps 1979.
16 J.-F. Lyotard, La Dent, la paume, *Des Dispositifs pulsionnels*, Paris: UGE., 1973, p. 95 (col. 10/18).
17 Cf. J. Féral, Performance et théâtralité, *Théâtralité, écriture et mise en scène*, HMH: Montréal, 1985, p. 125-140.

A Construção do Sentido Pertence ao Espectador

O espectador pode apenas se deixar levar por essa sucessão rápida e ininterrupta de sensações. Ele retira daí uma impressão de liberdade extrema na medida em que não tem dificuldade de apreender o espetáculo em sua globalidade. Tal visão pode apenas ser fragmentária, parcelar sem unicidade e sem centro. Ele é aprisionado em um quase ritual de recepção em que a obra penetra nele de maneira insistente, porém ele aí permanece sempre estranho.

De fato, não há familiaridade possível com o que lhe é dado ver: ele reconhece os fragmentos, mas sua percepção viaja sem cessar do familiar ao insólito. Se as imagens são, todavia, sempre identificáveis, a justaposição de algumas dentre elas, sua sucessão, sua superposição é tão rápida que o espectador pode apenas se deixar levar pelo fluxo. Sua percepção fica sem cessar desorientada, daí o sentimento de estranheza, de distanciamento que se apodera dele. Um certo desequilíbrio alimentado pela artista se instala, desequilíbrio que é fonte de uma extrema liberdade, pois é nesse interstício permitido que pode surgir todo o imaginário.

Os Mecanismos Colocados a Nu

Certamente o mundo nos é dado a ver por migalhas, por sugestões, mas o espectador percebe nessa mesma ocasião a nudez dos mecanismos colocados em cena. Ele percebe, pois, tanto a produção do mundo evocado quanto o processo dessa produção. A passagem de uma tecnologia a outra, de um modo de comunicação a outro (som, imagem, vídeo, diapositivos) articula diversamente o espaço e coloca necessariamente o espectador no exterior desse universo.

O processo narrativo (mesmo se não é linear) é aprendido assim como um encontro de diferentes modos de comunicações, como o encontro de fragmentos de universos diferentes (música, imagem, dança, por exemplo).

Pela própria estrutura de composição de conjunto, o efeito de enquadramento restritivo fica abolido. A atenção do espectador viaja de um lugar a outro, da tela à *performer*, da *performer* aos dançarinos. Sua atenção torna-se flutuante e o espetáculo se constrói nesses deslocamentos permanentes que a estrutura do espetáculo lhe impõe. Seu olhar é seduzido, como o é seu ouvido. Não há nenhuma prescrição, nenhum modo de emprego e a aplicação de todo discurso erudito se esgota.

Sua percepção fica assim marcada pela prenhez das imagens, pela persistência de algumas dentre elas e pela dissociação que se opera entre as imagens percebidas e seu sentido imediato, evidente. Tal distância permite a emergência da visão crítica. Na ausência de toda diretiva ou de uma narração que imporia um desenvolvimento do relato, é o espectador que constrói a obra em último recurso. Esta só existe nele.

Artaud reivindicava uma escritura não verbal que tivesse o rigor da sintaxe e o fluxo das pulsões. Seria presunçoso afirmar que as performances de Laurie Anderson respondam a essa definição quando sabemos a importância que Artaud dava à presença do ator e ao seu corpo, elementos que não estão no centro da performance de Anderson. É preciso, entretanto, reconhecer que a força da performance que analisamos aqui depende, contudo, da emergência de um verdadeiro discurso não verbal global em que todos os elementos da representação participam do conjunto e não existem de maneira autônoma. A força e a sedução que opera Anderson dependem dessa independência e simultaneidade dos discursos que seduzem incontestavelmente na medida em que deixam espaço ao fluxo das pulsões, à viagem do sentido, ao surgimento do imaginário. Sentimo-nos bem tranquilos em uma estética do descontínuo e da dispersão, uma estética da sedução tal como a definia Baudrillard. Talvez seja esse um dos signos menos contestáveis do pós-modernismo.

KAREN FINLEY:
O FETICHISMO DO CORPO

Um Corpo Teatralizado

Por sua vez, a performance de Finley é baseada sobre o exibicionismo do corpo. Corpo que ela desnuda, que ela unta, que ela recobre de confetes, que ela veste, que ela manipula. Seios que ela sente o peso, que ela deixa à mostra. E o espectador se vê hipnotizado por tanto desembaraço[18], por uma tal ausência de pudor.

Transpondo rapidamente o período de desvelação, aquele no qual o fantasma se alimenta, ela vai direto à revelação e por assim fazê-lo o desmitifica. Mas ao mesmo tempo ela provoca o choque do olhar, aquele que se assenta sobre um corpo tornado matéria: corpo objeto, corpo ferramenta, corpo vazio, corpo oco, sem identidade do sujeito, sem sensualidade, sem erotismo. Corpo do qual se retém apenas a nudez, nudez provocante, pois ela parece gratuita.

O corpo faz então o signo. Seu desnudamento é por ele mesmo o signo e esse corpo nu aparece denunciador de todas as censuras das quais a sociedade o responsabiliza. Corpo sexuado, corpo de mulher, afirmado como tal, por isso corpo de poder.

Contrariamente à performance de L. Anderson, o corpo de Finley se encontra enfeitiçado, incensado. Ele é apresentado como lugar do desejo, lugar do fantasma que a artista quer liberar, mesmo ao preço de violências ainda mais fortes.

Tudo se passa no instante. O tempo se aboliu. Não há mais nem passado, nem futuro. A performadora está lá "por inteiro" e isso passa em seu corpo-matéria, corpo desmistificado de onde toda censura foi abolida.

A Linguagem do Recalcado

A performance reconduz aqui a artista aos limites do sujeito constituído como entidade e tenta explorá-lo a partir dos seus elementos simbólicos, o que a constitui como sujeito unificado, como sujeito feminino. A importância colocada sobre os atributos femininos do corpo opõe radicalmente Finley e Anderson. Tanto a primeira afirma seu sexo, quanto a segunda tende para sua dissolução em uma androgenia em que ela é às vezes homem ou mulher, homem e mulher.

---

18 Na fita de vídeo é interessante observar a câmera se deter sobre todos esses olhares de jovens entretidos, seduzidos por esse corpo que se oferece assim sem vergonha. A câmera sublinha com muita intensidade o voyeurismo do qual esse gênero de performance vem acompanhado.

Denunciando as estruturas simbólicas que o aprisionam, Finley faz surgir sobre a cena um corpo outro, um corpo "virgem" carregado desde o início de toda a "semiótica" que o constitui em profundidade. O corpo assim oferecido toca o inconsciente de todos: o do artista, o do espectador que aí se projeta.

Tal inconsciente, ela o representa. Ela o estuda em seu corpo, nos afetos que ele provoca e o transgride, o denuncia. Ela representa dessa forma o recalcado. Faz com que ele suba à superfície, deixa-o visível, denuncia-o.

Estamos bem no domínio de uma arte expressionista que se transforma em mensagem, massagem. Lyotard assinalava que a "performance faz emergir o corpo inconsciente, faz com que suba até a camada dos signos", é isso que a performance de Finley ilustra admiravelmente.

Paradoxalmente, nessa colocação em cena do corpo, de seu próprio corpo, a identidade da *performer* acaba por desaparecer. Ou mais exatamente, sua posição de sujeito se encontra ao mesmo tempo reafirmada e negada: reafirmada pela ação apresentada e negada pela extrema presença desse corpo matéria que acaba por tudo invadir sobre a cena[19]. Encontramo-nos em um trabalho de desconstrução do sujeito enquanto sujeito constituído e de reconstrução do sujeito em torno de seu próprio corpo, um corpo tornado outro no final do ritual ao qual ele foi submetido. A *performer* aparece aqui como trabalhada para o consumo, o fluxo pulsional que a arrasta e que se aproxima da pulsão de morte.

Uma Narração que Estrutura a Representação

Contrariamente à performance de Anderson, Finley fala. Seu relato é denúncia, crítica virulenta de uma certa ordem de coisas, de certos relacionamentos humanos, crítica a seu pai, ao amor incestuoso que ele tem por ela, ao horror de seu suicídio, à inércia de sua mãe. Ele é grito, recusa. E é ao redor dele que se constrói a performance.

---

[19] Penso, em particular em outras performances de A. Sprinkle e, em especial, em *The Sluts and Goddesses Video Workshop or How to Be a Sex Goddess in 101 Easy Steps*.

A performadora oferece sua experiência, sua vida, a ser exposta, a ser ouvida, e o espectador não pode escapar disso. A linearidade do relato e da palavra impõe uma ordem, um desenvolvimento, uma evolução.

Não há distanciamento possível. A força de apropriação da imagem surge assim que o corpo é colocado em cena, manipulado, exibido, assim que também vem acompanhado de um discurso veemente em que a voz se torna ela mesma corpo e veículo de uma palavra gritada, denunciadora, pouco harmoniosa nos limites das capacidades vocais da artista. Ali também, a artista opera nos limites do "audível".

A narração que se desenrola, feita de microrrelatos, mas cujo sujeito do enunciado permanece a artista falando na primeira pessoa, é a via emprestada por K. Finley para exprimir suas pulsões, para permitir trazê-las à superfície, se manifestar. É um dos modos escolhidos para atualizar seus fantasmas: dizer o recalcado, o inconsciente, o censurado.

Uma Arte do Eu

E no âmago de todo esse discurso, se encontra a artista – Karen Finley, que se torna ela mesma heroína de seus relatos. É dela que tudo sobrevém. É dela que tudo parte. É ela que está em jogo e que se coloca em cena.

A prenhez das imagens aqui, sua persistência, não ocorrem do hipnotismo que operam as imagens rapidamente projetadas e depois apagadas, como é o caso das de Laurie Anderson, ela ocorre antes da força provocante desse corpo terrivelmente presente da artista, incontornável, tornado matéria. Não há nenhum espaço para a psicologia em um tal espetáculo, apenas zonas de fugas para o espectador. A artista se torna o porta-voz de uma recusa global.

Com certeza o espectador é seduzido pela força da transgressão tanto mais que é das suas censuras que a artista as dirige, às suas proibições. E essas censuras, ela as faz voar em estilhaços. Mas além dessa sedução de superfície, reside uma violência muito maior feita contra o espectador que não pode fugir salvo abandonando a sala (ou desligando seu magnetoscópio). O conjunto está perfeitamente saturado, supersaturado de corpo e de texto. Sobressai do conjunto uma extrema violência que impõe por sua vez uma violência ao espectador incapaz de escapar dali. Há qualquer coisa de terrorista no andamento. A impossibilidade de escapar uma vez a performance iniciada. Aqui, é o ritual que se impõe e, como todo ritual, pode apenas ser seguido em sua integridade.

O Espectador Voyeur

A liberdade do espectador é, pois, menor aqui do que nas performances de L. Anderson. O corpo de K. Finley cativa seus fantasmas. A empatia está lá. Nós não estamos no domínio das aparências, das ilusões. As coisas fazem sentido e seu sentido é cru.

Mas além dessa adesão imposta, o espectador pode apenas se interrogar sobre o sentido de todo esse andamento. Será suficiente que o artista transgrida as proibições para que sejam, de imediato, transgredidas pelo espectador? Haverá um interesse verdadeiro em deixar emergir dessa maneira os fluxos pulsionais do sujeito? Deve toda denúncia necessariamente chocar? Se for preciso julgar pelo público presente do qual a câmera apreendeu os olhares, não é certo que seu prazer seja estranho a um certo voyeurismo, sequer suspeito.

Ao final desse percurso certos pontos de convergência emergem apesar de tudo.

1. Por mais diferentes que sejam essas duas performances é evidente que a relação das duas artistas com sua própria performance não é a do ator com seu papel. As *performers* não se representam por si próprias, mesmo se elas atuam bem em cena. Elas são antes, em um caso como no outro, fonte de produção, de deslocamento. Elas representam o local de passagem e o gerador de fluxos energéticos (gestuais, vocais, musicais, libidinosos) que as atravessam sem jamais se imobilizar em uma dada representação. Elas atuam para operar os fluxos, para estabelecer as redes, para deslocá-las, para sobrepô-las.

2. Nos dois casos as performances procuraram operar no nível das percepções e das sensações dos espectadores e não no nível

de seus sentimentos, forçando-os a ver e sentir diferentemente. Parece que a comunicação se faz pela relação sinestésica de sujeito a sujeito. A recepção permanece, pois, epidérmica. As performances parecem, pois, desfazer as competências do espectador para dispô-las novamente de maneira diferente segundo as estruturas próprias da obra em curso e não em função de parâmetros que existiriam antes, como é o caso no teatro.

3. Mesmo se as performadoras estão presas na performance, elas não encerram aí nem corpo nem alma. Isto é, sem dúvida, mais verdadeiro para Laurie Anderson do que para Karen Finley. Elas aí permanecem como estranhas, mantendo um direito de mirar, um olho exterior, dentro e fora ao mesmo tempo. Elas não procuram, por outro lado, solicitar a empatia, nem a adesão, mesmo se ocorre que elas o suscitem como demonstramos nos dois exemplos que tomamos.

4. Nos dois casos, ainda que de modo diferente, as performances permitem aos artistas se interrogar como sujeito constituído, mas não de resolver o enigma, o sujeito que resta dessa zona de passagem em que as coisas sobrevêm, um lugar feito de deslocamentos, superposições, fluxos diversos, contradições, fragmentos. Emerge que as performances são antes de tudo sujeitos desejosos e performantes.

5. As performances constroem um desequilíbrio permanente no qual as artistas se instalam e onde elas instalam o espectador.

6. Diremos enfim para terminar que toda performance – e a de Laurie Anderson e de Karen Finley não fazem exceção – mesmo retomada, permanece um lugar vivo, sem imobilismo e sem fixidez. Ela não pode jamais ser reapresentada tal qual, uma parte dela necessitando de uma energia e de um consumo sempre renovados. A performance como lugar de consumo energético, escapando dos circuitos simbólicos de outras artes, operando no nível de uma infrateatralidade sem ator, sem autor e sem diretor. É assim que ela aparece cada vez mais. Ela é obra de desconstrução, de denúncia, de recusa dos sistemas de representação estabelecidos e assim fazendo, ela se coloca nos limites do teatro.

Trad. Fany Kon

5. Orlan e a Dessacralização do Corpo

Eu não quero parecer com a *Vênus* de Botticelli.
Eu não quero parecer com a *Europa* de Gustave Moreau.[1]
Eu não quero parecer com a *Psiquê* de Gérard.
Eu não quero parecer com a *Mona Lisa* de Leonardo Da Vinci... como tem sido reivindicado e continua a ser dito em vários jornais e programas de televisão a despeito de minhas múltiplas contradições e correção irritada.[2]

Orlan não é o nome dela. Seu rosto não é seu rosto. Logo seu corpo não será seu corpo. Paradoxo é seu conteúdo; subversão é sua técnica. Suas feições e membros são interminavelmente fotografados e reproduzidos; na França, ela aparece em revistas populares e em programas de entrevistas. Cada vez que é vista, ela parece diferente, porque suas performances ocorrem na sala de operações e envolvem cirurgia plástica.[3]

Tais termos, com os quais a crítica Barbara Rose inicia um artigo que consagra à evolução de Orlan, abordam realmente

---

1   A citação completa acrescenta: "ele nem é meu pintor favorito. Eu escolhi *Europa* porque ela é parte de uma pintura inacabada como a maioria das pinturas o é".
2   Orlan, I do not want to look like... Orlan on becoming Orlan, *Women's Art Magazine*, n. 64, maio-jun.o 1995, p. 8.
3   B. Rose, "Orlan: Is it Art? Orlan and the Transgressive Act", *Art in America*, v. 81, p. 83-125, fev. 1993.

o enigma que representa a evolução artística da performática Orlan. Enigma por várias razões: inicialmente devido à natureza da atuação de Orlan, em seguida, por causa do sentido que a artista atribui hoje à sua atuação.

Em 1990, aos 43 anos, Orlan empreendia a primeira de uma série de nove operações cirúrgicas que viriam a transformar seu corpo e seu rosto, no decorrer dos anos vindouros, de acordo com um modelo do qual ela detinha o comando. Servindo-se dos quadros de diversos artistas (Boucher, Leonardo da Vinci, Botticelli, Gérôme e um pintor anônimo da Escola de Fontainebleau), a artista compunha um autorretrato pelo computador formado por fragmentos de retratos de mulheres tornadas célebres pelos pintores que as representaram e encarregava vários cirurgiões de transformar seu corpo real em obra de arte. Emprestando dos quadros um nariz, uma testa, um queixo, olhos, a artista recompunha o conjunto no computador à maneira de um pintor, fazendo emergir, desses fragmentos esparsos de mulheres sonhadas, o retrato de uma mulher destinada a se tornar bem real, uma nova mulher que cria, à imagem de Deus, seu próprio rosto e seu próprio corpo.

> Eu inventei meu autorretrato usando um computador para combinar e fazer um híbrido de representações de deusas da mitologia grega. Eu as escolhi não pelos cânones de beleza que elas devem supostamente representar (vistas de longe), mas por conta das histórias associadas a elas. Diana foi escolhida porque ela se recusa a se submeter aos deuses ou aos homens, ela é ativa e mesmo agressiva, ela dirige um grupo; Mona Lisa foi escolhida como um farol na história da arte, uma referência chave, não porque ela é linda de acordo com o critério contemporâneo de beleza, visto que por debaixo dessa mulher há um homem, que agora nós sabemos ser Leonardo da Vinci, um autorretrato escondido na imagem de Mona Lisa (o que nos traz de volta à questão da identidade). Depois de ter misturado minha imagem com essas outras imagens, eu tornei a trabalhar o conjunto como qualquer pintor faria, até que um retrato final emergiu e foi possível parar e assiná-lo.[4]

A atitude é sem dúvida radical, surpreendente, para não dizer desconcertante, e ela surpreende apesar dos excessos aos quais puderam nos acostumar artistas da *body art* nos anos de 1960, tais

---

4   Orlan, op. cit., p. 8.

como Hermann Nitsch, Günter Brus, Otto Mühl, Rudolf Schwarzkogler e outros representantes das Aktionen, o ativismo vienense, que encarnaram seguramente uma das formas mais violentas dessa arte do corpo maltratado, mutilado, exposto, que exibiam de maneira ritualizada, às vezes orgíaca e frequentemente sacrílega o contrário do social: a sexualidade, a morte, o sangue, o esperma. Todavia, mesmo se Orlan reconhece a influência do ativismo vienense na sua própria prática, o caminho que ela empreendeu há alguns anos não apresenta nem o mesmo espírito, nem os mesmos parâmetros. Servindo-se do *body art* e do *ready-made*, sua trajetória parece certamente mais radical no tocante à modificação de uma condição natural do indivíduo, transgredindo um dado biológico e perturbando voluntariamente a ordem existente das coisas, tocando no seu próprio rosto e no seu próprio corpo. Além disso, jamais um artista tinha decidido mudar de rosto e de identidade. Tampouco jamais um artista tinha embarcado numa ação sem possibilidade de retorno. Acrescente-se também que esse radicalismo é ampliado com todo um discurso teórico que o acompanha e explica seus fundamentos.

As motivações de Orlan são realmente complexas e de natureza e importância diferentes, visto que a artista insiste de preferência no discurso social que ela tenta manter assim ou na tomada de posição artística e existencial que sua atuação exprime. Esses dois discursos, obviamente, não têm nem a mesma importância, nem o mesmo impacto.

O discurso social, antes de mais nada, revela, por parte da artista, preocupações que atingem a imagem da mulher na arte e na sociedade assim como na prática da cirurgia plástica e no sentido que essa última ocupa nas nossas estruturas mentais. O paralelo entre o mártir religioso e o sofrimento contemporâneo vivido pelas mulheres que se submetem a tratamentos de cirurgia plástica é óbvio.[5]

5   Paralelo, aliás, observado por B. Rose, op. cit., p. 84. Ela lembra com igual precisão que a autora belga France Borel fala dessa submissão das mulheres à cirurgia plástica como um dos ritos de passagem de nossa sociedade. Sem aderir completamente a tal afirmação, precisamos contudo reconhecer que essa prática ocupou um lugar não desprezível no imaginário feminino. Submeter-se a uma operação, seja qual for a natureza, implica o desejo subjacente de melhor integrar-se à sociedade, respondendo àquilo que se crê serem suas normas de beleza.

Eu tenho sempre considerado meu corpo feminino, meu corpo de artista feminino como sendo o material primário para meu trabalho criativo. Meu trabalho tem sempre questionado o status do corpo feminino, em meu trabalho atual, considero isto em termos de pressões sociais; e no passado eu identifiquei algumas das maneiras que o corpo de mulher tem sido inscrito na história da arte.

E ela acrescenta um pouco mais adiante "eu acredito que há muitas pressões nos corpos das mulheres assim como no corpo físico dos trabalhos de arte"[6].

É evidente que a prática de Orlan ultrapassa infinitamente essa tomada de posição "feminista" contra as pressões que a sociedade exerce sobre o corpo da mulher, posição que só surte efeito, se for possível dizer, num nível superficial. Discurso igualmente superficial – deve-se, contudo, reconhecer (*acknowledge*) – como aquele pelo qual a artista deseja "dessacralizar o ato cirúrgico".

Meu trabalho não pretende ser contra a cirurgia plástica, mas contra as normas de beleza e os ditames da ideologia dominante que estão se tornando mais e mais embutidas no feminino... Assim como no masculino... Carne... Eu sou a primeira artista a usar cirurgia como um meio e desviar a cirurgia plástica de seu objetivo de melhoria e rejuvenescimento.[7]

Que Orlan decida submeter-se a uma operação de cirurgia estética, que ela seja até mesmo a primeira artista a utilizar, como o afirma, a cirurgia como material artístico, ou que busque dessacralizar o ato cirúrgico, não constituem em si posições dignas de interesse. Elas transformam o ato cirúrgico, em compensação, desde que a *démarche* da artista nos seja apresentada como obra artística, acompanhada de toda uma reflexão teórica que elucida sua prática e suas intenções.

6   Orlan, op. cit., p. 6.
7   Ibidem, p. 9. Ou ainda: "Como uma artista plástica, eu queria intervir na fria e estereotipada imagem da cirurgia plástica para alterá-la com outras formas, para desafiá-la. Eu transformei o cenário, os cirurgiões e minha equipe estavam vestidos com roupas executadas por importantes desenhistas de moda, por mim e por jovens estilistas (Paco Rabane, Franck Sorbier, Issey Miyake, Lan Vu, um estilista americano e sua equipe)", p. 8. B. Rose acrescenta a esse respeito que o fato de Orlan esculpir seu corpo, lembra, de maneira intencional, como os mártires cristãos, estabelecendo um paralelo entre os sofrimentos desses últimos e as dores das mulheres que se submetem a operações plásticas, operações, os ritos de passagem segundo a feminista belga France Borel, op. cit., p. 84.

Nossa época odeia carne... Análises psicológicas e religião concordam que: "o corpo não deve ser atacado", deve-se aceitar a si mesmo. Essas são ideias primitivas, ancestrais e anacrônicas: nós acreditamos que o céu cairá sobre nossa cabeça se nos intrometermos com o corpo.[8]

Tal ato sacrílego de modificação no seu próprio corpo, Orlan decide enunciá-lo com toda clarividência, indo mais longe nesse domínio que qualquer outro artista que a tenha precedido. Além desse limite, não resta senão aniquilar o do indivíduo e a morte, escolha que outros criadores puderam assumir como limite derradeiro de seu percurso, mas que permanece além da preocupação de Orlan mesmo se alguns se comprazem em observar a que ponto ela arrisca sua vida em cada operação[9]. Essa etapa, Orlan, entretanto, não a transpõe, atribuindo para si uma outra forma de morte – ou de renascimento, depende – de um corpo diferente dotado de uma nova identidade.

"Eu sou um outro: eu sou o ponto mais extremo da confrontação. Como o artista australiano Stelarc, eu acredito que o corpo é obsoleto. Ele não pode mais lidar com a situação. Nós sofremos mutação."[10]

"Nós sofremos mutação", diz Orlan justificando desse modo sua prática. Essas mutações que inscrevem o ser humano numa temporalidade que ultrapassa usualmente a de uma vida e nos lembram nossa origem animal, as operações performáticas de Orlan apontam-nas com o dedo, fazendo desaparecer esse último bastião do indivíduo: um eu pessoal ligado a um corpo pessoal tal como recebido pela natureza.

Meus trabalhos e ideias incorporados em minha carne. Eles fazem perguntas sobre o *status* do corpo em nossa sociedade e seu futuro nas gerações futuras em termos de novas tecnologias e manipulação

---

8   Orlan, op. cit., p. 8-9.
9   "Orlan declara que a arte é um assunto de vida e morte, e ela não está brincando: cada vez que é operada, há um considerável fator de risco... O procedimento, conhecido como raquidiana, requer uma injeção na espinha, correndo o risco de paralisar o paciente se a agulha não acertar exatamente na marca. Com cada injeção e posterior intervenção cirúrgica, o perigo tende a aumentar. Orlan pode estar brincando de roleta russa, transformando seu corpo num trabalho artístico. De alguma forma, ela correr o risco de ficar deformada, paralisada, e, até mesmo, morrer." B. Rose, op. cit., p. 86.
10 Orlan, op. cit., p. 9.

genética que não demorarão a vir. Meu corpo tem se tornado um lugar de debate público, fazendo uma pergunta que é crucial para nossa era.[11]

Nesse processo, a própria noção de natureza se anula. Não há mais nem natural, nem eu, nem imagem de si, nem identidade própria. Esses conceitos – derradeiros baluartes do homem numa sociedade que se desumaniza incessantemente – tornaram-se quimeras visto que cada um pode transformá-los à vontade.

"Meu trabalho é uma luta contra o inato, o inexorável, o programado, natureza, DNA e Deus [...] Alguém pode dizer que meu trabalho é blasfemo."[12]

Ser Deus no lugar de Deus, criador no lugar do criador: há certamente algo de vertiginoso nesta empreitada de Orlan, algo de sacrílego e de blasfemo em pretender assim nascer somente de si mesmo. Vontade de poder, diria Nietzsche. Há em toda essa atitude de Orlan algo que evoca reminiscências cristãs e inscreve suas performances em rituais anticristãos dos quais a artista tem plenamente consciência, ela que trabalhou durante vinte anos em iconografia religiosa judaico-cristã, encarregando-se de algumas retomadas das imagens de madona barroca, reencarnando-se já numa primeira vez sob a designação de Santa-Orlan[13].

Que não seja suficiente ser contra para escapar da metafísica, trata-se até mesmo de uma contrametafísica, o que é fácil constatar, observando-se que Orlan não se deixa enganar pelo laço que une indefectivelmente o corpo a todo o campo do sagrado e do social. Prejudicar o corpo, o seu corpo, é assim admitir um ato antissocial sem dúvida, mas também antirreligioso (mesmo se for descrente) porque desumano. É o respeito do dado, do inato, do próprio corpo, da própria vida que se encontra assim ultrajado, aniquilado, transformado. Considerando "a vida como um fenômeno estético recuperável"[14], Orlan transgride, portanto, realmente um tabu em nome da arte.

"Isto é meu corpo, isto é meu sangue" diz a mitologia cristã. "Isto é meu corpo, isto é minha arte" poderia responder Orlan, que atribui às suas variadas operações designações sugestivas;

---

11   Ibidem, p. 8.
12   Ibidem, p. 10.
13   Orlan, na verdade, é um nome emprestado.
14   "Considering life as a recuperable aesthetic phenomenon", ibidem, p. 7.

designações em consonância cristã, tais como "rito de passagem", "isto é meu corpo, isto é minha coerência", "eu ofereci meu corpo à arte", ou em consonância carnal, tais como "arte carnal", "troca de identidade", "operações bem sucedidas", "corpo\status", "identidade\alteridade"[15].

Mas esse tabu que Orlan transgride prejudicando seu corpo só existe na medida em que o tema permanece registrado na mitologia cristã, que insiste na unidade de um deus num único corpo. Se ele chegasse a mudar parâmetros para optar por uma mitologia indiana ou grega, como Orlan o fez em performances anteriores e, muito especialmente, em *Imagens-Novas Imagens*, que fazia referência aos deuses e deusas hindus que mudam de aparência para empreender novas obras e novas proezas[16], a partir desse momento sua ação se torna mais compreensível e menos sacrílega.

O que Orlan marca assim sobre seu corpo é seu desejo da diferença, da alteridade, sua recusa em aderir a uma identidade definida de uma vez por todas. Ela revela desse modo o avesso de sua pessoa, o universo de suas fantasias – artísticas e outras – invertendo a ordem das coisas, fazendo vir à tona, de modo visível para o observador, aquilo que normalmente permanece oculto no indivíduo. A imagem interna que o indivíduo tem de si mesmo vai ao encontro aqui da imagem externa, se deixa ver, observar, comentar, existindo paradoxalmente no sujeito certa profundidade e sua dualidade entre o interior e o exterior, o visível e o invisível, o pensado e o percebido, o corpo real e o corpo metafórico. O conceito que dá vida e justificativa ao projeto da artista tomou forma, encarnou-se, tornou-se subitamente matéria. Que a artista pareça perder sua alma nessa operação e pareça um tanto desumanizada não conseguiria surpreender, aí está uma prova suplementar daquilo que eu chamarei *o efeito Orlan*, ou seja, submeter à discussão valores que nos cercam nessa pós-metafísica da qual parecemos fazer parte.

Essa retomada de questionamento da problemática de nossa época é realmente o que tenta, à sua maneira, Orlan,

---

15 "Carnal Art, Identity Change, Rite of Passage, This is my body, this is my software, I gabe my body to art, successfull operation(s), Body/status, Identity\Alteriy", ibidem, p. 6.
16 Ibidem, p. 6.

para quem a arte deve antes de tudo ser resistente, fazer-nos refletir, derrubar nossas convicções e inserir-se fora das leis e das normas a fim de propor um projeto de sociedade.

Para mim, a arte que é interessante está relacionada e pertence à resistência. Ela deve perturbar nossas premissas, esmagar nossos pensamentos, situar-se fora das normas e da lei. Ela deve ser contra a arte burguesa; ela não deve confortar, nem dar-nos o que já sabemos. Ela deve assumir riscos, como o risco de não ser aceita, ao menos inicialmente. Ela deve ser transgressora e envolver um projeto para a sociedade. E mesmo se essa declaração parecer muito romântica, eu digo: a arte pode, a arte deve mudar o mundo, pois é sua única justificação.[17]

Tal profissão de fé, muitos artistas poderiam partilhá-la com Orlan. No entanto, ela surpreende, não por ser desusada, mas porque ela dificilmente parece aplicar-se à artista. De fato, de qual projeto de sociedade pode-se falar aqui, de qual real transgressão, de qual risco, com qual objetivo, com quais fins?

As questões a serem colocadas à prática de Orlan são inúmeras e as reações muito diversas – seja de admiração, seja de rejeição – que ela suscita provam suficientemente a que ponto suas performances nos interpelam, nos abalam e nos incomodam.

Na verdade, para quem assiste a uma operação-performance da artista Orlan, transmitida ao vivo por satélite em Paris e em Toronto embora a operação seja realizada em Nova York, há algo de alucinante a ser visto, desse modo toda a promoção que a mídia faz acerca de tal acontecimento, as tecnologias de ponta colocadas à disposição da artista, o número de pessoas de todos os tipos movimentando-se em volta do acontecimento na sala de cirurgia (artistas, enfermeiras, cirurgiões, técnicos audiovisuais, relações públicas, assistentes), e no exterior (críticos, analistas, especialistas das mídias, todos conectados na reprodução em vídeo da cirurgia), assim como a quantidade de análises e de interpretações às quais se entregam especialistas nos quatro cantos do mundo assistindo à performance e comentando o significado.

Sem sombra de dúvida, há algo de espantoso na empreitada que Orlan leva adiante, alguma coisa ao mesmo tempo admirável

17 Ibidem, p. 7.

e assustadora; admirável porque o objetivo buscado pela artista é, sem dúvida, sincero, embora extremado e irreversível – na verdade, toda atitude irreversível tentada em plena consciência e sem retorno possível aumenta a admiração –, mas assustadora, também, porque a gente se pergunta se é absolutamente necessário passar por tais extremos para defender um ponto de vista. E o espectador se põe a pensar: são esses os últimos redutos da arte ocidental de hoje? A arte deve chegar a tais extremos para continuar a ter um significado? Tal empreitada faz sentido? Deve-se, necessariamente, encontrar para isso uma justificativa e não seria tentador desconsiderá-la de uma só vez simplesmente como gratuita e um tanto patológica? Tais experiências têm realmente essa relação com o social que elas reivindicam? Têm elas verdadeiramente algo a dizer? Em busca de autenticidade, o artista deve chegar a tais extremos para se fazer entender?

Uma *démarche* que, com certeza, nos questiona no plano social, mas também, e principalmente, no plano artístico, levando a nos interrogarmos sobre os limites da arte. Como separar uma prática artística autêntica de outra que não o é se o artista for o único responsável por tal decisão? Sabe-se, desde Duchamp, que essa é realmente a situação, mas quando se encontra diante de certas obras artísticas (pictóricas ou performances de *land art*, de *ready-made* ou de *body art*), o espectador começa a duvidar da utilidade de certas atitudes, de seu significado e de sua legitimidade.

Sem querer inserir-se num conservadorismo reacionário que se dissemina e que serviu de desculpas para as diversas censuras contra Mapplethorpe, Karen Finley e tantas outras aqui e ali praticadas pelas diversas instituições, é sensato, creio eu, e necessário, interrogar-se sobre a questão dos limites da atitude de Orlan.

CORPO E FICÇÕES

É evidente que atingindo seu próprio corpo, Orlan abre uma caixa de Pandora que sopra frequentemente um vento de tempestade nos campos os mais variados: do sagrado e do ontológico, do inconsciente e do patológico, do consciente e do simbólico, do social e, finalmente, da arte. Toda performance fundamentada no corpo suscitou sempre reações muito diversas devido à própria importância dos investimentos libidinosos dos quais o tema a sobrecarrega ou devido às proibições que a sociedade a cumula. Assim a acolhida, pelo menos moderada, cujas inúmeras apresentações do *body art* foram objeto no decorrer dos anos de 1960, experiências frequentemente taxadas no mínimo de decadentes, para não dizer neuróticas (Waldberg), cansativas na maior parte dos casos, às vezes insignificantes[18], são a prova disso.

Sem querer retomar aqui todos os argumentos a favor ou contra a *body art* e sua função subversiva, pouco importa que a performance de Orlan desperte esses fantasmas e torne a questionar nossa relação com o corpo atualmente, enquanto nós vivemos em sociedades que na sua maioria transformaram o corpo em culto, liberando o corpo sobrecarregado pelos fenecimentos dos quais outrora ele era responsável devido à sua ausência de espiritualidade, devido também a esta divisão irrevogável e por muito tempo dominante entre a alma e o corpo, o espírito e a matéria.

Hoje, valorizado, cultivado, motivado, transformado em objeto do olhar, o corpo sadio tornou-se o objeto de um novo culto social quase universal nas nossas sociedades ocidentalizadas. Os efeitos desse novo culto não são totalmente libertadores porque, nessa operação de revalorização do corpo, este último parece ter perdido toda forma de espiritualidade, transformado em matéria facilmente manipulável, realidade sem profundidade, exibindo-se inteiramente ao olhar, transformado em simples objeto.

É exatamente contra essa imagem do corpo brilhante e polida à perfeição, impondo-se por sua vez como norma, contra a imagem que continua a esconder o reverso do corpo (do

---

18 "A *body art* não significa nada. Seus celebrantes, por falta de compreensão do sentido oculto da tecnologia, que une o que já não está mais separado, não souberam optar por uma posição intermediária e sadia entre o simbolismo estúpido, e a espiritualidade, degradante" ou ainda "a noção de denúncia e de contestação do poder na qual insistiram numerosos artistas corporais, se vê reduzida a uma veleidade certamente honesta, mas ingênua e ineficaz, assolada por um vício fundamental"; ver Gaston Fernandez Carrera, *La Fable vraie: L'Art contemporain dans le piège de Dieu*, Bruxelles/Montréal: La lettre--volée/Saint-Martin, 1991, p. 120-122.

cenário) – suas funções pudendas ou repreensíveis: morte, sexo, sangue, urina, fezes – que se insurgem ainda hoje alguns artistas performáticos como Karen Finley[19], Annie Sprinkle, como o faziam outrora Vito Acconci, Gina Pane ou Michel Journiac, mostrando-nos aquilo que a sociedade continua a ocultar, transformando em espetáculo aquilo que se ergue da intimidade profunda do indivíduo. Voluntariamente provocantes, exibicionistas, escatológicas, sádicas ou masoquistas, sempre no limite do tolerável, tais performances remetem frequentemente o apresentador e o espectador a si mesmo, a seus próprios limites, suas próprias censuras. O indivíduo sente vertigens diante de todas essas formas de experiência que algumas performances arrastam aos limites do suportável: sofrimento, violência e mutilação.

É no nível do espectador que se situa a ação e não no palco, a performance não sendo na maioria das vezes senão um pretexto sobre o qual o espectador interroga sem cessar o significado e a pertinência.

É ao jogar assim com o corpo, tomando-o como matéria, unindo o indivíduo e sua imagem, o indivíduo introduzido na sua obra e se tornando um com ela, que a representação se suprime em benefício do processo, do realizar, cuja importância torna-se dominante. É ele que interessa e que se fixa. Alijado de toda dimensão psíquica ou espiritual, o corpo torna-se aí superfície sem profundidade, sem espessura. Ele aí está, sem espiritualidade nenhuma. Devolvido à rapidez da ação, do estar aí, ele perde toda transcendência, limitado ao aqui e agora, sem probabilidade de superação ou de projeção em outro lugar. Paradoxalmente, tal manipulação do corpo restabelece essa divisão mais que milenar entre o corpo e o espírito, o corpo e a alma. O corpo transformou-se em máquina, sem individualidade, sem personalidade, voltado a ser simples objeto privado de toda subjetividade.

Por ter assim pretendido lastrar demais o corpo de símbolos, a performance esvaziou-o dos significados dos quais ele podia ainda estar sobrecarregado. Fazendo isto, ela o desligou do social ao qual contudo seu discurso crítico e teórico não cessava de

---

19 Cf. nosso texto "Da Estética da Sedução à do Obsceno", nesta compilação.

remetê-la. Ela o cortou também do indivíduo que não aparece mais senão como "máquina desejante", indivíduo despersonalizado, conceito encarnado dentro de um corpo. O corpo orgânico originário desapareceu cedendo o lugar ao "corpo sem órgãos" do qual Deleuze e Guattari falaram, um corpo que se tornou o signo da esquizofrenia que espreita nosso sistema.

Portanto, longe de ter suscitado esta consciência política que ela almejava, longe de destruir a imagem tradicional do corpo que ela procurava subverter, a *body art* instituiu no seu lugar um corpo-matéria encerrando novamente o homem na sua finitude, corpo tornado opaco, enclausurado, sem transcendência nenhuma. Nós reencontramos aí o reino das "coisas autônomas" sem "valor divino" do qual falava Georges Bataille e que abre o caminho à arte como "indústria"[20].

A performance de Orlan não foge de tais limites. Apesar do conceito inicial que prevê que o artista coreografe suas operações segundo um esquema escrupulosamente combinado, decorando a sala de operação com fotos de suas operações anteriores, além de acessórios diversos, ela própria lendo extratos de textos filosóficos ou literários[21] durante a operação e vestindo roupas especialmente concebidas por grandes costureiros ou desenhistas de moda para a ocasião[22], o foco da atenção se concentra num corpo imóvel, parcialmente anestesiado e colocado sobre uma mesa de cirurgia. Toda a ação que se segue ao vivo focaliza-se no sangue, no escalpelo, no corpo talhado novamente e transformado em objeto[23].

---

20 "O que inaugura assim a negação do valor divino das obras é o reinado das coisas autônomas. Numa palavra, o mundo da indústria". Georges Bataille, *Théorie de la religion*, Paris: Gallimard, 1973, p. 118.
21 Em particular textos de Eugénie Lemoine-Luccioni, Michel Serres, Alphonse Allais, Antonin Artaud, Elizabeth Betuel Fiebig, Raphael Cuir ou ainda textos sânscritos.
22 Colaboraram, dentre outros, com os trajes, Paco Rabane, Franck Sorbier, Issey Miyake, Lan Vu.
23 Observamos, aliás, que numa das operações que pudemos acompanhar em vídeo em 1995, após as gravações via satélite no Centro McLuhan de Toronto, não havia quase nada a ver da própria operação devido não só à má qualidade das gravações, mas também pela multidão de pessoas presentes na sala de cirurgia que desconcentravam a ação. Aliás, Orlan acabará por interromper a operação devido à sua extrema fadiga e também porque numa tal atmosfera, o cirurgião tinha certa dificuldade em concentrar-se. Mais interessante ainda, Orlan observará a esse respeito que ela transfere o fim da operação para dez

O interesse pela atitude de Orlan, o que a diferencia da *body art* movida pela nostalgia de um corpo energético primitivo e natural, é que não há no seu discurso evocação de um corpo originário, verdadeiro, de um corpo arcaico do qual a sociedade nos teria afastado, de um corpo primitivo que se teria esquecido e que a performance nos permitiria reencontrar. O corpo de que fala Orlan é um corpo novo, um corpo do futuro[24] que aparece como resultado de um discurso, como virtualidade de um relato, como representação de um desejo. É um corpo ficção, um corpo real certamente porém como memória, um portador de marcas: inicialmente as da própria Orlan como sujeito desejoso, em seguida as da cultura na qual ela se inspira.

Tais marcas implícitas se acrescentam naturalmente a todas as marcas explícitas que nós sublinhamos até agora e que fundamentavam o discurso teórico da artista: marcas do discurso social sobre o corpo e censuras às quais a sociedade submete este último, marcas das técnicas atuais e de seus efeitos. Ele exibe implícito, à imagem de um palimpsesto, a superposição de todas as memórias.

Uma vez terminado, ele conta sua história na medida em que exibe inscrito sobre ele a memória de sua origem, as marcas de seu passado. Um e vários ao mesmo tempo, ele será o protótipo assustador do homem atual.

"Um corpo não pode ser vivido senão como virtualidade de narrativa"[25] observava Ivan Almeida, sublinhando que o corpo é chamado constante ao discurso não porque este último o represente, mas porque ele o interpreta, e que sem discurso o corpo não existiria porque ele seria ininteligível. Esse desejo de inteligibilidade do corpo, de *seu* corpo, Orlan o fez seu, indo mais longe que o comum dos mortais, escolhendo até mesmo cada um de seus componentes no final de um trajeto onde cada uma de suas escolhas encontra-se racionalmente justificada. Se todo corpo tem necessidade da palavra para poder simplesmente expressar-se, o de Orlan impõe esta necessidade. Ele

   dias mais tarde porque ela não consegue ler os textos que tinha intenção de ler e porque ela se sente como um corpo sofredor, o que vai evidentemente ao encontro de toda sua teoria.
24 Aliás o lema da artista é "Lembre-se do futuro", Orlan, op. cit., p. 7.
25 Ivan Almeida, Un Corps devenu récit, em Claude Reichler (ed.), *Les Corps et se fictions*, Paris: Minuit, 1983.

acaba por estar efetivamente antes de toda linguagem. Ele tem necessidade de ser dito, analisado, explicitado para existir, sem isso ele reencontraria a banalidade do real.

IMAGENS E VIRTUALIDADE

Tratando do ativismo vienense, Oswald Wiener mencionava que os artistas se prestavam a uma "destruição da realidade pela arte"[26]. A reflexão poderia sem dúvida aplicar-se a Orlan, mas nesse momento em que o ativismo se contenta com um ato de destruição blasfematório e exibicionista, Orlan propõe uma reconstrução dessa mesma realidade, uma realidade mítica, fictícia certamente, mas apesar disso real.

Porém, tal reconstrução de Orlan, contrariamente também nesse momento à *body art*, passa pelo recurso à tecnologia, uma tecnologia hipostática que permite realizar esse corpo sonhado. O novo corpo que será oferecido aos olhares nega por parte da artista toda inocência primitiva ao sujeito. O sujeito aí está, onde seu desejo o leva e aonde a tecnologia o conduz. E se às vezes se começar a pensar que tal corpo que Orlan construiu (ou está construindo) tem alguma coisa de um robô ou de um corpo morto, não se pode esquecer pelo menos que isso que o espectador é instado a ver é uma ação que ainda não está concluída. O processo sobrepõe-se à representação, um processo onde o conceito é, sem cessar, posto na frente e onde ninguém jamais se interroga sobre o resultado.

Na verdade, é interessante notar que, mais que o horror das imagens impostas ao espectador com um exibicionismo evidente, o interesse principal da performance para o espectador reside no conceito principal que tem guiado a criação da obra e no que diz em relação ao corpo e à identidade.

Paradoxalmente e apesar de seu aspecto muito realista – o de uma operação cirúrgica – é a abstração que se destaca na performance de Orlan, uma abstração teórica, um conceito que está na sua origem. Esse último, acrescido das difíceis condições

---

26 Apud Robert Fleck, L'Actionnisme viennois, *Hors limites: l'art et la vie 1952-1994*, catálogo, Centro Georges-Pompidou, 9 nov. 1994-23 jan. 1995, p. 205.

de observação da "experimentação", torna quase imaterial a operação transmitida por vídeo da qual só subsistem fitas de vídeo ou reproduções fotográficas[27].

"O século XX tem, a cada dia, cada vez menos necessidade da realidade e cada vez mais necessidade da imagem", observava Carrera[28]. A performance de Orlan certamente não foge dessa constatação. Na verdade, na medida em que a operação é apresentada, cercada de toda uma aparelhagem tecnológica, reproduzindo-a e multiplicando-a potencialmente até os confins do planeta, a imagem transmitida acaba por ter mais realidade que a própria operação, desacreditando a própria realidade[29]. Nós entramos no universo das virtualidades mais reais que o real do qual Jean Baudrillard falou.

Efetivamente, o desaparecimento da realidade em favor da reprodução pela imagem, torna tangível, nessa performance de Orlan, o imperceptível no próprio seio da arte, o frustrado da criação. Ela realça, uma vez mais, tanto para a artista quanto para o espectador, os conceitos que aí nasceram e que nos permitem lê-la. Em último caso, sem eles, a performance não existiria. O discurso crítico e analítico torna-se mensageiro da performance, explicitando-a e por isso mesmo oferecendo-lhe uma legitimidade.

"Para dizer a verdade, não resta nada no que se fundamentar. Não nos resta mais senão a violência teórica", observava Baudrillard com resignação em *L'Echange symbolique et la mort* (A Troca Simbólica e a Morte)[30]. A constatação parece verificar-se para essas performances.

É nessa relação, no questionamento por parte do espectador, que se interroga sobre seu lugar e sua função (ele está legitimando somente pela sua presença e pelo seu discurso

---

27 Seria preciso também citar os frascos de sangue liquefeitos vendidos pela artista, assim como as fotos, objetos secundários destinados a financiar as operações e que se inscrevem numa visão mercantilista da performance, algo que se censura fortemente em Orlan.
28 Op. cit., p. 93.
29 Lembramos a esse respeito que as gravações em vídeo que tivemos a ocasião de ver e que duravam aproximadamente dez horas (gravadas pelo Centro McLuhan, em Toronto em 1995) eram impossíveis de serem vistas na sua integralidade devido à duração do acontecimento, da má qualidade da gravação e pelo fato de que materialmente havia poucas coisas a ver.
30 J. Baudrillard, *L'Echange symbolique et la mort*, Paris: Gallimard, 1968, p. 13.

crítico uma experiência da qual ele contesta o sentido?), sobre seus próprios tabus e censuras, sobre o sentido de tal empreitada, que pode residir o interesse de tais práticas.

O SAGRADO NA ARTE

Onde ficamos nós em relação ao simbólico, à alma e ao sagrado quando nos achamos confrontados a tais empreitadas? O que advém desta dualidade do homem – corpo e espírito – na qual nós mergulhamos sem cessar (sobretudo no teatro) apesar de todos os discursos teóricos modernos e pós-modernos que tentam eliminá-la? A questão pode parecer obscena numa época em que se recusa normalmente toda espiritualidade, contudo ela nos parece fundamental porque é essa relação com o sagrado, tomado no seu sentido mais geral, que justifica, no fim do percurso, toda prática artística.

Sem se entregar a um misticismo redutor, que estaria muito deslocado hoje, necessitamos reconhecer com todos os grandes pensadores – filósofos, sociólogos, etnólogos – que se inclinaram para a história das religiões: Mircea Eliade, Georges Dumézil, Marcel Détienne, Maurice Merleau-Ponty, Roger Caillois e tantos outros, que a questão não pode ser evitada e que toda forma artística deve ser interrogada em função desses parâmetros que a ultrapassam e na qual está forçosamente inserida.

Se a arte reflete realmente, sob suas múltiplas formas, a necessidade de sublimar o real, se ela responde no artista a uma necessidade de despojamento de si e a uma retomada em troca, e se, como faz notar Mircea Eliade, "a consciência do mundo real e significativo está intimamente ligada à descoberta do sagrado", porque "pela experiência do sagrado, o espírito humano [...] apreende a diferença entre o que se revela como sendo real, poderoso, rico e significativo, e o que é desprovido dessas qualidades, ou seja, o fluxo caótico e perigoso das coisas, suas aparições fortuitas e vazias de sentido"[31], assim, o sagrado aparece como "um elemento na estrutura da consciência, e não

---

31 M. Eliade, *Histoire des croyances et des idées religieuses*, Paris: Payot, 1976, v. I, p. 7.

como uma fase na história dessa consciência"[32]. A distinção é importante se quisermos evitar cair nos discursos religiosos moralistas que por muito tempo decidiram as normas do bem e do mal na arte.

Se aplicarmos literalmente a definição de Mircea Eliade, toda obra artística participa do sagrado na medida em que ela é realmente um esforço de inteligibilidade diante do mundo e de si mesmo[33]. Não é senão reconhecendo esse aspecto fundamental não apenas da arte, mas de todo empreendimento cultural, que é possível restituir à obra artística uma dimensão que ultrapassa a simples expressão de uma subjetividade. Citaremos ainda Mircea Eliade:

> Os primórdios da cultura têm sua origem em experiências e crenças religiosas. Além disso, mesmo após sua secularização radical, criações culturais como as instituições sociais, as técnicas, as ideias morais, as artes etc., não podem ser corretamente compreendidas se não se conhece sua matriz original religiosa, matriz que elas criticam tacitamente, que elas modificam ou que elas recusam tornando-se o que elas são atualmente: valores culturais seculares.[34]

Verdadeiras em toda *body art*, essas observações se aplicam bem particularmente às performances de Orlan. De fato, tal matriz religiosa original de que fala Eliade, as performances de Orlan trazem sua marca e a artista usa-a conscientemente (frascos de sangue, imagens de madona, sacrifício) e coloca-as em cena, ainda que seja para denunciá-las. Mesmo que se as considere pueris ou não, elas evocam contudo o sagrado pelo aspecto sacrificável das experimentações às quais a artista se submete, ainda que elas o façam de maneira ridícula e forçosamente paródica. Sagradas ou profanas, elas são incontestavelmente o sinal de uma resistência ideológica que é frequentemente aquela de toda arte moderna.

[32] Ibidem.
[33] "Para o homem tornar-se consciente de seu próprio modo de ser e assumir sua presença no mundo, isso representa uma experiência religiosa", observava Mircea Eliade, *La Nostalgie de les origines*, Paris: Gallimard, 1971, p. 32, citação como um eco desta frase de G. Bataille: "Na medida em que ela é espírito, a realidade humana é santa, mas ela é profana na medida em que ela é real"; ver op. cit., p. 52.
[34] M. Eliade, *La Nostalgie de les origines*, p. 32.

A LEGITIMAÇÃO PELO DISCURSO

"Uma obra de arte não existe jamais sozinha, ela é sobretudo o sistema que a torna possível" dizia Carrera[35]. Substituindo assim, muito justificadamente, a obra num conjunto e interrogando-se sobre as condições de emergência de toda obra artística, Carrera nos força a superar a análise de uma obra específica – aqui o trabalho de Orlan – para questionar nosso próprio sistema que a cria. É preciso ignorar a natureza dessa performance sob o simples pretexto de que tudo é, de agora em diante, possível na arte e analisá-la do mesmo modo que toda obra artística de natureza menos problemática? É preciso, ao contrário, interrogar-se sobre um processo artístico que prejudique o próprio corpo do artista e sua identidade rompendo com um tabu social? É preciso representar o ceticismo e rejeitar simplesmente o todo como um sinal de uma prática decadente e sem interesse? A questão permanece aberta.

Referindo-se a Roger Vitrac que denunciara em *L'Intransigeant* (O Intransigente) a falência do espírito moderno e que talvez não tivesse tomado inteiramente consciência da decadência definitiva de que falara[36], Georges Bataille chamava a atenção, muito justamente em "O Espírito Moderno e o Jogo das Transposições", que eram impulsos muito ativos mas também muito conturbados que deram origem às obras artísticas que se inspiraram nessa decadência, se bem que "sob sua forma mais perfeita, o espírito moderno [...] se desenvolvera a respeito de um mal-entendido"[37].

A responsabilidade desse mal-entendido não cabe tanto aos teóricos – "cuja responsabilidade, diz Bataille, é muito menos engajada do que aparenta porque demonstraram sobretudo a inconsistência da vontade" – "quanto às transposições simbólicas [que] foram colocadas à frente em todos os domínios com a consistência mais pueril"[38]. O resultado é um desconhecimento "do caráter específico das emoções violentas e impessoais que

---

35 Op. cit., p. 71. E ele acrescentava: "e particularmente o sistema que identifica a ideia à realidade, a arte à vida".
36 G. Bataille, *Documents*, Paris: Mercure de France, 1968, p. 197.
37 Ibidem, p. 198.
38 Ibidem.

significavam os símbolos" se bem "que por muito tempo foi difícil escolher entre o caráter sedutor de uma tal simplicidade e a passividade que representava no fundo o interesse marcado para o jogo das transposições"[39].

Seria desejável citar esse belíssimo texto de Bataille na sua totalidade tanto ele parece descrever nossa situação diante dessas performances dos anos de 1990. Deve-se falar "de inconstância pueril" para o artista? De simplicidade ou de passividade para o espectador?

Se toda arte é experimentação[40] e se o "desenvolvimento gigantesco dos meios de produção" tem, como o afirmava Bataille, levado à realização da própria consciência nas livres explosões da ordem íntima[41], então a atitude de Orlan tem a ver realmente com seu tempo.

É por todos esses motivos que as performances de Orlan nos interessam e nos questionam: ao mesmo tempo pelo seu conteúdo, pela sua natureza, pelo que elas dizem da relação no conjunto de nossa sociedade, pelos tabus que elas infringem, pelos limites que elas transgridem e a conceituação que elas suscitam. Em outros termos, elas nos fazem falar (escrever, discutir) e esses discursos diversos nos levam a explicitar de novo nossos pensamentos. Em razão desse simples fato, a atitude da artista se acha portanto plenamente justificada e seu objetivo atingido.

Trad. Aimée Amaro de Lolio

---

39 Ibidem.
40 Deleuze e Guattari definem a palavra "experimental" como "o que designa não um ato destinado a ser julgado em termos de sucesso ou de fracasso, mas simplesmente um ato cujo resultado é desconhecido". Em *L'Anti-Oedipe*, Paris: Minuit, 1972, p. 13.
41 G. Bataille, op. cit., p.124.

6. Distanciamento e Multimídia ou Brecht Invertido

A noção brechtiana de distanciamento[1] tornou-se um dogma nas teorias da representação ligadas à formação do ator, um dos polos da tríade que serve de base às diversas escolas de formação teatrais – os dois outros polos sendo ocupados, por diferentes razões, por Stanislávski e Artaud. Que razões pode então haver para voltar nos dias de hoje a esse fenômeno que é o distanciamento, fenômeno amplamente estudado e cuja evidência impõe, por assim dizer, a necessidade teatral como alternativa à identificação do ator à sua personagem?

Minha interrogação parte dessa própria evidência. A cena teatral atual tem por princípio implícito e não teorizado o fenômeno do distanciamento. A desumanização das personagens de Tadeusz Kantor (*A Classe Morta*), a tipificação ligada ao palhaço ou oriental das personagens de Ariane Mnouchkine (*Os Palhaços*, *A Idade de Ouro*, *Ricardo III*), a afetação das personagens mediáticas de Georges Lavaudant (*As Cefeidas*),

---

1   Nós chamaremos "distanciamento" o procedimento cênico que tende a tornar estranho um fenômeno particular do palco ou do cotidiano forçando o espectador a uma distância crítica em relação ao que lhe é dado ver ou ouvir. Tal definição tem a vantagem de ampliar o conceito de "distanciamento" colocando-o na linhagem das concepções idênticas às elaboradas pelos formalistas russos.

a mecanização das personagens de R. Wilson (*Einstein on the Beach* [Einstein na Praia]) e a histeria mecanicista das personagens de Richard Foreman (*Penguin Touquet*), poderiam ser todas analisadas como efeito de distanciamento envolvendo esse vaivém incessante para o ator entre o exibido e o vivido que registra a teatralidade no palco.

Além disso, uma outra cena teatral – aquela que será especificamente tratada aqui e cuja história encontra sua renovação voltada para as artes plásticas, tecnologias novas, artes multidisciplinares, isto é, com uma escrita cênica diferente – aumentou e transferiu o processo de distanciamento do corpo do ator (e sua relação com a personagem) para tudo que o cerca e o absorve. É o exemplo de Trisha Brown, Andy de Groat, Laurie Anderson, Meredith Monk, Bob Ashley, e também do SQUAT.

Nos casos acima mencionados, não se trata de distanciamento propriamente brechtiano, quando muito neobrechtiano; para a maioria, Brecht não constitui nem uma referência teórica nem uma referência prática. Porém o fenômeno do distanciamento é essencial à arte moderna e mais ainda pós-moderna. Como explicar a partir daí essa preeminência do fenômeno do distanciamento no teatro moderno e pós-moderno fora de qualquer referência às preocupações brechtianas? E por consequência, como é necessário compreender o distanciamento brechtiano em relação àquele dos dias atuais? É essa interrogação que este artigo se propõe abordar, voltando sua atenção para os pressupostos teóricos e filosóficos que permitiram pensar (e passar à prática) essas duas manifestações do distanciamento.

EVOCAÇÃO HISTÓRICA

Que o distanciamento não seja um conceito rigorosamente brechtiano, é o que os estudos de John Willett[2], retomados e desenvolvidos há alguns anos por um excelente artigo de Marjorie Hoover sobre o tema, permitiram esclarecer[3]. John Willett ligava a isso o uso que Brecht fez da palavra *Verfremdung* (estranhamento/

---

2   John Willett, *The Theatre of Bertolt Brecht*, London: Methuen, 1959, p. 208.
3   Marjorie Hoover, Brecht's Soviet Connection: Tretiakov, em *Brecht heute – Brecht Today*, Germany, Athenaum, p. 39-56, Jahrgang 3/1973-74.

distanciamento) com a viagem que este último fez a Moscou em 1935. Ele aí reproduzia a origem do conceito brechtiano de *Verfremdungseffekt (*efeito de distanciamento), num primeiro momento definido como *Entfremdung* (alienação), fazendo-o reportar até o uso que fizeram dele Schklóvski e os formalistas russos[4].

Marjorie Hoover mostrou, por seu lado, como o conceito de *ostraniênie* (alienação), (depois de *otdaliênie* [distanciamento]), definido por Schklóvski, constitui a origem do conceito de distanciamento, e como Brecht teria tido conhecimento disso no decorrer de suas viagens à Rússia. Tal conceito lhe teria sido comunicado, segundo todas as probabilidades, pelo seu amigo Tretiakov que estava ciente dos trabalhos que Schklóvski então empreendera a respeito de alguns textos de Tolstói. Essas pesquisas tinham sido publicadas em *Nóvi Lef,* revista da qual Tretiakov era então o editor.

Questionando a respeito da especificidade da obra artística, Schklóvski volta a indagá-la essencialmente sobre uma ideia que ele nomeia *processo de singularização*. "O procedimento da arte é o processo da singularização dos objetos e o processo que consiste em obscurecer a forma, em aumentar a dificuldade e a duração da percepção."[5] observa ele em 1917. A arte aparece aí como um meio que permite lutar contra a automatização da percepção[6] e como um processo que permite inscrever o mundo numa "visão" e não num processo de "reconhecimento". "O objetivo da arte é dar uma sensação do objeto como visão e não como reconhecimento [...] a arte é um meio de comprovar a transformação do objeto, no que já se transformou não importa para a arte."[7] Ou ainda: "Se nós examinarmos as leis gerais da percepção, vemos que uma vez tornadas habituais,

---

4 Essas afirmações serão retomadas por Reinhold Grimm, Bernhard Reich, mas contestadas por Jan Knopf. V.V. Schklóvski (1893) foi escritor e crítico literário. Fundou a Sociedade Para o Estudo da Língua Poética (a Opoiaz), pilar do formalismo. Escreveu curtos ensaios polêmicos: O Movimento do Cavaleiro (1923), A Literatura e o Cinema (1923), Materiais e Estilo em "Guerra e Paz" de Tolstói (1928); Notas Sobre a Prosa dos Clássicos Russos (1955), A Favor e Contra, Notas Sobre Dostoiévski (1957), Da Prosa Literária (1959), Tolstói (1963), assim como romances.
5 V.V. Schklóvski, L'Art comme procédé, em *Théorie de la littérature*, Paris: Seuil, 1965, p. 83.
6 Ibidem, p. 94.
7 Ibidem, p. 83.

as ações tornam-se também automáticas."[8] Precisando o que convinha entender por singularização (*ostraniênie*), Schklóvski desenvolve no seu artigo os diversos procedimentos utilizados por Tolstói nos seus romances.

> O processo de singularização em Tolstói consiste em que ele não chame o objeto pelo seu nome, mas o descreva como se o visse pela primeira vez, e trate cada incidente como se ele ocorresse pela primeira vez; além disso, ele emprega na descrição do objeto, não os nomes geralmente dados às suas partes, mas outras palavras emprestadas da descrição das partes correspondentes em outros objetos.[9]

Ou ainda: "Tolstói serve-se constantemente do método de singularização: por exemplo, em *Kholstomer* (História de um Cavalo), a narrativa é dirigida ao nome de um cavalo e os objetos são singularizados pela percepção atribuída ao animal, e não pela nossa"[10]. A singularização aparece assim como "essa maneira de ver os objetos fora de seu contexto"[11], operando as mudanças nas redes semânticas estabelecidas pelo texto, tirando o objeto "da série dos fatos da vida", retirando-o "de seu invólucro de associações habituais"[12].

> Assim o poeta realiza uma mudança semântica, ele tira a noção da série semântica onde ela se encontrava e a coloca, com a ajuda de outras palavras (de um tropo), numa outra série semântica: nós nos apercebemos assim da novidade, a colocação do objeto numa nova série [...] É um dos meios de tornar o objeto perceptível, de transformá-lo num elemento de obra de arte. A criação de uma *forma em etapas* é diferente. O objeto se duplica e se triplica graças às suas projeções e suas oposições [...] Esse processo tem uma variante que consiste em deter-se num único detalhe da cena e acentuá-lo; isso conduz a uma deformação das proporções habituais.[13]

O que permite a Schklóvski concluir "que em quase toda parte onde há imagem, há singularização"[14].

8   Ibidem, p. 81.
9   Ibidem, p. 84.
10 Ibidem, p. 85.
11 Ibidem, p. 89.
12 V.V. Schklóvski, La Construction de la nouvelle et du roman, em *Théorie de la littérature*, Paris: Seuil, 1965, p. 185.
13 Ibidem, p. 184 e 185.
14 V.V. Chklovski, L'Art comme procédé, op. cit., p. 90.

A singularização descrita por Schklóvski refere-se antes de tudo ao texto poético. Ela evidencia alguns desses procedimentos pontuais: utilização das imagens, das metáforas; substituição de ordem semântica, mudança do sentido. Ela se interroga também sobre o desenvolvimento da narração e a disposição dos episódios: encaixe dos enunciados; inserção dos discursos; estruturas em níveis; enquadramento, ordenação, inclusão. Ela sublinha uma estratégia que Irving Goffman definiu como o princípio de *foregrounding* (fundamento) do sentido.

Por uma representação poética apoiando-se ora no significado, ora no significante, ora no sujeito da enunciação, o princípio de singularização realça a peculiaridade do texto modificando suas condições de emissão a fim de transformar em troca a percepção do leitor, sempre presente nas preocupações de Schklóvski. Ele restitui às palavras certa densidade de sentido que nivela o uso do discurso cotidiano. Pelo fato em si, a atenção do leitor se encontra até mesmo renovada.

Schklóvski alcança nesse momento, nas suas observações, o que constituía então a preocupação fundamental do Círculo Linguístico de Praga[15]: uma atenção renovada ao processo de semiologia que caracteriza a obra artística e a pesquisa da especificidade da obra literária.

Dessa breve análise, destaca-se portanto que a relação entre o princípio de singularização e o princípio brechtiano do distanciamento se impõe em razão da proximidade dos aspectos e dos objetivos. Ele destaca, sem qualquer dúvida, se não a incidência direta da noção de singularização sobre a teoria brechtiana do distanciamento, ao menos sua enorme semelhança. Precisamente como os formalistas russos, Brecht procura modificar o automatismo da percepção do espectador no teatro por um trabalho de singularização dos diversos aspectos da representação. Nesse trabalho de valorização de uma especificidade teatral, o texto ocupa um lugar privilegiado. Que essa especificidade marque necessariamente suas distâncias face a um mimetismo rigoroso em relação ao real não conseguiria surpreender. A obra de arte pode, de agora em diante, manter-se distante em relação

---

15 Victor Erlich desenvolve esse ponto em *Formalismo Russo*, 1955. Cf. também L. Matejka, *Semiotics of Art*, Cambridge: MIT, 1976.

ao real[16]. Nessa evolução, Brecht marca uma zona de passagem, um ponto de transição necessário.

O DISTANCIAMENTO BRECHTIANO COMO TEORIA DA REPRESENTAÇÃO

O princípio de distanciamento brechtiano é frequentemente apresentado destacando-se de uma teoria da representação. Pode-se com esse intuito citar as diversas definições do distanciamento citadas por Brecht: "Em cada momento importante, o artista deve ainda, ao lado do que ele faz, formular e deixar entrever algo que ele não faz"; "Os chineses mostram não apenas o comportamento dos homens, mas o comportamento dos artistas"; "distingue-se nitidamente duas personagens: um mostra, o outro é mostrado". Contudo, o distanciamento brechtiano não pode contar somente com o ator e deve ser pensado, para ser compreendido, em toda a complexidade de um sistema onde os parceiros são numerosos e que, por sua colaboração, garantem a eficácia da teoria: o ator, o espectador, um projeto de sociedade entre os quais um diretor-autor tece

---

16 As poucas observações abaixo todavia realçam os pontos de divergências entre as duas posturas:

  a. Como já o observamos mais acima, o processo de singularização tal como definido por Schklóvski é um conceito inicialmente aplicado à literatura. Portanto, não é vedado pensar que os fundamentos teóricos do distanciamento brechtiano tenham inicialmente tido como campo de aplicação o texto teatral.

  b. Se a noção de singularização pode ter inspirado Brecht, convém não minimizar o papel capital que desempenhou na elaboração do princípio de distanciamento, sua descoberta do teatro chinês e mais especificamente seu encontro com o ator Mei Lan Fang que parecia apresentar no palco o processo de distanciamento. Segundo Reich, Brecht se familiarizou não apenas com a teoria de Schklóvski aplicada à literatura, mas também com sua aplicação ao teatro. Efetivamente, Nicolai Okhlópkov que dirigia então o Realistic Theater montara os *Aristocratas* de Pagódin em 1935 e Brecht teria assistido à produção. A teoria do *Verfremdungseffekt* teria surgido pouco depois de 1935.

  c. Finalmente um último ponto importante: mesmo se a noção teorizada do *Verfremdungseffekt* só aparecesse bem tardiamente nos textos de Brecht, o processo de distanciamento já estava nas práticas respectivas de Brecht e de Piscator bem antes dessa data, como testemunham diversos artigos sobre o assunto. Além disso, tal filiação destaca igualmente que o processo de singularização é a própria essência de toda obra artística. Acrescentemos também que os processos de distanciamento, por outro lado, foram amplamente empregados pela comédia, as formas de teatro popular, o teatro asiático.

os vínculos. Da interação desses quatro fatores nasce o que se poderia chamar o efeito de distanciamento.

Como observava Grotowski, o distanciamento não é um método de representação, quando muito um princípio. Antes de Grotowski, Barthes, por sua vez, chamara a atenção, em 1954, em consequência da vinda do Berliner a Paris, a que ponto o distanciamento brechtiano afastava-se de uma simples reflexão sobre a melhor maneira de representar e de encarnar uma personagem[17]. Benno Besson, que trabalhou por muitos anos com Brecht, observava em 1979:

> Eu trabalhei bastante tempo com Brecht, ou seja, de 1949 a 1956, até sua morte; e durante todo o trabalho prático, eu não o ouvi empregar uma única vez a palavra "distanciamento". É uma opção teórica que ele (Brecht) assumira nos anos de 1930, e da qual ele não se servira depois. Todas as teorias de Brecht são muito perigosas se separá-las de sua prática, e elas não servem senão para controlar e esconder a verdade da realidade de sua prática. É detestável ver intimidar as pessoas com conceitos abstratos, e no fundo isso se transforma em instrumentos de bloqueio. Em vez de deixar às pessoas sua percepção dos sentidos e do emocional bem como a do intelecto, elas são bloqueadas com conceitos intelectuais e a elas são proibidas qualquer aproximação sensível que lhes permitiria ter acesso a conceitos concretos.[18]

Não limitar o princípio do distanciamento às simples teorias da representação é supor que o processo de distanciamento pode ser também, e eu direi especialmente, produzido pela peça e pela cena antes de sê-lo pelo corpo do ator e porque ele é indissociável de um projeto global da sociedade. Tal projeto envolve em outro termo do percurso um espectador novo e um material textual novo. Se um dos termos chegar a faltar, o distanciamento não pode acontecer[19].

Quais são as referências de um processo de distanciamento no palco?

17 *France Observateur*, 22 jul. 1954.
18 Citado no número especial sobre Brecht em *Obliques*, n. 20-21, 1979.
19 Cf. o episódio que relata Brecht no seu jornal a propósito da espectadora chorando diante do ator chinês, Mei Lan Fang, enquanto ele representava uma cena de violência, prova que o distanciamento representado no palco não basta para provocar uma distância crítica no espectador se ele não encontra um público formado para decifrá-lo. Um efeito catártico no teatro e a identificação do espectador com a personagem pode, portanto, ocorrer mesmo diante de uma representação distanciada.

a. O distanciamento como apropriação do real.

A complexidade fundamental da teoria brechtiana do teatro, é que ele procede de maneira circular partindo de uma análise política do real, representada e analisada por intermédio do teatro para aí retornar numa tentativa de transformação desse real através de um espectador-cidadão. Nesse trajeto, o distanciamento é um processo, um princípio – não um método –, permitindo ao autor a passagem do real ao palco e, ao espectador, o retorno crítico a esse mesmo real[20]. Nos dois termos do processo, encontram-se portando assentadas a existência desse real e sua representação pelo palco.

A teoria do teatro em Brecht não discute de modo algum o papel mimético do palco em relação ao real. Ela admite como *a priori* fundamental que esse real existe realmente fora do palco, que é possível representá-lo, explicá-lo e modificá-lo pela mediação do espectador. O teatro encontra sua necessidade e sua justificação fora dele.

Ora, tal representação do real, exatamente como em Aristóteles, é essencialmente assumida pelas palavras que passam a definir a ficção e fazem-na desembocar no real. São pois as palavras que trarão, quanto ao essencial, a marca do processo de distanciamento, inscrevendo essa singularidade no texto. Tal processo não obedece a nenhuma universalidade da forma que autorizaria a analisar uniformemente suas normas; antes de tudo, ele está inscrito nas práxis específicas e difere de uma peça para outra, daí a dificuldade em desenhar seu contorno.

Apesar desse cuidado, tentarei mostrar aqui seus princípios de funcionamento ao invés de analisar as modalidades de realização específicas.

b. O distanciamento como ato de palavra e como fragmento.

O princípio de distanciamento, elaborado contra a catarse aristotélica, não põe em discussão os fundamentos da mimese

---

20 Daí a importância da definição exata da noção de distanciamento como esse "efeito de estranheza", de singularização dos objetos e dos acontecimentos que os coloca à distância. Cf. a análise de Schklóvski referida mais acima: "O processo da arte é o procedimento da singularização dos objetos e o procedimento que consiste em obscurecer a forma, em aumentar a dificuldade e a duração da percepção." (L'Art comme procédé, op. cit. p. 83) observava ele em 1917.

aristotélica. Na verdade, o teatro brechtiano permanece um teatro de representação, de tradução do real que se assenta antes de mais nada na função representativa da linguagem. São as palavras que importam. Elas são relato, narração, ação. Falar é agir, tanto para a personagem apanhada no emaranhado do enredo, como para o ator apanhado no emaranhado da peça. Ora, o enredo está no centro da representação, mesmo rompido, mesmo fragmentário, mesmo marcado por rupturas.

O distanciamento que está em discussão em Brecht não é autorizado senão pelo texto. É o texto que o legitima, o autoriza e o desencadeia. Ele só possui significado em relação à narração. O aparecimento do ator por trás da personagem é primeiramente um efeito de discurso, a emergência de um novo objeto da enunciação que subitamente se encarrega da palavra, desligando-se do enredo para mostrá-lo – aí está um dos papéis que assumem as canções nas peças de Brecht.

Tal aparição atém-se unicamente à palavra: o ator não está mais no enredo mas porque ele fala que esse enredo tornou-se objeto de seu discurso e que um primeiro efeito de distanciamento pode ser registrado. Mas, ao fazer isso, o ator permanece na ficção, sua partitura sendo comandada pelo texto.

Dois enunciados se alternam e às vezes se sobrepõem: o da personagem ocupando lugar no enredo e o do ator ocupando lugar no palco. Ora, o texto tem como sujeito da enunciação a personagem ficcional, ora se trata de um ator narrador comentando a ação enquanto instância superior que detém certa parte de verdade. Duas vozes se sobrepõem, uma polifonia se instala.

O distanciamento torna sensível aqui os diferentes enunciadores que estão sempre presentes no palco. Ele os coloca no lugar, realça-os, mostrando o fenômeno de semiologia pelo qual o ator torna-se personagem, tornando opacos os signos para o espectador.

Tudo se representa portanto a partir do enredo numa relação de afirmação – contestação da qual é responsável o ator em relação à personagem da ficção, mas que é ditado pelo texto e pela cena.

Na ordem da narração, tal distanciamento é inicialmente uma interrupção da linearidade da narrativa que autoriza a mudança do tema da enunciação. Ele para a narrativa e fragmenta a ficção, introduzindo espaços abertos, recusando a progressão de uma narrativa que não obedeceria senão à sua própria dinâmica interior. Ele introduz uma causalidade exterior à ficção que lhe justifica o movimento. A narração é submetida a um objetivo dialético que lhe é exterior. Subitamente o tempo do espetáculo se põe no lugar daquele da ficção. A imediatez do clímax teatral aparece ao mesmo tempo que a cena registra uma ruptura, uma quebra na ordem da representação que permite a mudança da ordem da narração para a do espetáculo.

O distanciamento designa tal ruptura, um processo de colocar em primeiro plano. Ele representa a passagem que opera a cena entre a ordem do real e a da cena, transformando a ficção em objeto de discurso, introduzindo uma diferença cuja pertinência e eficácia são medidas pela análise social.

As formas estéticas são elas próprias apanhadas nesse questionamento em que o palco oscila entre o cabaré e a narrativa pura, entre o especular e o discursivo[21].

O distanciamento também pode ser produzido por um efeito de inserção: inserção dos enunciados (paródia, palimpsesto), encaixe dos discursos (citações), retóricas do espetáculo (cabaré, filme, diapositivos, imagens). As formas se encaixam umas nas outras, se revelam, se designam, se denunciam. É de sua justaposição que emerge a singularidade. Um desencontro aparece, uma dialética entre as formas, uma descentralização. As palavras, os acontecimentos, se encontram desse modo sempre contextualizados, eles não remetem a seu único significado. Eles participam do conjunto. Ao mesmo tempo todo e parte. "A parte que designa o todo" – a expressão é de Lukács – "o essencial estando presente em cada momento". A parte, o fragmento se põe assim a desfrutar de uma autonomia relativa, encontrando seu significado e sua justificação somente em relação ao todo.

O processo de distanciamento aparece, portanto, em Brecht como sendo inicialmente um distanciamento de ordem

---

21 É em relação à inscrição atual da personagem na narração e na sociedade que se define o discurso (gestual incluído) da personagem como revelador de seu modo de integração social e de sua inclusão de classe, mas é em relação à sociedade futura que há desligamento do ator e da personagem, e que um novo tema de enunciação desperta.

discursiva. Esse se manifesta por um deslocamento do tema da enunciação, que nomeia a nova função da arte que o orienta em direção ao social.

Ele aparece também como uma sensibilização do ator e do público a esse efeito de derrapagem entre o real, a ficção e a cena, a esse efeito de encaixe dos discursos; o real sendo de novo questionado pela cena e a cena recolocada em discussão por sua necessária finalidade fora do palco.

A complexidade fundamental do processo de distanciamento é que ele realiza no quadro dessa zona intermediária entre o real e o discurso, nessa zona de troca onde o real é antes de tudo discurso, apreendido por intermédio da linguagem, mas onde inversamente a característica essencial do discurso é encontrar a justificação fora dele, no real. Mais exatamente ainda, o distanciamento aparece como o momento onde se passa de um andamento do discurso como detentor de significação sobre o real a um andamento do discurso como veículo de uma estética e de uma teatralidade[22].

c. O distanciamento como domínio do real

Tal andamento do distanciamento efetua-se no domínio: do real domínio que as palavras podem alcançar; domínio das palavras que podem aderir a uma verdade pesquisada, crença numa verdade fora de cena, domínio de um discurso.

E o que nós queremos obter, não é tanto que seja olhado de outro modo, é que se olhe de um modo bem determinado, de um modo diferente, não tão diferente quanto as demais, mas de um modo justo, isto é, de acordo com as coisas. Nós não queremos simplesmente " conseguir o domínio", na arte como na política, mas o domínio das coisas", observa Brecht em "Considerações Sobre as Artes Plásticas".[23]

Brecht declara, como dogma, que o mundo é dominado pelo espírito, portanto é possível: 1. compreendê-lo; 2. representá-lo; 3. explicá-lo; que essa apreensão passe pelas palavras.

---

22 Existe um terceiro termo da operação que Brecht não leva em consideração, é o tema. O tema é deixado por conta, fora da ficção e fora do real; uma ficção que sublinha o processo da semiologia do ator, mas não o desmonta totalmente; um real que não tem espaço para o tema.
23 *Obliques*, n. 20-21, 1979, p. 58.

Implica a existência de uma verdade fora do palco, que polariza e justifica não somente o andamento da ficção cênica, mas ainda o conjunto do processo artístico. Supõe um ponto de vista considerável sobre a história, e a possibilidade de uma atitude de supremacia para pensá-la. Nós estamos na ordem da lei, a expressão é de Baudrillard, em oposição àquela da regra[24].

Como tal, o distanciamento brechtiano aparece menos como uma teoria da interpretação que como uma teoria da representação. Ele permanece encerrado na clausura de uma representação da qual Derrida mostrou o inevitável desvio. O que nos autoriza a dizer que, longe de romper totalmente com a teoria aristotélica da cena, Brecht é seu último grande representante.

O DISTANCIAMENTO NO TEATRO ATUAL[25]

Completamente diferente é a atitude da performance multimídia apesar dos procedimentos de distanciamento inteiramente similares ao distanciamento brechtiano. Tais performances multimídia, bem como um autêntico teatro atual do qual nós queremos falar, aqui parecem ter encontrado nas tecnologias diversas (vídeo, televisão, aparelhos fotográficos, sintetizadores) o modo de rever o distanciamento de maneira dialética própria à nossa sensibilidade, mantendo seus principais termos: o real, o ator (aquele que atua), o novo espectador, uma visão da sociedade iluminada pela história.

Entre os procedimentos de distanciamento da obra nas peças de Brecht pudemos notar a fragmentação da narração, a ruptura na ordem da representação, o deslocamento do tema da enunciação, o descentrar do ponto de vista do acontecimento, a passagem do real à ficção e da ficção ao real, a contextualização da parte no todo, cada parte sendo ela própria detentora da história, a renúncia à linearidade da narrativa (cf. o exemplo do SQUAT), a rejeição da personagem como entidade, o recurso a outras formas do especular (filme, diapositivos, cabaré).

---

24 J. Baudrillard, *De la séduction*, Paris: Galilée, 1979.
25 As referências principais se fazem ao teatro SQUAT, ao Wooster Group, ao espetáculo multimídia de Monty Cantsin.

O teatro atual, e mais ainda, as artes multimídia fizeram da maior parte desses procedimentos, uma forma estética que marca doravante a modernidade da representação e não convida mais o espectador a uma distância crítica tanto a fórmula tornou-se corrente. A cena perdeu aí a narração e a supremacia do texto ao mesmo tempo que se dissipou toda materialidade de uma personagem mesmo ficcional. O ator aprende aí a se posicionar em cena, a se arriscar, a se comunicar em sua relação com o real.

Mais interessante é o recurso específico às mídias. As performances multidisciplinares recorrem às mídias como material de nosso universo cotidiano que reproduzem nosso ambiente e modelam nossa sensibilidade tanto quanto nosso imaginário. Porque na atuação das performances multimídia, bem como na atuação brechtiana, tudo parte e tudo volta ao real num questionamento que busca analisar-lhe a situação. É portanto sobre a análise do real e sua percepção pelo artista e pelo espectador que resulta o essencial do trabalho de distanciamento.

As manifestações concretas desse distanciamento são numerosas e variam segundo as práticas específicas. Alguns procedimentos contudo podem ser verificados aqui.

O primeiro consiste seja numa desaceleração e imobilidade da imagem, seja numa multiplicação detonada de seu conteúdo. Mas tratando-se de um ou de outro procedimento, os dois reproduzem o real (espaço, corpo, objeto) fora de suas relações sociais, de modo fragmentário, não continuado, por deformação, superposição, encaixe. Estas deformações apresentam o objeto sob um aspecto pouco conhecido, pouco identificável a tal ponto que o significado da imagem acaba por desaparecer sob o cinetismo da máquina que emerge como um falante à parte, por inteiro, ao mesmo tempo que aparece/transparece, através das modalidades da imagem, o imaginário dos sujeitos que performam e percebem.

O segundo procedimento consiste em reproduzir no palco o real, sem trabalho sensível da imagem (cenas de violência, jornal televisivo, gestos cotidianos, conversações inúteis e vãs). Essa reprodução do real tenta ajustar-se rigorosamente a seu objeto oferecendo não somente a imagem mimética mas ainda, principalmente, as estratégias de percepção que essa imagem organiza. Mais que de uma referência qualquer ao próprio real, a imagem toma significado no palco pela contextualização e relacionando os outros sistemas de significado cênicos com os quais ela se encontra de imediato, numa relação dialética da qual ela sublinha ao mesmo tempo o afastamento e a ruptura em relação à sua lógica profunda[26].

A imagem importada ao palco através das mídias permite aqui ruptura e distância crítica perante a cena e introduz tal deslocamento do tema de enunciação trazendo um ponto de vista diferente no palco em sua relação com o real: o da câmera. As mídias: monitor de vídeo, televisão, filme, introduzem assim um tema não polarizado, difuso, um novo tema da enunciação que desarma o processo da representação em curso.

A reprodução do real não é jamais inteira nem exaustiva. Bem como os temas que a vivenciam, ela é portanto necessariamente parcelar, fragmentada. A parte que se refere somente a ela é um discurso sobre a totalidade, estando integrada a uma reflexão de ordem discursiva e crítica sobre o real e a relação que os temas mantêm com ele. Nós vimos a parte que o parcelamento ocupava na estética brechtiana.

A reprodução do real não se prende entretanto às estruturas sociais como em Brecht, aí elas estão em causa. A sociedade como estrutura coerente analisável em termos marxistas e brechtianos não tem sua evidência para o artista. O real das performances multimídia é de preferência o do tema na sua relação com o real, um real de que participa o social mas somente como um de seus componentes.

O processo não é contudo puramente formalista. Ele não é unicamente dirigido contra os modos de representação artísticos habituais. Ele vai além de uma retomada de questionamento da sintaxe de representação. Ele não pretende instituir um discurso puramente estético sem incidência sobre o real. Ele aspira revelar os automatismos que aprisionam o espectador em relação ao real e leva-o também à necessidade de um espectador formado que saiba decifrar nisso um discurso crítico de denúncia.

26 Cf. o filme de Jim Jarmusch, integrante do SQUAT, que é projetado na primeira parte da peça *Dreamland Burns* o efeito do real que se acha ao lado do palco (cf. nossa descrição da peça apresentada no cartaz do Festival das Américas surgido em *The Drama Review*, outono 1986; assim como o artigo "Existem ao Menos Três Américas" publicado sob o título There Are at Least Three Americas, *New Theatre Quarterly*, Cambridge, v. 3, n. 9, p. 82-88, fev. 1987.

É em virtude de as mídias autorizarem precisamente mais que qualquer outra forma especular tal aproximação externa, quase absoluta, entre a cena e o real, que o real encontra-se aí suprimido. De tanto reproduzir o real com exatidão, de se lhe ajustar, elas acabam por se colocar no seu lugar, por tragá-lo; o real midiatizado nada mais é que um simulacro, ilusão, ponto de vista, rota de fuga.

Walter Benjamin afirmava que a técnica permite superar a oposição estéril entre a forma e o conteúdo. Parece que se esta oposição é na verdade superada, forma e conteúdo desapareceram os dois no processo, ou ainda melhor, se fundiram.

Se a ameaça de um ponto de vista privilegiado permanece, o do mestre da obra dessa estrutura cibernética, tal ameaça é contornada pela integração do artista nesse processo de dissolução própria. Porque o que representa o artista é sua visão monádica, seu corpo, sua relação com os objetos, sua percepção do real assim como seu esforço permanente e sempre fracassado para ir ao encontro dele.

Nessa circularidade da imagem e do real, torna-se impossível um ato de domínio e de conhecimento diante do real. Todo ato de domínio que pode ser imediatamente frustrado na sua própria realização. O homem social tal como classificado em categorias sociais específicas. A sociedade ela própria não é mais que um efeito de ilusão, uma mudança de pontos de vista onde ela acaba por se dissolver, um jogo de ilusões onde só conta o indivíduo e onde a história universal não pode mais ser escrita.

Nesse empreendimento para ir ao encontro do real, se a máquina cibernética se desenvolve sem limites, ela acaba por devorar seu objeto e por se colocar em seu lugar. O simulacro vampiriza o real. Na ilusão do real, a máquina cibernética gera e substitui o seu próprio gerador assim como seu próprio espaço e sua própria temporalidade, negando o real. O real dissipou-se totalmente nessa microscopia. Ele acabou por implodir[27].

O distanciamento brechtiano assentava-se sobre dois *a priori*, de um lado a representação do real, de outro, a escolha da linguagem como instrumento privilegiado de tal representação

---

27 "Dramaturgia da própria implosão", dizia Sue Ellen Case no artigo From Brecht to Heiner Muller, *Performing Arts Journal*, 19, v. VII, n. 1, 1983.

num objetivo de transformação social. Os *a priori* que se pode referenciar são de outro gênero. Na verdade, a jogada essencial do distanciamento que operam as performances multimídia incide não sobre a própria representação, mas sobre o estatuto do real. Se as performances não visam a uma transformação do próprio real, elas organizam todavia estratégias perceptivas que permitem decifrá-lo e evitar a ilusão disso. É nesse sentido que a atuação das performances multimídia é política.

O distanciamento na performance visa sem dúvida nenhuma ao estabelecimento de uma distância crítica em relação ao real. Tal distanciamento representa, e é aí que nos parece a maior "atualidade" da arte multimídia, não um ato de domínio como em Brecht, mas um ato de supressão em relação ao mundo e em relação ao real. Esse distanciamento registra uma perda de influência que não é senão o correlato de uma perda do real. A história não existe mais, a historicidade perde sua importância porque ela não é mais possível de ser imaginada de um ponto de vista imperialista e unitário porque ela renuncia a um ponto de vista poderoso que lhe daria um significado. Nós estamos no domínio daquilo que Vattimo definiu em *O fim da modernidade*[28] como a "fraca ideologia".

Brecht acreditava que existia um sentido na história, uma origem na cena, uma verdade no discurso[29]. O princípio do distanciamento não é senão o reflexo desses a priori: a existência do real e a possibilidade de apoderar-se dele por um ato de domínio. A performance renunciou à averiguação de tal origem, tornando a questionar o estatuto do próprio real, o sentido da história, trabalhando ao nível da organização das estratégias perceptivas do espectador. Ela se tornou a arte da criação de uma atmosfera de irrealidade[30], da superfície, suprimindo os referentes dissimulados, substituindo a redundância da decodificação brechtiana do real, operando através da exasperação dos signos[31]. Fazendo isto, as artes multimídia impuseram uma relação diferente no

---

28 G. Vattimo, *La Fin de la modernité: nihilisme et herméneutique dans l aculture postmoderne*, Paris: Seuil, 1987.
29 G. Scarpetta, *Brecht ou le soldat mort*, Paris: Grasset, 1980.
30 G. Scarpetta, *L'Impurité*, Paris: Grasset, 1985, p. 64.
31 "Para a tradição moderna, a representação devia ser voltada ao fracasso pela irrupção do real; para a pós-modernidade, é o próprio estatuto do real que é submetido à desconfiança". Ibidem, p. 186.

palco, no real, no tema. Elas assentaram a questão do compromisso social da arte e manifestam aos nossos olhos um dos meios mais atuais e mais interessantes de compreender o distanciamento hoje.

E concluirei com estas palavras que proferia Brecht nas suas "considerações sobre as artes plásticas":

> Os artistas de diferentes épocas veem obviamente as coisas diferentemente. Sua visão não depende unicamente da personalidade de cada um, mas também do saber que eles e seu tempo possuem sobre as coisas. É uma exigência de nosso tempo considerar as coisas na sua evolução, como coisas que se transformarão, que são influenciadas por outras coisas e outros procedimentos.[32]

A realidade da qual falava Brecht implicava a fé numa história universal que se dirigia ao destino da humanidade e colocava em cena um homem universal, era uma realidade antes de tudo social e o homem aí aparecia como um produto da coletividade; a realidade da qual fala a arte performativa é mais atual num sentido. Essa realidade não é mais a da sociedade; ela é individual e afeta o homem somente fora de toda a ligação ao grupo; ela chega ao tema que tinha esvaziado o teatro brechtiano.

Trad. Aimée Amaro de Lolio

---

32 B. Brecht, *Ecrits sur la littérature et l'art 2*, Paris: L'Arche, 1970.

Parte IV

A Cena Sob Investigação

1. O Texto Espetacular: A Cena e Seu Texto[1]

O título dado acima é "A Cena e Seu Texto" e não "O Texto e Sua Cena". Ao inverter, dessa forma, a ordem habitual dos dois termos "texto" e "cena", que são frequentemente os componentes do processo teatral, nosso objetivo é sublinhar bem a perspectiva de conjunto na qual desejamos inserir essa reflexão, qual seja, a de uma interrogação que se origina primeiramente num espetáculo que se forja a partir da prática (tal como a de Robert Lepage, Denis Marleau, Gilles Maheu ou Jean Asselin), e que tenta mostrar a relação que o ator mantém com o texto durante a representação.

A caminhada que vai da cena ao texto não visa, sobretudo, mostrar o grau de fidelidade de uma encenação com relação ao texto de origem, questão abundantemente debatida e que teve seu grande momento. Antes, procura operar a decupagem do texto espetacular ao evitar a distinção ainda corrente entre elementos visuais e elementos textuais, distinção essa tradicional e pouco fecunda, parece-nos. Tem em mira também interrogar, questionar, observar a interpretação do ator, seu corpo,

---

1   Este texto apareceu anteriormente em Patrice Pavis (ed.), *La Dramaturgie de l'actrice*, Bruxelles: Degrés, 1999, p. I, 1-21.

sua dinâmica na relação com o texto através de um espetáculo exibido como totalidade, no qual o texto é um componente em meio a outros do processo cênico. Concretamente, colocamos a questão do desempenho do ator no centro daquilo que se percebe de bom grado como sendo a dualidade do texto e da cena.

Esta reflexão insere-se na linhagem das reflexões que Eugenio Barba e Nicola Savarese expressaram no seu livro *L'Energie qui danse: L'Art secret de l'acteur* (A Energia Que Dança: A Arte Secreta do Ator)[2]. Tal linha constitui o essencial de suas pesquisas no seio do ISTA e referência obrigatória nesse gênero de reflexão. Dois textos nos serviram como fio condutor: "Dramaturgie", de Eugenio Barba, e "Texte et scène" (Texto e Cena), de Franco Ruffini, dois textos nos quais o principal interesse é fornecer uma definição diferente dos conceitos de *texto* e *cena* ao deslocar nossos pontos de referência habituais e desorganizando um pouco a ordem cênica que nos é familiar.

Confrontaremos essas definições para a prática cênica usando como ponto de apoio alguns resumos aos quais nos referiremos: *Les Sept branches de la Rivière Ota* (Os Sete Afluentes do Rio Ota), de Robert Lepage, *Les Maîtres anciens* (Os Velhos Mestres), encenado por Denis Marleau, *Le Dortoir* (O Dormitório) do Carbone 14, encenado por Gilles Maheu, e *Ricardo II*, do Mime Omnibus encenado por Jean Asselin.

TEXTO E TEXTO PERFORMATIVO (PERFORMANCE TEXT)

O Texto Performativo

No seu texto intitulado "Le Training dans une perspective interculturelle"[3] (A Formação de uma Perspectiva Intercultural), Richard Schechner retoma uma distinção feita nos seus textos anteriores entre duas espécies de teatro: um teatro

---

2   Eugenio Barba; Nicola Savarese, *Lectoure: Bouffonneries-Contrastes*, n. 32-33, 1995. Anteriormente publicado com o título *Anatomie de l'acteur: un dictionnaire d'anthropologie théatrale* (Anatomia do Ator, Um Dicionário de Antropologia Teatral), 1985. Reeditado depois sob o título *L'Art secret de l'acteur*, 1995.
3   R. Schechner, *L'Energie qui danse*, p. 231-232.

alicerçado no texto como ponto de partida para a encenação e que estaria inserido na tradição escrita ocidental, e um teatro baseado no *performance text* (que aqui traduziremos por "texto performativo"), indissociável da representação e que se destacaria sobremaneira no que diz respeito à tradição oriental.

Na linguagem corrente, o texto refere-se a determinado repertório que preexiste à representação. Na maioria das vezes, é escrito e serve habitualmente de ponto de partida para a encenação, o que não o dispensa de ter uma existência extracênica perfeitamente legítima e de circular enquanto escrito autônomo. Ele preexiste, assim, à representação ou serve-lhe de suporte como forma escrita. O texto performativo, por seu lado, é um texto indissociável de sua representação cênica. E não existe exceto na e para a representação. É essa última que, não apenas, lhe dá sua ancoragem cênica, sua coerência e sentido, mas que lhe permite muito simplesmente existir. É um componente da representação em meio a outros e não existe senão materializado na cena. Sua existência autônoma sob forma independente da representação é difícil de prever, pois trata-se de um texto esburacado, às vezes muito aberto, múltiplo, esfacelado, que poderia revelar-se incoerente caso se pretendesse publicá-lo enquanto tal. Trata-se de um texto que muitas vezes não tem autonomia própria e cujo sentido parcelado raramente constitui uma totalidade em si. Ele não adquire sentido a não ser quando inserido na rede múltipla dos diferentes sistemas da cena.

Schechner dá-lhe a seguinte definição:

> O *performance text* é esse processo global feito da rede de comunicações que constitui um ato espetacular. Em certas culturas, em Bali ou no Japão por exemplo, a noção de *performance text* é muito clara. O drama nô não existe senão como conjunto de palavras que serão a seguir interpretadas pelos atores, todavia, como conjunto de palavras inextricavelmente misturadas com a música, os gestos, a dança, os diferentes modos do jogo teatral, com os figurinos.[...] Os *performance texts* [...] são mais redes de comportamento do que comunicações verbais.[4]

Assim definido, o *texto performativo* exige não apenas a atuação mas também todos os elementos da representação. É

---

4 Ibidem, p. 231.

nessa rede fechada de relações em meio a todos os sistemas cênicos que ele situa, preso num novelo fechado de inter-relações com os demais componentes da encenação. Sua transcrição escrita, quando existe, não pode assumir no máximo senão o aspecto de uma partitura que leva em conta todas as inter-relações com os outros elementos da representação, neste sentido comparável às partituras musicais para vários instrumentos em que todas as notas são lidas simultaneamente sob pautas diferentes. Os sinais escritos, quando existem, nesse caso não são senão uma exigência para a realização cênica na qual encontram sua finalidade legítima.

Mesmo que o exemplo de Schechner seja emprestado do Oriente, é evidente que as formas de teatro que ele descreve tornaram-se igualmente correntes no Ocidente. Pense-se nas primeiras encenações de Wilson, nas de Kantor, Grotowski, Barba, peças cuja dramaturgia repousa numa rede de sistemas visuais e sonoros na qual o texto não ocupa necessariamente o primeiro lugar e em que este último permanece esburacado, indissociável dos demais sistemas significantes. Pense-se igualmente em algumas encenações de Robert Lepage (*Les Aiguilles et l'opium* – Agulhas e Ópio), Elizabeth Lecompte (*The Crucible* – As Feiticeiras de Salem), Reza Abdoh (*Tight, Right, White* – Apertado, Correto, Branco). Essas formas, que os anos de 1960 e 1970 promoveram amplamente, são hoje a regra de todo um teatro institucional ou alternativo que se tornou muito comum em diversos graus conforme os países e, muito particularmente, na Grã-Bretanha (*Complicité, Foot Barns, Forced Entertainment*).

As diversas encenações de um mesmo encenador emprestam eventualmente mais de um e eventualmente mais de outro. Caso queiramos aplicar as distinções mencionadas acima aos exemplos que escolhemos, poder-se-ia dizer que algumas encenações de Robert Lepage (*Elseneur*), de Denis Marleau (*Les Maîtres anciens, Nathan le sage* – Nathan, o Sábio) e Jean Asselin (*Le Cycle des rois* – O Ciclo dos Reis), lembrados acima, destacam-se na primeira categoria, na medida em que todas possuem um texto que lhes serve de ponto de partida (Bernhardt, Lessing ou Shakespeare), ao contrário de outras dos mesmos encenadores: *Les Aiguilles et l'opium*, de Robert Lepage,

Oulipo Show, Merz Opéra, de Denis Marleau, *Le Dortoir, Les Ames mortes* (As Almas Mortas), de Gilles Maheu, destacam-se incontestavelmente na segunda.

Há, seguramente, formas diferentes de texto performativo de acordo com a natureza dos próprios textos e seu modo de inserção na representação: textos narrativos que evocam uma apresentação múltipla mas que permanecem lineares (*Os Sete Afluentes do Rio Ota, A Trilogia dos Dragões,* de Robert Lepage), ou, pelo contrário, textos esburacados, muitas vezes heterogêneos, que surgem em diversos momentos da representação e cujo sentido apoia-se não na lógica de uma apresentação ou de uma dada forma, mas que se apoiam antes na combinatória de diversos elementos cênicos apresentados (*Time Rocker* [Balança do Tempo], de Wilson, ou *Les Ames Mortes,* da Carbone 14)[5].

Todos os textos performativos não têm, portanto, a mesma importância no espetáculo nem o mesmo estatuto. Entre a apresentação linear construída, no final das contas, de modo razoavelmente muito clássico, ainda que fragmentado, e os textos fragmentados inserindo imagens, microapresentações, diálogos, ritmos e portadores de sentidos plurais na representação, há um vasto leque de modalidades diversas de integração, de imbricação do texto performativo na representação.

De fato, seria adequado dizer que os dois termos desta distinção – "texto" e "texto performativo" – representam os dois polos entre os quais oscilam atualmente as encenações no seu uso do texto e que o teatro, segundo os encenadores, as épocas e a estética teatral do momento, tem oscilado – e oscila sempre – de um extremo ao outro[6].

A distinção entre um teatro baseado no texto prévio que lhe serve de matriz para a encenação e um teatro em que o texto significativo é apenas o texto performativo representa,

---

5   Acontece também de a representação combinar a cada vez essas duas formas textuais – apresentação linear e evocações fragmentadas – que se entrecruzam, que se dialetizam, colorindo-se umas às outras e que se completam com a imagem de um rizoma que emerge do espetáculo (cf. *Les Aiguilles et l'opium,* de R. Lepage).

6   Assim sendo, o teatro dos anos de 1960 e 1970 escolheu como base fundamental da representação o texto performativo. O teatro dos anos de 1990 opera, por seu lado, um retorno em direção ao texto preservando inteiramente, algumas vezes, as formas teatrais em que o texto performativo permanece importante.

demasiado bem, intuitivamente, a diferença entre "teatro tradicional" e "novo teatro"[7], observa Barba.

Desse modo, o lugar dado ao texto ou ao texto performativo varia em função de períodos estéticos e percursos pessoais de cada um: Robert Wilson trabalhando *Orlando* não se entrega às mesmas restrições com relação ao texto como aquelas que ele possa ter quando trabalha *Time Rocker*; do mesmo modo, Robert Lepage montando *Les Aiguilles et l'opium,* tem uma liberdade maior diante do texto do que aquela que lhe foi imposta por *Elseneur*. Da mesma maneira, Gilles Maheu com *Le Dortoir* sente-se sem dúvida mais livre do que quando aborda os textos de Heiner Müller (*Hamlet-Machine* ou *Rivage à l'abandon* [Praia do Abandono]); assim como Jean Asselin montando *Alice,* em que se sente menos restringido do que o era quando encenou *La Chanson de Marion* [A Canção de Marion] ou *Le Cycle des rois,* com os quais escolheu divergir posteriormente. De modo interessante, alguns encenadores tais como Lepage ou Wilson usam com prazer o texto ou o texto performativo conforme o caso. Assim como Lepage em *Les Aiguilles de l'opium, Léonard de Vinci* pertence, sem sombra de dúvida, à categoria dos textos performativos, enquanto *Elseneur* respeita amplamente *Hamlet* de Shakespeare.

O Texto Espetacular

Não obstante, a fim de evitar as ambiguidades e preservar a originalidade das categorias definidas por Schechner, parece-nos oportuno introduzir uma distinção lexicológica acrescentando um terceiro elemento à taxinomia aqui evocada: a do *texto espetacular*. A palavra usada comumente não se opõe nem à noção de texto nem àquela de texto performativo, porém engloba ambas. Com efeito, se o texto performativo é um texto que não pode existir nem ser compreendido fora da partitura da qual não é senão um dos componentes, o texto espetacular é mais simplesmente o resultado de uma urdidura cerrada entre o texto e os demais elementos da representação, uma urdidura na qual os elementos estão estreitamente imbricados e quase

---

7 E. Barba, Dramaturgie, em E. Barba; N. Savarese, op. cit., p. 49.

que indissociáveis. Nesse sentido, todos os textos levados à cena destacam-se muito do texto espetacular sem entrar, para tanto, na categoria de textos performativos[8].

                Texto espetacular
Texto   Texto performativo

A aproximação não é injustificada caso se leve em conta o fato de que não há fundamentalmente diferença radical para o estatuto do texto entre a encenação de um texto clássico, como aquela que pode fazer Anne d'Elbée montando *Fedra* para a Comédie-Française (1996), e a encenação que lhe fez Cécile Garcia-Fogel no Théâtre de la Bastille, em adaptação musical (1997). É óbvio que, ainda que se tratasse do mesmo texto como ponto de partida, os resultados ao final do percurso não têm nada de similar não somente porque a adaptação que lhe deu Garcia-Fogel operou cortes importantes, mas também porque a forma do texto encenado nos dois casos não pode mais ser lida senão em relação a todos os demais elementos da representação com os quais dialogam: interpretação, luz, espaço, acessórios, figurino, maquiagem. Sob tal aspecto, a encenação de Anne d'Elbée, que fez quase um oratório e que foi fiel à integralidade do texto de Racine, e a de Cécile Garcia-Fogel, que fez, por seu lado, um texto esburacado, performativo, e o fez ser conduzido por uma música *rap* que lhe preservou sem embargo o espírito do ponto de partida, as duas diferiam, certamente, por sua estética e sua finalidade, porém encontravam-se no fim do percurso naquilo porque o texto resultava, num e noutro caso, indissociável da representação.

O mesmo acontece com qualquer texto, seja ele "clássico" ou "performativo", a partir do momento em que seja levado à cena.

No exemplo que demos de *Ricardo II*, montado por Jean Asselin, tomemos o enfrentamento entre os dois duques, o duque de Mowbray e o duque de Bolingbroke, no momento

---

8 Observamos que o conceito de *performance text*, tal como utilizado por Schechner e retomado por Barba, apoia-se na noção de "performatividade", que evoca aquilo que está na própria base do trabalho do ator. Ilumina aquilo que é evidente para qualquer ator, a saber, que todo signo teatral permite uma leitura dupla: uma leitura no plano do sentido e outra no plano da performatividade, ou seja, no plano do dispêndio exigido pela atuação. É a construção desta relação entre os dois planos que constitui a arte do ator. É desse duplo plano de percepção que se origina também o prazer do espectador.

em que nenhuma palavra é pronunciada e, portanto, quando a voz – o texto – de Shakespeare cala-se para deixar falar a interpretação dos atores. Nesse caso, estamos exclusivamente no texto espetacular.

Por outro lado, o discurso inicial de Bolingbroke – aquele em que acusa o duque de Norfolk, Thomas de Mowbray, de traição, em que o estigmatiza por ter desviado em proveito próprio uma parcela das somas recebidas pelos exércitos – é fiel ao espírito e ao texto de Shakespeare. Nesse momento, ele está mais próximo do "texto" na terminologia que procuramos utilizar aqui, visto que a performance gestual não importa, já que sobressaem unicamente as escolhas do ator e do encenador.

O mesmo se dá com *Oulipo Show*: o essencial da representação situa-se no ponto de vista do "texto" – textos fiéis à sua origem –, enquanto as transições entre os diversos extratos que compõem o conjunto do espetáculo, o ritmo, a elocução, ficariam, por seu lado, mais por conta do texto espetacular.

O que dizer, igualmente, da encenação que fez Peter Sellars de *O Mercador de Veneza*, peça que montou no cruzamento com os eventos sobrevindos em Los Angeles por ocasião do espancamento de Rodney King*, que não é senão o texto de Shakespeare, no entanto respeitado ao pé da letra, que nela está absolutamente indissociável da construção cênica do conjunto? Eis a prova de que qualquer texto, tal como definido por Schechner, uma vez levado à cena torna-se por seu turno performativo.

É possível nos perguntarmos legitimamente aquilo que uma tal taxinomia traz para a compreensão do fenômeno teatral. De fato, ela permite esclarecer:

1. Que não é a presença ou não de um texto servindo de base à encenação que determina se esta última exige ou não um *texto performativo*, que são as modalidades de integração do texto aos demais elementos da representação que permitem dizer a qual categoria a encenação se vincula;

2. Que *texto* e *texto performativo* encenados são ambos considerados como textos espetaculares e que, enquanto tais, são

---

* Rodney King: taxista afro-americano violentamente espancado pela polícia de Los Angeles em 3 de março de 1991, detido sob a acusação de dirigir em alta velocidade. (N. da T.)

apreendidos com os demais elementos da representação numa densa urdidura dos procedimentos cênicos;

3. Que o *texto performativo* não tem autonomia própria. Ele não existe senão como partitura estreitamente ligada a todos os demais componentes do espetáculo.

Parece-nos, assim, que Barba, ao emprestar de Schechner o conceito de *texto performativo*, o qual traduz por *texto espetacular*, o concebe com uma extensão que não é aquela que Schechner havia previsto. Portanto, adotaremos o conceito de *texto espetacular* quando necessário, nas páginas que se seguem, dando-lhe as características atrás mencionadas e distinguindo-o do *texto performativo*, que permanece para um uso mais específico.

Nesse sentido, a classificação que demos anteriormente aos diversos exemplos evocados carece de algumas precisões. Com efeito, visto que falamos essencialmente de encenações, portanto de textos na representação, podemos dizer que todos os exemplos dados pertencem à categoria de textos espetaculares, mas que as referências a Wilson, Lepage e Maheu, entre outros, pertencem mais propriamente à categoria de textos performativos tal como definidos anteriormente.

É preciso ver nessa polaridade entre *texto* e *texto performativo* não uma relação de exclusão – o teatro de texto recusando o performativo e o texto performativo nele se inserindo deliberadamente (oposição que os anos de 1960 promoveram como regra) –, mas acima de tudo uma relação de complementaridade com dosagens variáveis.

As dosagens entre um e outro dependem por sua vez, nesse caso, de fatores exteriores (as ideologias e as estéticas dominantes) e de fatores pessoais próprios da conduta criadora de um encenador.

Sem dúvida, é também essa opção pelo texto performativo que faz com que numerosos encenadores tenham escolhido trabalhar a partir de textos que não são feitos originalmente para o palco (textos de romances, extratos, poemas) e que permitem maior liberdade à sua imaginação: é o caso de encenadores como Wilson, Lepage ou Marleau.

Quanto à dosagem entre texto e texto performativo, nessa escolha de um ou outro, trata-se mais do que um simples equilíbrio entre conjuntos heterogêneos e quantitativamente variáveis. A arte de um encenador vem da complementaridade que ele consegue estabelecer entre um e outro. O termo "complementaridade" é muito importante aqui – visto que modifica a relação hierárquica tradicional entre o texto e a cena e esvazia as polêmicas estéreis sobre o que domina entre elementos textuais ou elementos visuais numa dada encenação.

Existiria, assim, tanto formas de teatro quanto equilíbrios diferentes entre *texto* e *texto performativo*, algumas encenações privilegiando o primeiro (*Les Maîtres anciens*, de Marleau, *Le Cycle des rois*, de Asselin, todo o teatro de repertório) e outras privilegiando o segundo, mais próximo do "novo teatro" tal como definido por Barba (*Time Rocker*, de Wilson, *Les Aiguilles et l'opium*, de Lepage, *The Crucible*, de Lecompte, *Le Dortoir*, de Maheu).

Essa distinção que Schechner fez e que Barba retomou, entre *texto* e *texto espetacular*, poderia ser, com efeito, pouco operatória e até perigosa caso se incluíssem – o que se faz habitualmente – conjuntos relativamente homogêneos e fáceis de ser determinados: o texto, dessa maneira, estaria ligado antes de tudo à intriga, à fábula, ao diálogo e às personagens, enquanto o texto espetacular englobaria todos os elementos performativos da cena: a interpretação do ator, as ações que ele coloca no palco mas também a decoração, a cenografia, a iluminação, os objetos, os figurinos, a música, em resumo, todos os elementos visuais e sonoros – tal não é o caso, como mostra a análise que Barba e Ruffini fazem desses conceitos.

ENCADEAMENTO E SIMULTANEIDADE

A Cena do Texto e o Texto do Texto

Eugenio Barba recorda, em princípio, que a palavra "texto", antes de designar o texto falado ou escrito, impresso ou manuscrito, significa "urdidura". Nesse sentido, não existe espetáculo sem texto[9], nem mesmo o texto performativo do qual falava Schechner.

---

9   R. Schechner, op. cit., p. 48.

Ao Retomar a definição trazida por Barba, Franco Ruffini propõe, a fim de fazer a questão avançar, uma distinção que parece interessante e que divide o texto em dois componentes: o "texto do texto" e a "cena do texto". A palavra "texto", neste caso, devendo sempre ser tomada no sentido que lhe deu, como dito antes, Barba: o de uma "urdidura" de elementos diferentes.

O texto do texto, diz F. Ruffini, é "o elemento rígido, orientado, programado. É o conflito e a fábula"[10], ele teria como característica o encadeamento dos eventos, uma certa previsibilidade desejada para o texto de origem, portanto, uma certa rigidez de ações. As relações de encadeamento de uma peça seriam determinadas prioritariamente pelo desenrolar da intriga.

Tais relações de encadeamento que o texto – o "texto do texto" – impõe, têm-nas estudado em detalhe os linguistas, semiólogos, filósofos, críticos de teatro, ao mostrar como o texto escrito, o texto falado, obrigam o ator e o espectador a uma escuta determinada.

O mesmo não se dá com a "cena do texto", que é representado "pela personagem e por tudo aquilo que lhe concerne (réplicas, microssituações) na direção para além, à margem da 'direção' imposta pelo conflito e pela fábula"[11]. A "cena do texto" teria como característica a simultaneidade e uma certa imprevisibilidade que dão livre curso ao encenador e ao ator. Este último seria "o elemento flexível, não orientado, não programável" do espetáculo.

Visto da ótica do espectador, isso significa dizer que o texto fornecido ao espectador é "uma ancoragem semântica" que frequentemente impõe um sentido à peça, no ponto em que o texto espetacular, "também proveniente seja do texto seja da cena, tem como função favorecer, em sentido contrário, uma desancoragem e o aparecimento de uma zona de fruição mais profunda ou pelo menos mais personalizada"[12].

Dito de outro modo, a narração impõe elementos de rigidez, previsibilidade, lógica narrativa no palco, ali onde a personagem, considerada como entidade múltipla, que pode

---

10 F. Ruffini, Texte et scène, em E. Barba; N. Savarese, op. cit., p. 225-226.
11 Ibidem, p. 226.
12 Ibidem.

escapar da narração, introduz um elemento de imprevisibilidade e, portanto, de fuga.

Haveria, portanto, dualidade na personagem. Uma parte de seu funcionamento emergiria do "texto do texto" e a outra da "cena do texto" (os dois compondo o texto espetacular); uma parte seria, assim, previsível e a outra parte não o seria. É nessa imprevisibilidade pertencente à personagem que se insere o ator. Essa imprevisibilidade permite, precisamente, "a interpretação" que tal ator faz de tal personagem. É ainda essa imprevisibilidade que medeia o espaço entre a narração e a ação na qual se insere a visão do encenador e a criatividade do ator frente ao papel que deve encarnar.

A esse propósito, é interessante fazer um paralelo entre as ideias que Barba estabelece sobre isso e aquelas de Abraham Moles[13], que trabalhando sobre a teoria da informação, desenvolveu a relação que existe em qualquer mensagem entre o grau de informação veiculada e a originalidade da mensagem. Para Moles, informação e originalidade estão diretamente ligadas. De que maneira detectar a originalidade de uma mensagem ou aquela de uma obra de arte? Pelo grau de imprevisibilidade, de inesperado das estruturas. Ora, tal imprevisibilidade é percebida necessariamente no âmago de uma redundância[14]. É a relação sutil entre redundância e originalidade que faz a complexidade e o valor de uma obra estética, observou Moles. A percepção estética viria, nesse caso, da seleção seja de elementos "significativos", seja de elementos originais que surpreendem. Ora, paradoxalmente, a informação é transmitida não pelos elementos significativos – como habitualmente se crê –, mas pelos elementos originais que são portadores de informações adicionais e que provocam mais reações[15].

"O único procedimento que o raciocínio lógico nos oferece", observa Moles, "é gozar antecipadamente a improbabilidade desta situação"[16]. Para Moles, "o valor [de uma mensagem] está ligado ao inesperado, à imprevisibilidade, ao original. A dimen-

---

13 A. Moles, *Théorie de l'information et perception esthétique*, Paris: Denoel, 1973.
14 Cf. J. Féral, Théâtre et public: Une question de réception, conferência, Chilpancingo, México, mar. 1998.
15 A. Moles, op. cit., p. 38.
16 Ibidem, p. 43.

são da quantidade de informações encontra-se reproduzida na proporção de imprevisibilidade, ou seja, é uma questão de teoria das probabilidades"[17].

Ora, o que é imprevisível numa encenação? Para retomar, nesse sentido, a terminologia de Barba e Ruffini, trata-se necessariamente daquilo que releva não do encadeamento, mas da simultaneidade, isto é, daquilo que realça não do "texto do texto", mas antes da "cena do texto", portanto, do espetacular. É exatamente isso que provam os exemplos escolhidos.

Tomemos o exemplo de *Ricardo II*. Nessa encenação de Jean Asselin, as personagens de *Ricardo II*, Henry Bolingbroke ou Thomas de Mowbray, são diferentes daquelas das encenações que habitualmente se faz dessas personagens shakespearianas. O aspecto deliquescente do rei, seu comportamento efeminado, seu colante rosa e sua túnica que evidenciam o aspecto longilíneo de sua pessoa e o pouco peso (no sentido literal e simbólico do termo) que ocupa, são comentários silenciosos à sua impotência na função que exerce.

Colocado à frente do reinado pela hereditariedade, a personagem de Ricardo II mantém simultaneamente um discurso duplo: suas palavras são as de um rei, porém seu comportamento, o aspecto de seus trajes, sua entonação, as inflexões de sua voz, seus gestos, seus deslocamentos, são os de um adolescente que ingressou prematuramente no mundo do poder.

Carregando uma coroa cuja leveza não se equipara senão com a pouca autoridade do jovem rei sobre seus vassalos, Ricardo II fará desabar esse signo de seu poder com um gesto desastrado altamente simbólico.

A criatividade de Jean Asselin, atestada pela visão que nos comunica da personagem de Ricardo II, igualmente se encontra na interpretação que dá aos dois jovens duques: o duque de Norfolk, Thomas de Mowbray, e o duque de Hereford e futuro Henry IV, Henry Bolingbroke.

Se não existe, nesse caso, um desnível verdadeiro na sua postura e nos seus figurinos entre os que estão na cena e a maneira pela qual o texto de Shakespeare os evoca, o seu enfrentamento, em compensação, e a maneira com a qual

---

[17] Ibidem, p. 37.

ambos se desafiam ao jogar a luva à face do outro, ao apanhá-la e ao se encararem, frente a frente como dois jovens touros, tudo sustenta um discurso mais forte do que as próprias palavras.

O confronto animal fala da altivez desses guerreiros, de sua impetuosidade, mas fala também do aspecto animal de sua rivalidade, do desbordamento de energia e cólera que encontra o seu ponto máximo nesse rangido sonoro que vai se ampliando, signo do combate interior que se manifesta neles entre a sua vontade de obedecer, seja ao seu rei, seja ao seu pai, e a incapacidade na qual estão imersos de renunciar verdadeiramente ao seu ódio.

O mesmo ocorre com o exemplo dado por Denis Marleau em *Oulipo Show*:

> O estatismo dos atores se satisfaz com dizer o texto de Calvino, adaptado por Denis Marleau para as necessidades da peça, sua ausência de movimento, de deslocamento, de gesto, seguramente valorizam o "texto" – o "texto do texto" –, que é assim interpretado diante do espectador, mas por outro lado a extrema rapidez da elocução, essa mesma rigidez das personagens, esses enormes óculos atrás dos quais se escondem e as transições coletivas e coreográficas de todos os atores ao mesmo tempo chegam a apagar o texto em proveito do espetacular – ("a cena do texto") – tornado em objeto de atenção do público. Mais do que ao conteúdo das palavras, o espectador não está sensível senão à performance do ator precisamente em vias de lutar com essa torrente verbal assim despejada de seus lábios. O sentido – e este texto tem sentido! – do texto se esfuma em proveito único do "texto performativo" no qual se tornou.

Pomos o dedo, nesse caso, no processo pelo qual um texto se transforma em "texto performativo", ou mais exatamente no processo pelo qual um texto pode ser ao mesmo tempo "texto" e "texto performativo", ou para retomar a terminologia trazida por Ruffini, nosso dedo toca aquilo que faz com que qualquer texto seja ao mesmo tempo "texto do texto" e "cena do texto".

O interesse desses exemplos origina-se do fato de nos permitirem mensurar aquilo que, no teatro, emana do encadeamento (a apresentação, a intriga, a lógica do texto, a coerência das ações, a das personagens) e daquilo que emana da simultaneidade (o ritmo, a elocução, o gesto, o som da voz, o figurino, o espaço, mas igualmente as escorregadelas de sentido, a poesia das palavras, as surpresas do texto, os desbordamentos da personagem e tudo aquilo que não foi previsto pelo texto original). De fato, esses dois aspectos ("texto" e "texto performativo", "texto do texto" e "cena do texto") não são exclusivos um do outro, mas bastante complementares.

Como observou Barba, a relação entre *texto performativo* e *texto* prévio não aparece mais como contradição, mas como complementaridade, como oposição dialética. O problema, portanto, não é mais a escolha de um ou outro polo, a definição de um ou outro tipo de espetáculo. O problema é, ao contrário, o do *equilíbrio entre o ponto do encadeamento e o polo da simultaneidade*. O fracasso não é senão a perda do equilíbrio entre os dois polos[18].

E acrescenta: "Quando se faz derivar o espetáculo de um texto escrito, arrisca-se a produzir a perda de equilíbrio pelo predomínio das relações lineares (a intriga enquanto encadeamento) às custas da intriga concebida como 'urdidura', como emaranhamento de ações simultaneamente presentes"[19].

Bem entendido, em alguns dos exemplos que escolhemos não é possível falar-se de desequilíbrio no sentido exposto por Barba. Seu interesse advém do fato de que os encenadores evocados souberam conceber as relações do texto de origem e da cena numa montagem hábil em que as microssequências ressaltam do encadeamento e da simultaneidade, elas são tecidas de modo fechado.

A contribuição principal desta distinção conceitual que Barba realiza é que, aparentemente, ela substitui o problema da oposição entre a palavra e o visual ao não centrá-lo nas questões da relação com a linguagem, o que fez, por exemplo, um Derrida. O ponto de vista de Barba é de um prático de teatro e é em relação à prática cênica que ele se define.

Ver o texto como "urdidura", como "montagem", é estar mais perto da realidade cênica do que separar-se o texto, pelas razões de análise, dos aspectos visuais e performativos do espetáculo. É restituir ao trabalho do encenador e ao do ator toda sua complexidade. Não é senão nesta complexidade que o texto espetacular realmente existe.

18 E. Barba, Dramaturgie, op. cit., p. 49.
19 Ibidem.

O Texto Como Dramaturgia

A montagem, a urdidura que o encenador realiza ajudado pelo ator e pelos demais práticos e técnicos de palco, no que consistiria verdadeiramente? De acordo com Barba, N. Savarese e F. Taviani, reveste-se de três modalidades:

a. *Colocar as ações num contexto que as faça desviar-se de sua significação implícita.* Para isso, impõe-se um trabalho dramatúrgico que dê subitamente ao texto uma existência em três dimensões. Ainda nesse caso, a palavra "dramaturgia" deve assumir um sentido diverso daquele que o uso acabou por atribuir-lhe.

A etimologia da palavra dramaturgia, lembra F. Ruffini, é *drama-ergon*. O conceito ligado à palavra evoca um trabalho de execução das ações[20]. As ações tais como definidas por Barba abrangem quase sempre a totalidade do fenômeno espetacular: os movimentos e as palavras dos atores, o universo sonoro e visual, a intriga mas também os vazios entre as cenas, a progressão de um ritmo, de uma intensidade, a utilização feita de objetos, as inter-relações e interações entre personagens. O trabalho dramático, mais precisamente, visa a "situar as ações num contexto que as faça desviar-se de sua significação implícita"[21], é aquilo a que nos habituaram as múltiplas reinterpretações de textos efetuadas pela maior parte dos encenadores nos anos de 1980, porém é também aquilo que constitui o fundamento de qualquer trabalho estético e, muito particularmente, do trabalho do ator. É isso que nos lembra Barba:

Concretamente, num espetáculo teatral, é *ação* (isto é, concerne à dramaturgia), de um lado, aquilo que os atores fazem ou dizem, de outro lado os sons, os ruídos, as luzes, as variações do espaço. São *ações* num nível superior de organização os episódios da história ou as diversas fases de uma situação, os espaços de tempo entre duas entonações do espetáculo, entre duas mudanças do espaço, ou ainda a evolução conforme

---

20 F. Ruffini, Texte et scène op. cit., p. 225.
21 Ibidem, p. 137. É nesse desvão que reside, algumas vezes, a originalidade da qual fala igualmente Moles.

uma relação autônoma de uma trilha sonora, variações de luz, modificações de ritmo e de intensidade que um ator realiza nos temas físicos determinados (o comportamento, a utilização de objetos, da maquiagem ou do figurino). São também *ações* todas as relações, todas as interações entre as personagens ou entre as personagens e as luzes, os sons, o espaço. São igualmente *ações* aquelas que operam diretamente na atenção do espectador, na sua compreensão, sobre sua emotividade, na sua cinestesia.[22]

Esse desvio do qual Barba fala não visa complicar inutilmente o texto ao mudar-lhe os sentidos simbólicos ou metafóricos que interfeririam na significação original, porém visa antes de tudo praticar uma política de afastamento, de distanciamento para permitir que surjam simultaneamente diferentes sentidos para um mesmo texto.

Empobrecer o polo da simultaneidade significa limitar a possibilidade de fazer emergir no teatro significações complexas que nascem não de um encadeamento completo de ações, mas do emaranhamento de várias ações dramáticas, cada qual dotada de uma "significação" simples[23]. Para ilustrar tais propostas, tomemos o exemplo da encenação de Denis Marleau na qual as interpretações corporais em coro para todos os atores perdem frequentemente sua rigidez e articulam aqui uma cabeça, ali um pé, lá ainda uma bacia, criando, para além desse corpo coletivo em movimento, uma impressão de homogeneidade lúdica do conjunto, de distância pela relação com o texto sem que não se negue nunca a autenticidade de cada personagem tomada individualmente.

Com efeito, esses gestos (bamboleio, rotação, não à frente mas para trás) são um comentário derrisório e irônico que coloca o "sério" do texto à distância. Fazem emergir o lado lúdico da cena, "a cena do texto", diria F. Ruffini, o dos atores e, seguramente, o do encenador. Cada movimento, cada gesto colocado fala do prazer que o ator tem de estar ali e de interpretar com o texto, no texto e a despeito do texto, para além do texto. Fala da confrontação do ator e do texto, da fricção de um e outro, do

---

22 E. Barba, Dramaturgie, op. cit. p. 48.
23 Ibidem, p. 50.

trabalho de um sobre o outro e da complementaridade de um com relação ao outro.

b. *Construir uma síntese de várias vistas e não uma vista única.* O segundo procedimento de urdidura visa, de acordo com Barba, construir uma síntese de várias "vistas" ao mostrar as várias faces de um edifício e não uma vista "real" ou única[24]. É isto que consegue com êxito Jean Asselin com Ricardo II. A visão que ele nos dá da personagem oferece de repente a visão de suas múltiplas facetas, indivíduo complexo feito de contradição e ambiguidade; Ricardo II emerge então como uma personagem feita de fraquezas e de forças, rei e marionete ao mesmo tempo. O discurso que ele sustenta o ancora em seu papel de rei; em compensação, seu modo de ser, seu comportamento, sua apresentação tendem, ao contrário, a levá-lo na direção do homem, do adolescente, do mignon, o "fofinho" um tanto ultrapassado pelos acontecimentos, antes preocupado com seus pequenos prazeres do que com as funções à frente de um reino.

E o espectador percebe, ao mesmo tempo, esses diferentes aspectos de uma mesma personalidade que parece, desse modo, dotada subitamente de múltiplas facetas. Isto dá densidade à personagem e cria um efeito de "estranhamento" no espectador, renovando sua visão habitual dos reis, despertando seu interesse, sua curiosidade, até seu julgamento crítico, percebendo num único e mesmo olhar tanto a visão do autor quanto a do encenador.

A visão que Jean Asselin dá desse Shakespeare, por mais carnavalesca que seja, enriquece a personagem de Ricardo II com toda uma série de emoções, estados, comportamentos e ações que vão para além das representações habituais que se costuma fazer dele.

O que se chama a *partitura* do encenador é, precisamente, o resultado de todas essas microssequências nas quais este último escolhe trazer à luz tal ou tal frase, tal ou tal momento em que sublinha o comportamento de uma personagem, salienta o pouco peso de um suserano, o arrebatamento dos cavaleiros,

---

24 Ibidem, p. 50.

o nervosismo dos cavalos. Estudada em detalhe, isso constitui a própria *partitura* do encenador, conceito que Barba evoca com justeza por analogia àquela do ator.

A tal partitura junta-se, seguramente, a do próprio ator, que provoca da parte dele próprio uma certa qualidade de presença corporal, uma certa energia, uma gestualidade, uma postura, uma evocação da personagem enriquecida com toda a densidade interior de que ele pode se incumbir. A visão que emana da peça, no fim do percurso, é preponderantemente o resultado de todas as ações que o ator executa. É a "síntese de várias vistas". Tem por resultado fornecer ao espectador uma visão múltipla que não se reduz a uma perspectiva única.

Poder-se-ia acreditar que se está longe do ideal clássico, que visa "tornar o texto anterior a tudo". Entretanto, não é este o caso. A força de uma encenação reside na maioria das vezes nessa conjunção de complexidade e evidência que impõe a admiração nesses momentos de grande sucesso, a arte do encenador consistindo em encontrar a justa dosagem para não se extraviar nas interpretações que resultariam em extrapolações forçadas demais e pouco convincentes da leitura que faz da peça.

c. *Energia que se transforma em movimento*. A terceira característica desse trabalho dramatúrgico, segundo Ruffini, diz respeito desta vez ao ator. A dramaturgia é "como o filtro", o canal por meio do qual uma energia se transforma em movimento[25]. "São as ações que efetuam o trabalho."[26] Tais ações que visam um "comportamento" são precisamente a expressão da energia na cena, as modalidades de suas manifestações, de sua percepção pelo espectador.

Porém, de que energia se está falando? O termo é difícil de definir. Trata-se da energia do ator? Daquela do processo cênico? Barba voltou muitas vezes a tal noção, procurando torná-la mais clara.

A noção de energia é extremamente simples [...] No plano biológico, é um conjunto de tensões musculares e nervosas. A energia é

---

25 Mnouchkine fala a este propósito da necessidade de se encontrar uma forma. Seu trabalho e o do ator visando dar uma forma visível ao invisível.
26 F. Ruffini, Texte et scène, op. cit., p. 225

aquela da atividade [...] A energia se manifesta por uma onda complexa e simultânea de variações tônicas. Porém, não é a energia que caracteriza qualquer ser vivo no cotidiano que nos interessa. Interessa-nos antes de tudo de que maneira essa energia é modelada e expressa, como se torna eficaz nos sentidos e no espírito do espectador [...] O teatro é a arte de tornar manifesto, de expressar esse fluxo contínuo de mudanças que é nosso pensamento, que são todos os nossos processos interiores e que frequentemente vão para direções divergentes. A energia é uma variação muscular e nervosa. É uma tensão. Então, como se trabalham as tensões? [...] Todos os textos que, para nós, são muito importantes são textos que tratam da maneira de construir o comportamento cênico, da maneira de criar essa relação entre nossa maneira de pensar e nossa maneira de somatizar esse pensamento, de torná-lo corporal para que possa ser eficaz para o espectador.[27]

A energia é, portanto, ao mesmo tempo o trabalho do ator nas ações físicas e o resultado da "fricção, da resistência entre os termos opostos e complementares da dialética" que confronta texto e cena[28]. Pois tudo parte do texto. Barba o reafirma:

Há, antes, o texto... O ponto de partida é o texto. Os estudantes chegam com um texto e, em seguida, eu lhes digo: façam-me uma improvisação, não ações [...] Então, peço aos estudantes que componham a improvisação como se fosse um poema em ideogramas, porém corporais. Dessa forma, pode-se dizer que cada ideograma corresponde a uma ação. O texto foi traduzido sob a forma de um poema corporal, de ações. Esse é o processo... Mas o ponto de partida foi o texto [...] É, assim, o texto que serve de ponto de partida, mas o texto não se configura como um conjunto simbólico no papel. Ele se torna processo vivo, e nesse caso não há mais separação entre a palavra e a ação.[29]

Sendo assim, na perspectiva de Barba tudo está ligado. A energia vem da fricção entre encadeamento e simultaneidade, e a dramaturgia do encenador, como também a do ator, consiste precisamente em suscitar essa fricção plenamente ao gerá-la. Eu destacaria essa ideia de fricção que parece capital no processo cênico e que dá conta muito bem do trabalho do encenador e daquele do ator.

27 Cf. E. Barba, Faire du théâtre, c'est penser de façon paradoxale, em J. Féral (ed.), *Mise en scène et jeu de l'acteur*, II: *Le Corps en scène*, Montréal/Bruxelles: Jeu/Lansman, 1998, p. 80-81.
28 F. Ruffini, Texte et scène, op. cit., p. 225.
29 E. Barba, Faire du théâtre..., op. cit., p. 105-106.

Haveria, portanto, para qualquer praticante de teatro, duas realidades com as quais se acha confrontado: uma realidade marcada por leis de encadeamento e sujeito a algumas restrições relativamente rígidas, e outra realidade marcada por princípios e simultaneidade nos quais se manifesta a ludicidade da interpretação. É da fricção desses dois conjuntos, de sua coexistência (não se trata absolutamente de suprimir um dos termos da dialética), de sua oposição e complementaridade que simultaneamente nasce a encenação.

Mais interessante ainda é que, exatamente nessa zona de frentes é que se situam a interpretação do ator e o seu talento. Sua arte consiste em fazer dialogar em maior grau esses dois conjuntos – encadeamento e simultaneidade, texto e cena – em cada uma das ações que empreende.

A riqueza de uma encenação vem, paradoxalmente, não somente da fricção entre essas duas realidades, mas da resistência de uma frente à outra, de sua complementaridade[30]. É da percepção que o espectador tem ao mesmo tempo dessa fricção e da justeza das escolhas efetuadas, das dosagens entre texto e texto performativo que nasce o seu prazer.

O que tais observações querem ressaltar é que o prazer do espectador raramente vem do fato único de compreender. Anne Ubersfeld mostrou muito bem como o prazer que se apossa do espectador é sem dúvida o de *re*conhecer, mas é igualmente o de descobrir. Os espectadores que nós somos não gostam que se nos indique explicitamente o sentido que tal ação, tal gesto, tal personagem devam ter. Não gostamos que o trabalho de análise e interpretação seja feito em nosso lugar. Nosso prazer vem, antes de mais nada, de uma certa busca, de um percurso que a cena nos permite realizar, durante o qual traça as grandes linhas mas não o faz por nós. A cena esboça, portanto, os caminhos e aponta algumas direções, porém não deixa que nos aventuremos por eles sozinhos. É nesse percurso efetuado solitariamente pelo espectador que reside um dos prazeres do teatro.

---

30 F. Ruffini, Texte et scène, op. cit., p. 225. Cf. o que observamos mais atrás sobre o texto que oferece uma ancoragem semântica, o "texto performativo" favorecendo, ao contrário, uma desancoragem e a aparição de uma zona de fruição mais personalizada. Ibidem, p. 226.

"Fazer compreender um espetáculo", diz Ferdinando Taviani:

não é organizar as descobertas mas desenhar, projetar as margens ao longo das quais o espectador navegará atento e, desse modo, fazer desenvolver-se nessas margens uma vida minuciosa, multiforme, imprevista, na qual o espectador poderá mergulhar o seu olhar e fazer suas próprias descobertas[31].

Eis aí o papel do ator e o do encenador[32]. Nesse processo, como criar esses efeitos de simultaneidade e encadeamento de sentido?

O ator que trabalha num sistema codificado constrói a "montagem" por meio de um processo de alteração física de seu comportamento "natural" e "espontâneo". O equilíbrio acha-se modificado e modelado, torna-se precário: surgem assim novas tensões no corpo que se encontra desse modo dilatado. Do mesmo modo em que se acham dilatados e codificados alguns fenômenos fisiológicos particulares.[33]

É o que Barba denomina "corpo dilatado":

O ator, por exemplo, obtém efeitos de simultaneidade a partir do momento em que rompe o esquema abstrato do movimento tal como o espectador o previu. Ele monta (compõe = põe em conjunto) a sua ação numa síntese distanciada do comportamento cotidiano: segmenta a ação, escolhe alguns fragmentos e os dilata: o ator compõe os ritmos.[34]

31 Cf. Les Deux visions: vision de l'acteur, vision du spectateur, op. cit., p. 256.
32 É também assim que se expressa Barba afirmando: "Em numerosos casos, isso quer dizer para o espectador que, quanto mais se torna difícil para ele interpretar ou avaliar imediatamente o sentido daquilo que se passa sob seus olhos ou diante de seu espírito, mais forte é para ele a sensação de viver uma experiência." Dramaturgie, op. cit., p. 50. É esse o caso, ainda, de uma questão de grau. Pensemos nos espetáculos do *Furla dels Baus*, nos quais é extremamente difícil avaliar o sentido imediato das ações que são colocadas, de tentar uma interpretação qualquer em que o espectador registra as ações umas após as outras, cansado desse bombardeamento de imagens sonoras que o agridem e que não lhe deixam minimamente qualquer possibilidade que seja para analisar ou aderir.
33 Ibidem, p. 134.
34 E. Barba, Dramaturgie, op. cit., p. 50. Em apoio a essa ideia, Barba recorda que Walter Benjamin observou que "o ator deve *espaçar* os seus gestos como um tipógrafo espaça as palavras; deve fazê-lo de sorte que seus gestos possam ser citados". Ibidem, p. 159; que Robert Bresson, por seu turno, observou que para "compor" é preciso saber olhar a realidade que nos rodeia, distinguindo as

Isso é muito visível nas encenações de Jean Asselin, Denis Marleau ou Gilles Maheu que citamos anteriormente. Tal trabalho de dilatação de certas palavras, certas frases, certos comportamentos, certas situações, certos sons, certos ritmos, representa seguramente um dos aspectos mais importantes, senão o mais fundamental, da interpretação do ator. Tal trabalho visa concentrar a atenção do espectador sobre alguns aspectos que o encenador escolheu para privilegiar. Consiste "em guiar o olhar do espectador": a montagem "consiste em guiar o olhar do espectador para o tecido (texto) dramático (performance), dito de outro modo, fazê-lo experimentar o texto performativo. O encenador concentra a atenção do espectador por meio das ações dos atores, das palavras, do texto, das relações, da música, dos sons, das luzes, da utilização de acessórios"[35].

Ou seja, o ator de fato trabalha não apenas nas ações mas "sobre o efeito que as ações devem produzir no espectador"[36].

"Guiar o olhar do espectador", "fazê-lo experimentar o texto performativo" ao manter presente no seu espírito o "texto", eis aí, de fato, o papel do ator e do encenador.

Trad. Nanci Fernandes

---

diferentes partes que a constituem. Precisamos saber isolar essas peças diferentes, tornando-as independentes para dar-lhes uma nova dependência" Ibidem, p. 132. Barba recorda, aliás, que Schechner insistia que "a vida do corpo do ator é o resultado de um processo de eliminação que consiste em eliminar determinadas ações ou fragmentos de ações executadas pelo ator e destacá-las". A este processo ele dá o nome de "restauração de comportamento". Ibidem, p. 145. O que essas diferentes visões destacam é uma modificação das continuidades previsíveis, a introdução de uma ruptura no *continuum*, uma fragmentação da unidade para o surgimento de um vácuo, a quebra, a ruptura, uma ruptura que se dirige à atenção do espectador e que desperta o seu interesse. Moles também insiste nesse processo de reconhecimento da originalidade da mensagem, uma originalidade, cabe lembrar, fundada na imprevisibilidade.

[35] Ibidem, p. 134.
[36] Ibidem.

2. Um Corpo no Espaço: Percepção e Projeção

Tornar estranho o fosso entre o olhar e a escuta.

ROBERT WILSON

Minha regra consiste em querer propor um cenário que se pareça com uma evidência e a uma surpresa

YANNIS KOKKOS[1]

A EMERGÊNCIA DE NOVOS ESPAÇOS

Estão nossos métodos de pesquisa, no campo dos estudos teatrais, em sincronia com as concepções científicas do nosso tempo? Mais particularmente, nossa concepção do espaço teatral valeu-se de todas as lições possíveis dos estudos empreendidos não apenas pelos historiadores, mas também pelos fisiologistas, pelos neurologistas, pelos filósofos?

Sem querer responder aqui a questão tão vasta, eu observaria, para começar, que essa defasagem entre pesquisa científica e pesquisa teatral, fácil de ser observada no campo dos estudos teóricos de suporte ao espaço teatral, parece desaparecer no campo da prática artística, em especial na dos cenógrafos. Com efeito, de Isamu Noguchi a Yannis Kokkos, de Wilfrid Minks a Guy-Claude François, de Jean-Pierre Chambas a Eduardo Arroyo, de Gae Aulenti a Yannis Kiounellis, os cenógrafos, consciente ou inconscientemente, parecem integrar muito naturalmente as descobertas científicas do seu tempo, tão bem

---

1 Citado em J. Couelle, Construire un espace déjà habité. *Jeu*, n. 69, p. 33-40, dez. 1993. Entretien avec Michel Goulet.

que o seu trabalho de criação contribui, de um lado, para refletir (no sentido de reproduzir) a experiência que temos do espaço no cotidiano, e por outro lado para modificar, pelo viés de sua arte, os modos de percepção que dele temos. Assim, eles aparecem ao mesmo tempo como herdeiros do seu tempo (no que se juntam a nós e testemunham sua época), como também enquanto prospectores do futuro (ao instituir novas estratégias de percepção).

Um exemplo nos permitirá ilustrar essa intenção. Gostaria de analisar o gênero de espaço do qual certo espetáculo, *Urban Dream Capsule* (Cápsula de Sonho Urbano), levado em maio de 2000, se serviu e o gênero de percepção que ele autoriza. Tomarei tal exemplo como trampolim de uma reflexão que nos permitirá examinar aquilo que os cientistas nos dizem de nossos modos de percepção do espaço atual, inserindo exatamente esta reflexão na história.

Na primavera de 1999, no Festival de Teatro das Américas apresentado em Montreal, no quadro de suas atividades um espetáculo intitulado *Urban Dream Capsule*, realizado por um grupo de artistas australianos. Tratava-se de uma instalação performática imaginada por Neil Thomas, o fundador da companhia. Este havia concebido uma instalação nas vitrinas de um grande magazine (La Baie) reformuladas como um apartamento onde deveriam evoluir durante quatorze dias, sem qualquer interrupção, quatro atores entregando-se a suas atividades cotidianas sob o olhar permanente do público. Um quarto de dormir, uma sala, uma cozinha e um banheiro eram apresentados, assim, de maneira frontal, os atores passando de um espaço para outro conforme suas atividades e seus desejos. Nada de cortinas ou persianas para assegurar-lhes intimidade: refeições, duchas, sono, atividades de lazer aconteciam sem cessar em interação com milhares de espectadores desfilando a toda hora, de dia e de noite, para saber onde estariam os quatro arte-astronautas. Estes últimos moravam num espaço colorido no qual os objetos eram mais importantes do que as formas, onde os deslocamentos tinham mais sentido do que a própria ação que deveria ser executada. A audição estava excluída desse universo. O espectador não podia nem escutar e nem falar com os atores, a não ser pelo viés de uma mediação tecnológica: telefone, fax, mensagem eletrônica, Internet[2], mas também por desenhos e sinais através do vidro. Nenhuma narração contínua estruturada se desenrolava nesse espaço, senão inúmeras micronarrativas espontâneas seguindo os eventuais encontros e diálogos com o público. Os atores contentavam-se em viver no cotidiano da vida que os espectadores que os olhavam levam habitualmente nos seus apartamentos, atrás de paredes e cortinas. Os atores tornavam visível a máscara de nossa sociedade, desvelavam, como afirmavam a si mesmos, "o espaço urbano íntimo".

Longe de seguir uma narrativa (inexistente) ou um diálogo (mudo), longe de admirar uma estética, os espectadores – que seguiram tal experiência aos milhares – contentaram-se em estar presentes, em estar ali, experimentando as sensações, emoções diante do espetáculo que resultava do evento[3].

Tal sucesso nos interroga sobre aquilo que parece estar nas próprias antípodas de um teatro de arte. Entretanto, o público encontrou prazer nele, uma ludicidade que ele nem sempre encontra nas experiências mais "artísticas". Um público não habituado ao teatro foi cooptado, arrastado por esse universo que lhe foi proposto. O mesmo aconteceu com o público habitual do festival.

Confrontado com *stimuli* e sensações provenientes de todo o espaço visual (lembremos que o som direto estava ausente desse universo)[4], o espectador deixava-se arrastar pelo jogo de

2   Cf. disponível em: <www.urbandream.com> ou <www.alphalink.com.au/~surreal>.
3   O espetáculo, apresentado pela companhia em maio de 1999 em Montreal, inseria-se numa série de instalações iniciadas pelo grupo no começo dos anos de 1990 e que não cessou de continuar desde então (Gent, 1999; Londres, 1999; Festival da Nova Zelândia, 2000; Perth, 2001; Chicago, 2001). Precedeu, é claro, a edição francesa *Loftstory* difundida no M6 em 2000-2001, que obteve grande sucesso popular, da mesma forma que a maior parte *dos reality shows* das cadeias de televisão americanas e inglesas. Alguns paralelos poderiam ser destacados e que aproximam essas várias experiências. A maior diferença reside no fato de que, no nosso exemplo, houve ao longo de toda a experiência uma interação com o público, o que não é o caso dos *reality shows*. Essa interação constituía parte importante do espetáculo.
4   Porém havia o som da rua. O espectador podia ouvir as reflexões dos outros espectadores e suas tentativas de comunicação com os artistas.

sensações, de percepções experimentadas. A dimensão cognitiva que permanecia presente revela-se inoperante pelo fato de não esclarecer minimamente o espetáculo. O espectador era antes confrontado com uma instalação espacial que o incluía e o excluía ao mesmo tempo. Ele não tinha que compreender nada, mas sim experimentar.

Nossa hipótese é que a razão de tal sucesso deve ser procurada na própria natureza dessa experiência que se acrescenta à experiência teatral naquilo que ela tem de mais fundamental, uma experiência baseada, antes de mais nada, na relação do espectador com o espaço, um espaço que se articula, no caso, em três campos de intervenção: espaço do palco, espaço do espectador, espaço virtual, e em três modos (espaço-imagem, espaço-forma, espaço-volume). Tais espaços não somente nos remetem ao nosso estilo de viver nosso espaço cotidiano (espaço vivido de modo um tanto obsoleto), mas nos confrontam com uma relação distinta de espaço (e com um espaço distinto), que se situa no nosso cotidiano atual, espaço do qual Paul Virilio esclarece alguns parâmetros (espaço-plano, superfície-limite).

Nesse exemplo, dois aspectos merecem especial atenção e levantam duas séries de questões:

a. Quais são as características desse espaço assim criado por Neil Thomas e sua equipe num contexto tão atípico? Que gênero de leitura faz o espectador? Como ele o percebe e como o lê a partir de seus esquemas perceptivos, cognitivos, mnemônicos ou imaginários? O interesse do exercício, nesse caso, reside em que tal espaço cênico soma-se ao funcionamento da cena teatral mais tradicional ao emprestar amplamente o espaço cotidiano para o essencial, um cotidiano que divide, na sua grande maioria, com o público convidado a vir *olhar*.

b. Por outro lado, no que esse gênero de experiência praticada pelos artistas – cenas banais sobre temas variados com os quais cada um de nós entra em contato cotidianamente sem nem mesmo prestar atenção – pôde desencadear tão grande interesse, a tal ponto que os espectadores não apenas passavam longos períodos à sua frente para olhar os atores entregando-se às atividades de nossa vida cotidiana (trabalhar na cozinha, passar roupa, fazer os jogos sociais), mas também voltando a ele sem parar como que movidos pelo desejo de ver onde se deu essa experiência e o que poderiam fazer os atores na sua redoma?[5]

Espaço-Volume e Espaço-Forma

À primeira questão – quais são as características desse espaço? – é fácil responder que o espaço apresentado ao espectador estava disposto em camadas diferenciadas de sedimentação.

A primeira camada de percepção mantinha uma sensibilização nas próprias dimensões da "cena", do espaço com o qual o espectador era confrontado quando de sua chegada. Tendo ouvido falar da experiência, o espectador conhecia bem seu princípio, não os seus parâmetros. Tratava-se para ele, portanto, de identificar o lugar real em que ela se desenrolava, o espaço que a tornava tangível. Tratava-se, no caso, de um lugar físico: largura das vitrines[6], profundidade, altura dos tetos, presença do vidro. O espectador calculava-lhe o volume, interrogando-se sobre as dimensões (são elas adequadas para se viver quatorze dias enclausurado?). Esse primeiro contato passava pelos sentidos antes mesmo que uma análise interpretativa elaborada se sobrepusesse a esse primeiro contato.

Um segundo espaço de percepção adicionou-se ao precedente: de diferente natureza, ele era repleto: o passeio e a rua, o espaço exterior onde os espectadores, de pé atrás dos vidros, deambulavam observando os quatro arte-astronautas que se apresentavam como espetáculo. Tal espaço, estando claramente delimitado, via seus limites mudarem em função da densidade dos espectadores. Conforme a hora do dia, a temperatura, o espaço do espectador flutuava de forma semelhante em importância.

Nesse primeiro nível, o espectador identificava o *espaço- -volume*. É nesse espaço que os demais níveis de leitura iam se enxertar.

[5] Essa situação lembra as experiências ao vivo na web (webcam ao vivo), mas também, como o dissemos anteriormente, todas as séries televisivas que se desenvolveram abundantemente há alguns anos e que fascinam o público: *Big Brother, Loft Story, Survivor*.
[6] O palco é vasto (vinte metros – equivalente a quatro peças colocadas em fileira num apartamento).

Outro espaço estava presente igual e repentinamente, o do grande magazine no qual se encaixava a "cena", no mínimo atípico. Constantemente presente, ele existia na percepção do espectador como lugar de acolhida dessa curiosa experiência e o espectador mensurava igualmente a distância que separava as funções habituais de tal espaço – apresentação de objetos inanimados feitos para serem consumidos – e a ação que se desenrolava diante dele, ao colocar em cena seres vivos ocupados em viver. Nesse caso, a percepção do espectador passava pela mediação de uma análise, medindo a distância entre a função habitual de tal lugar e o uso lúdico que dele era feito. Ele percebia assim o espaço do magazine, as peças, sua disposição de umas com relação às outras. Seu trabalho dependia da percepção do *espaço-forma* e do *espaço-imagem* ao mesmo tempo. Nessa segunda fase, o espaço é percebido, dizem-nos os cientistas, como ícone dado a ver. Ele defronta o espectador que lhe avalia o volume, as formas, as texturas e cores. É percebido como bidimensional. Não é senão nesse caso preciso, em que o espectador está no espaço de atuação, que tal bidimensionalidade se apaga e que o espectador entra no espaço-volume.

Portanto, de um lado, um espaço fechado – o dos atores – totalmente envidraçado, aberto para o mundo e que olhava o espectador; de outro um espaço aberto – o dos espectadores –, porém cuja linha do horizonte estava fechada pela parede do palco. Todas as condições da situação teatral estavam lá: situação frontal, enquadramento do palco, fenômeno de exposição. A disposição do espaço superpunha teatro e objeto comercial, transformava os atores em objetos do olhar (e por extensão, em objetos de consumo).

Esses três níveis de percepção do espaço (espaço-imagem, espaço-forma, espaço-volume) são evidentes, porém dão conta da maneira pela qual são apropriadas habitualmente todas as formas de espaço, em particular as que se acrescentam ao espaço da sala. Ora, esse espaço é também frequentemente o do palco à italiana.

O que evidenciam as primeiras observações:

1. A importância da *apropriação sensorial* na experiência teatral – e de maneira geral, na experiência artística. Nessa

apropriação do espaço pelo sentido, a visão ocupa um lugar fundamental, veiculando mais informações do que o resto dos sentidos[7]. Tal visão alterou-se, afinou-se ao longo dos séculos. As mutações sobrevindas não revelam simplesmente que a quantidade de informações recolhidas a partir do olhar mudou (a quantidade seria, parece, mais importante hoje do que outrora), porém revelam também a importância, a credibilidade e o lugar maior dado ao olhar e à informação visual que ele veicula na construção do sentido. É isso que proporciona a peça *Urban Dream Capsule*. Nela, tudo passa pelo olhar: ação, gesto, mímica. Toda a construção de sentido passa por um trabalho de percepção da imagem e de seus componentes, uma imagem a seguir duplicada pela interação que se instala com o espectador, os arte-astronautas não se contentam em fazer gestos, porém reagem, por seu lado, aos estímulos dos espectadores. Apenas o olhar carrega a ação, determina a interação, permite à ação ser acompanhada. O único canal de informação e comunicação passa pelo olho do espectador. Todo um domínio de pesquisa se interessa atualmente por esta pregnância do olhar no teatro, o teatro atual tendo se tornado o lugar do olhar mais ainda do que o da escuta[8].

2. O que nosso exemplo evidencia igualmente é que o espaço visual é feito totalmente de um *agregado de estímulos sensoriais*, que solicitam não apenas o olhar mas também todas as outras faculdades sensoriais do sujeito (sensação de proximidade dos demais espectadores, tocar o vidro, manipulação do telefone, envio de e-mails). A experiência teatral, no caso, é como um lugar de polissensorialidade. O importante para o espectador, portanto, não é reconhecer lugares reais ou fictícios, mas viajar nas formas, nas estruturas da matéria: nesse caso, cores, a superfície, a tessitura, a maciez, o tocar. O espectador se satisfaz em perceber a horizontalidade, a verticalidade, formas abertas, fechadas, massas cromáticas. Tal polissensorialidade é primária

---

[7] É, pelo menos, uma das hipóteses expostas por E.T. Hall, que nota: "o nervo ótico possui cerca de dezoito vezes mais neurônios que o nervo coclear, pode-se concluir daí que ele transmite pelo menos dezoito vezes mais informações", fato que o leva a afirmar que os olhos são mil vezes mais eficazes do que o ouvido. E.T. Hall, *La Dimension cachée*, p. 62-63.

[8] A expressão é de Wilson, velho mestre na arte de desestruturar os discursos cênicos uns em relação aos outros. É preciso, diz, "tornar estranho o hiato entre o olhar e a escuta".

e acompanha de modo indissociável a codificação das significações que lhe são em geral e espontaneamente atribuídas. Quando um artista como Mnouchkine fala da necessidade de fruição do olhar no teatro, é precisamente tal polissensorialidade que ela evoca. O espaço visual não destaca, portanto, simplesmente pela vista, mas também pelo sentido.

No entanto, a percepção do espectador não se limita unicamente aos sentidos. É uma combinação de sensação, de percepto e de conceito. Implica, certamente, a imediatez da percepção dos significantes (matéria, textura, cor, profundeza, vectorialidade, verticalidade, horizontalidade, formas abertas, fechadas, massas cromáticas), mas também o tratamento cognitivo que permite pensá-las e analisá-las[9].

Da Percepção à Cognição

Seria interessante poder remontar à fonte das percepções e destacar o percurso que leva dos mecanismos neurofisiológicos que governam a apropriação do espaço até a leitura do espaço na representação (espaço simbólico). Uma tal travessia ainda resta a ser feita. Ela reanimaria os partidários do "homem neuronal", que tentam mostrar no que os processos do pensamento humano podem ser analisados em termos de mecanismos neurofisiológicos.

A questão de saber como passamos da percepção à cognição ou, mais exatamente, como passamos de um modo de percepção não verbal do espaço para uma análise discursiva de tipo semiológico, ou dizendo de outro modo, como passamos de um espaço real percebido pelos sentidos (inserido no princípio de prazer ou desprazer) para um espaço simbolicamente marcado e ligado a uma rede de significações que se destaca em maior grau do pensamento, continua difícil. Vamos chegar, no

9   Dessa forma, o espaço parece destacar tanto o real quanto o imaginário. Uma análise completa de um espaço deveria, assim, interessar-se não somente pelo aspecto visual, mas também por todos os outros sistemas sensório-perceptivos, exteroceptivos e proprioceptivos (o espaço tátil [háptico], auditivo, olfativo, gustativo, cinestésico, postural), como também pelos sistemas interoceptivos (álgicos, imaginários, tímicos). É da combinação de todas essas sensibilidades que nasce a percepção de um espaço específico.

caso, ao cruzamento entre as ciências cognitivas e as ciências da percepção, domínio que tenta fazer a ponte com maior ou menor sucesso entre as ciências exatas e as ciências humanas para realizar a passagem que vai do átomo ao pensamento, seguindo os circuitos cerebrais e neurológicos que explicariam, em parte, a experiência estética.

O que permite analisar a experiência de Neil Thomas é que toda percepção do espaço visual é antes de mais nada de ordem cinestésica. Ela passa pela apropriação dos deslocamentos, movimentos, ações daqueles que participam, confirmando aquilo que os físicos nos ensinaram: que o sentimento do espaço nos é dado pelo deslocamento dos corpos uns em relações aos outros e por sua inter-relação, mais do que pelas imagens que a retina grava[10]. Tal apropriação envolve o esquema corporal do sujeito, visto que o espectador julga esse espaço, experimenta-o, prova-o mesmo no seu corpo.

Algumas encenações exploram de modo mais aprofundado que outras a importância dessa vivência do espaço (cf. La Fura dels Baus). Há portanto, para o espectador, uma verdadeira experiência do espaço, seja porque ele se encontra introduzido nele, como é o caso de algumas experiências de palcos ambientais[11], seja porque tal espaço seja dado a ver e a construir simbolicamente, como o que ocorre em *Urban Dream Capsule*.

Tal passagem pelo próprio corpo do sujeito faz da experiência espacial no teatro um fenômeno que remete para além dos mecanismos perceptivos comuns, para a subjetividade de cada um: subjetividade do pensamento, da memória, do imaginário

10 De acordo com Frederick Kiesler, arquiteto austríaco que tentou definir o espaço cênico em termos modernos a partir de 1926: "O espaço não existe enquanto espaço senão para a pessoa que nele se desloca. Para o ator e não para o espectador." [*Space is space only for the person who moves about in it. For the actor, not for the spectator*], ver Debacle of the Modern Theatre, *The Little Review*, n. 11, winter 1926, p. 67.

11 Nos anos de 1970, inúmeras experiências introduziam dessa forma o espectador num lugar "atípico" e a experiência desse último provinha tanto de seus deslocamentos no seio de um dado espaço quanto daquilo que nele se desenrolava: ver *Promenade (parcours) dans le noir* (Passeio [percurso] no Escuro), espetáculo feito por cegos e apresentado no Festival de Avignon em 1994. Cf. também o teatro de Tampere, na Finlândia, que é o único teatro no mundo, que eu saiba, no qual os espectadores estão sentados em pleno ar num palco rotativo. São, portanto, os espectadores que se deslocam para seguir as ações dos atores colocados num nível inferior em terra firme.

e, mais ainda, subjetividade do corpo. Com efeito, na medida em que a percepção do espaço visual implementa o esquema corporal do sujeito, remete à individualidade de cada um.

Essa experiência acentua, portanto, que a percepção do espaço, longe de ser um objetivo dado, que existiria ao redor do sujeito e do qual ele poderia mensurar as propriedades circundantes a partir de sua posição como sujeito é, antes de tudo, um dado *subjetivo* que percebe o sujeito através da mediação de suas próprias percepções corporais, as quais, elas próprias, são ativadas por alguns estímulos implementados pelos artesãos do espetáculo. Não se trata somente, nesse caso, de referências ao domínio da cognição que atrai, seguramente, a subjetividade de cada espectador, mas da referência à subjetividade do próprio corpo.

A força da instalação de nossos artistas australianos vem do fato de que conseguem combinar e dissociar para o espectador, ao mesmo tempo, o espaço-volume, o espaço-forma e o espaço-imagem, ao permitir plenamente ao espectador uma experiência sensorial e cognitiva de cujo percurso ele estava alienado e que foi deixado à sua própria iniciativa.

A *Superfície-Limite*

Nossa relação com o espaço, não obstante, não se dá mais unicamente pelas formas evocadas acima: a relação alimenta-se também conforme os modos que Paul Virilio expôs no seu: *L'Espace critique* (O Espaço Crítico).[12]

Virilio insiste na importância que se dá atualmente à superfície-limite no nosso espaço cotidiano. Esta parece ser uma das modalidades de acordo com a qual se percebe o espaço onde evoluímos no nosso mundo contemporâneo. Ele observa, assim, que nossa relação dominante com o espaço tornou-se a da *interface*. Tal relação é resultante da retomada em questão da "noção de *limite* [que] se apossou das mutações que dizem respeito tanto à fachada como ao *vis-à-vis*". A fachada, como realidade do espaço, parece ter desaparecido, como se nunca estivéssemos diante de um espaço – Virilio fala aqui da cidade –, porém

12 P. Virilio, *L'Espace critique*, Paris: Christian Bourgois, 1993.

repentinamente dentro. E ao colocar a questão, podemos ainda falar de uma fachada no espaço das cidades atuais? Questão à qual Virilio responde pela negativa, acrescentando que outras mutações caminham paralelamente com esse desaparecimento da fachada e do *vis-à-vis*: da oposição centro/periferia bem como da oposição "intramuros"/"extramuros", que dariam uma axialidade ao dispositivo urbano e que parecem ter desaparecido.

São novos modos de percepção e de criação do espaço igualmente colocados em jogo pelo espetáculo *Urban Dream Capsule*? Caso se atente bem para isso, a encenação de Neil Thomas atinge precisamente essas características. O princípio de fachada, por exemplo, que foi dominante na cenografia durante vários séculos, desapareceu em inúmeras encenações da atualidade, cedendo lugar a espaços que evocam tanto espaços exteriores quanto interiores, cujos limites não estão mais claramente definidos. As leis da perspectiva tornaram-se caducas ao mesmo tempo que os ângulos mortos desapareceram. Tudo é doravante visível, dado a ver. O espaço concreto é colocado horizontalmente, desvelado, sem segredo nem zona de sombra, sem ângulo morto nem zona de fuga. É o fim da perspectiva do *Quattrocento*, diz Virilio.

Mais precisamente, o espectador é em geral colocado de repente na interface[13], quer dizer, tanto no espaço como fora dele. Tal interface concretiza-se na experiência australiana pela vitrina separando e ligando ao mesmo tempo, pelo olhar, os atores e os espectadores. É nessa interação que repousam o espetáculo e o prazer do espectador. Na medida em que, do outro lado da vitrina, os atores desempenham ações insignificantes em si mesmas, a atenção do espectador é centrada mais acentuadamente na interação entre os seres e menos na significação de seus gestos ou na interpretação que se lhes possa dar. A materialidade de seres e objetos perde-se nela. Estamos na superfície, uma superfície que se deixa ver e, através da qual, nos vemos a nós, os espectadores. Virilio fala a esse propósito "da opacidade dos materiais de construção [que] se reduz a nada".

O próprio princípio dessa interação reorganiza o espaço clássico observador/observado num espaço único onde necessariamente os dois lados do espelho estão e onde a interpretação

---

13 Ibidem, p. 12.

dos atores duplica-se com a dos espectadores, apresentando-se a si mesmos como espetáculo, de modo consciente ou inconsciente. O espetáculo é, nesse sentido, resultante não somente daquilo que se produz em cada cena, como também – sobretudo, seríamos tentados a dizer – da interação recíproca entre os indivíduos – atores ou espectadores – de uma parte e outra do palco. Desse modo, aquilo a que assiste o espectador, nessa experiência teatral, envolve a justaposição de duas formas de percepção do espaço:

a. A primeira origina-se do reconhecimento de um espaço euclidiano – ou que se apresenta como tal à primeira vista – na disposição clássica do espaço teatral. Tal espaço é percebido na sua forma, no seu volume e nas suas linhas de fuga, assim como na sua materialidade.

b. A segunda envolve a percepção de um segundo espaço que se sobrepõe ao primeiro e que é calcado naquele da interface e da tela. É o do vidro que separa e que une ao mesmo tempo os atores e os espectadores. É nele que se inserem as redes. No vidro, o espaço se torna superfície, uma estrutura de suporte, um "muro-cortina", diz Virilio, "pelo qual a transparência e a leveza de algumas matérias (vidro, plastificações diversas) substituem o aparelhamento de pedras das fachadas"[14]. O espectador é confrontado com uma realidade que se apresenta como um jogo, cada ação apagando aquela que a precede numa instantaneidade na qual importa apenas a interação presente.

Uma vez mais, o que conta para o espectador não é a natureza da ação posta no outro lado do vidro (passar roupa, lidar na cozinha), porém o simples fato de que essas ações ocorrem e que são dadas a ver sob o olhar intervencionista e lúdico do espectador (que modifica os ingredientes de uma receita de cozinha, indica a existência de um vinco). A natureza da percepção do espectador não é mais, desde então, unicamente a de um dado espaço, mas também a de uma temporalidade. As ações se desenrolam e se inserem no tempo, um tempo que é um "presente permanente".

Estamos num espaço no qual o funcionamento parece resultar de um espectador diante de sua tela: volumes, formas e limites

---

14   Ibidem, p. 13.

do espaço apagam-se unicamente em proveito desse vidro, face plana de duplo sentido onde as redes se inserem de um lado e do outro. Segundo Virilio e René Thom, tal forma de percepção é doravante a de um mundo no qual realmente evoluímos.

O Espaço-Plano

Tal mudança nos nossos modos de percepção do espaço atualmente, que nos faz percebê-lo como espaço-plano, ou ainda tela-espaço, caminha paralelamente com uma desrealização e com uma virtualização do real. Ora, tal virtualização do real traz, por seu turno, uma virtualização do espaço, que perde sua materialidade, deixando-se apreender como estrutura rizomática onde circula o lúdico e onde todo trabalho do sentido perde sua necessidade. Desse modo, em *Urban Dream Capsule*, permite-se aos espectadores jogar com a realidade que observam caso desejem, pois podem seguir algumas das atividades na internet. O espectador tem, com efeito, múltiplas possibilidades eletrônicas para seguir os atores caso os perca de vista: o espectador pode reencontrá-los na tela, escrever-lhes. Ao recusar, dessa forma, o princípio de fim da ação (ou do espetáculo – visto que esse dura quatorze dias sem interrupção), o espectador pode viver a experiência tanto *on line* quanto *off line*. Ele se apropria tanto do aspecto de evento da ação real quanto sua virtualização. Ainda nesse caso, os conceitos de Virilio são esclarecedores:

> O espaço construído participa de uma topologia eletrônica na qual o enquadramento do ponto de vista e a trama da imagem digital renovam o parcelamento urbano. À velha ocultação privado/público, à diferenciação da habilitação e da circulação, sucede uma superexposição na qual cessa a distância do "próximo" e do "longínquo", da mesma forma que desaparece na varredura eletrônica dos microscópios, a distância do "micro" e do "macro".[15]

Tal virtualização do real compreende um espaço que se tornou uniformemente chato, onde todas as coisas, objetos,

---

15 Ibidem, p. 14.

sujeitos, seja qual for sua figura, acabam por ter a mesma importância e a mesma realidade. Passamos do espaço-volume para o espaço-plano.

O mesmo acontece com as ações colocadas na cena: não existe mais uma ação mais importante do que outra, mais central, mais indispensável. O espaço acha-se aplanado, vazio de sua substância. Não subsiste senão uma realidade que deixa ao espectador um prazer "hedonista" que lhe chega pelos sentidos. Como nos lembra a respeito Virilio: O "tempo nele se faz superfície"[16], o tempo "expõe-se" e força o espectador a abandonar sua sedentariedade[17].

O sucesso de *Urban Dream Capsule* parece-nos decorrer de todas essas razões ao mesmo tempo e, mais especificamente, do fato de que são apresentados conjuntamente ao espectador dois espaços antagônicos:

De um lado, um espaço originado de uma realidade que se presta a uma apropriação tangível do espectador, meio do viés dos seus sentidos. Ora, tal espaço apresenta a todos o inapresentável, o oculto, o invisível, o insignificante de nosso cotidiano para todos, tornando-o rapidamente significante. Ao fazê-lo, apresenta o reverso de nossas vidas: ações íntimas, banais, que não são feitas para ser vistas ou apresentadas ao outro, que emanam geralmente do íntimo e da relação consigo próprio. O papel de quem assiste ao espetáculo é igualmente acentuado, mas também rapidamente legitimado. Esse espaço é apresentado segundo as normas clássicas do teatro (espaço-imagem, espaço-forma, espaço-volume).

Por outro lado, tal espaço se enriquece por um segundo espaço, um espaço virtual, um espaço distinto que representa alguns momentos do cotidiano e reproduz o espaço real. Nesse espaço, os espectadores também intervêm, embora diferentemente. Tal espaço é um espaço-superfície, um espaço-plano sem imagem fixa, sem volume e sem forma determinada. É um espaço inscrito no tempo. Talvez seja esse o espaço-tempo do qual falava

---

16 Ibidem, p. 15.
17 Ibidem, p. 15. Aqui seria preciso um desenvolvimento com relação às cenografias nas quais não há mais do que uma iluminação artificial, atemporal. "Ao tempo *que passa* da cronologia e da história, sucede um tempo que *se expõe* instantaneamente."

Gilles Deleuze, o espaço dominante do amanhã, um espaço em permanente ajustamento e em *re*ajustamento para o espectador.

Está claro que doravante estamos num espaço sensorial e cognitivo muito diferente daquele no qual se inseria o teatro dos períodos anteriores. É tal mudança nas nossas formas de apreensão do espaço que o trabalho sobre o conceito de espaço, no decurso dos últimos trinta anos, de historiadores, fisiologistas, filósofos, antropólogos, sociólogos, nos permite mensurar.

NOVOS MODOS DE PERCEPÇÃO

Com efeito, nossas explorações no domínio do espaço teatral foram enriquecidas no decorrer dos anos com numerosas descobertas científicas – físicas e neurobiológicas sobretudo –, que nos permitem esclarecer nossas formas de recepção e percepção do espaço, modos que permanecem fundamentais na experiência estética da representação. As pesquisas dos fisiologistas destacam, por exemplo, que nossa própria concepção do espaço mudou através dos séculos e que o domínio artístico carrega a marca de tais transformações, quando não as precede.

É preciso ler, por exemplo, as páginas de E.T. Hall sobre o modo pelo qual as obras dos artistas destacam nossos modos de percepção e as mudanças sofridas ao longo dos séculos, a partir da Renascença até o presente. Essas perspectivas permitem explicar de maneira iluminadora a história das mudanças cênicas que afetaram o espaço teatral. Elas mostram, em particular, como todo o espaço teatral carrega a marca da evolução de nossos modos de percepção do espaço, modos que evoluíram e que se afinaram com o tempo na medida em que nossa própria visão – no sentido fisiológico do termo (capacidade de ver) – mudou, modificando não apenas nossos modos de percepção, como também nosso modo de apreensão do mundo (cognição).

Apoiando-se nos trabalhos de pesquisadores como Gyorgy Kepes[18], e sobretudo nos de Gibson[19], que inventariou treze varie-

---

18   G. Kepes (1944), *The Language of Vision*, Chicago: P. Theobald, 1951.
19   Konrad Marc-Wogau opõe a teoria de Gibson àquela do médico Hermann von Helmholtz sob o pretexto de que Gibson recusa-se a reconhecer que a percepção é construída a partir de sinais dados pelos órgãos, "inconsciente

dades de perspectivas e impressões visuais associadas à percepção da profundidade, E.T. Hall mostra como o artista medieval, tal como nos revela a arte da época, ainda não tinha aprendido a distinguir o campo visual (imagem real gravada pela retina) e o mundo visual constituído pelo conjunto daquilo que é percebido. Ele não conhecia então mais do que aproximadamente seis formas de perspectivas (perspectiva aérea, continuidade linear, situação dos objetos na parte superior do campo visual, começando depois a compreender as perspectivas que dizem respeito à textura, à dimensão, ao espaçamento linear).

De acordo com Hall, a Renascença sofreu uma revolução ao introduzir as leis da perspectiva, porém estas, ao postular um ponto fixo, obrigaram a tratar o espaço tridimensional em duas dimensões. Ao fazê-lo, os artistas aumentaram o espaço, introduzindo-lhe várias linhas de fuga. O espaço tornou-se mais dinâmico e mais complexo de se organizar[20].

Mais especificamente, Hall menciona o papel que alguns artistas antigos (Vinci, Tintoretto, Rembrandt, Hobema) ou modernos (Mondrian, Dufy, Bracque, Mirò, Kandínski) desempenharam, eles próprios, no estabelecimento de uma nova percepção do espaço. Hall mostra, dessa maneira, como a obra de Rembrandt revela que esse artista teria sabido, muito antes dos cientistas, distinguir visão foveal, macular e periférica e, desse modo, conseguir evocar distintamente em suas obras o campo visual e o mundo visual[21].

Os impressionistas, por seu turno, descobrem algumas características da percepção e da visão que Gibson e outros

> inferência" de dados correntes fornecidos pelas imagens da retina e armazenados a partir de percepções passadas. O que Gibson recusa é reconhecer que a percepção é dada pelos processos ativos que constroem a visão a partir de dados fragmentários ópticos e armazenados na memória, apoiados por sinais vindos de outros sentidos. O que ele recusa, filosoficamente, é que a percepção representa objetos. Ele vê as percepções como seleções passivas – e portanto como parte de uma realidade física. Perceptual Space, em Maja Svilar; André Mercier (ed.) *L'Espace... Space*, Berne: Peter Lang, 1978, p. 188-189.
> 20 Todavia, o que a Renascença fez foi aprender a ligar a figura humana ao espaço de forma matemática e a regular suas dimensões em função das diferentes distâncias.
> 21 Gibson define o campo visual como sendo "constituído sem cessar pelas estruturas luminosas mutantes gravadas pela retina da qual o homem se serve para construir seu mundo visual". Apud E. T. Hall, op. cit., p. 88. Ver *The Perception of the Visual World*, Boston: Houghton Mifflin, 1950.

pesquisadores teorizarão em seguida. Estabelecem uma distinção entre luz ambiente, que amplifica o ar e que é refletida pelos objetos, e luz irradiada que são da alçada do domínio da física. Seus trabalhos são uma ilustração da importância que a luz ambiente exerce na visão. Os impressionistas desviaram, portanto, novamente, a atenção para o espaço.

Mesmo que tais constatações, que Hall retoma por conta própria, não sejam unanimidade, para nós o importante é que elas estabelecem a hipótese de "que o homem habitou inúmeros mundos perceptivos diferentes e que a arte constitui uma das fontes de esclarecimento das mais abundantes sobre a percepção humana"[22]. Elas mostram em que medida os artistas puderam agir como precursores nessa área.

A reflexão é interessante porque nos força a modificar o ângulo sob o qual temos a tendência de abordar o espaço nas obras artísticas e, muito particularmente, no teatro[23]. Com efeito, longe de não ser mais do que a ilustração de descobertas científicas que se dão em outro campo (nesse caso, a percepção do espaço), Hall nos mostra que, de fato, as obras de arte precedem-nas às vezes, as anunciam e as tornam tangíveis. Os artistas emergem delas como os precursores de uma nova ordem visual. Muito antes do que os cientistas, os artistas conseguiram tornar tangíveis e legíveis nas suas pinturas não apenas uma nova ordem visual (por exemplo, Rembrandt), como também uma nova maneira de ver e de olhar o mundo. Eles nos ensinaram a "ver" de outra maneira.

Ver de Outra Maneira

Tal transformação que teriam operado as artes ao criar uma nova ordem visual, não poderia ser também a marca do teatro da atualidade e muito particularmente de algumas formas estéticas que emergiram na segunda metade do século xx, na

---

22 E.T. Hall, op. cit., p. 110-116.
23 Essa reivindicação deveria igualmente permitir darmo-nos conta da mudança de perspectiva concernente ao espaço que afetou toda a nossa época, e de cuja mudança o espaço teatral, e mais precisamente o espaço visual no seio desse espaço teatral, carrega também essa marca.

medida em que certo teatro – teatro de imagens, teatro ambiental, teatro tecnológico – fazia sua aparição? É o que tentam provar certo número de pesquisas encetadas desde há alguns anos no Canadá, no campo das ciências cognitivas, como as de Chantal Hébert, Irène Perelli-Contos, Marie-Christine Lesage, Pierre Ouellet, Jocelyne Lupien. Tais pesquisas mostram, com o apoio de análises, que o teatro de imagens instituiu efetivamente uma nova sensibilidade no espectador[24].

De fato, se observarmos algumas formas teatrais dos últimos trinta anos, dos quais Robert Wilson é uma das figuras mais marcantes, pode-se observar que essas instituíram novas formas de escritura cênica definitivamente separadas da lógica predominante ligada à pregnância do texto dramático (Reza Abdoh, Tadeusz Kantor, Elizabeth Lecompte, Bob Wilson, Robert Lepage). A hipótese dessas pesquisas é que essas novas escrituras teriam, elas próprias, modificado radicalmente nossos modos de percepção[25].

Ao apelar a procedimentos sobretudo utilizados nas artes plásticas – *performance art*, instalação, videoarte –, recorrendo a todas as formas de tecnologias modernas (*laser*, informática, *flash* eletrônico, instalações de arte tecnoecológicas, fotos, vídeo, filmes, novas tecnologias digitais, holografias), usando também textos como materiais sonoros, mais ainda do que como

---

24 Ver os diversos textos em Chantal Hébert; I. Perelli-Contos (eds.), *Théâtre, multidisciplinarité et multiculturalisme*, Nuit Blanche, 1997, p. 23-40. Ver também P. Ouellet (ed.), *Action, passion, cognition*, Nuit Blanche, 1997, e muito particularmente Jocelyne Lupien, La Polysensorialité dans les discours symboliques plastiques, p. 247-265.

25 De acordo com Marie-Christine Lesage, por exemplo, o paradoxo de alguns espaços visuais da atualidade é que, sendo completamente realizados com materiais duros – aço, madeira –, transformam-se numa tal virtualidade que não subsiste, para o espectador, mais do que a percepção de espaços em perpétuas movimentações e a projeção de imagens memoriais que lhes são próprias. Não estando mais ligado à evocação de uma realidade mimética, o espaço visual escolhido por inúmeros encenadores alimentados pelas artes plásticas tornou-se um espaço puro, espaço em *trompe l'oeil* que somente a interpretação do ator (e das tecnologias) ativa (Reza Abdoh, o Wooster Group, *Urban Dream Capsule*). O espaço tornou-se máquina de sensações.
   Para os cenógrafos, o desafio é conseguir manter, com relação ao espectador, liberdade de percepção, permitindo-lhe navegar entre o reconhecimento e a exploração, deixar-se ir às suas percepções, porém com a possibilidade de estar sempre vinculado ao espetáculo. Ver Installations scéniques: Le Cas du Théâtre UBU et du collectif Recto Verso, *L'Annuaire théâtral*, n. 26, nov. 1999.

significações, essas encenações procuram instalar o espectador num estado, numa certa atmosfera, mais do que incitá-lo a decodificar de maneira racional as representações visuais que poderiam ser-lhe dadas a ver. Ao fazê-lo, tais encenações forçam o espectador a modificar a ordem de suas percepções, obrigam-no a ficar à escuta de suas sensações iniciais antes que as outras se tornem objetos de cognição (percepção, conceito).

As encenações procuraram outro modo de diálogo com o espectador, um diálogo que passa pelo corpo, muito antes de se dirigir ao espírito. Como lembrava Wilson no começo de suas encenações, na ocasião em que trabalhava com Joseph Andrews e Christopher Knowles: o corpo ouve e percebe diretamente sem que o intelecto intervenha. Numerosas encenações tentam há trinta anos tal diálogo direto com os sentidos, um diálogo que as artes plásticas, as performances e a videoarte desenvolveram com muito maior acuidade. Elas sublinharam a polissensorialidade[26] da cena como lugar de estímulos sensoriais diversos que o corpo percebe. Ao fazê-lo, obrigaram a que o espectador rompesse definitivamente com a antiga ordem[27]. Essa nova sensibilidade tem, por seu turno, influído na representação, a mesma se tornando, como no caso de Wilson ou Kantor, volume, espaço, música, antes mesmo de ser a portadora de uma dada significação ou de uma narrativa. A visão única, predominante, aquela que impunha as leis da perspectiva, cedeu lugar a uma diversidade de pontos de fuga na medida em que as leis da perspectiva foram sendo, elas próprias, abandonadas na cena.

O espaço visual foi, desse modo, transformado num lugar rizomático (na acepção de Michel Serres), onde as redes de sensações se originam (como em *Urban Dream Capsule*), onde o espectador deixa-se impregnar pelos objetos submetidos ao seu olhar. Tal modo de percepção, em que o menor detalhe se torna importante, em que o espaço não é mais nem o portador de sentido único de um texto, nem mimético do real, origina-se de uma estrutura "difusa" na qual o espectador viaja de uma sensação para outra, modificando a percepção que tem de um espaço em mudança frequente senão permanente (quando usa as novas tecnologias) (cf. *La Face cachée de la lune* [O Lado

---

26 Cf, J. Lupien, La Polysensorialité... em P. Ouellet (ed.), op. cit.
27 C. Hébert; I. Perelli-Contos (eds.), op. cit.

Oculto da Lua], *Zulu Time* ou *Les Aiguilles et l'opium* de Robert Lepage). O espaço obriga o espectador a ajustar-se sem cessar, a modificar suas perspectivas, a passar das sensações para as percepções e depois às estruturas cognitivas[28], para desmontar rapidamente as ligações estabelecidas a fim de substituí-las por outras que administram as variações do espaço e dos objetos colocados diante dele. O espectador se acha, portanto, remetido ao subjetivo. É isso que prova, de forma muito convincente, Marie-Christine Lesage e Chantal Hébert na sua pesquisa.

Mais interessante ainda, elas sublinham que os espaços visuais de algumas encenações (pense-se em Wilson, Kantor, Lepage, Lecompte novamente) estabeleceram estratégias perceptivas que necessitam de um ajustamento permanente por parte do espectador, de "renegociações constantes"[29], nas quais a relação percepção-cognição é constantemente reajustada, deslocada, explodida. Nunca reconhecido, o espectador sabe que o espaço que lhe é apresentado tornou-se maleável, sempre pronto a se deformar, a desaparecer para reaparecer de outro modo: a encenação do Wooster Group – *House Lights* (Luzes de Casa, Montreal, FTA, 1999) –, a de *Urfaust* montada por Denis Marleau (Montreal, 1998), ou ainda os *one man show* de Robert Lepage, são ilustrações desses espaços caleidoscópicos em que os limites, as cores, as formas se deslocam sem cessar, conseguindo fazer do espaço uma entidade quase abstrata, diluindo a realidade das coisas para não deixar subsistir senão a força dos traços sensoriais ou memoriais que remetem a alguns modelos mentais[30].

---

28 É evidente que isso que aqui foi apresentado de modo sequencial se faz de modo simultâneo, a percepção sendo por muitos físicos indissociável da cognição; ver Francesco Varela, *L'Inscription corporelle de l'esprit*, Paris: Seuil, 1993.
29 C. Hébert; I. Perelli-Contos (eds.), op. cit., p. 30.
30 Alguns quiseram estudar essas estruturas em termos de teorias do caos, acentuando que a cena é o lugar de uma desordem que se organiza. Cf. C. Hébert, De la mimesis à la mixis ou les jeux analogiques du théâtre actuel (Da Mimese à Mixis ou os Jogos Analógicos do Teatro Atual), em C. Hébert; I. Perelli-Contos (eds.), op. cit., p. 23-40. No mesmo livro, Roger Chamberland, L'Expérience du chaos et la pragmatique du corps, p. 13-23, observa que "A teoria do caos [...] atesta a emergência espontânea da auto-organização de um sistema caótico que, desde que apareça, tende a retornar ao princípio da entropia – o efeito da desordem – que lhe é característico", p. 14. E acrescenta: "Não se pode permanecer no nível da observação e da descrição do sistema sem cair num objetivismo que não considera senão um estado acabado e finito do sistema, sendo, portanto, o caos uma ciência dos processos mais do que dos estados, uma ciência do devir

O espaço assume o papel de "estruturas dissipadoras"[31] lá onde a narrativa, a narração, a interpretação dos atores são reconduzidas a uma materialidade e a uma interpretação mais unívoca. A teatralidade brotaria dessa dinâmica que não cessa de passar da ordem para a desordem. No espaço visual, conduziria o espectador por caminhos cruzados, lá onde o texto (e a narração) o conduziria a um logocentrismo que permanece frequentemente abarrotado. É deste vai-e-vem entre a estrutura linear da língua e da estrutura rizomática do olhar que evoluem encenações como as de Kantor, Wilson, Sellars ou Lepage[32].

Entramos plenamente numa nova ordem visual. O espaço apresenta a si mesmo como espetáculo. Passamos do espaço do espetáculo para o espetáculo do espaço. *Urban Dream Capsule*, portanto, representaria não apenas o universo espacial que nos cerca, mas colocaria nas cenas nossos modos atuais de percepção do espaço, fazendo desses artistas os herdeiros do nosso tempo e os pioneiros do porvir.

Trad. Nanci Fernandes

mais do que o que ocorre, como sustentam inúmeros físicos", p. 15. Ele lembra, por fim, quatro grandes axiomas próprios da teoria do caos, que governam igualmente os fenômenos artísticos e os fenômenos naturais: a. uma dinâmica não linear caracteriza as formas complexas; b. há uma simetria recorrente entre os diversos níveis de escala, de outro modo chamado de invariância de escala; c. nota-se a presença de uma sensibilidade nas condições iniciais que se designa pelo termo "efeito borboleta"; d. o *feedback* em espiral é o princípio regulador do caos e assegura-lhe a estabilidade de modo pontual e aleatório, a entropia exercendo uma pressão muito forte nas estruturas estabilizadoras (p. 16).

C. Hébert se refere, por seu lado, aos trabalhos de Prigogine e de Stengers e fala de "desordem organizadora". Ela lembra igualmente os escritos de Quéau que falou "de arte intermediária" para designar uma arte que não quer mais imitar a natureza, mas que está preocupada antes de mais nada com o que agita a alma e "procura aquilo que visa o movimento e o que o tumultua". Tais conceitos nos lembram que a experiência do espectador é, antes de mais nada, cinestésica.

31 A expressão, emprestada da teoria do caos, é ainda utilizada por C. Hébert, op. cit., que a aplica ao teatro de Lepage.
32 Ver o que dissemos sobre o tema em *Théatralité, écriture et mise en scène*, HMH, 1985, p. 137: "A teatralidade mostra-se, assim, feita de dois conjuntos diferentes: um que valoriza a performance, são as *realidades do imaginário*; a outra que valoriza o teatro, são as *estruturas simbólicas precisas*. As primeiras originam-se no sujeito e deixam falar seus fluxos de desejo, as segundas inserem o sujeito na lei e nos códigos, isto é, no simbólico. Do jogo dessas duas realidades nasce a teatralidade, uma teatralidade que aparece, portanto, necessariamente ligada a um sujeito desejante. Daí, sem dúvida, a dificuldade de defini-la. A teatralidade não o é em si, ela é *para* alguém, ou seja, ela é *para o outro*."

3. O Teatro de Robert Lepage: Fragmentos Identitários[1]

Encontrar um ângulo de abordagem que já não tenha sido tratado para falar do trabalho de Robert Lepage é uma tarefa difícil. Aproveitarei também a ocasião que me é dada para refletir sobre uma questão que me é cara há algum tempo e que questiona as razões do sucesso da obra de Lepage, destacando-lhe outros fatores possíveis além dos que são habitualmente propostos, seja a estética de suas obras, seja o talento incontestável que as impregna. Gostaria de sugerir que uma das razões do sucesso fenomenal da obra de Lepage – sucesso junto a culturas tão diferentes quanto o podem ser as culturas

---

1 Versão revista de comunicação apresentada em Londres na primavera de 2006, por ocasião do colóquio Robert Lepage, organizado pelo Grupo de Pesquisas e Estudos sobre o Canadá Francófono no Reino Unido. O colóquio ocorreu na Canada House, como também no Birbeck College na Universidade de Londres. Devo agradecer a Emilie Olivier e Edwige Petrot pelas pesquisas preliminares e pelas discussões que levaram à redação desse artigo. O mesmo apareceu em Le Théâtre aujourd'hui: histoire, sujets, fables, em Christine Hamon-Sirejol, et al. (dir.), *Théâtre/Public*, Gennevilliers [actes du colloque sur le théâtre contemporain: Entretiens Jacques-Cartier, Lyon, 2003], n. 188, p. 23-29, mars 2008. Versão inglesa prevista para 2009 na *Contemporary Theatre Review*, London. Apareceu igualmente em The Dramatic of Robert Lepage: Fragments of Identity, *Sijo Journal of Aesthetics and History*, v. 17, p. 43-62, March 2008.

norte-americana, europeia e asiática – refere-se ao fato de que talvez os espectadores, qualquer que seja sua origem cultural, reencontram nela inconscientemente o modelo de nossas construções identitárias da atualidade e os valores que a elas estão ligados. Tal questão poderia deixar supor que se trata essencialmente da interculturalidade nas obras de Lepage. Esse aspecto está, sem dúvida alguma, no centro da obra lepagiana, porém não constitui o objeto do meu propósito. Trata-se, com efeito, de mostrar de que maneira a obra de Lepage reflete a fabricação de nossas identidades enquanto "sujeitos" numa sociedade em que o sentido do coletivo e da ética, omitidos durante muito tempo, recomeça pouco a pouco a se afirmar. Trata-se, assim, de trazer a reflexão para um nível existencial, quase ontológico, que diz respeito às etapas da constituição dos indivíduos que somos enquanto sujeitos. Os trabalhos do filósofo Charles Taylor, especialmente *Les Sources du moi: La Formation de l'identité moderne* (Fontes do Eu: A Formação da Identidade Moderna), de 1998, e *Le Malaise de la modernité* (O Mal-Estar da Modernidade), de 2002, nos servirão de fio condutor. Com efeito, o pensamento de Taylor encontra um terreno fértil de atualização na forma pela qual Lepage concebe seus personagens e os faz evoluir. Essa análise também será articulada em torno dos grandes princípios que definem a identidade: a identidade vista como busca de autenticidade, a necessidade de um horizonte "comum de significações" partilhado por todos e, por fim, a criação artística como paradigma de busca da autenticidade.

O IDEAL DE AUTENTICIDADE OU O NASCIMENTO DA NOÇÃO MODERNA DE IDENTIDADE

A noção de identidade, tal como a compreendemos hoje – enquanto criação, pesquisa e compreensão de si mesmo como ser único –, constituiu-se no Século das Luzes. Segundo Taylor, antes do século XVIII os indivíduos eram definidos geralmente por seu estatuto social, seu lugar na hierarquia, seu papel no seio das estruturas sociais e familiares. Frequentemente considerada como imutável, sua posição na sociedade era acompanhada por valores morais e de comportamentos codificados que se transmitiam de geração a geração no seio de cada uma das esferas sociais e estruturavam esse mesmo social. Os indivíduos conheciam seu lugar na grande organização do mundo, aceitavam-no habitualmente sem refletir, sem questioná-lo. As tradições se perpetuavam perenizando, assim, uma ordem que irá minar numerosos séculos vindouros.

No século XVIII, especialmente sob o impulso de Rousseau, a ideia de pertencer a um universo regido por leis e valores morais impostos do exterior (pela religião, pelo rei ou pela sociedade) viu-se colocada em questão e deu lugar ao pensamento de que os seres humanos são dotados de um sentido moral interior, de uma intuição "quase natural" daquilo que é o bem e daquilo que pode ser o mal. Rousseau afirma que a moral e os comportamentos decorrentes dela procedem de uma "voz interior", no caso do indivíduo, e de um certo apoderamento, pelo sujeito, de sua própria liberdade de pensamento, de escolha e de ação. Dito de outro modo, "antes do fim do século XVIII, ninguém pensaria que as diferenças entre os seres humanos tinham tanto de significação moral".[2]

Depois de Rousseau e da profunda mudança de paradigma que ele estabeleceu no seio do pensamento da época, são os filósofos românticos, prossegue Taylor – Herder mais especificamente – que empurraram para mais longe a ideia da identidade como princípio de unicidade, de sinceridade, de originalidade do sujeito. Para Herder, cada pessoa possui em si mesma sua própria medida das coisas e seu próprio modo de assumir sua posição como ser humano. Sob tal perspectiva, na qual cada indivíduo é considerado singular e tendo alguma coisa para expressar, cada um pode ser visto como original com a condição, é claro, de estar sendo sincero consigo próprio. A noção de identidade toma então a forma de uma busca de *autenticidade*. Ora, tal autenticidade que se define como um perfeito acordo consigo mesmo e com os valores morais intrínsecos estabelece-se como um *ideal novo*.

Ser sincero para comigo mesmo significa *ser fiel à minha própria originalidade* [...] é aquilo que sou o único a poder dizer e a descobrir.

2 Charles Taylor, *Le Malaise de la modernité*, Paris: Cerf, 2002, p. 37.

Ao fazê-lo, eu me defino de um só golpe. Realizo uma potencialidade que é propriamente minha. Tal é o fundamento do ideal moderno da autenticidade, tanto quanto os objetivos de desenvolvimento de si mesmo ou da realização de si mesmo nos quais ele é mais frequentemente formulado.[3]

Tal concepção moderna de ideal moral, fundamentado na *descoberta e na construção da autenticidade de si próprio*, está presente em toda a obra de Lepage. Orienta-a mesmo, serve-lhe de ponto de ancoragem filosófica e explica talvez seu impacto sobre o público. As personagens de Lepage representam, inconscientemente é claro, o próprio modelo de nossos funcionamentos enquanto sujeitos sociais e morais na atualidade e permitem aos espectadores que somos que nos reconheçamos, seja em cada um dentre eles ou seja em todos ao mesmo tempo. Com efeito, através da maior parte das criações de Lepage – quer se trate de sagas ou espetáculos solos –, a questão da identidade é constante, uma identidade frequentemente concebida como respeito por sua própria originalidade. É essa busca de identidade e de autenticidade que se desenha como fio condutor da ação na maior parte, senão em todas as obras (ver o exemplo de *La Face cachée de la lune* ou de *O Projeto Andersen*). Ângulo sob o qual se pode abordar as criações de Lepage, mostra este último como um homem profundamente ancorado na sua época, que se centrou no ponto essencial daquilo que estrutura os indivíduos e a sociedade da atualidade.

O princípio (a busca) de autenticidade como ideal moral é lido claramente a partir de *La Trilogie des dragons* (A Trilogia dos Dragões) e não escapou a Lorraine Camerlain, que já observava em 1987: "Trata-se de um texto [...] espetacular que propõe uma certa filosofia. Sem didatismo e sem provocação, a obra propõe a busca de um ideal cujas raízes estão em si mesmo."[4] As duas grandes encarnações da busca de autenticidade nesta obra são Pierrre e Yukali, que encontram a realização do seu ser profundo na terceira parte, no fim de uma evolução que diz respeito, seguramente, a todas as personagens, mas que se afirma mais claramente naquelas cuja juventude encarna o futuro.

---

3   Ibidem; grifo nosso.
4   L. Carmelain, Le Langage créateur, *Cahiers de théâtre Jeu*, Québec, n. 45, 4 trimestre, 1987, p. 96.

De modo interessante, a busca de autenticidade não se faz de forma egocêntrica ou umbilical, mas passa pela mediação da história, uma história que se vive nas dimensões do cosmos, para além da diversidade das culturas. Não é mais a sociedade a responsável pelo futuro das personagens. Estas últimos são responsáveis integralmente por sua constituição enquanto sujeitos. Em *Vinci*, é Philippe que está em busca da integridade e que "no fim de sua viagem [...] contempla a humildade da pequena cidadezinha de Vinci: a simplicidade, a acessibilidade generosa, ele as terá feito suas ao longo de todo o seu périplo"[5]. Em *O Projeto Andersen*, é Frédéric Lapointe quem está em busca de si mesmo e que vai procurar na França uma legitimação antes de descobrir que ela está nele e que todos os seres que o rodeiam (o diretor da Ópera Garnier, Andersen ele próprio) também tiveram uma parte de sombra que deveram reconhecer – e aceitar – para se assumir. Tais personagens, todas artistas, fazem efetivamente da sinceridade e da *criação de si mesmo* o objetivo último de sua existência.

O Processo Identitário Como Ancoragem Moral

Taylor coloca como primeiro fundamento da reflexão sobre a identidade a sua *necessária ancoragem moral*: "Não podemos nos abster de uma orientação para o bem visto que não podemos ficar indiferentes à nossa situação com relação a esse bem e visto que esta situação representa alguma coisa que sempre deve mudar e se transformar."[6] Trata-se para ele, no caso, de uma moralidade interior quase inata, não imposta, e presente em cada um de nós, sobrepondo-se às vezes às intuições universais do bem. Na perspectiva tayloriana, a identidade é, assim, antes de mais nada, orientação moral. Dessa afirmação decorrem várias consequências ou princípios igualmente essenciais, tanto uns quanto outros, para a definição da identidade, da sua

---

5   Diane Pavlovic, Du décollage à l'envol, *Cahiers de théâtre Jeu*, n. 42, 1 trimestre, 1987, p. 88.
6   C. Taylor, *Les Sources du moi: La Formation de l'identité moderne*. Montréal: Boréal, 1998, p. 71.

natureza e de seus mecanismos que nos permitem esclarecer novamente a obra de Lepage.

A primeira grande implicação da identidade, vista como paradigma do ideal moral de autenticidade, significa que cada um deve "descobrir aquilo que significa ser ele mesmo"[7]. Como o diz Taylor:

> A teoria segundo a qual cada um dentre nós tem um modo original de ser humano implica que cada um dentre nós deve descobrir aquilo que é ser para si mesmo. Porém, não se pode fazer essa descoberta ao nos reportarmos a modelos preexistentes, é óbvio. Não se pode fazê-lo senão recomeçando de novo. Descobrimos aquilo que devemos ser ao tornar isso o nosso modo de vida, ao dar-lhe forma pelo nosso discurso e por nossos atos com relação àquilo que é original em nós.[8]

Como acontece frequentemente na obra de Lepage, as personagens viajam pelo mundo, no sentido próprio ou no sentido figurado, para melhor viajar em si mesmas e para melhor se *re*encontrarem; para descobrir sua identidade mais ainda do que para afirmá-la.

Portanto, a identidade não é nunca dada repentinamente; é processo, caminhar, busca e construção. Ela é talhada no tempo. É movente "porque nossas vidas se movem. Reencontra-se, nesse caso, uma outra característica essencial da existência humana. Aquilo que *somos* não pode nunca esgotar o problema de nossa condição, porque estamos sempre em mudança e em vir a ser"[9].

Estamos muito próximos do pensamento de Judith Butler, que define o sujeito e o gênero que o constitui como "performativo" e, assim, como o resultado de ações postas pelo indivíduo que representam constantemente sua identidade e sua categorização sexual[10]. É isso que as personagens lepagianas nos

7 Ibidem, p. 69.
8 E acrescenta: "A ideia de que a revelação se encontra na expressão é o que procuro fazer ouvir ao falar do 'expressionismo' da moderna ideia de indivíduo." *Le Malaise de la modernité*, p. 69.
9 *Les Sources du moi*, p. 70-71.
10 Contrariamente a Simone de Beauvoir, que afirmava que não se nasce mulher, tornamo-nos mulher, Judith Butler afirma que a identidade é não um destino, mas sim o resultado de ações performativas colocadas pelo sujeito (e pela sociedade). Remetendo à responsabilidade desse vir a ser tanto à sociedade quanto ao indivíduo, usando a distinção própria da língua anglo-saxônica entre *sex* e *gender*, Butler desloca para o sujeito o suporte de seu destino. Se o

demonstram, tanto nos espetáculos solos (*Vinci, La Face cachée de la lune, Le Projet Andersen*) quanto nas sagas. Elas vêm a ser ao fazê-lo. "Descobrimos o que devemos ser ao virmos a sê-lo no nosso modo de vida", diz Taylor. É exatamente ao fazê-lo, ao sê-lo, que as personagens descobrem o seu ser profundo.

Em *Vinci*, Philippe é o próprio arquétipo do indivíduo em busca de sua identidade profunda; o mesmo ocorre com Philippe e André em *La Face cachée*. Quanto a Frederico, em *Le Projet Andersen*, ele procura uma legitimação e, dessa forma, procura a si mesmo na viagem que faz à França.

As personagens se "descobrem ao vir a ser" e, embora tal descoberta não lhes traga a felicidade, traz com ela um sentimento de realização de si mesmo que se apodera dos espectadores. Então eles são capazes até de reconhecer a sua própria história por trás daquela das personagens – nem heróis, nem anti-heróis.

Portanto, o percurso das personagens é frequentemente quase que iniciático (sem que se afirme enquanto tal) e determina um processo de metamorfose, de transformação de si mesmo. Em *Le Projet Andersen*, a peça termina nessa aceitação de si mesmo (aceitação desdramatizada: "bom, se é assim que deve ser"), que passa pela mediação de uma cadela – Fanny –, que fará aquilo que Frederico se recusar a fazer (ter filhos).

Memória e Narrativa: Relação Com o Tempo

O segundo fundamento do pensamento de Taylor é a importância do tempo nessa construção da identidade. Se o eu é necessariamente um devir, então não se pode *re*conhecer aquilo que é estável em si mesmo senão no transcorrer dos acontecimentos. "Enquanto ser que crê e vem a ser," pode-se ler em *Les Sources du moi*, "eu não posso conhecer-me senão pela história

> sexo do indivíduo é sem dúvida um dado biológico, o *gender*, pelo contrário, é o resultado de uma construção simbólica, provém do "performativo". A identidade para ela emerge como um componente fluido que é desempenhado e redefinido cotidianamente pelo próprio sujeito em cada uma de suas ações. Não é, portanto, um dado fixo, definido de uma vez para sempre; está em evolução, em criação. Redefine-se em cada uma das ações do indivíduo. Ver o desenvolvimento que fazemos sobre esse tema na nossa conclusão de *Mise en scène et jeu de l'acteur, v. 3: Voix de femmes*. Québec: Amérique, 2007.

de meus progressos e de meus retrocessos, de meus êxitos e de meus fracassos. O conhecimento de si mesmo comporta necessariamente uma profundidade temporal, inclui a narrativa."[11]

Dessa forma, o indivíduo desenvolve a sua vida no tempo como uma narrativa, narrativa que comporta micronarrações feitas de momentos presentes, imediatos, de acontecimentos importantes ou não, anódinos ou não, que se imbricam uns nos outros e que constituem a trama dessa identidade. São eles a narrativa de nossas vidas, narrativa que estrutura o presente identitário de cada um pela consciência que dá do passado tanto mais que não permite projeção no futuro. É exatamente isso que compreende Frederico Lapointe no fim de Le Projet Andersen quando decide, afinal, que sua relação com Marie é mais importante do que sua recusa infantil, do que decorre sua última proposição:

"Dar um sentido à minha ação presente exige uma compreensão narrativa de minha vida, um sentido daquilo em que me tornei, que somente uma narrativa pode proporcionar."[12]

Tal narrativa no interior da obra de Lepage é sempre dupla: é a do autor Lepage, mas também a das personagens que se expõem. Assim sendo, Le Projet Andersen é um longo "conto moderno" no qual se encaixam outras narrativas; Les Aiguilles et l'opium insere igualmente as narrativas umas nas outras: as do autor, mas também aquelas das personagens. Tal modo de ficcionalização é um processo distintivo da estética de Lepage.

A narrativa assume, para os personagens (e para o autor, Lepage), a forma de uma viagem no tempo – a da História (Cocteau, Andersen, viagem à lua, viagem a outra cultura), mas também aquela que se origina do universo pessoal (viagem à infância, ao inconsciente, à memória) –, essencial para a compreensão e para a construção de si mesmo, totalmente inseparáveis, vê-se, de um trabalho na memória. "Na medida em que retrocedemos para tomar a devida distância, determinamos

11 *Les Sources du moi*, p. 75.
12 "E na medida em que projeto minha vida para a frente e aprovo minha orientação dada a ela ou quando lhe imprimi uma nova, projeto uma narração futura, visando [...] uma orientação que empenhe toda minha vida futura." Ibidem, p. 73. Essas reflexões poderiam ser a ilustração perfeita da maior parte dos personagens lepagianos: em *Les Sept branches de la rivière Ota* (Os Sete Afluentes do Rio Ota); Pierre e Yukali em *La Trilogie des dragons* (A Trilogia do Dragão); Philippe em *Vinci*; Robert em *Les Aiguilles et l'opium*.

aquilo que nos tornamos, através da narrativa da maneira pela qual chegamos a isso."[13]

Se a identidade é em si só um processo, é também um processo narrativo que se constrói pela sucessão de micronarrações que inserem exatamente uma trajetória de afirmação identitária. Essa não se faz sob o modelo de uma progressão que conduz necessariamente a um objetivo, ou a um destino que veria o seu cumprimento último na cena, como na tragédia grega ou no drama romântico. Ela se faz tanto de progressos como de retrocessos, tanto de êxitos como de fracassos. É nesse sentido que os contos de Lepage são absolutamente pós-modernos. Eles colocam na cena personagens que correspondem perfeitamente à visão que nossa época faz da realização de si mesmo.

"Conseguimos compreender em parte o que caracteriza verdadeiramente os estados morais que procuramos desenvolver por esforço próprio ao tentar alcançá-los, e pelos desafios que, aliás, se seguem."[14] O acento colocado por Taylor nos desafios parece,

[13] Ibidem, p. 72. A importância da narrativa/das narrativas em Lepage mereceriam por si sós um desenvolvimento: narrativas que estruturam os diferentes fios da narração num jogo de encaixe em que tudo aquilo que nos é mostrado origina-se de uma história que é contada ao espectador. Com efeito, *Le Projet Andersen* é antes de tudo uma vasta narrativa: a de Frederico contando sua experiência de autor residente no Palais Garnier. No seio dessa macronarrativa, as narrativas secundárias encaixam-se umas nas outras: a de Dryade que sonhava descobrir Paris e a de Andersen. Um terceiro nível de narrativas é composto por todos os acontecimentos individuais das personagens presentes das quais seguimos a vida por episódios: a história de Fanny, a jovem cadela; a da psicóloga; a de Didier e de seus traficantes; a de Maria; a de Arnaud; diretor da Ópera Garnier; a de Rachid, homem da limpeza no *peep show*; a da filha do diretor que reclama da história da Sombra etc. A identidade se constrói, assim, na memória que se assenta, ela mesma, na subjetividade do indivíduo. Ora, a memória é construção de lembranças e se lê, portanto, como micronarrativas que se encaixam, narrativas que, em última instância, fundam também nossa identidade e nos permitem ser. Com efeito, Schacter demonstrou exatamente como as lembranças são *construções*. Ele explica, a esse propósito: "Não podemos separar nossas lembranças dos acontecimentos atuais de nossa vida [...] Aquilo que vivemos no passado determina o que extraímos de nossos encontros cotidianos na vida; as lembranças são gravações do modo pelo qual vivemos os acontecimentos, não réplicas de acontecimentos em si mesmos. As experiências são codificadas pelas redes cerebrais cujas conexões já foram moldadas pelos encontros anteriores com o mundo. Esse *saber preexistente* influencia fortemente a maneira pela qual codificamos e armazenamos as novas lembranças, contribuindo assim para a natureza, a textura e a qualidade de nossas lembranças futuras". Daniel Schacter, *A la Recherche de la mémoire/Le Passé, l'esprit, le cerveau*, Bruxelles: De Boeck Université, 1999, p. 20.
[14] *Les Sources du moi*, p. 73.

no caso, importante. Com efeito, essas trajetórias não se fazem nem na forma da introspecção nem naquela da análise crítica ou distanciada. Elas se fazem, antes de mais nada, na ação. Essa viagem de *re*conhecimento de si mesmo é vivida no cotidiano, sem drama e sem emotividade, e depende da posição geográfica do sujeito, daqueles que o cercam, dos acontecimentos que sobrevêm. Como o diz, ainda, Taylor: "Eu defino quem sou ao definir de onde eu falo, na genealogia, no espaço social, na geografia dos estatutos e nas funções da sociedade, nas minhas relações íntimas com aqueles que amo e, também, de forma capital, no espaço de orientação moral dentro do qual vivo."[15]

O que é, então, a identidade? Ela precisa que o sujeito faça um recuo, que duplique o seu olhar para observar-se, para apropriar-se dos códigos, transformá-los, jogar com eles, ampliar os sentidos deles, entrar em acordo ou em conflito com os mesmos. A zona de conflito é essencial; essa é inerente à busca da autenticidade de si mesmo, nos diz Taylor. É isso que se observa em *Le Projet Andersen*, por exemplo, quando Frederico encontra a psicóloga ou ainda em *La Face cachée*, através da conferência abortada de Philippe em Moscou.

Existe uma margem, um fosso entre o eu e o código, que é uma zona de exploração própria para cada indivíduo. A identidade, o eu, situa-se exatamente entre o eu rotineiro e o eu autêntico, entre o eu submetido às imposições de um percurso sociocultural adquirido e aquele que sonha com uma liberdade totalmente subjetiva. Tal paradoxo é colocado na cena por Lepage em *Le Projet Andersen* (encontro com a psique), porém o mesmo já se encontra presente na *Trilogie des dragons*, por exemplo, quando o artista joga com os clichês culturais. A peça "tira partido aqui de frases feitas, de sua clareza e de sua evidência para escavar de *outro modo* [grifo meu] as verdades que elas contêm"[16].

Tal multiplicidade de figuras do eu, Lepage as usa – e abusa delas – trazendo à luz ao mesmo tempo a extrema simplicidade (aparente) das personagens e sua enganosa complexidade. As personagens são ao mesmo tempo uma e múltiplas, elas próprios e outras. O expectador não poderia concebê-las sem

15 Ibidem, p. 56.
16 Diane Pavlovic, Le Sable et les étoiles (A Areia e as Estrelas), *Cahiers de théâtre Jeu*, n. 45, op. cit., p. 126.

sua parte de sua sombra (temática na qual insiste *Le Projet Andersen*), sem o seu duplo[17]. As criações de Lepage destacam, sem cessar, tal desdobramento da personalidade, essa figura da dupla representação da identidade (por exemplo, Philippe e André, as duas faces do mesmo indivíduo, ou Frederico Lapointe e Arnaud, o diretor da Ópera Garnier, que podemos encarar como a figura dual do criador e de seu manipulador).

O recurso ao vídeo exprime, talvez, de maneira mais particular, esse jogo de desdobramento. Quando ele é *ao vivo*, quando a intervenção do vídeo é direta e quando filma as personagens já em ação na cena, ela as desdobra, observa-as, torna-se seu espelho, como no espetáculo *Elseneur*, por exemplo, ou ainda em *Le Projet Andersen* (é numa projeção na tela do rosto de Frederico comendo que a peça acaba). "O vídeo intervém frequentemente como resultado de um jogo de espelhos simbólicos múltiplos cercando o dispositivo e cujos reflexos em cascata permitem o trânsito de um reflexo até uma superfície final oferecida ao olhar do espectador."[18] É a presença do outro e de si próprio, do outro em si mesmo que a dramaturgia de Lepage caracteriza aqui, ainda uma vez mais.

Aliás, o fato de que Lepage interpreta a si próprio em todas as personagens (*Vinci, Les Aiguilles et l'opium, La Face cachée, Le Projet Andersen*), permite a essa dualidade constitutiva do sujeito metamorfosear-se na multiplicidade. A diversidade das personagens remete finalmente às diversas facetas de um mesmo indivíduo com suas inúmeras ambiguidades e com os paradoxos da natureza humana[19].

---

17 "O ator que evolui no processo da carreira existe como contador e como silhueta de sombra, esta às vezes a única visível [...] Ele (o ator) tem que compor com tal duplo maior que ele, mais dramático, que reflete tanto a sombra quanto ele próprio às vezes se contempla." Ludovic Fouquet, *Robert Lepage: l'horizon en images*, Québec: L'Instant même, 2005, p. 75.
18 Ibidem, p. 170.
19 Constatação que já havia feito Diane Pavlovic a propósito de *Vinci*: "Quando ele se assemelhar, por fim, às diversas personagens da peça da mesma forma que as facetas de um mesmo indivíduo (o jovem intelectual, o 'velho safado', o 'guia britânico' [...] e a 'Gioconda de pacotilha com falta de liberdade', tornaram-se os múltiplos aspectos da personalidade de Philippe), ele dará uma imagem tão mais forte das contradições que modelam cada indivíduo quanto, ainda outra vez, esse objetivo segue a forma do espetáculo: conviria pensar, quanto a essas diversas personagens, com toda lógica, que um único comediante as interpretasse a todas." Diane Pavlovic, Du Décollage à l'envoi", *Cahiers de théâtre Jeu*, n. 42, p. 90-91.

A Necessidade de Mudança:
Do Interpessoal Para o Intercultural

Assim, a identidade, a busca autêntica de si mesmo vista como ideal moral, é um processo, uma construção que se estabelece e que evolui no tempo. Esse primeiro princípio é seguido por um segundo igualmente capital: a identidade de um indivíduo tem um caráter dialógico fundamental. Não se é um eu a não ser em meio a outros "eus", explica-nos Taylor. Não se pode nunca, por isso mesmo, contornar um eu sem fazer referência aos demais que o cercam. Mais ainda, é preciso um espaço comum que sirva de um terreno apropriado para a troca. "Nós nos definimos sempre, de fato, num diálogo, às vezes por oposição, com as identidades que 'os outros que contam' querem reconhecer em nós."[20]

A identidade não se compreende e não se lê, portanto, senão em relação com o outro, senão numa rede de relações de transmissão mas, sobretudo, de interlocução. Existe, segundo Taylor, redes de interlocução e de troca privilegiadas: na nossa civilização ocidental moderna, as relações íntimas e privadas – as da família, do trabalho, mas, sobretudo, as do amor – oferecem um espaço particularmente propício e fecundo para a descoberta e a exploração de si mesmo[21]. É, portanto, no diálogo com os outros, o íntimo, o próximo, na maneira que se tem de viver com ele que nossa identidade se desenvolve e se constrói. É isso que colocam na cena – com simplicidade e naturalmente – os espetáculos solos de Lepage[22]. Tais espetáculos conseguem dar conta dessa importância da vida cotidiana. As personagens

---

20 Ibidem, p. 41.
21 "É preciso compreender que esta importância da vida cotidiana, como objeto de valor, não foi partilhada pelas gerações anteriores aos Lumières. A mudança constitutiva da modernidade consiste numa inversão dessas hierarquias (nobreza, casta de cavaleiros etc.), em deslocamento a partir de uma área particular de atividades superiores, em vez da boa vida, que se situa doravante 'no interior' da própria vida. A vida inteiramente humana define-se agora pelo trabalho e pela produção, de um lado, pelo casamento e pela vida família de outro lado". C.s Taylor, *Les Sources du moi*, p. 275.
22 Não é mais anódino, absolutamente, que a partir do século XVIII tenham se desenvolvido obras artísticas próximas à vida cotidiana, que não cessaram de se afirmar no século XIX com o naturalismo, mas também no século XX através, por exemplo, de certa dramaturgia do cotidiano a partir dos anos de 1970.

múltiplas que povoam suas peças, solos e sagas, representam figuras comuns de nosso ambiente. Sem serem arquétipos, mostram figuras do cotidiano: pais, filhos, esposos, amantes, pessoas que trabalham, dito de outra forma, personagens que emergem do universo familiar, do amor ou do trabalho. Ora, é no interior dessas redes interpessoais que se tecem e se desfazem sob nossos olhos (Marie e Frederico em *Le Projet Andersen*, por exemplo) as identidades, como o recorda Taylor, e que se modelam as personagens das peças de Lepage.

Tal necessidade de relações interpessoais está ligada, ao mesmo tempo, à necessidade ontológica de diálogo e troca, mas também àquela, também fundamentalmente essencial na construção identitária, do reconhecimento. "A compreensão da identidade tal como emerge do ideal da autenticidade modificou-se ao acentuar a importância do reconhecimento."[23] Na sociedade de outrora, a do Antigo Regime, o reconhecimento ia para aqueles que tinham nascido possuindo-o. Na atualidade, numa sociedade que se quer democrática e igualitária, na qual cada um tem o direito de ser quem é, o reconhecimento não está mais ligado ao estatuto social e depende inteiramente do olhar que os outros colocam sobre si. O paradoxo da identidade moderna quer que essa autenticidade do sujeito – na qual repousa a identidade – emane do interior do sujeito, apesar da necessidade, para se forjar e se assumir, de um reconhecimento por parte dos "outros que contam para nós".

Face a essa dependência do outro, há sempre o risco de um desafio, visto que é sempre possível que o reconhecimento não advenha. É especialmente o caso de Philippe, em *Vinci*, o jovem artista que a sociedade ainda não reconheceu e que não se sente em casa em lugar algum. Ou ainda o de Frederico Lapointe em *Le Projet Andersen*, contratado como autor no Palais Garnier para uma produção de ópera prestigiosa, que descobre porém que não é senão uma peça na enorme engrenagem da coprodução cultural em que seu talento não é o que realmente conta. Não reconhecido, ele se dará conta do desafio dessa experiência profissional, ao mesmo tempo que o desafio de sua vida amorosa se confirma. A opressão do não

---

23 *Le Malaise de la modernité*, p. 55.

reconhecimento nasce, como diz Taylor, dos prejulgamentos de uns e outros. Os prejulgamentos entravam o diálogo, a troca essencial para a criação das identidades porque são, antes de mais nada, um não reconhecimento da diferença dos indivíduos e de suas culturas.

A INSERÇÃO NUM HORIZONTE DE SENTIDO COLETIVO

Falamos do ideal de autenticidade e de suas implicações em termos moral, comportamental, identitário. Esse ideal foi descrito como o primeiro princípio da afirmação identitária. Taylor acrescenta-lhe um segundo: a necessidade de orientar o processo identitário para um horizonte de significação partilhada por todos.

A questão do sentido da vida é fundamental, "seja porque aprendemos a perdê-lo, seja porque dar um sentido a nossas vidas é o objeto de uma busca"[24]. Ora, em nossas sociedades ocidentais, definidas em torno de noções de originalidade, liberdade de escolha e igualdade perante a diferença, a questão do sentido fica à deriva.

Cada um desenha sua geografia, sua cartografia, seu espaço interior. Porém, para evitar os desvios individualistas do ideal de autenticidade, é necessário apoiar-se nas raízes coletivas, numa memória comum, numa cultura – num espaço moral comum. Deve haver uma zona de partilhamento com o outro, um lugar de linguagem comum com o outro –, sem o que nenhuma troca ou diálogo constitutivo pode advir. A autenticidade está fundamentada no reconhecimento da igualdade de valor das diferenças. Ora,

se os homens são iguais, não o são porque sejam diferentes, mas porque, para além da diferença, existem propriedades comuns ou complementares que são legítimas. São os seres dotados de razão, capazes de amar, de se recordar, de dialogar. Para nos entendermos quanto ao reconhecimento recíproco das diferenças [...] devemos partilhar normas em função das quais as identidades em questão podem mensurar

24 *Les Sources du moi*, op. cit., p. 34.

sua igualdade. [...] O reconhecimento das diferenças, assim como a liberdade de escolha, exige um horizonte de significação, mais, um horizonte partilhado[25].

Tal horizonte partilhado articula-se em torno de questões essenciais, como as que se vinculam à apropriação da história, da natureza, da sociedade. Engloba a necessidade de tomar consciência do seu lugar num projeto coletivo, numa memória comum. O individual não pode advir senão com relação ao coletivo no qual ele teve nascimento; seu microcosmo não é apreendido senão sob a luz do macrocosmo que o integra.

Contudo, isso não significa, absolutamente, que se deva aderir sem crítica às normas coletivas já estabelecidas. Muito ao contrário, a oposição e o conflito são igualmente constitutivos da identidade. A identidade, dialógica, é também dialética: não progride senão pela troca e pelo conflito, pelo confronto com os paradoxos, pela mistura e complementariedade das noções e realidades contrárias. Dessa forma, para ser autêntico, verdadeiramente sincero consigo mesmo, "não podemos atingi-lo completamente senão ao reconhecer que esse sentimento nos une a um todo mais vasto"[26].

Lepage está totalmente de acordo com tal pensamento, "A abertura para o macrocosmo não é senão uma maneira de apreender o microcosmo"[27], observa ele. Refletindo sobre a noção de identidade individual, ele não cessa de inseri-la no coletivo: as histórias individuais estão situadas no contexto coletivo da grande História; a cultura individual permanece indissociável de uma cultura universal; os questionamentos de cada um reequacionam aqueles que a humanidade inteira se coloca sobre a vida, a morte, o medo, o amor.

Ele mescla facilmente presente e passado, próximo e longínquo, individual e coletivo. E longe de opô-los, o que seria uma visão muito simplista da vida e das coisas, ele os faz esbarrar continuamente; ele os engasta. A história de cada personagem articula-se àquela das outras e à grande história. No plano da dramaturgia, é frequente a superposição de temas universais

---

25   *Le Malaise de la modernité*, p. 60.
26   Ibidem, p. 96.
27   L. Fouquet, op. cit., p. 279.

ou internacionais a anedotas mais quebequenses, de imagens retiradas de uma história da humanidade (a guerra, Hiroshima) com outras mais individuais nas quais Lepage chega a exprimir o quanto a identidade é fundamentalmente dialógica, dupla. Essa filosofia da complementariedade ecoa, aliás, toda a filosofia asiática, a do *yin* e do *yang*, que baliza a obra lepagiana (*La Trilogie des dragons*, *Les Sept branches de la rivière Ota*). Para Lepage, a complementariedade é um princípio fundamental que coloca o homem em relação com o cosmos e com as forças do universo[28]. Esse é outro modo de inserir o sujeito num horizonte de significação moral.

A ARTE COMO FONTE MORAL

A identidade significa descoberta, caminhar, busca e construção do sentido, horizonte ideal daquilo que se coloca como o bem por si mesmo e para a coletividade na qual o sujeito está inserido. Descobrimos o que somos ao virmos a ser, "ao dar forma ao nosso discurso e aos nossos atos com relação àquilo que é original em nós"[29]. Tal afirmação sugere a importância dada à formulação para a expressão de si próprio, da qual a criação artística parece ser o paradigma. "O artista é promovido de alguma forma à categoria de modelo do ser humano, enquanto agente da definição original de si mesmo"[30]. O artista faz da autenticidade sua fonte de fé, que ele coloca como ideal. Deve-se tal visão ao romantismo, do qual Lepage não está distante. A propósito de *Vinci*, o artista quebequense comenta: "A integridade é um dos temas de *Vinci* [...] A integridade é a tendência a descobrir quem se é, para decidir sobre sua moral. Tenho a impressão de que um bom número de artistas fazem

---

28 Em *Trilogie des dragons*, Lepage faz a artista japonesa Youkali dizer, ao comentar o trabalho de criação de Pierre: "You put the universe in a small room" [Você coloca o universo num quartinho]. A réplica de Youkali, interpreta Lorraine Camberlain, "ilustra bem como a obra de Pierre, metáfora da própria peça, estabelece uma relação criadora entre o grande e o pequeno, entre o ser e o mundo [...] entre o nacional e o internacional". Lorraine Camerlain, L'Invitation au voyage, *Cahiers de théâtre Jeu*, n. 45, p. 89.
29 *Le Malaise de la modernité*, p. 69.
30 Ibidem.

o contrário."[31] Significa dizer que Lepage faz de seu desejo de integridade o vetor moral de seu trabalho. Isso explica a importância que assume então a figura do artista (Cocteau ou Davis em *Les Aiguilles et l'opium*, Philippe em *Vinci*, Pierre e Youkali em *La Trilogie*), figura fundamental na medida em que todas as personagens procuram encontrar na arte o voo necessário para sua liberação e para sua revelação identitária, une-se neste ponto a Taylor, para quem a arte como fonte moral precisa de um horizonte de sentido.

O artista íntegro, respeitoso pela ética que o antecedeu, é o agente da definição original de si próprio, que ele exprime em meio às formas estéticas que escolhe para sua adequação com a busca do sujeito. Tal visão do artista, herdada da era romântica, dá nascimento à imagem do artista criador de valores culturais[32]. Da imagem do artista, Taylor escreve:

> Eu me descubro graças ao meu trabalho enquanto artista, através daquilo que crio. A descoberta do meu eu passa por uma criação, pela fabricação de alguma coisa original e nova. Invento uma nova linguagem artística [...] E por meio dela, somente por meio dela eu me torno o ser que eu carregava em mim.[33]

Seguramente, o ato de criação, enquanto uma novidade, é também um processo dialético que a identidade, da qual é inseparável, já que o recusa, rejeita, desconstrói. Ele se choca frequentemente com as normas mas, paradoxalmente, quando passa pelo conflito, pela recusa (recusa do condicionamento, do comportamento restaurado), pelo questionamento dos conhecimentos adquiridos, ele não o pode fazer fora de um horizonte coletivo de sentido. É em tal ponto fundamental que Robert Lepage e Charles Taylor convergem.

"A arte é um conflito", enuncia Leonard a Philippe em *Vinci*. "Se não há conflito, não há arte [...] não há artistas. A arte é um paradoxo, uma contradição."[34]

---

31 R. Lepage, Entrevue, *Cahiers de théâtre Jeu*, n. 42, p. 118.
32 A arte não pode ser mais imitação da natureza; deve tornar-se criação única, linguagem subjetiva e pessoal.
33 *Le Malaise de la modernité*, p. 70.
34 Solange Lévesque, La Mesure de l'art, *Cahiers de théâtre Jeu*, n. 42, p. 105.

A busca identitária é um processo longo que se insere no tempo e que é feito através de uma viagem interior do indivíduo em busca da autenticidade. Ao fazê-lo, essa busca identitária se faz ética. Construir sua identidade é também ter um horizonte de sentido partilhado pelos outros. Pois essa identidade é um diálogo, uma troca, interpessoal e intercultural. A viagem, a figura do estrangeiro, o desfilar de personagens no tempo e no espaço são outras tantas tentativas de Lepage para fazer emergir esse diálogo, para exprimir-lhe a necessidade. A viagem é uma busca iniciática que convida a descobrir-se a si mesmo graças ao outro. A criação artística é o paradigma dessa busca e o artista, na sua consciência de si e do mundo, na necessária integridade que sua definição exige, torna-se a própria figura da autenticidade enquanto ideal moral. Suas obras, sua arte são o lugar e o meio da troca, do diálogo. É nessa relação com a identidade, com o reconhecimento e a autenticidade que as peças de Lepage são particularmente atuais e estão em sintonia com nosso tempo.

Trad. Nanci Fernandes

4. A Travessia das Linguagens: Valère Novarina e Claude Régy[1]

Aquilo de que não se pode falar, é o que deve ser dito.[2]

Desde os anos de 1960, tornou-se banal dizer que o texto de teatro mudou radicalmente de estatuto. Rapsódico, de acordo com Sarrazac, o texto da atualidade não é mais aquilo que foi outrora. Sua forma mudou, seguramente, como não o deixou de fazer através dos séculos, porém, mais ainda, seu estatuto cênico modificou-se. No que esse "novo" estatuto difere daquele que o texto ocupava no passado? Que novas relações o mesmo instituiu no palco entre o encenador e o ator? No que as formas que ele se reveste condicionam as estéticas cênicas atuais? Responder a todas essas perguntas não é uma tarefa fácil, não somente em razão da diversidade de escrituras contemporâneas, mas também por causa da multiplicidade de estéticas cênicas. Entre a cena e o texto não há nem determinismo absoluto nem necessidade obrigatória que imporiam ao encenador que montasse um texto de modo específico ou ao autor de escrever num estilo

---

1 A versão inglesa desse artigo apareceu sob o título Moving Across Languages or Widening the Gap, em Donia Mounsef; J. Féral (eds.), *Yale French Studies: The Transparency of the Text: Contemporary Writing for the Stage*, n. 112, p. 50-68, outono 2007.
2 Todas as citações de Novarina são tiradas de V. Novarina, *Le Théâtre des paroles*, Paris: POL, 1989, p. 169.

particular para um dado palco. A riqueza da prática teatral da atualidade reside precisamente em tal diversidade e abertura. Reside também na convicção partilhada por todos – autor, artista, pesquisador ou espectador – de que tudo é possível nesse encontro entre as duas escrituras – dramatúrgica e cênica. Entretanto, a análise de um (texto) bem como a da outra (cena) não deve dispensar-se de uma verdadeira reflexão sobre o domínio do "outro" – cena (para o texto) ou texto (para a cena) –, pois é dessa reflexão cruzada – do encenador sobre o texto e do autor sobre a representação teatral – que surge o estilo da encenação no caso de um, ou o estilo da escritura no caso do outro.

Dois exemplos nos ajudarão a esclarecer tais olhares cruzados. De um lado, a visão que dedica Claude Régy ao texto de teatro – e, mais em geral, à própria escritura –, visão que determina o estilo muito particular de suas encenações; de outro lado, a visão que Novarina dedica à cena – e, mais em geral, ao ato de dizer com o qual se confronta o ator – e que explica seu modo de escritura. Ao fazer dialogar esses dois criadores cujos percursos estéticos estão nas antípodas um do outro, tentaremos mostrar de que modo a sua reflexão sobre a escritura converge não apenas para as questões fundamentais que na atualidade percorrem a cena teatral, como também para aquelas que se referem à palavra, palavra soprada ou palavra morta, destinada a dizer, tanto no caso de uma quanto da outra, o que está para além das palavras. Régy emerge dessa situação como verdadeiro escritor, ao sondar as próprias condições da escritura; Novarina emerge como um verdadeiro diretor de atores que procura as condições da emergência de uma palavra verdadeira, entre corpo e sopro. Dessa aproximação voluntariamente paradoxal emergem duas visões poderosas de criadores animados pela mesma busca: a de encontrar na cena um antes do dizer ou do escrever e de remontar aos limites do apreensível, do sondável, do performável. Tarefa difícil que exige um trabalho rigoroso por parte do ator, ator transformado em barqueiro, barqueiro de silêncios cuja função é paradoxalmente a de dizer.

O ESPETÁCULO DO ATOR NO TRABALHO[3]

"Ator, nunca fui senão isso. Não o autor, mas o ator de meus textos, aquele que os soprava em silêncio, que os falava sem uma palavra"[4], diz Valère Novarina no início da atuação para quem quiser compreender seu trabalho de escritura. Para ele, como também para Régy – porém de outro modo –, mais do que prolongamento da escritura, a cena é a própria escritura. A passagem do escrito para a cena já está lá, sobre a folha. De modo inverso, a cena não é senão escritura, escritura verbal seguramente, mas também escritura corporal de um ator portador de palavra. É nesse vai e vem entre o escrito e o fluxo das palavras que reside todo o teatro de Novarina, ao mesmo tempo densidade da matéria e surgimento do sopro; a palavra é travessia de linguagens[5]. A palavra "diz" o homem; ela o pronuncia como diz a Dama Autocéphale da *Opérette imaginaire*[6].

Sem dúvida é difícil mensurar a densidade de tais propostas. Mais do que um questionamento de natureza estética, a busca de Novarina – como a de Régy – tenta ir à origem das coisas e interroga a origem física da palavra, suas relações orgânicas com a matéria, com a respiração e com o corpo. "Livrar-se do sentido para que esteja mais abaixo de quem fala [...] para fazer falar o morto, o *hom* soterrado no homem"[7], diz Novarina como que em eco às propostas de Régy[8]. No centro dessa exploração reside o ator, um ator barqueiro da obra, um ator atravessado pela palavra de um escritor que diz escrever como um ator, mas do qual constatamos que pensa como encenador.

Tal palavra que se encontra em questão em toda a obra de Novarina e que está no centro de sua estética – palavra escrita na página ou soprada no espaço – é antes de mais nada corpo

---

3 Didascália de *Le Drame de la vie*, Paris: POL, 1999 [1984], p. 135.
4 V. Novarina, op. cit., p. 85
5 Ibidem, p. 135.
6 Diz Novarina: "atravessar a sequência da(s) linguagens [...] reinventar a cadeia da carne com as palavras", op. cit., p. 135.
7 Ibidem, p. 35.
8 Ver especialmente o que diz Claude Régy *L'Ordre des morts*, Besançon: Les Solitaires intempestifs, 1999, p. 60: "O teatro ocidental, desde sua origem, está [...] na ordem dos mortos [...] o teatro está também, se se pode dizer, na ordem da desordem. Isso não se daria senão devido à sua ligação inalienável com o mundo dos mortos."

de escrituras. Com efeito, no caso de Novarina a escritura não é senão uma modalidade de atuação, tem sentido só em função dela e desta carne do ator que a carrega. A palavra só é concebível em relação com sua dimensão cênica. Não é, portanto, a um leitor eventual que ela se dirige, tanto mais que não se destina a um ator determinado. Ela vai muito além e interpela o ator não enquanto portador de uma ação cênica mas sim na sua função de portador de voz, de barqueiro de palavras. É para tal metamorfose do comediante em ator do impossível que se ocupam os diferentes textos de Novarina que acompanham sua obra. Textos teóricos para ler paralelamente aos seus textos dramatúrgicos, parecem constituir-se como um manual[9], como se o desejo do escritor fosse não apenas orientar o comediante sobre o modo pelo qual este último deveria dizer seus textos, porém, mais precisamente, sobre a maneira pela qual deveria enfrentar fisicamente a relação com as palavras e, para além, a relação com a escritura. Dito de outro modo, mais do que uma simples lição de "leitura" de sua obra, ou de atuação, a tarefa de Novarina tem a ver com os próprios arcanos da palavra, uma palavra na qual o ator permanece o barqueiro indispensável, incontornável e quão imperfeito!

Se é evidente que Novarina escreve bem *como um ator*, é menos evidente que os conselhos que prodigaliza ao ator se façam notar na prática como o olhar de um encenador, necessitando, como no caso de Régy, de uma verdadeira visão da relação que pode – que até deve – existir entre corpo, espaço e palavra cênicos. Com efeito, o teatro de Novarina coloca em cena uma visão que não somente abrange a atuação do ator mas que questiona novamente todo o fenômeno da representação: papel das personagens, relação com a representação, com a narrativa, com o gesto. Mesmo que o essencial de suas reflexões sobre o teatro se refiram ao estatuto da palavra e à arte de dizer, tal arte não pode ser compreendida se não se percebe o lugar muito particular que a escritura ocupa no centro da cosmogonia de Novarina. No caso de Novarina, a escritura está na origem das coisas, é voz, sopro, ressonância (no espaço e no corpo antes de estar no ouvido). Mais ainda, ela é o que permite dizer "o *hom*"

---

9 Ver especialmente *Le Théâtre des paroles*, que se assemelha a textos tão importantes quanto *Lettre aux acteurs ou Le Théâtre des oreilles*. Paris: POL, 1989.

excluindo-se qualquer representação e qualquer sentido, permite aproximar a diferença daquilo que não se diz, de roçar o silêncio e o vazio. A afirmação soa estranha quando se considera até que ponto a palavra tem uma virtude operante em Novarina, até que ponto sua proliferação, seu fluxo satura, satura tudo e enche todos os poros deixados vazios, tanto no plano da escuta quanto naquele da atuação. Eis o paradoxo da visão que Novarina exprime sobre a escritura, nisso residindo também sua força.

De um lado, portanto, a escritura como potência do dizer, proferimento, sopro, ritmo, força, rapidez. Todo o pensamento de Novarina está impregnado dessa convicção profunda. O proferimento da palavra aparenta-se a um verdadeiro instinto de sobrevivência. Ela se torna quase animal, Novarina gostando de provocar assim, no ator, tal dispêndio de energia indispensável feito de rapidez e aceleração que convoca os limites do corpo, transformando o comediante em atleta do impossível:

> A maior parte do texto deve ser lançada de um só fôlego, sem se retomar o seu fôlego, ao usá-lo plenamente. Despender tudo. Não atentar para suas pequenas reservas, não ter medo de se estafar. Parece que é desse jeito que se encontra o ritmo, as diferentes respirações, ao se jogar, em queda livre.[10]

Ultrapassar seus limites, ir para além das fronteiras do possível, inventar outra coisa, outros sentidos. "Pulmonem!", "Respirem!", ordena Novarina aos seus atores:

> Respirem, pulmonem! Pulmonar não quer dizer deslocar o ar, esguelar-se, inchar, mas ao contrário ter uma verdadeira economia respiratória, usar todo o ar que se respira, despejando tudo antes de retomá-lo, ir ao fim da respiração, até a constrição da asfixia final do ponto, do ponto da frase, da força bruta que temos ao longo da corrida.[11]

Extenuar o corpo para que ele escape da representação, para que simplesmente *seja* e para que performe a palavra.

10 V. Novarina, op. cit., p. 10. A escrita também é respiração. Sem ela nenhum movimento pode advir: "Pois a respiração do ator provoca no seu corpo fenômenos físicos, orgânicos, cerebrais que despertam emoções, vertigens, manifestações insuspeitadas", diz Claude Buchvald, que encenou obras de Novarina, em Une Voix de plein air, *Europe*, n. 880-881, ago./set. 2002, p. 81,. Especial Novarina.
11 V. Novarina, op. cit., p. 9.

Estamos numa performatividade absoluta da língua que esvazia o corpo à força de enchê-lo. Há uma grande justaposição desejada dos contrários no caso de Novarina. O ator novariniano é tomado por esse corpo a corpo do ator com o texto, por esse desafio permanente do sopro que o obriga a empurrar para mais longe seus limites físicos e verbais[12], por essa necessidade de curvar-se aos ritmos, às torrentes de palavras proferidas, que escorregam, derrapam, que se desviam, multiplicando as pistas do sentido sem emprestar-lhe nenhum, mas que o deixam esgotado ao fim da corrida. Há todo um excesso, situações limites, performances. Além disso, trabalhar o texto novariniano – cheio de neologismos, desafios de sons, enumerações, listas infinitas que são outros tantos desafios físicos, rítmicos e respiratórios – implica, no caso do ator, o gosto pelo risco, pela ultrapassagem dos limites, pela virtuosidade, mas também pela generosidade e pela abertura, física e mental[13]. Respirar o texto, fazê-lo respirar... Tornar-se o ator pneumático tanto quanto o autor[14]. A escritura se faz bucal, anal, visceral. É fluxo contínuo de sons nos convidando para o desvio dos sentidos e do pensamento. "A palavra não é nada mais do que a modulação sonora de um centro vazio, do que a dança de um tubo de ar cantado"[15]. Disso decorre esta constatação quase como um veredicto: "O ator não executa, ele se executa, não interpreta, mas se penetra, não raciocina mas faz todo seu corpo ressoar [...] Não é da composição da

---

12 Nisso compreendido os da memória. O ator está tomado pela crença de não poder ir até o limite do texto, pelo medo e pelo desejo ao mesmo tempo de ir para além de seus limites respiratórios.

13 Buchvald escreve: "É um trabalho tão físico quanto o de respirar um texto, como o de nadar sem fôlego ou descer em estado de apneia nas profundezas. Quando se diz um texto com tal energia respiratória [...] entra-se numa ação que maltrata o corpo mas que também o carrega e o exalta." Op. cit., p. 82. Observa igualmente, ela que se ocupou de *L'Opérette imaginaire*: "O corpo, para poder falar, é preciso que esteja aberto pela boca, pelos ouvidos, por todos os orifícios, senão há um bloqueio da respiração que o perpassa. É preciso, por outro lado, que haja abertura do corpo para o espaço, a tal ponto que o espaço, por seu lado, despedace o corpo." Op. cit., p. 80.

14 "Eu escrevo pelos ouvidos", diz Novarina, op. cit., p. 9. Ou ainda: um ator "deve inspirar-expirar para ter condições de se abrasar pelas coisas com palavras opostas [...] falar seu drama. É aquele que pensa da forma como respira". V. Novarina, op. cit., p. 160.

15 Ibidem, p. 129

personagem, é da decomposição da pessoa, da decomposição do homem que se faz no tablado."[16]

Tudo isso necessita de uma atuação sem estados de alma, sem psicologia, sem personagem. Não se necessitam personagens, porém "personagens rítmicas", "roupagens habitadas"[17] ou "posturas de órgãos", diz Novarina. Não há personagens, mas figuras, dizia Sarrazac da dramaturgia atual, figuras que falam[18]. Assim sendo, nada de contar, nada de representar: "Não cortar tudo, recortar tudo em fatias inteligentes, em fatias inteligíveis – como o quer a dicção habitual francesa da atualidade na qual o trabalho do ator consiste em recortar seu texto em salame, em acentuar algumas palavras, carregá-las de intenções."[19] Para isso, o ator deve desinvestir seu próprio corpo, seu próprio pensamento; renunciar a imitar o homem, a representar, a reproduzir.

Há muito da reprodução do homem por todo lugar! No teatro, o homem deve ser novamente incompreensível, incoerente e aberto: um fugitivo. O homem não é o homem, o homem não deve mais ser visto: interdição de representá-lo [...] O teatro tende sempre para o rosto humano desfeito; é um lugar para se desfazer o homem e para se insubordinar perante a imagem humana, para se desrepresentar [...] O teatro é um lugar de retiro. Diante de nossos olhos, abre-se um

---

16   Esse trabalho na performance, no desafio, na ultrapassagem de si mesmo encontra-se também no caso do autor-encenador Olivier Py. A memória, o corpo, a respiração, a colocação na boca da língua poética, a persistência do corpo, são também empurrados para além dos seus limites. Especialista em peças-rios, em representações longas, contínuas, que duram horas e até jornadas inteiras (*La Servante* [A Serviçal], 24 h.; *L'Apocalypse joyeuse* [O Alegre Apocalipse], 10 h.), Py pede aos atores uma orgia de energia e um investimento físico e espiritual fora do comum. Se ele escreve epopeias, isso também se dá para conduzir seus atores ao centro de uma viagem, de uma travessia: a de uma língua já trabalhada para ser ouvida ou lida como um poema. É igualmente a língua de um espaço-tempo estirado, não cotidiano: numa duração excessiva, em horários inusitados no teatro (meio da noite, de manhãzinha). Enfim, isso se dá também para uma travessia da percepção, já que os códigos estabelecidos vão ao encontro daqueles tradicionalmente adquiridos no teatro.
17   V. Novarina, op. cit., p. 45.
18   As personagens de Novarina são ritmadas por suas entradas e saídas, por suas palavras, suas enumerações, mas também pela respiração, pelo corpo e pela voz do ator. Eles representam à sua maneira aquilo que Sarrazac descreve como: "figura humana despedaçada [...] boca ou ânus, 'em vez de dizer' [...] às vezes atravessado por acessos de linguagem". V. Novarina, op. cit., p. 86. Essas personagens nada contam, porém contentam-se em mostrar o texto como escritura, como material.
19   V. Novarina, op. cit., p. 10.

interior vazio, dilacerado-dilacerante. *Vai-se* ao teatro para assistir à derrocada humana.[20]

Como evitar a representação do homem? Como evitar reconhecê-lo? Novarina preconiza deixar os sons, os ritmos, os fluxos da palavra operarem e convida o ator a dirigir-se diretamente aos sentidos[21]. Os conselhos não diferem sensivelmente daqueles que os anos de 1960 contribuíram para vulgarizar. "Isso se dirige para além das camadas comuns do cérebro, isso coloca em funcionamento outros hemisférios afora os dois globos reconhecidos. Uma prova química, uma experiência química."[22] Mais profundamente, é a própria função da palavra como ato de comunicação que Novarina coloca em questão. Ele explica: "Os animais também se comunicam muito: fazem isso perfeitamente sem falar. Falar é uma coisa distinta do que ter que transmitir-se mutuamente humores ou verter ideias [...] falar é uma respiração e uma atuação. Falar nega as palavras. Falar é um drama."[23]

Como fazer advir o drama da palavra na cena? Como fazer para que apenas a palavra verdadeira seja entendida? É preciso ir para além das palavras, diz Novarina, e para isso o ator deve abster-se de si mesmo, deve despossuir-se a si mesmo, esvaziar--se para ser a palavra. Apenas essa trajetória lhe permite ir além de sua identidade, esquecer-se para dar lugar à respiração.

O empreendimento não é nem artaudiano nem místico, apesar das aparências, mesmo que precise de uma verdadeira ascese por parte do ator. Com efeito, trata-se para este último de tentar "fazer-se transparente, deixar-se dissolver nas palavras no exato instante em que elas são enunciadas, deixar-se morrer a cada expiração", do que decorre esta constatação: "é a ausência do ator que não quebra sua presença [...] O ator que entra em

---

20 "Entrevista com Valère Novarina", realizada por Yannick Mercoyrol, Franz Johansson, Programa da peça. Apresentação de *L'Origine rouge*, Théâtre National de Strasbourg, 12-20 dez. 2000, p. 12.
21 O texto esburacado de *L'Opérette imaginaire* trata, portanto, do conjunto do ser. A primeira parte do segundo ato termina com um delírio de sons e sangue, de sentido vivificado.
22 V. Novarina, op. cit., p. 77. Novarina permanece prudente e cético: "Aqueles que pensam que se pode traduzir qualquer coisa de um corpo para outro e que uma cabeça pode comandar qualquer coisa num corpo alinham-se com o desconhecimento do corpo, com a repressão do corpo", observa. Ibidem, p. 23.
23 Ibidem, p. 163.

cena supera seu corpo e sua presença, passa por sombra. O ator avança sem nome"[24].

Para Novarina, a função do teatro é mais profunda do que aquela do "reproduzir", do "representar", do "imitar". Deve mostrar aquilo que não se pode ver, que não se pode dizer, "aquilo que você é", aquilo que não pode ser. Eis aí sua grandeza e seu verdadeiro destino, do que decorre esta frase um pouco sibilina de Novarina: "O teatro é interessante quando se vê o corpo normal de quem (quando em tensão, parado, alerta) se desfaz e o outro corpo escapa, esperto brincalhão, querendo divertir-se com isso."[25]

Muitos outros encenadores – dentre os quais Régy, seguramente – endossariam sem problema essa necessidade do esquecimento de si no caso do ator. O vazio necessário do ator, que aqui está em questão, é uma despossessão, implica uma certa destruição de si. O próprio Novarina, enquanto escritor, não escapa a esse estado de despossessão. Ele descreve sua própria postura na escritura como que escrevendo fora de si mesmo:

> Queda do sistema de reprodução, queda do sistema de ação, escrevo sem mim, como uma dança sem dança, escrevo renunciado, desfeito. Desfeito de minha língua, desfeito de meu pensamento. Sem pensamento, sem palavra, sem lembrança, sem opinião, sem ver e sem entender. Escrevo pelos ouvidos. Escrevo ao contrário. Entendo tudo.[26]

Essa despossessão, essa "derrocada" é uma etapa indispensável para escapar à representação e permitir ao ator *ser*, muito simplesmente, a fim de melhor poder transmitir a palavra[27].

O ator que atua verdadeiramente, que interpreta no fundo, que se interpreta do fundo [...] leva no seu rosto [...] sua máscara mortuária,

---

24 Ibidem, p. 121-122. É isso que pensa igualmente Claude Régy e é dessa forma que ele dirige seus atores. O ator não é levado a interpretar mas a estar no palco enquanto pessoa, observa Valérie Dreville, que trabalhou na ocasião com Régy. "Não podemos nos considerar atores nesse palco; pouco a pouco descobrimos ser, antes, pessoas", observa no filme *Le Passeur* (O Barqueiro). Régy e Novarina não são muito diferentes de numerosos encenadores que procuram esse ser-si-mesmo do ator. Élisabeth Coronel; Arnaud de Mezamat, *Claude Régy, le passeur*, França: Abacaris Films; SEPT-ARTE, 1997, 152'.
25 Ibidem, p. 24
26 Ibidem. p. 72. Do que advém o título de um de seus textos: "Le Théâtre des oreilles".
27 Ibidem, p. 125.

branca, desfeita, vazia [...] ele mostra, branco, seu rosto carregando sua morte, desfigurado."[28]

Não estamos mais no universo do sensível senão naquele da edificação de uma poética. A busca de Novarina visa um para além do ser e da aparência do ator. Ele não convoca senão o vazio, pelo menos fazer o vazio. De fato, o que Novarina persegue infatigavelmente no caso do ator é que este último se solte e aceite a derrocada (no sentido de estar derrotado), dito de outra maneira, que consinta no fato de que as coisas são ditas por meio dele, quase que a despeito dele, apesar da força que ele controla, ordena e centraliza. Evitar a centralidade, a centralização do sentido, das ideias. Há no caso de Novarina a convicção de que existe uma concordância entre a centralidade do ritmo (da respiração) e a do pensamento, de onde o desejo de diminuir "a emissão do ritmo profundo" da respiração[29].

É difícil conseguir ficar em estado de "despossessão" das coisas, das palavras, da palavra! Para ajudar o ator, a não-ação[30], uma não-ação que permite a este último mergulhar para além do sentido. O *nada fazer* ou fazer o mínimo possível, desaprender. Exatamente como Régy, Novarina tenta empurrar o ator para suas últimas trincheiras. Quer desviá-lo, fazê-lo renunciar àquilo que já aprendeu, esvaziá-lo para que escreva, a palavra podendo enchê-lo novamente e que o gesto possa surgir de maneira justa, isto é, de acordo com a palavra, brotada do mesmo espaço interior, da mesma carne. É dessa forma que o ator pode ultrapassar o texto para atingir a escritura sonora e para além, "fazer falar o morto" para que esteja "mais abaixo de quem fala"[31].

Tal renúncia do preexistente, do já construído é, de acordo com Novarina (e de acordo com Régy, veremos adiante), a única via pela qual se pode tocar o impossível, o inacessível, aquilo que o ordinário e o cotidiano baniram de nossos corpos e de nossos espíritos[32]. Isso explica em parte que a escritura

---

28 Ibidem, p. 24-25. O ator morto é, aliás, uma das personagens de *L'Opérette imaginaire*.
29 Ibidem, p. 123.
30 Ibidem, p. 135.
31 Ibidem, p. 35.
32 Em tais tarefas, o ator toma consciência de seus próprios códigos, de sua própria representação e começa a transformá-los ou até a despossuir-se deles.

novariana é uma escritura esburacada – tanto quanto a de Régy é uma escritura do afastamento – para cavar a distância com relação à representação, para tocar o não-dizível. Ambos reivindicam a oralidade como fundamento do texto cênico e o corpo do ator, sua respiração, sua voz, como únicos meios para carregar tal palavra: "Que o ator venha a encher meu texto esburacado, dançar dentro dele"[33], reclama Novarina[34].

Duas imagens importam nesse caso: a da dança e a do buraco. O ator, não para de repetir Novarina, é um dançarino, dança, coloca palavras em movimento. Ora, o movimento não pode ser lido senão no presente do ato de movimentar-se e se concilia com a presença do dançarino em pleno esforço. "Dança-se qualquer bom pensamento, qualquer pensamento verdadeiro deve poder ser dançado. Pois o fundo do mundo é ritmado."[35] Reencontrar a dança no dizer mas também no escrever. A própria escritura de Novarina tem a ver com a dança e é essa dança que deve reviver, restituir, reencontrar o ator visto que a palavra e o dizer extraem sua fonte da própria cavidade do ser. Trata-se, diz o autor, de: "encontrar posturas musculares e respiratórias nas quais se escreve [...] Não é [...] o corpo do autor que precisa mais reencontrar-se [...] reclamar a existência de alguma coisa que quer dançar e a qual não é o corpo humano que se acredita possuir"[36]. "Alguma coisa que quer dançar", como se do "mais abaixo" uma voz se fizesse ouvir, a voz do "morto", "o *hom* soterrado no homem"[37]. Muito mais do que uma poética, a tarefa de Novarina diz respeito às próprias fontes da criação.

Outra imagem, a do buraco: essa imagem do buraco é uma metáfora de que partilham tanto o discurso de Régy quanto o

"Derrubar os ídolos mortos, queimar os fetiches feitos por nós mesmos, nós podemos [...] tudo aquilo que petrificamos – e que se tornou coisa do pensamento – talvez cruzado novamente", observa. Entrevista com Valère Novarina, realizada por Yannick Mercoyrol, Franz Johansson, op. cit., p. 11.
33 V. Novarina, op. cit., p. 19
34 Por seu lado, Régy observa: "O ato de escrever se destaca menos como um agenciamento do real do que como sua descoberta. É um processo pelo qual nos colocamos entre os objetos e o nome dos objetos, a vigilância desse intervalo de silêncio, de tornar os objetos visíveis – como se fosse pela primeira vez – e de possuir então seus nomes." C. Régy, op. cit., p. 121.
35 V. Novarina, op. cit., p. 138.
36 Ibidem, p. 21.
37 Ibidem, p. 35

de Novarina. Régy, por exemplo, diz aos seus atores para "fazer as palavras caírem como uma pedra num poço, escutar o eco para perceber a profundeza do buraco, a abertura, o abismo no qual o homem e o ator estão"[38]. Abordar os buracos, cair nos buracos para neles se perder e neles morrer e renascer. Redescobrir na queda outra coisa sobre nós mesmos. É também paradoxalmente a função do silêncio, elemento muito importante igualmente nas encenações de Régy e nos textos de Novarina. Curiosamente, a escritura novariana é nutrida do não-dito, nisso muito mais próximo da visão de Régy do que pode parecer à primeira vista. Com efeito, como na música, os ritmos novarianos são sempre nutridos de paradas, pontuações silenciosas e do não-dito. O autor faz disso o princípio da atuação no mesmo patamar que o da língua: "se você não quer falar mecanicamente, você deve sempre manter na tua palavra alguma coisa de você"[39], observa para o ator, retomando, como em eco, a ideia do afastamento de que fala Régy[40].

O drama novariano se insere entre a questão "de onde vem o que falamos", que Adam coloca em *Le Drame de la vie* (O Drama da Vida), e a afirmação que arremata *Le Repas* (A Refeição): "Aquilo de que não se pode falar é aquilo que se deve dizer." A palavra é a única maneira – e matéria – para narrar o homem. Ela é ato, ação. É somente nisso talvez que ela faz sentido[41]. Inesgotável, tal palavra é, no entanto, insuficiente. Do que decorre esta constatação desafiadora:

Decadência da representação, derrocada teatral. Cada vez mais fadiga de representar, de dizer o que quer que seja pela língua. Fadiga

38 No filme *Le Passeur*.
39 V. Novarina, op. cit., p. 164.
40 É que toda palavra verdadeira deve guardar um dado misterioso, oculto. Daí a existência do E-muet, uma das personagens de *L'Opérette imaginaire* e na qual ela usa e-mudos, suspensão da respiração, silêncio do ritmo na escritura. Em *Devant la parole* (Diante da Palavra), ela situa "exatamente no meio, quatro sequências subitamente brancas, átonas, em contratempos, quatro preces em branco" (s.p.). Paralelamente, escreverá textos de Jean-Paul Kaufmann: "Ao ídolo da comunicação, oponho os silêncios de Jean-Paul Kaufmann e sua prece muda da prisão." Ibidem, p. 162. Todavia, se bem que possa haver plagas de silêncio em Novarina, são menos o terreno propício para a escuta coral do que um dos elementos essenciais de qualquer jogo rítmico.
41 "Eu escrevo livros nos quais a ação é falar", exclama Novarina em *Le Drame de langue française*.

da apresentação, fadiga de representar cada vez maior e que coloca num estado de congelamento total, destruição dos lugares, ultraje público à língua francesa, destruída e rebaixada. Esse rebaixamento da língua que atualmente a tem feito desmoronar.[42]

Sarrazac ressalta, a propósito do drama contemporâneo, "uma situação de crise da língua dominante"[43] a fim de eliminar a mecânica em prol da riqueza. Os autores adoram misturar os estilos e gêneros numa peça composta de fragmentos, observa ele, porém procuram igualmente hibridizar a língua, lutar contra a uniformidade linguística, colocar as línguas em tensões: aquelas que dominam ou que são dominadas, as línguas secretas, as outras como os dialetos, jargões, citações em línguas estrangeiras, línguas especializadas etc. Novarina participa ao seu modo, seguramente, dessa tendência iniciada nos anos de 1960 que a filosofia, especialmente a derridariana, dos últimos trinta anos contribuiu abundantemente para difundir. "Eu descrevo", escreve Novarina, "a luta na *língua de um* e o efeito pulverizante da *linguagem de apenas um* que pode negar tudo, pode reduzir o mundo a pó: negar até aquele que fala"[44]. Porém, seria tanto entender mal Novarina limitar o alcance de seus escritos quanto nos fixarmos nisso. Lutar contra a língua aprendida, a língua verdadeira, a língua oficial, a da ideologia, está, seguramente, no centro de seu trabalho de criador. Ele próprio define a sua tarefa de escritura como "reinvenção das línguas" e sua proposta de "refazer todo o caminho da aprendizagem da língua material, reaprender seu linguismo. Lapso, covardia, barbarismo"[45]. Porém, não é nesse combate constante contra a unicidade da significação que reside a força maior de seu teatro, pelo menos atualmente. Ela reside antes de tudo nessa abertura da língua que ele tenta instituir a seu modo no próprio cerne das palavras, uma abertura que se reencontra no coração do homem, no coração da escritura e no coração da cena.

Há alguma coisa de presente, de ausente e furtivo em nós. Como se carregássemos a marca do desconhecido [...] Há um outro em mim,

---

42   V. Novarina, op. cit., p. 47-48.
43   Ibidem, p. 136.
44   V. Novarina, L'Homme hors de lui, *Europe*, op. cit., p. 165. Especial Novarina.
45   V. Novarina, op. cit., p. 34.

que não é você, que não é ninguém. Quando falamos, existe na nossa palavra um exílio, uma separação de nós mesmos [...] Falar é uma cisão de si mesmo, um dom, uma partida. A palavra parte de mim no sentido em que ela me abandona. Há em nós, muito no fundo, a consciência de uma presença distinta, de um outro para além de nós mesmos, acolhido e faltante, do qual possuímos a guarda secreta, do qual mantemos a falta e a marca.[46]

É tal abertura, tal voz da sombra, tal duplo, tal vazio que Novarina persegue incansavelmente. Nisso está a originalidade de sua obra, sua grandeza e sua miséria. É também nesse ponto preciso que as atitudes de Régy e de Novarina convergem de modo assustador.

ORDEM DAS PALAVRAS/ORDEM DOS MORTOS

"O teatro ocidental, desde sua origem, está [...] na ordem dos mortos [...] o teatro está também, se se pode dizer, na ordem da desordem. Isso não se daria senão por sua ligação inalienável com o mundo dos mortos"[47], diz Claude Régy, explicando assim o título de um dos seus primeiros livros, e se une a Novarina na sua convicção. Tais mortos que aqui estão em pauta, no caso de Régy, não remetem a nenhum luto nem a nenhuma perda, mas a uma vida ausente da qual Régy está convencido de que está para além das palavras e das imagens, uma vida que o escritor e o artista tentam renovar sob o mesmo enfoque, uma vida anterior à palavra, uma vida que a ordem das palavras, das imagens, do dito, seria incapaz de restituir, de fazer emergir, de trazer à superfície. De fato, para Régy, a escritura, qualquer que seja, fala do *indeterminado*. A escritura tem a ver com o próprio ato de criação, criação não das origens, mas do *incriado*, daquilo que ainda não é, daquilo que se busca dizer mas que não se diz.

"Procurei pensar", diz ele:

---

46 Ibidem, 134-135.
47 A maior parte das citações que se seguem são emprestadas de *L'Ordre des morts* e as páginas indicadas entre parêntesis. Essa ideia de Régy tem como eco reflexão de Novarina que recordamos na primeira parte: é preciso "fazer falar o morto, o *hom* soterrado no homem"; op. cit., p. 60, 35.

que a única coisa que conta quando se faz uma imagem, quando se escreve um texto ou quando se lhe retranscreve, é que o que se vê ou o que se ouve nos remete ao incriado, percebe o incriado. Aquilo que mostramos não tem qualquer interesse [...] No fazer dever-se-ia manifestar o "não fazer", dever-se-ia sentir ao mesmo tempo a impotência do fazer[48].

A ideia é poderosa e lembra aquele pensamento de Novarina, colocado como epígrafe no nosso título: "Aquilo de que não se pode falar, é o que deve ser dito." Do que decorre a convicção que Régy tem de que a escritura é o meio escolhido pelo escritor para fazer ouvir o morto, os mortos, esses mortos que todo autor tenta trazer à luz, fazer nascer, mas que, todavia, continuam na região do indeterminado, do não-dito. A escritura seria, portanto, uma escritura daquilo que não é, pois para além daquilo que se diz, uma outra palavra deve se fazer ouvir, uma palavra no vazio poder-se-ia dizer – e é esse vazio que o ator, guiado pelo encenador, deve procurar exprimir.

Mostrar para além da palavra, ou mostrá-la aquém, o lugar em que as coisas não são ditas, em que elas não afloram no plano da consciência mas em que são percebidas de modo obscuro através da atuação do ator. Tal é o objetivo do teatro. Para entender o que o pensamento de Régy tem como força, sem dúvida é preciso restituí-lo ao centro de uma reflexão que procura, no seu caso, remontar à origem da escritura – como também no caso de Novarina – e levar em consideração sob esse mesmo aspecto a escritura do escritor e aquela do encenador. De fato, no caso de Régy, longe de opor texto e interpretação, não existe qualquer contradição entre o texto e sua passagem para a cena como também, mais ainda, há convergência entre a palavra do comediante e os gestos que este último coloca no espaço.

No momento em que começamos a nos mover no espaço, parece-me que não é preciso para o ator nem se movimentar nem falar sem antes procurar reencontrar a fonte da palavra e do gesto, então pensei que se poderia até supor que há um ponto no ser (do qual não posso definir a situação) no qual sem dúvida nasce a palavra, no qual nasce a escritura, e no qual provavelmente a sensibilidade do gesto toma forma. Para que nunca nos movimentemos e falemos sem que o gesto

---

48 C. Régy, op. cit., p. 64.

e a palavra se iniciem na sua fonte comum e para que se movam ao mesmo tempo, é preciso ralentar.[49]

Existe, portanto, um espaço no ser humano que seria ao mesmo tempo o centro comum do gesto, da palavra e da escritura. Trabalhar um (o gesto) permite assim, necessariamente, atingir o outro (a palavra) e, assim fazendo, fazer de novo o gesto do escritor. Régy tem vontade de reencontrar no ator o estado do escritor, mas o estado do escritor antes que ele deite a sua frase no papel, antes mesmo do gesto da escritura; reencontrar, portanto, o impulso que obriga a escrever, como se um mesmo sopro habitasse o escrito e o lido. Essa questão alimenta toda a reflexão do encenador sobre a atuação e o trabalho vocal e corporal do ator.

Régy o diz também de outro modo. Interpretar é tentar acrescentar a "parte imaterial do corpo"[50], é procurar um corpo portador de pensamento[51]. Se, no caso de Novarina, a palavra é corpo, no caso de Régy a coisa está aparentemente invertida: o corpo é pensamento. Régy está convencido de que corpo, voz e escritura fazem parte de um todo e que é inconcebível separá-los. A voz provém do corpo. Ela é corpo. Ela é esse momento em que certos efeitos *do* corpo – especialmente as vibrações das cordas vocais – tornam-se palavras. A ideia em si não é nova; o que o é em princípio é que, para Régy, a atuação repousa na escritura. A escritura de antemão é, portanto, interpretação, encenação. Igualmente, para o ator a matéria a ser trabalhada é, antes de mais nada, a própria escritura. É disso que tudo parte, porém é daí também que tudo aflora. Com efeito, sob este aspecto, Régy é herdeiro de Blanchot e de todos os autores que questionaram nos anos de 1970 a relação da língua e da representação. Para Régy, a língua deve ser trabalhada em si mesma, sem se deter na personagem ou na sua psicologia, na ação dramática ou na sua progressão na narrativa. No caso dos atores, não há nenhuma necessidade de procurar encarnar ou imitar nenhuma coisa nem ninguém. Nenhuma "representação" é necessária. Basta que eles se remetam à escritura. Como

---

49 Ibidem, p. 66.
50 Ibidem, p. 92.
51 Ibidem, p. 95.

no caso de Novarina, se bem que de forma diferente, eles *mostram* a palavra, apossando-se dela, fazendo do dizer a única ação do drama.

Para isso, no caso de Régy, assim como no de Novarina, o ator deve esquecer de si mesmo (não da personagem encarnada) no espaço da palavra. Portador de uma palavra antes de tudo, de um discurso vindo do além, ele trabalha a língua a fim de não fechar o sentido das palavras e das frases, de manter o sentido aberto e, assim, de permitir a circulação do sentido. Como a linguagem é "cheia de aproximação, ambiguidade, mal-entendido, delicadeza, ambivalência", cumpre ao ator manter essa abertura, este espaço entre as palavras e os pensamentos pois é nesse desvão que a "poesia se aloja"[52]. Essa ideia de desvão na língua, no próprio seio do palco, é fundamental para quem quer compreender a estética de Régy. Ela se soma à ideia do buraco em Novarina[53].

O que Régy procura atingir para além das palavras é "o som que a linguagem faz" e, ainda mais profundamente, "a organização do movimento da palavra na linguagem"[54] a fim de que a linguagem possa atingir o espectador na mesma região em que a música toca. Fazer da língua uma música, a única música na cena, e fazer de tal maneira que a música toque o espectador nas mesmas zonas corporais como o faz a própria música, eis o objetivo confesso de Régy[55].

Para fazê-lo, Régy opta pelo ralentamento extremo, uma das modalidades importantes do seu trabalho nos textos. Essa lentidão extrema permite, acredita ele, remontar às próprias fontes da escritura: "para fazer ouvir a escritura e o que a língua revela, pareceu-me que não seria preciso falar rápido [...] a rapidez não é criadora de nada, salvo da rapidez [...] É durante as paradas que a verdadeira plenitude da escritura se ouve caso não se a tenha ocultado desde o começo"[56], observa ele,

52 Ibidem, p. 67.
53 "Que o ator venha encher meu texto esburacado, dançar dentro" diz Novarina, op. cit., p. 19. Régy afirma como réplica: "fazer cair as palavras como uma pedra num poço, escutar o eco para perceber a profundeza do buraco, a abertura, o abismo no qual o homem e o ator estão".
54 C. Régy, op. cit., p. 92.
55 Estamos numa sinestesia a qual Baudelaire foi um dos primeiros a querer instituir no ato da criação, que será perseguida pelos simbolistas e especialmente por Maeterlinck, que Régy retoma em algumas montagens.
56 C. Régy, op. cit., p. 65.

aconselhando os atores a procurar o "não-fazer", exatamente experimentando a impotência de conseguir à perfeição esse não-fazer. Também durante os ensaios, o ator trabalha igualmente o ralentamento dos gestos e das palavras, da respiração e do movimento. O tempo da criação é o da lentidão. De fato, o alentecer dos gestos permite lutar contra o naturalismo e a representação. Ele "desrealiza" o movimento e obriga o ator a sair do seu cotidiano até atingir um estado diferenciado. O ralentamento acentua por si mesmo a presença no espaço, na duração, nos sons, nas percepções, colocando em suspenso o imaginário do ator e do espectador. Tal ralentamento é portador de um sentimento de imaterialidade, imaterialidade do corpo e da atuação que caracteriza tão bem os espetáculos de Régy. Esse estado – que não é nem êxtase nem transe – aguça a presença do ator que se torna, assim, palavra escrita e falada. Abre o espaço interior e íntimo do ator para aquele, imenso, do além. O ator torna-se permeável a todas as dimensões e enche então o tablado, entretanto vazio de sua transparência.

A lentidão dos gestos caminha paralela com a lentidão da elocução, uma elocução feita também de silêncio. Associado aos movimentos ralentados, o silêncio decupla as forças, as trocas energéticas e provoca o estado de concentração, o estar-lá do ator, observa Régy. O ator deve aprender a escutá-lo, a carregá-lo. O silêncio está lá para colocar-se contra a agitação do ambiente. Permite perceber os detalhes dos gestos, aumenta o espaço[57] e traz à luz as forças de atração coletiva do tablado. O silêncio é ação cênica: "É durante as paradas que a verdadeira plenitude da escritura é ouvida, caso não a tenhamos ocultado desde o começo"[58]; ela conduz os atores "pouco a pouco, a estar mais perto de si mesmos e a emitir os sons a partir desse mais perto de si mesmos na expectativa de atingir, o mais possível, os outros – os espectadores – e deslocar assim o barulho periférico no qual nós nos movimentamos"[59]. Esses espaços de silêncio são uma das formas de criar esse desvão no seio das palavras que

---

57 Tal importância do espaço deve ser sublinhada porque, para Régy, assim como para Novarina, a fonte comum da palavra e do gesto é precisamente o espaço.
58 C. Régy, op. cit., p. 65.
59 Ibidem, p. 15.

lembramos anteriormente. O ator no caso assume uma figura de barqueiro, um barqueiro de silêncios.

Foi dito frequentemente que o silêncio é uma das características recorrentes da dramaturgia contemporânea. Todos aqueles que trabalham no teatro da atualidade revelam-lhe a pregnância extrema nos textos. É evidente que o silêncio que está em questão na obra de Régy não tem nada a ver com a falta, a incomunicabilidade, a impossibilidade de falar ou o desejo de se calar. Ele não se refere nem às circunstâncias nem à psicologia dos seres. Trata-se de um silêncio infinitamente mais rico e carregado de renovação, um silêncio de natureza quase existencial que permite remontar rastros do *incriado*. Pois quando o ator está "fazendo silêncio" é a escuta que ele desenvolve: tanto a sua quanto a dos outros. Ele pode então abrir-se "para a cena, ao universo, a todas as dimensões" para que se ouça "a abertura da palavra". Ao instituir o silêncio no centro da cena é que as palavras escapam da representação que as espreita. Elas acabam por ser dotadas de densidade. Longe de ser estático, tal silêncio é portador de plenitude na cena. Permite a força da captação da palavra como também a amplificação da presença e da escuta do ator, para não falar daquela do espectador.

Tal silêncio e tal ritmo ralentado facilitam, segundo Régy, a circulação do texto entre os atores. Os atores no tablado então estarão abertos às forças de atração coletiva. Os diálogos fundem-se numa única voz, num único discurso, transformando as múltiplas palavras num *conjunto*. Eles se tornam *um*, "[restituindo] um monólogo, o que não quer dizer discurso de uma única pessoa, mas um discurso único"[60]. A palavra não é mais a de um indivíduo, mas aquela de uma coletividade como o era, na tragédia, a palavra do coro que falava em nome da cidade. Nessa circulação de palavras, que ultrapassa os indivíduos para atingir o coletivo, o espectador tem a impressão de que o ator fala não em seu próprio nome, mas no nome de todos. Esse conjunto restitui aa cena unicidade, poesia e transcendência. Ele restitui a força da escritura, dramática e cênica ao mesmo tempo.

O mesmo ocorre com as peças que monta (*Quelqu'un va venir* [Alguém Virá], de Jon Fosse, *Knives in Hens*, de David

[60] Ibidem, p. 68.

Harrower, *4.48 Psychose*, de Sarah Kane, ou *La Mort de Tintagiles* [A Morte de Tintagiles], de Maurice Maeterlinck, para citar apenas algumas)[61], nas frases muito simples que faz os atores dizerem – frases que ele fragiliza e densifica ao mesmo tempo – e nas quais Régy tenta precisamente aplicar esses princípios. É bem conhecida a extrema lentidão dos espetáculos de Régy, mas trazer à luz também as razões que explicam essas escolhas estéticas esclarece, para o público, o método de trabalho do encenador e permite compreender no que tal estética está não somente ligada diretamente a uma determinada visão da escritura, mas em que medida emana a partir dela e é inclusive determinada por ela. Dado que Régy procura para além da escritura o lugar de onde nasce a escritura – o lugar "de onde se fala", como o diz ele próprio –, suas encenações são marcadas por essa estética tão particular que as caracteriza. Pois, para além das próprias peças, das narrativa, dos diálogos, é uma verdadeira visão de escritor que Régy carrega consigo. Escrever para a cena e escrever uma peça resultam da mesma necessidade e bebem nas mesmas fontes. Visto que Régy levar a sério a escritura – entre palavra e sopro, entre corpo e espírito, entre ordem e desordem, entre densidade e espiritualidade, entre imaterialidade e inconsciente –, ele adota um modo de interpretação que lhe é único, baseado no silêncio e na lentidão que às vezes irrita os espectadores, mas dos quais compreende-se logo o sentido profundo. Tal busca é alimentada pelo olhar quase

---

[61] Poderíamos também citar *Der Ritt über den Bodensee* (A Cavalgada no Lago de Constança), de Peter Handke (1974); *Die unvernünftigen sterben aus* (As Pessoais Irrazoáveis estão em Vias de Extinção), de Peter Handke (1978); *Trilogie des Wiedersehens* (Trilogia do Adeus), de Botho Strauss (1980); *Gross und klein* (Grande e Pequeno), de Bhoto Strauss (1982); *Über die Dörfen* (Pelas Cidades), de Peter Handke (1983); *Ivanov*, de Anton Tchékhov (1985); *Der Park* (O Parque), de Botho Strauss (1986); *Three Travellers Watch a Sunrise* (Três Viajantes Olham um Pôr do Sol), de Wallace Stevens, e *Le Criminel* (O Criminoso), de Leslie Kaplan (1986); *Le Cerceau* (O Arco), de Viktor Slavkine; *Huis clos* (Entre Quatro Paredes), de Jean-Paul Sartre (1990); *Downfall* (Fracassos), de Gregory Motton (1991); *The Terrible Voice of Satan* (A Terrível Voz de Satã), de Gregory Motton (1994); *Paroles du Sage* (Palavras do Sábio), de Henri Meschonnic (1995); *La Mort de Tintagiles*, de Maurice Maeterlinck (1996); *Holocausto*, de Charles Reznikoff (1997); *Nokon kjem till a komme* (Alguém virá), de Jon Fosse (1999); *Knives in Hens*, de David Harrower (2000); *Melancholia* (Melancolia), de Jon Fosse, e *Carnet d'un disparu* (Caderneta de um Desaparecido), de Leos Janacek (2001); *4.48 Psychose*, de Sarah Kane (2002); *Variations sur la mort* (Variações sobre a Morte), de Jon Fosse (2003).

existencial que carrega não apenas sobre os textos dramatúrgicos que escolhe para montar, porém, mais ainda, sobre a própria escritura. Entende-se igualmente que a atitude de Régy, longe de ser unicamente estética, é de natureza ontológica e origina--se de uma ética de artista e de uma ética de vida. Sua atitude é, paradoxalmente, a de uma travessia da língua, língua da qual ele procura restituir a densidade e a fragilidade ao mesmo tempo. Para essa viagem através dos textos e através da língua, Régy deseja assim conduzir o ator para uma travessia de si próprio, uma travessia no decorrer da qual poderá talvez conseguir ir ao centro das coisas, carregando o espectador consigo.

É importante ressaltar que esse olhar que Régy dedica à escritura e que coloca em prática trabalhando sobre alguns textos os mais representativos das formas dramáticas da atualidade (Marguerite Duras, Jon Fosse, Peter Handke, David Harrower, Leos Janacek, Sarah Kane, Gregory Motton, Tom Stoppard, Botho Strauss), ele o dirige paralelamente a textos mais antigos que escolheu montar (Maurice Maeterlinck, especialmente, mas também Anton Tchékhov, Jean-Paul Sartre) ou para textos emprestados de outras formas não teatrais (especialmente alguns textos bíblicos do Eclesiastes traduzidos por Henri Meschonnic ou poemas de Charles Reznikoff). É preciso que se diga que tal visão não é própria nas escrituras contemporâneas – escrituras que tendem a privilegiar uma escritura esburacada, uma dramaturgia fragmentada, uma dramaturgia do silêncio, do quadro, longe da linearidade em que a língua se insere como signo fraturado –, porém nelas encontra um terreno privilegiado.

Compreender-se-á, seguramente, que no caso de Novarina, como também no de Régy, a relação com a representação, no sentido filosófico do termo, é questionada muito profundamente. Seu teatro não pode mais representar o mundo. Ele se distanciou não somente da mimese, mas também do próprio teatro. Nisso, ambos são muito herdeiros dos anos de 1970. Sem dúvida, a atitude não é nova nem no domínio da literatura nem no do teatro. Numerosos são os poetas e escritores que se inserem nesse movimento a partir de Mallarmé e Artaud, especialmente. Numerosos são também os movimentos literários que colocaram essa relação com a língua no seio de suas preocupações. O que é novo, ao contrário, tanto no caso de

Régy quanto no de Novarina, é a força dada à palavra carregada por um corpo que o ator trabalha para esvaziar de suas escórias. "É no lugar do vai e vem do corpo na palavra"[62] que reside, para Novarina, o trabalho essencial do texto. Régy poderia dizer outro tanto, porém, mais profundamente no seu caso, é antes de tudo para o trabalho de densificação e de fragilização da língua que ele orienta todos os esforços do ator. O trabalho deste último não resulta do exercício banal da simples encenação de um texto, ele toca nos fundamentos da escritura e nas fontes da palavra e, exatamente isso, nos arcanos do sujeito. É um percurso, senão espiritual, pelo menos existencial, que um e outro procuram instituir. Tanto um quanto o outro tentam ir às fontes do *incriado*, daquilo que você é, daquilo que não é ainda e que provavelmente nunca será. Ambos colocam uma questão comum, fundamental e que cimenta o conjunto da sua obra e de sua atitude: de onde vem o que se fala?

Há qualquer coisa de presente, de ausente e de furtivo em nós. Como se carregássemos a marca do desconhecido [...] há um outro em mim, que não é você, que não é ninguém. Quando falamos, há na nossa palavra um exílio, uma separação para conosco mesmos [...] Falar é uma cisão de si mesmo, um dom, um começo.[63]

A aproximação entre Régy e Novarina para aí. Se Novarina procura restabelecer a primitiva ligação entre a palavra e o corpo, um corpo-palavra e uma palavra-corpo, Régy tenta, espetáculo após espetáculo, ir mais longe ao tentar criar uma simbiose entre pensamento, corpo, espaço, texto e voz. Porém, tanto num caso como no outro, observa-se bem uma busca do absoluto da palavra em conexão com o dizer. Criar o desvão no centro das palavras, fazer ouvir a abertura no centro das coisas e, para além daquilo que se ouve na cena, fazer ouvir uma outra cena. A missão é quase impossível tanto para um quanto para outro. Nessa captação da palavra, nesse ato corajoso de *dizer* onde o ator se esquece de si mesmo, espectadores e atores são convidados a fazer uma *travessia das linguagens* e a transpor-se para além.

Trad. Naci Fernandes

62 V. Novarina, op. cit., p. 30.
63 Apud Ivan Darrault-Harris, *Devant la parole*, p. 134-135.

Parte V

O Interculturalismo Ainda Possui um Sentido?

1. Linguagem e Apropriação:

como reinterpretar Shakespeare no Quebec, o exemplo de Robert Lepage[1]

Embora, faz uma década, a noção de interculturalismo esteja de certa forma em voga na América do Norte e ocupe no discurso crítico o lugar que ainda ocupava há bem pouco o discurso sobre o pós-modernismo ou sobre a desconstrução, ainda assim, ela reflete as transformações profundas que afetam não apenas nossos modos de pensar e de criar, mas nossa maneira de viver no interior de uma cultura específica, de várias culturas, no cruzamento das culturas[2]. Longe de ser um fenômeno estético ou um simples efeito da moda, o interculturalismo tornou-se, acima de tudo, um fenômeno social que nos afeta a todos, quer nos submetamos a ele, quer o assumamos segundo os contextos nos quais avançamos.

Portanto, deter-se no interculturalismo dentro dos domínios do teatro é escolher isolar, no seio desse fenômeno planetário que faz fronteira com todos os setores da sociedade, as mudanças que imprimem seus efeitos sobre a prática teatral. Entretanto, ao fazê-lo, é necessário lembrar: toda análise sobre o teatro não pode – nem deve – ser isolada do conjunto das

[1] Publicado em *French Review*, Santa Barbara, v. 71, n. 6, May 1998.
[2] Para remeter a um título de Patrice Pavis, *O Teatro no Cruzamento de Culturas*, São Paulo: Perspectiva, 2008.

mudanças que afetam a sociedade. A análise remete necessariamente a isso, destacando que ela própria se inscreve nesse contexto mais vasto que compreende nossa época para além das sociedades. Assim sendo, ela atinge o "macrossocial".

Noutro extremo, pensar o interculturalismo exige igualmente do sujeito um trabalho sobre si próprio na medida em que a questão força necessariamente quem possui um discurso crítico a se posicionar sobre o tabuleiro de xadrez das culturas. O exercício o obriga involuntariamente a retraçar sua própria história, a tornar claras suas próprias filiações, a analisar seus ancoradouros para melhor localizar a si próprio e o encontro possível com o outro; isto é, para lançar luzes sobre seu próprio contexto de análise e criação. Aqui, nós atingimos o "microssocial".

A passagem do macrossocial ao microssocial, que permite a reflexão sobre o interculturalismo, é sua grande riqueza em relação à noção anterior e politicamente mais limitada, aquela do multiculturalismo, a qual foi preponderante nos discursos políticos e governamentais, a que insistia sobre a justaposição pacífica das culturas e não sobre sua dinâmica de absorção recíproca.

No domínio propriamente do teatro, o interesse principal da noção de interculturalismo, cuja incidência sobre a representação teatral tanto como sobre as técnicas de atuação e sobre o texto[3], que alguns analisaram em detalhe, é o fato de que ela nos força – nós, espectadores e analistas do fenômeno teatral – a reinterrogar nossa posição na história, assim como a da obra artística estudada, a re-historicizar o acontecimento teatral a partir do lugar em que ele se inscreve, a contextualizar a obra a partir do modo por meio do qual ela integra as temáticas ou as práticas artísticas de outras culturas, a reinterrogar nossa relação com o outro. Essa noção traz em seu cerne as questões associadas à tomada de empréstimos, a textos literários que passam de uma cultura para a outra e, em particular, à questão da língua na qual as transferências acontecem, crucial, é óbvio, numa nação como o Quebec.

3 Rustom Bharucha, *Theatre and the World*, New York: Routledge, 1993; P. Pavis, op. cit.; Edward Said, *Orientalism*, New York: Pantheon, 1978; Richard Schechner, *Essays on Performance Theory*, New York: Drama Book Specialists, 1977. Ver também os artigos de Daryl Chin, Una Chauduri e Diana Taylor em Bonnie Marranca; Gautam Dasgupta, *Interculturalism and Performance*, New York: PAJ Publications, 1991.

É com esse espírito que escolhemos discutir três formas de práticas interculturais no Quebec: as de Michel Garneau, de Jean-Pierre Ronfard e de Robert Lepage, bem como analisar sua natureza à luz de certo referencial teórico emprestado, ao mesmo tempo, dos conceitos interculturais e das teorias da comunicação.

Se há uma nação onde a problemática intercultural e linguística sempre esteve presente, é certamente o Quebec e, claro, o Canadá. Pátria de imigração, terra de asilo dito voluntário. Muito próximo dos Estados Unidos e, no entanto, muito diferente, o Canadá sempre promoveu a "sociedade das culturas" ao esboçar, no decurso dos anos, políticas encarregadas de sua promoção. Progressivamente, os vocábulos evoluíram. A noção de "sociedade das culturas" cedeu lugar à de "multiculturalismo", que os políticos preferiam – ainda até há pouco tempo – porque ela fazia um chamado, um chamado à variedade de etnias e culturas que lhe são contíguas, para formar o mosaico cultural de que falam os textos governamentais, um mosaico em que as coisas se justapõem sem se integrar de verdade. Hoje, é a noção de interculturalismo que a assume, mais vasta, que sublinha a necessidade de uma dinâmica interior de troca entre as culturas.

A prática artística no Quebec é, ela mesma, um reflexo dessa pluralidade de culturas, visto que há um certo número de práticas pluriculturais que são resultado de grupos étnicos específicos (grego, haitiano, português, vietnamita, latino--americano, italiano), ou que integram várias culturas, raças e cores no seio de um mesmo grupo (Carbone 14, Théâtre Repère e Robert Lepage, Pigeon International, Omnibus, Arts Exilio au théâtre).

No entanto, é preciso lembrar que, a cada vez que esse multiculturalismo faz importações, responde um multiculturalismo interno constitutivo da identidade canadense, uma vez que o país conta com dois grupos linguísticos: o francês e o inglês. As relações entre um e outro nem sempre são harmoniosas, mas uma tolerância recíproca, às vezes forçada, os leva a coexistir[4]. Falar de multiculturalismo no Quebec é despertar seu lado sombrio.

---

4 Aos dois grupos, cuja identidade linguística se sustenta sobre uma identidade cultural, acrescenta-se uma terceira cultura: a ameríndia, única tensão autêntica, geralmente esquecida no continente.

Portanto, é sobre a problemática multicultural e intercultural complexa, indefectivelmente ligada aos problemas da língua, que se inscreve a prática do teatro e, de modo mais específico, o problema proposto pela leitura de obras de Shakespeare no Quebec.

É completamente inútil lembrar aqui o quanto a decupagem do real e a articulação do pensamento são profundamente determinados pelas palavras que utilizamos. É em torno de uma língua que se opera a integração de outras culturas, é através do *bias* da integração das outras línguas na sua própria cultura que se opera, por sua vez, um certo interculturalismo[5].

Ora, o Quebec se esforça em vão, ele só continua a existir na medida em que a língua que se fala é o francês, apesar de todos os quebequismos e particularidades locais. A língua impregna tudo e força uma apreensão particular do mundo. Especificamente, se há um domínio onde a língua é fundamental, de certo, é aquele da obra literária e, particularmente aqui, o da obra dramatúrgica. Ora, para todo quebequense que se saiba, é impossível ignorar os grandes modelos da história: Molière, Racine, Beckett, Ionesco, Genet, para citar apenas alguns que escreveram em língua francesa. Em consequência de o artista de teatro ressentir-se de uma alienação face a esses textos muito distantes de seu falar cotidiano, é que os anos de 1970 promoveram a rejeição a todos esses modelos tão distantes que tendiam a eliminar a identidade local.

Nos anos de 1990, retornou-se bastante a essa recusa sistemática e vários encenadores quebequenses – de Jean Asselin a Alice Ronfard, passando por René-Richard Cyr, Yves Desgagnés, Robert Lepage, Gilles Maheu, Denis Marleau, Lorraine Pintal – montam hoje em dia textos antigos e contemporâneos sem se enredar nos problemas da língua. Isso não impediu que Shakespeare tivesse proposto no passado – e coloque ainda hoje – algum problema

---

5 "D'une façon générale, c'est le langage qui donne accès à la culture, et en particulier aux identités culturelles différentes de la nôtre. Concrètement, il est bien clair que dans le rapport à la culture de l'Autre, le premier obstacle auquel on se heurte, c'est l'obstacle de la langue, l'obstacle des langues (au pluriel). Tout commence par là: c'est la partie visible de l'iceberg" (De um modo geral, é a linguagem quem dá acesso à cultura e, em particular, às identidades culturais diferentes da nossa. Concretamente, é claro que em relação à cultura do Outro, o primeiro obstáculo com o qual nos debatemos é o da língua, o obstáculo das línguas (no plural). Tudo começa aí: é a ponta do *iceberg*), nos diz Jean-René Ladmiral; Edmond Marc Lipiansky, *La Communication interculturelle*, Paris: Armand Colin, 1989, p. 21.

na medida em que ele sobreveio em traduções e que estas são frequentemente realizadas na França, donde a necessidade de retraduzir os textos no Quebec, de reterritorializar o autor e, assim o fazendo, retomar posse da literatura[6].

Foi o que fez Michel Garneau, um dos primeiros a tentar com sua tradução de *Macbeth* para o *québécois**, publicada em 1978. Sem falar no gesto político que o texto representava à época, é evidente que a tradução de *Macbeth* para o *québécois* trazia um paladar mais shakespeariano para o texto, de um modo que não fazia, por exemplo, a tradução anterior de François-Marie Hugo ou, mais próxima de nós, a de Yves Bonnefoy.

> BANQUO: On est encôre ben éloégnés d'not'arrivée.
> Oh, que c'est qui surgit là!
> Tout vieill'zis, tout entortillés dans une confusion
> D'artifailles abominables... Y-z-ont l'aparcevance d'ête
> Etranges à terre... pour tant sont visibelment présents.
> Etes-vous des corps humains en vie ou ben des cadâbes?
> Avez-vous comme qui dira't eune parlure qu'on pourra's entende?
> Vous m'avez l'air de comprende de quoé c'est que j'dis.
> R'gârd... Aveuc leus doigts tout effichés, ca s'touche les leuves
> Chacun son tour.
> Vous avez quasiment l'air d'ête des créatures,
> Si que vous aviez pas d'barbes, j'en s'ras plusse cartain. (I, 3, 20-21)

O modo de se reapropriar dos textos pelo *bias* da língua é o primeiro degrau desse interculturalismo literário que Bonnie Marranca chamava de suas oferendas em seu livro *Interculturalismo e Performance*[7]. Trata-se de uma primeira forma de

---

6 Para mais detalhes sobre a questão da tradução de textos dramáticos no Quebec, nós referimos ao estudo bem interessante feito por Annie Brisset em seu *Sociocritique de la traduction: Théâtre et alterité au Québec (1968-1988)*, Longueuil: Le Préambule, 1990, assim como ao número dos *Cahiers de théâtre JEU*, 56, 1990, dedicado ao teatro.

* Em português não há equivalente ao termo *québécois* para nomear o idioma, por isso, preferimos manter a expressão. (N. da T.)

7 "That intercultural writings have not made a more substantial attempt to bring into the discourse the difficult questions of dramaturgy, or to explore their own literary ambiguity, is regrettable, especially since interculturalism can be understood more broadly as a form of intertextualism" (Que escritos interculturais não tenham feito uma tentativa mais substancial de trazer para o interior do discurso as questões difíceis da dramaturgia, ou explorar sua própria ambiguidade literária, é lamentável, especialmente, desde que o interculturalismo passou a ser entendido mais amplamente como uma forma de

importação e adaptação de um texto "estrangeiro" em uma cultura e uma língua locais. É claro que Shakespeare ultrapassa as especificidades regionais e mesmo nacionais e que ele é, mais que nenhum outro, um autor universal, porém só permanece assim na medida em que a escolha da língua de apresentação não é indiferente.

Essa forma de tradução-adaptação[8] de textos diferentes daqueles que sobressaem de determinada cultura – aqui, a quebequense – impôs-se nos últimos vinte anos como uma necessidade, porque ela faz fronteira com a afirmação de uma identidade local. Ora, esta passa necessariamente pela língua.

O problema aumenta porque no Quebec a língua não consiste propriamente em falar o francês tal como praticado na França, na Bélgica ou em qualquer outro país francófono. As bases das duas línguas são decerto idênticas criando aparentemente um fenômeno de reconhecimento que se presta às vezes à ilusão, mas, de modo geral, o resultado de superfície, aquele da língua falada cotidianamente, é bem diverso, idiomático, dando a impressão de outra língua. É que a língua falada no Quebec possui numerosas estruturas sintáticas e lexicais que lhe são próprias, acrescidas de um sotaque – ou sotaques totalmente específicos. Se acrescentarmos a tudo isso o fato de que essa língua é, em grande parte, popular, compreenderemos a complexidade do problema que se coloca a todo artista que deseja traduzir para o *québécois* um texto advindo de uma outra cultura.

As soluções também são variadas, segundo as épocas e a evolução do problema identitário do Quebec; a tradução--adaptação de Garneau para *Macbeth* em *québécois* (lembro que estávamos em 1978) representou uma data importante na afirmação dessa língua e dessa identidade[9].

---

intertextualismo", ver Bonnie Marranca; Gautam Dasgupta, *Interculturalism and Performance*, New York: PAJ Publications, 1991, p. 18-19. Essa oposição entre o que poderíamos chamar um interculturalismo literário (ou dramatúrgico) e um interculturalismo performativo ou cênico está certamente no centro da problemática que nos interessa aqui.

8   Para mais detalhes sobre a questão da tradução, ver J.-R. Ladmiral; E.M. Lipiansky, op. cit.; assim como Annie Brisset, *Sociocritique de la traduction*. Brisset afirma que a tradução tornou-se matéria para escritura.

9   No mesmo sentido, Garneau realizará um *Cid magané* abordando, desta vez, a literatura francesa.

Assim, a tentativa de apropriação linguística do texto de Shakespeare teve, em sua origem, o objetivo principal de afirmar a identidade de uma língua – o *québécois* – (e em seguida de uma "pátria") que poderia criticar os grandes textos e fazer-lhes justiça. Portanto, o resultado imediato foi a apropriação de um texto clássico que se enriqueceu com o aporte linguístico.

Entretanto, ao montar *Macbeth* em 1992 na Inglaterra e na França, com a mesma tradução de Garneau, Robert Lepage tinha um objetivo totalmente diferente, o contexto histórico então havia mudado. Com efeito, para Lepage, não se tratava, de maneira nenhuma, de fazer uma declaração política semelhante àquela de Garneau alguns anos antes. Ao retomar a tradução de Garneau, Lepage procurava reencontrar a aspereza do inglês do original. Assim, ele agia apenas por fidelidade ao texto e não mais com uma preocupação de afirmação identitária. A língua tornava-se um meio, um veículo para melhor fazer o espectador entrar no universo shakespeariano, para melhor restituir alguma coisa da verdade do texto. A preocupação era puramente estética, artística e Shakespeare foi bem retribuído.

Nesse sentido, cabe observar que o *Macbeth* de Lepage foi muito bem recebido na Inglaterra e na França, onde os críticos destacaram a riqueza da língua e a sensualidade dos corpos. Em compensação, ele foi recebido com frieza no Quebec por causa da interpretação dos atores, julgada insuficiente. Fato interessante foi a língua utilizada – muito próxima e, no entanto, diferente do *québécois* (essa língua, com efeito, não existe como tal, com um vocabulário e uma sintaxe definidos) –, que desagradou porque ela não permitia, em razão de sua proximidade do *québécois*, a distância crítica que os espectadores na França consideraram tão sugestiva, portanto, a língua não operou como meio de sedução.

De fato, a escolha da língua no *Macbeth* de Lepage advém da mesma preocupação manifestada por Ariane Mnouchkine quando ela recorreu à estética do teatro nô e do kabuki para montar seus próprios Shakespeares. Ao inspirar-se em técnicas de interpretação pertencentes a uma cultura e uma tradição teatral distintas[10], Mnouchkine entendia isso como o meio de fazer

---

10 As tradições asiáticas parecem para Mnouchkine as únicas verdadeiras no campo do teatro. Cf. On n'invente plus de théories du jeu dans le domaine

compreender e ver Shakespeare de modo diferente, retirando-lhe de representações tradicionais às quais ele fora submetido. Ao criar algum efeito de distanciamento, ela forçava o espectador a olhar de outro modo. Havia aí o desejo de restituir certa pureza ao texto, de renovar a escuta do público. Portanto, longe de ser político, o empréstimo foi puramente estético, para o benefício exclusivo do texto, da representação e do espectador[11].

Longe de fazê-lo com outra cultura como o faz Mnouchkine, é paradoxalmente ao emprestar de sua própria língua que Garneau e Lepage se reapropriam do texto de Shakespeare. Mas, em ambos os casos, o efeito visado e obtido é totalmente diverso, para não dizer contraditório. Para Garneau, o uso do *québécois* permite reapropriar-se de Shakespeare desalienando o público de um francês normativo no qual este último não se reconhecia à época. Portanto, há algum efeito de aproximação.

Para Lepage, contudo, a língua não permite aproximar o texto do público, mas, ao contrário, distanciar-se para melhor apreender o que pode ser a língua de Shakespeare em sua época. Se acrescentarmos a isso o fato de que seu *Macbeth* foi inicialmente apresentado para um público francês antes de sê-lo aos quebequenses, compreende-se por que a recepção em ambos os lados do Atlântico só poderia ser bem diferente. Aqui, a contextualização é capital para melhor compreender e analisar não apenas as intenções do artista, mas também as reações do público[12].

É ainda mais interessante constatar que, dez anos mais tarde, quando Garneau publica as traduções de *Coriolano* (encomendada pela Ecole Nationale de Théâtre) e de *A Tempestade*,

---

du théâtre, *Cahiers du théâtre Jeu*, n. 52, 1989, p. 7-14. Publicado numa versão inglesa em *The Drama Review*, n. 124, 1989, p. 88-97. Cf. também J. Feral, *Rencontres avec Ariane Mnouchkine: Dresser un monument à l'éphémère*, Paris: XYZ; Montréal: Éditions Théâtrales, 1995.

11 É da mesma preocupação que advêm os empréstimos de danças indianas feitas em *Os Átridas*, a preocupação de Mnouchkine e do Théâtre du Soleil foi de encontrar um modo de apresentar os coros hoje, redescobrindo-lhes alguma coisa da impressão que eles deveriam dar à época de Ésquilo e Eurípides.

12 É exatamente o que enfatizava Mikhail Bakhtin ao afirmar que "o centro nervoso de toda enunciação, de toda expressão não é interior, mas exterior; ele está situado no meio social que cerca o indivíduo", ver *Le Marxisme et la philosophie du langage: Essais d'application de la méthode sociologique en linguistique*, Paris: Minuit, 1977, p. 134. Portanto, é exatamente a sociedade receptora que colore o sentido de uma tradução. É o que diz também Brisset quando afirma que a tradução opera no discurso social, ver op. cit., p. 252.

suas traduções, muito poéticas, não possuem quase nenhum quebequismo; com muito trabalho, percebe-se algumas singularidades de uma língua que permanece muito bela para ouvir, por exemplo, em *Coriolano*:

> COMÍNIO: Ele trata o melhor butim
> Como se fosse uma isca
> Ele é mais mesquinho que a miséria
> Quando se trata de ser pago
> E considera que seus atos
> São sua única recompensa. (II, 2)[13]

A história do Quebec sendo novamente alterada, a relação com a própria língua também muda.

Por sua vez, Jean-Pierre Ronfard vai se estender mais nessa reflexão. Apareceu em 1979 com o desejo de levar adiante um projeto intitulado "Shakespeare Folies, un théâtre de variétés peuplé de personnages shakespeariens" (Folias de Shakespeare, um teatro de variedades povoado de personagens shakespearianas), que Ronfard finaliza em 1981 ao criar uma obra que ele vai intitular *Vie et mort du roi boiteux* (Vida e Morte do Rei Manco), vasto panorama shakespeariano no qual se encontra o enredo de *Ricardo III* e de *Henrique IV*, acrescido de excertos de *Hamlet* e *Rei Lear*, aos quais se acrescentam numerosos excertos, citações e acenos a toda a literatura: de Racine à *Bíblia*, de Brecht a Aristóteles, de Anouilh a Tremblay. Toda a literatura está aí de modo que cada um seja capaz de possuí-la: em parcelas, povoada de imagens, de estereótipos, de mitos, de lembranças de leituras, de tiradas aprendidas anteriormente. As personagens mitológicas coexistem com aquelas que realmente viveram: Mata Hari ao lado de Joanna D'Arc, Moisés e Einstein, Ricardo III com Francisco I.

O prólogo dá o tom:

> Entra a horda humana [...] composta de uma quinzena de personagens heteróclitas entre as quais há obrigatoriamente um monge cego e possivelmente uma gueixa japonesa, uma mendiga da rua Saint-Denis,

---

13 "Comminius: Il traite le meilleur butin / comme si c'était de la bouette / il est plus chiche que la misère // quand il s'agit d'être payé / et considère que ses actes / sont sa seule récompense".

um lenhador quebequense, um escocês, um hare krishna, uma dama distinta, um homem-rã, um gerente de banco com sua maleta, um travesti, uma banhista, uma vegetariana, uma enfermeira, um agente de segurança, um guerreiro romano, uma dama da Idade Média com seu *hennin*, um marquês do século XVII, Robespierre, o aiatolá Khomeini, Golda Meir, um cosmonauta, um árabe, o *Apolo de Belvedere*, *Mona Lisa* ou *A Liberdade Guiando o Povo*, de Delacroix, algumas crianças, alguns animais domésticos.[14]

Como em Shakespeare, e outros tantos, a cena do teatro é o mundo e as personagens viajam de uma cena à outra: do Azerbaijão ao topo do Monte Ararat; do deserto nas planícies do Cáucaso; dos campos de batalha de Varincourt aos quintais do bairro de Arsenal ou ao Café Spartacus; do jardim do rei Ricardo ao topo do Empire State Building; das profundezas da Amazônia a Samarkand.

Os níveis de linguagem se sucedem e o texto passa, sem transição, do discurso da corte ao discurso da rua, da linguagem polida à popular, da linguagem da tragédia àquela da farsa.

A Cidade do Rei Manco, 6º dia, 7.

ANA: Ó Majestade, vós me surpreendeis em minhas ocupações domésticas! Desculpai-me. Não sei como reconhecer a grande honra que me fazeis [...]
RICARDO: Condessa. Não vos perturbai. Não sede emotiva a esse ponto.
ANA: Eu sou, Majestade. Pensai, então. O rei Ricardo, meu rei! Neste lugar! Subitamente! Às onze horas da manhã, enquanto eu preparo a comida! Uma salada da estação com ervas medicinais, segundo os preceitos vegetarianos do herborista da corte. E vós, *sir*, em toda vossa glória, em vosso grande traje solene, com a coroa e o cetro! [...]

14 "Entre la horde humaine [...] composée d'une quinzaine de personnages hétéroclites parmi lesquels il y a obligatoirement un moine aveugle et possiblement une geisha japonaise, une clocharde de la rue Saint-Denis, un bûcheron québécois, un Ecossais, un harikrishna, une dame distinguée, un homme-grenouille, un gérant de banque avec son suit-case, un travesti, une baigneuse, une végétarienne, une garde-malade, un agent de sécurité, un guerrier romain, une dame du moyen-âge avec son hennin, un marquis du XVIIème siècle, Robespierre, l'Ayatollah Khomeiny, Golda Meir, un cosmonaute, un Arabe, l'*Apollon du Belvédère*, *Mona Lisa* ou *La Liberté sur les Barricades* de Delacroix, quelques enfants, quelques animaux domestiques". Jean-Pierre Ronfard, *Vie et mort du roi boiteux*, Montréal: Leméac, 1981, p. 38.

RICARDO: Annie, eu estou na merda.
ANA: Enfim! Isso deve acontecer com você, como a todo mundo. Envelheces, manco, apenas isso.
RICARDO: Não me amole, estou em cacos.[15]

Para esta releitura bem pessoal dos clássicos, Ronfard acrescenta uma ficção criada a partir de todas as peças, importando para a vida de um pequeno bairro de Montreal – o bairro do Arsenal – as lutas fratricidas e reais que opõem os clãs na obra de Shakespeare. Aqui, é a genealogia dos Ragone que afronta aquela dos Roberge em combates sangrentos, em combates de rua que diferem pouco daqueles das cortes. Atrás do Rei Manco, há todo um mundo que se perfila: Ricardo II, certamente, mas também Hamlet e Nero. Atrás de Catarina Ragone, estão ao mesmo tempo Catarina II e Catarina de Médicis, mas também Agripina ou a mãe de Hamlet. Passando de uma a outra, o diálogo permite ao espectador viajar em todos esses universos sem discriminação.

CATARINA: Aproxime-se Nero, e tomai vosso lugar
É tempo que entre nós a luz se faça
Eu ignoro de qual crime puderam me caluniar
De todos aqueles que eu cometi, eu irei vos esclarecer [...]
RICARDO: Olhai esta pintura. Vede que graça respira sobre esse rosto! A fronte de Júpiter em pessoa! É a face de meu pai, Francisco Primeiro. Vosso marido (ele prende o medalhão do pescoço de Catarina). E agora olhai para este, o amante que tomou seu lugar: um horror! Vós poderíeis apagar a lembrança desse ápice esplêndido para chafurdardes nesse lameiro [...] (7º dia, 13)[16]

---

15 La Cité du Roi boiteux, VI ème journée, 7.
 ANNIE: O Majesté, vous me surprenez dans mes occupations ménagères! Excusez-moi. Je ne sais comment reconnaître le grand honneur que vous me faîtes [...].
 RICHARD: Comtesse, ne vous troublez pas. Ne soyez pas émue à ce point.
 ANNIE: Je le suis, Majesté. Pensez-donc. Le roi Richard, mon roi! Dans ce lieu! A l'improviste! à onze heures du matin, pendant que je prépare le manger! Une salade de saison aux simples des bois, selon les préceptes végétariens de l'herboriste de la cour. Et vous. Sire, dans toute votre gloire, dans votre grand costume d'apparat, avec la couronne et le sceptre! [...]
 RICHARD: Annie, je suis dans la merde.
 ANNIE: Enfin! Ça devait t'arriver comme à tout le monde. Tu vieillis, le boûiteux, c'est toute.
 RICHARD: Bouscule-moi pas, je suis en morceaux.
16 CATHERINE: Approchez-vous Néron, et prenez votre place
 Il est temps qu'entre nous la lumière se fasse
 J'ignore de quel crime on a pu me noircir

Nós citamos no início deste texto a reflexão de Bonnie Marranca sobre essa incapacidade que reveste uma certa forma de interculturalismo para integrar as literaturas de outras culturas em uma mesma forma de escritura que interroga sua própria ambiguidade e inscreve seu próprio contexto cultural. Uma das grandes qualidades do texto de Ronfard é precisamente jogar com todas essas literaturas recusando-lhes ao mesmo tempo o simples empréstimo de outras línguas, culturas ou tradições artísticas – sejam estas tão impressionantes quanto pode sê-lo a obra de um Shakespeare ou aquela de um Racine por exemplo – e a adaptação. Ronfard optou por uma integração completa em que textos de origem se tornaram parte integrante de uma obra original e totalmente pessoal.

Portanto, ao servir-se dos modelos da grande literatura e ao restabelecê-los ao nível do quotidiano, ao lhes colocar igualmente em paralelo com a mitologia local criada a partir de todas as peças, Ronfard não apenas desmonta os mecanismos conduzindo a uma admiração paralisante dos textos, mas ele faz um texto que lhe é próprio e que é propriamente *québécois*.

Então, como compreender toda esta genealogia sem conhecer alguma coisa da literatura quebequense (a de Tremblay, por exemplo), sem ter um conhecimento – seja este superficial – do meio quebequense em que ela se localiza? Aqui, a contextualização da obra é uma vez mais indispensável à sua compreensão. Ela a enriquece com um nível de leitura que escaparia de outro modo ao espectador.

Mas esta contextualização vai bem mais longe na medida em que ela inscreve uma forma de "interculturalismo dramatúrgico" que se dobra em um interculturalismo evidente. Com efeito, caso se defina o interculturalismo, como o faz L.E. Sarbaugh, através do nível de heterogeneidade dos participantes em presença[17], assim, compreende-se toda a riqueza da obra

---

De tous ceux que j'ai faits je vais vous éclaircir. [...]
RICHARD: Regardez cette peinture. Voyez quelle grâce respirait sur ce visage! Le front de Jupiter lui-même! C'est la face de mon père François Premier. Votre mari (Il arrache le médaillon du cou de Catherine). Et maintenant regardez celui-ci, l'amant qui a pris sa place: une horreur! Avez-vous pu effacer le souvenir de ce sommet splendide pour vous vautrer dans ce marécage [...]

17 Cf. os diversos empréstimos feitos por Mnouchkine de formas artísticas inspiradas em diferentes culturas asiáticas em *Os Átridas*.

de Ronfard. Daí em diante, compreende-se também por que toda tradução dessa obra torna-se difícil: visto que ela não deve apenas restituir todos os níveis de línguas, mas também trazer consigo todo um universo feito de sobreposições. Aqui, não se trata de modo algum de um interculturalismo cênico tal como aqueles que puderam fazer Brook, Mnouchkine ou Barba, muito menos se trata de passar uma mitologia de uma cultura para a outra. Trata-se sobretudo de apresentar o modo segundo o qual as mitologias se transmitem de uma cultura a outra e podem se integrar dentro de uma mitologia local fictícia.

Com efeito, o resultado é um nivelamento das literaturas: literatura nobre e literatura popular, linguagem polida e popular, personagens de ficção e personagens históricas. Todos do mesmo modo animam esse universo em que não há mais o alto nem o baixo, onde não há mais classes definidas, de culturas nitidamente distintas, de propriedades culturais.

De fato, houve um aporte exterior, mas não colonização cultural. Os diversos empréstimos foram absorvidos, transformados, digeridos. Eles saíram daí capacitados para uma segunda vida num texto poderoso, sendo bem-sucedidos numa integração das culturas e das literaturas, no plural, para uma cultura local que se encontra agora enriquecida. É preciso falar de aculturação, de enculturação (*enculturation*) ou de transculturação? A questão continua a ser discutida.

Analisou-se com frequência a obra de Ronfard a partir do modelo do carnaval bakhtiniano. Por sua vez, a análise, por mais justificada que seja, aparentemente precisa ser ultrapassada ou ao menos renovada à luz dessa visão intercultural que se esboça.

Entretanto, uma questão perdura: tais transferências podem viajar em direção a outras culturas que as tomariam de empréstimo para integrá-las a seu modo?[18] Isso não está claro, na medida em que o procedimento só pode ser específico em um lugar, um país, uma determinada cultura. Seria isso uma confissão de fracasso? Totalmente correta é a afirmação de que o interculturalismo provavelmente possui limites.

Trad. Adriano C.A. e Sousa

---

18 Dito de outro modo, seria possível retraduzir o texto de Michel Garneau?

2. Percepção do Interculturalismo

o exemplo de Ariane Mnouchkine[1]

As diferentes teorias que abordam a questão do espectador procuram traçar-lhe o perfil e o funcionamento, seja em termos estatísticos (estudos sociológicos), seja como ser *passivo*, que reage ao estímulo da representação, colocada em prática pelos realizadores do espetáculo (autor, ator, diretor, cenógrafo); seja, ainda, como ser ativo construindo o espetáculo a partir de proposições que lhe são feitas.

Com efeito, as distinções são apenas teóricas, em favor das necessidades dos estudos efetuados. Na realidade, o espectador é ao mesmo tempo determinado por uma soma de fatores (sociais, físicos, emotivos, culturais, estéticos) que o condicionam e sobre os quais não possui um compromisso verdadeiro, mas ele permanece pouco livre de suas reações face à representação dentro da qual escolhe seus elementos de leitura, de interpretação, de apreciação.

Assim, há em toda representação determinismos impostos pela *mise-en-scène*, ela própria um condicionante do espectador, e determinismos que pertencem propriamente ao espectador,

---

[1] Esse texto foi apresentado no Congresso da GETEA (Grupo de Estudios de Teatro Argentino e Iberoamericano), em Buenos Aires, jul. 1999.

que fazem com que ele veja uma apresentação apenas através de determinadas grades e algumas categorias. Mas há também, para além dos determinismos, uma certa liberdade do espectador que o deixa livre para se interessar pela representação ou para não se interessar e, caso ele se interesse, de orientar sua atenção aos elementos que ele privilegia.

Richard Schechner observa que, face à abundância de estímulos que o espectador recebe no decurso de uma representação teatral, este último escolhe e seleciona. A propósito disso, Schechner fala "de inatenção seletiva", insistindo não sobre o que o espectador retém, mas sobre o que ele escolhe eliminar. Todos nós já fomos vítimas desses momentos "de inatenção".

Ricardo II à la Japonesa

Em 1981, Ariane Mnouchkine e o Théâtre du Soleil apresentaram ao público francês uma série de três peças shakespearianas: Ricardo II, Henrique IV e Twelfth Night (Noite de Reis). As peças foram apresentadas em turnê de 1982 a 1984 em Munique, Berlim, Avignon e são a atração de encerramento do festival olímpico de Los Angeles. A acolhida recebida pelas três peças do Théâtre du Soleil é admirável. Para essas três peças, o Théâtre du Soleil adotou um estilo de interpretação japonês para Ricardo II e Henrique IV e um estilo de interpretação indiano, inspirado no Kathakali, para Twelfth Night.

Os críticos são unânimes. Eles falam de "Samurai de Shakespeare" (Le Monde), de "Shakespeare em Quimono" (L'Humanité), de "nô" shakespeariano (L'Espoir). Eles dizem que, com Mnouchkine, Shakespeare se tornou japonês (France Soir).

De modo surpreendente, Mnouchkine convence a maioria do público através de suas escolhas artísticas, mesmo se essas escolhas não são, em nada, fiéis às formas do teatro japonês nas quais eles se inspiram e às quais somos orientados a relacioná-las: nô, kabuki.

O interessante nessa *démarche* de Mnouchkine é que jamais o teatro oriental foi colocado como modelo para imitar, mas simplesmente como fonte de inspiração.

Ocorre igualmente que Mnouchkine jamais pediu a seus atores para interpretar "à la japonesa" ou mesmo para aprender regras da arte do kabuki, por exemplo. Ela simplesmente deu o teatro japonês como modelo exterior, ao circular imagens e fotos, ao fazer ver filmes, ao recomendar certos livros e pedir aos atores para encontrar, cada um, uma via que lhe fosse própria para dar a mesma impressão de presença extrema que veiculam as peças orientais.

Georges Bigot, por exemplo, que foi um Ricardo II memorável, afirma que estudou, durante esse mesmo período, o savate – e não o teatro oriental – a fim de poder descobrir a presença do corpo, a rapidez do gesto, a tonicidade do movimento que o olhar profano do público encontrará completamente "japonês". Portanto, é a partir de seu próprio imaginário que os atores recriam esse Japão imaginário, inspirando-se, entre outros, em filmes de Kurozawa e Mizoguchi, imagens populares de samurais, livros e seu conhecimento, mesmo sucinto, de formas teatrais.

Não é surpreendente, portanto, que semelhanças tenham sido percebidas entre a interpretação dos atores de Mnouchkine e um estilo de interpretação "japonês", semelhanças que permitiam ao público projetar elementos de "japonidade" mesmo onde não havia. Efetivamente, todo mundo lhe convém, Mnouchkine, excepcional: os Shakespeares não eram nada japoneses.

A comunicação passava assim através de dois imaginários que se encontravam: o do ator e o do espectador. Portanto, é através desse Japão imaginário, que o espectador recriava a seu modo, que o contato se fazia e que o prazer de reconhecimento se estabelecia.

O espetáculo se dava como japonês em sua totalidade, mas não no detalhe. Ele despertava no espírito do espectador a imagem desse Japão conhecido de todos, mesmo daqueles que jamais estiveram lá.

ABRAHAM MOLES:
TEORIA DA PERCEPÇÃO ESTÉTICA
À LUZ DA TEORIA DA INFORMAÇÃO

Como analisar essa percepção? Tomarei emprestado a Abraham Moles certos conceitos da teoria da informação e da percepção estética – título de seu livro publicado em 1972 – para tentar articular como opera uma leitura quase coletiva desses dois espetáculos de Mnouchkine.

Moles liga simultaneamente dois conceitos: o que ele chama de grau de originalidade perceptível numa mensagem e o grau de informação que ela traz. Ambos, para ele, estão diretamente ligados. Com efeito, para Moles, não é o que se sabe que chama a atenção (ou informa) numa mensagem – mas o que não se sabe e que aparece, portanto, numa primeira abordagem, como original.

Como localizar essa originalidade? A resposta de Moles é que ela ocorre pelo grau de imprevisibilidade, do quanto há de inesperado.

Três conceitos estão em jogo aqui: originalidade, informação e imprevisibilidade. No caso que nos preocupa, a imprevisibilidade do espetáculo de Mnouchkine vem, em parte, dessa componente japonesa que ela escolheu dar à peça de Shakespeare e que é a marca de sua *mise-en-scène*.

Um quarto conceito vem se juntar aos três já mencionados. Com efeito, Moles observa que em todas as situações de comunicação, a imprevisibilidade deve ter limites. Uma obra estética não pode se construir sobre a imprevisibilidade; esta necessita de um fundo de redundância sobre o qual pode se construir. Por quê? Porque esse fundo de redundância permite a inteligibilidade da estrutura. Em outros termos, isso significa que na *mise-en-scène* que Mnouchkine fez de *Ricardo II*, a japonicidade só pode ser percebida como forma, visto que esta última constrói uma certa redundância: signos retornam nas máscaras, nos figurinos, nas maquiagens, na interpretação que enriquece a categoria de "japonicidade" para o espectador e que permite identificá-la, reconhecê-la e lê-la no espetáculo. Uma redundância criada a partir das formas, lembrando que a forma, segundo Moles, é uma "consciência de previsibilidade".

Digamos, então, que é a relação sutil entre redundância e originalidade que faz a complexidade e o valor de uma obra estética. Foram a redundância e a percepção de originalidade que provocaram no público, no caso de Mnouchkine, a persuasão que seria necessária a um Shakespeare japonês.

Redundância e Originalidade

Por que tomar esse exemplo na investigação que nos interessa aqui? Porque o exemplo coloca um problema. Agora que eu os convenci, ao menos, eu espero, que Ricardo II tenha sido realmente japonês, revelo que as mesmas referências visuais apresentadas no Japão para um público japonês não foram, de modo algum, percebidas como japonesas, recolocando em questão todo o processo de recepção de que nós já falamos. O que faz com que o mesmo espetáculo tenha sido percebido como japonês por ocidentais e de modo algum pelos asiáticos (sobretudo, japoneses).

Tentemos compreender e explicar a partir de Moles por que todas as referências japonesas reconhecidas não foram reconhecidas e apreciadas como tais pelo espectador japonês. Este sequer as viu ou mesmo as localizou. E uma vez mencionadas, não reconheceu sua pertinência estética.

1. O primeiro motivo vem disso que destaquei há pouco, no processo de trabalho de Mnouchkine. Seu trabalho com os atores jamais teve por objetivo reproduzir um Japão bem específico ou uma determinada forma artística japonesa, mas sobretudo de inspirar-se nele para restituir a aparência de um Japão imaginário. Portanto, a parte de subjetividade do ator foi muito grande nesse trabalho. Para ele, tratava-se de chegar o mais próximo possível de uma forma, de um espírito, de uma linha que evocasse o Japão. Essas características, Mnouchkine as fundiu, ela as construiu ao entrecruzá-las com elementos ocidentais (figuras elisabetanas, gibões, cenários abstratos) que as atenuava e com as quais eles dialogam. Paradoxalmente, o cruzamento (estético) permite ao espectador ocidental perceber muito antes a japonicidade do conjunto, visto que o próprio espectador japonês percebia muito mais o ocidentalismo da *mise-en-scène*.

2. O segundo motivo está ligado ao processo de percepção e de informação que coloca à prova todo o espetáculo. Esses processos, Moles os analisa assim: o fenômeno da percepção (e, portanto, da recepção) é fundado sobre certos princípios: um deles é que

o indivíduo possui um limite máximo para apreender informação. Ou essa capacidade máxima de produção de informações perceptíveis é muito inferior à capacidade de produzir das fontes que nos envolvem, visíveis, sonoras ou táteis: nós utilizamos – constatação banal em psicologia – apenas uma fração ínfima de informação que nos chega do mundo exterior.

Moles conclui, então, ao afirmar que "Perceber é selecionar, e compreender o mundo é compreender as regras da seleção perceptiva"[2].

Afinal, o que nós selecionamos? Ora elementos "significativos" (que fazem sentido e são inteligíveis), ora elementos "originais" que surpreendam. Moles ressalta que, paradoxalmente, a informação é transmitida não por elementos significativos – como se crê habitualmente – mas através de elementos originais que são portadores de mais informações e provocam mais reações[3].

Então, como definir *a priori* a originalidade de uma situação? Através de seu grau de imprevisibilidade.

O que se revela improvável na *mise-en-scène* de Mnouchkine para o espectador francês, norte ou sul-americano? São as componentes japonizantes da encenação que destacam a originalidade da *mise-en-scène* e criam o efeito de ruptura que surpreende o leitor. São esses elementos que sustentam informações novas trazidas pela *mise-en-scène*.

No caso de nosso espectador japonês, a situação é diferente: é a luxúria dos figurinos bastante elisabetanos que vai chamar sua atenção e, portanto, conferir-lhe o sentimento de originalidade, apagando os poucos elementos japonizantes que ele acaba não vendo, dado que estão longe da imagem muito real e viva que ele tem do Japão de hoje ou mesmo de outrora.

Isso conduz a uma questão: o que aconteceria, então, se o sujeito receptor, seguindo sua cultura, seus conhecimentos anteriores ou, por qualquer outro motivo, possuísse um conhecimento cada vez mais aprofundado (como é o caso de nosso espectador japonês), cada vez mais extenso sobre a mensagem que lhe é transmitida, sobre os modos de estruturação, sobre os símbolos e sua frequência? A resposta de Moles é a seguinte:

---

2 A. Moles, *Théorie de l'information et perception esthétique*, Paris: Denoël, 1973, p. 94.
3 Ibidem, p. 38.

"A originalidade da mensagem será, para ele, pessoalmente, diminuída à proporção, a quantidade de informação que ela lhe transmite será ainda mais fraca: a redundância convence proporcionalmente."[4]

O que nos revela um tal exemplo de experiência do público face a uma representação?

1. A primeira, e a mais evidente, é que as condições culturais de todo espectador determinam, sem dúvida, a recepção que ele faz de um dado espetáculo. Portanto, é claro que se os espetáculos viajam, o modo como são recebidos varia de um espectador a outro em razão de uma série de fatores pessoais, sociais, culturais, para os quais a cultura é um componente fundamental. Ela condiciona não apenas a compreensão do espetáculo, sua significação, mas, de modo mais importante, o que o espectador percebe e o que lhe escapa num dado espetáculo.

2. De modo ainda mais pertinente, a cultura do espectador condiciona a quantidade de informação e a originalidade situada no espetáculo. Há elementos do espetáculo que o espectador não vê porque não pode fazer a decupagem cênica que lhe imporia a percepção. Isto é, ele não chega a apreender os signos de originalidade de que falava Moles. No caso preciso que nos interessa aqui, a razão dessa insensatez é dupla: ela vem de que o Japão evocado por Mnouchkine parece distante para o japonês dessa cultura, em toda referência ao Japão que ele conhece. Ele concerne também ao fato de que o Japão imaginário que nós ocidentais construímos não possui nenhuma semelhança com o Japão imaginário do próprio japonês.

3. Se é evidente que um espetáculo opera uma construção do processo de percepção do espectador – portanto, que ele o orienta na leitura que deveria fazer – em último recurso, de seu lado, o espectador acrescenta seus próprios enquadramentos. O interesse da experiência estética é que ela força o diretor, como o espectador, a modificar suas próprias referências durante a representação e a expandir seus limites. O espectador japonês, recusando essa dimensão da obra, destaca a relatividade dessa construção da percepção artística operada pelo próprio espetáculo. A construção do espetáculo e a significação final

4   Ibidem, p. 191.

pertencem, em boa parte, ao espectador. É este último que lhe dá sentido e lhe assegura a avaliação estética.

4. A quarta constatação que esse exemplo permite fazer é que a percepção estética é fundada sobre uma percepção de uma certa distância entre o que deve chegar em nosso "horizonte de expectativa" e o que efetivamente acontece. É o elemento de ruptura, de imprevisibilidade de que fala Moles. Seria possível dizer que Mnouchkine, ao introduzir a interpretação japonesa, criou uma distância na percepção que o espectador tem do espetáculo, uma distância que o leva a olhar as coisas de outro modo. A manipulação da distância é, segundo Ben Chaim, um dos fatores subjacentes mais instigantes das práticas teatrais de hoje[5]. Ela criou um efeito de surpresa no espectador ocidental. Ela inscreve a originalidade para recuperar os conceitos que tomamos emprestados de Moles logo acima, ou essa distância não foi percebida pelo espectador japonês, cujas referências culturais eram paradoxalmente próximas daquelas evocadas.

5. Isso nos ensina também que se os esquemas na percepção de um espetáculo diferem de uma cultura a outra, significa que os códigos de leitura de um espetáculo não são, de modo algum, componentes inscritos na própria representação, mas, ao contrário, que esse código de leitura se atualiza a cada vez numa realidade social específica e no momento mesmo onde ele é recebido por um espectador ou um determinado público[6].

Repetindo em termos mais simples, a reação do público a um certo espetáculo é canalizada pelos limites culturais de cada um.

Como concluir esse breve percurso? Simplesmente, lembrando Suzan Bennett[7] e Sarah Bryant-Bertail[8], que afirmavam que o trabalho de Mnouchkine apresenta a grande vantagem de ter descentrado o teatro europeu ao forçar o espectador e o ator a um descentramento em relação a seus referentes culturais e

---

5   Daphna Ben Chaim, *Distance in the theatre*, Ann Arbor:UMI Press, 1984, p. 79.
6   Jacques Leenhardt, Toward a Sociology of Reading, em Susan R. Suleiman; Inge Crosman (eds.), *The Reader in the Text*, Princeton: Princeton University Press, 1980, p. 223-224.
7   Susan Bennet, Theatre Audiences, New York: Routledge, 1997, p. 197.
8   Sarah Bryant-Bertail, Gender, Empire and Body Politic as Mise en Scène: Mnouchkine's "Les Atrides", *Theatre Journal*, v. 46, n. 1, 1994, p. 30.

estéticos habituais. Mnouchkine não o substituiu, contudo, por um modelo oriental definido. O modelo proposto não pertence mais ao Oriente que ao Ocidente, ele está entre os dois, em uma zona de fronteira onde tem sua própria autonomia ficcional e estética.

Portanto, ele nos obriga, nós, espectadores inscritos em sistemas culturais determinados, a sair de nossos enquadramentos habituais. Ele faz o apelo a um novo gênero de espectador, um espectador "intercultural".

Trad. Adriano C.A. e Sousa

3. Toda Trans-Ação Conclama Novas Fronteiras[1]

Em 1995, no decurso de um colóquio em Bruxelas, cujo título era *Culture as Diversity* (Cultura Como Diversidade), um fotógrafo narrou o resultado de pesquisas que ele havia desenvolvido durante anos. Ao realizar fotos aéreas de cidades, ele fotografava, ano após ano, certos quarteirões para ver que transformações se poderia constatar. O resultado era muito claro: os muros e tapumes foram construídos para separar as propriedades, os jardins, as áreas privadas, depois de terem desaparecido num primeiro período sob o efeito de uma vontade deliberada de construir espaços abertos, de facilitar as comunicações e as trocas, reapareciam ao longo dos anos, recriando assim os confinamentos que se pretendeu combater no início. A única diferença sensível era que essas novas fronteiras foram ligeiramente deslocadas, mas subsistem.

O testemunho é interessante por vários motivos. Ele exprime, de fato, uma dupla tendência nos indivíduos – e

[1] Texto proferido em conferência durante o Congresso da FIRT em Sydney, 2003. O tema do congresso era *Trans-Action: Culture and Performance* (Trans-Ação: Cultura e Performance). Foi publicado com o título Every Transaction Conjures a New Boundary, em Janelle Reinelt; Joe Roach (eds.), *Critical Theory and Performance*, Michigan: University of Michigan Press, 2007.

dentro das estruturas que estes colocam – um duplo movimento de abertura e de fechamento ao mesmo tempo. Com efeito, aí onde os discursos dominantes, certamente numerosos hoje em dia, não cessam de falar em abertura para o outro, quer se trate de um lugar, uma fronteira, um país, uma cultura, uma disciplina, uma outra arte, observa-se paralelamente um movimento de recompartimentação, de fechamento, como se o que se ganhava como abertura em um certo nível fosse pago com uma compartimentação em outro.

Gostaria de tomar essa história como metáfora da proposta que desejo considerar e analisar três aspectos aos quais ela nos sensibiliza:

a. Antes de tudo, sobre a existência desse duplo movimento de descompartimentação e recompartimentação que parece incidir ao mesmo tempo sobre os indivíduos e as estruturas que eles apresentam.

b. Em seguida, sobre a relação particular no espaço que a compartimentação e a descompartimentação inscrevem (seja um espaço físico real ou um espaço imaginário).

c. Adoraria interrogar a relação no tempo em que se inscrevem esses movimentos de abertura e fechamento que sobrevêm simultânea e alternativamente.

d. Enfim, adoraria analisar em que a prática artística – especificamente, a prática teatral que tomo como exemplo – podem contribuir com um esclarecimento particular sobre semelhante questão e, talvez, de que modo ela pode trazer um aporte cognitivo, ajudando-nos a entender melhor o fenômeno.

Compreenderemos através desse preâmbulo que a noção de trans-ações, que constitui o tema agregador do colóquio, é tão somente uma forma desse processo de abertura do qual desejo falar. Entenderemos também que o processo é indissociável, a meu ver, de um processo de fechamento quase simultâneo que o acompanha.

E, para clarear as coisas, façamos um rápido percurso linguístico considerando tudo que pode evocar a ideia de trans--ação oferecida aqui à nossa reflexão. Essa noção conclama aquelas de troca, influência, translação, tradução, transcrição, transformação, transfusão, transparência, transgressão, transmissão, trânsito, transecção, transpiração etc. Em todo caso, tais noções expressam modalidades diferentes do conceito, mais geral, de trans-ação. É o que evocam os diferentes títulos de comunicações propostas nestes dias.

Essas noções recorrentes são utilizadas em diferentes campos de aplicação:

- a cultura, claro (fala-se, portanto, de transcultural, intercultural, multicultural);
- a arte (fala-se assim de transartístico, de transdisciplinar);
- mas também a genética (transgenético);
- sexo e gênero (transexual);
- a geografia (transgeográfico, translocalidades, transnacional)[2];
- o político (transpolítico);
- o econômico (transeconômico).

Com sua carga positiva, o prefixo *trans,* que retorna abundantemente nos discursos de hoje, é frequentemente utilizado nas ciências duras e nas ciências sociais e humanas: *cultural studies* (estudos culturais), antropologia, performance, teatro (talvez, filosofia, história). Aqui, ele se dobra na palavra *ações* (*trans-ações*), que implica um certo movimento, uma mudança, na verdade, uma dinâmica, uma vontade deliberada de ir de um ponto a outro.

Ora, certos pensadores de hoje (Edgar Morin, particularmente) constatam que, para uma época em que essas noções tornaram-se o discurso dominante e não é mais possível pensar o mundo em que vivemos – ou a arte que praticamos – sem nos referirmos a ele, as práticas que nos circundam não testemunham, de modo algum, essa abertura. As disciplinas se fecham e não se comunicam umas com as outras. Os fenômenos são cada vez mais fragmentados, sem que cheguem a conceber sua unidade[3]. De fato, observa-se que as fronteiras foram simplesmente deslocadas, mas sempre estiveram lá. Elas "se confirmam em lugar de se desfazerem"[4].

---

2 Arjun Appadurai, Sovereignty without Territoriality: Notes for a Postnational Geography, em Patricia Yeager (ed.), *The Geography of Identity*, Ann Arbor: University of Michigan Press, 1996.
3 Idem, p. 124.
4 Ibidem.

Digamos então que se constata um movimento generalizado que tende a restituir as fronteiras geográficas, econômicas, políticas ou culturais porosas, ao mesmo tempo que soberanias territoriais (para tomar num sentido político, cultural e artístico) afirmam-se. Isso nos leva a constatar que, no fundo, nesse vasto movimento de abertura mundial – trans-ações – no qual somos enredados, nós reconstituímos sem cessar exclusões e zonas de compartimentação. Nós reconstituímos necessariamente fronteiras.

Meu objetivo então, no tempo que me é concedido hoje, é de estudar esse movimento constante de abertura e fechamento em três níveis: 1. o político; 2. o artístico; 3. o teórico.

Para ancorar minha reflexão nos domínios do teatro, eu me basearei em dois espetáculos que acabam de ser apresentados no Festival das Américas[5]: *Rwanda 94* do Groupov e *Allemaal Indiaan* (Todos Indianos) de Alain Platel, espetáculos que já haviam sido apresentados em numerosos festivais e que alguns de vocês já devem ter visto.

O POLÍTICO:
TERRITÓRIOS CONTRA LOCALIDADES

Rwanda 94 é uma peça que trata do genocídio em Ruanda. Durante cinco anos, a equipe encontrou sobreviventes, recolheu testemunhos, fez pesquisas históricas, leituras, viagens ao país, para estudar o que ocorreu no decurso daqueles três meses (de abril a junho de 1994), durante os quais 800 mil tútsis foram eliminados pelos hútus, representando 80% da população em Ruanda.

Apoiando-se em testemunhos e informação recolhida, cinco autores entregaram-se à tarefa de esboçar esse panorama a fim: 1. de fazer um espetáculo; 2. um espetáculo que tivesse a dignidade que o assunto impõe, evitando-lhe o sensacionalismo e o simples documentário.

Entre os autores, uma mulher, Yolande Mukagasana, testemunha direta do genocídio, tútsi de origem e autora de duas

5   Festival que acontece a cada dois anos e que reúne espectadores provenientes sobretudo da América do Norte, da América Latina e Europa.

obras biográficas perturbadoras: *La Mort ne veut pas de moi* (A Morte Não me Quer, 1997) e *N'aie pas peur de savoir* (Não Tenha Medo de Saber, 1999).

O espetáculo, que dura seis horas, começa com o testemunho de Yolande Mukagasana, que narra durante quarenta minutos os três meses de genocídio a partir de sua própria experiência. Narra a morte de seu marido, levado de sua casa como milhares de outros tútsis e espancado com golpes de facão, amputado de uma mão diante de seus olhos enquanto ainda estava vivo. Narra também a morte de seus três filhos com idades de dezoito, dezesseis e treze anos, a caçula, Nadine, inclusive, fora enterrada viva: ela teria preferido se jogar na fossa de cadáveres em vez de enfrentar os golpes de facão.

O testemunho é desconcertante. Dia após dia, Yolande Mukagasana revive esses três meses, sua luta, seu medo, as traições dos vizinhos e amigos que eles frequentavam diariamente, com os quais seus próprios filhos haviam crescido, e que serão os primeiros a apontá-los para o massacre.

Interrompendo seu testemunho com lágrimas durante a evocação de seus momentos difíceis, dia após dia, Yolande Mukagasana vem testemunhar não as suas feridas, mas os eventos nos quais o país mergulhou e aos quais sua história serve de fio condutor. Sem ser patética e sem desejo de vingança, descreverá a fuga e o sentimento terrível de ter fracassado em seu papel de mãe.

O espetáculo alterna entre ficção e realidade: testemunhos, filmes sobre o genocídio, cantatas de mortos[6]. A peça compreende até uma conferência de Jacques Deluvellerie, diretor, que explica em 45 minutos as origens das etnias tútsi e hútu em Ruanda, e as razões políticas e econômicas que levaram a um tal genocídio e à ausência de intervenção do mundo inteiro, que preferiu ignorar tais acontecimentos[7].

Os procedimentos se entrelaçam para transformar o espetáculo cada vez mais em uma verdadeira peça de teatro e em um testemunho percuciente do extermínio sangrento de todo

---

6   Os atores são belgas e ruandeses.
7   As forças da OTAN só interviram tardiamente no conflito. A grande maioria da população já havia sido eliminada. Ver sobre a questão, o site <http://rwanda.free.fr/webring.htm>.

um grupo étnico ao qual o mundo inteiro assistiu sem poder (ou querer) intervir.

O que a peça coloca em cena?

Para além do testemunho de fatos reais e históricos desoladores, ela coloca em cena o que estudiosos como Arjun Appadurai, Akhil Gupta, James Ferguson e, claro, Homi Bhabha[8] examinaram com precisão, logo após Deleuze e Guattari, em particular: as relações muito complexas entre nação, Estado, identidade, territorialidade e localidade em relação ao espaço.

Esses pesquisadores, como outros no campo dos *cultural studies*, empenharam-se em mostrar como a ideia que uma nação, um Estado ou um indivíduo faz de sua identidade está intimamente ligada à noção de território, concebido como espaço geográfico que se pode situar no interior de fronteiras bem definidas, portanto, território espacial[9].

Ora, todos nós sabemos – porque temos todas as provas cotidianas nas mídias – que essas noções estão profundamente em crise hoje, graças a uma disjunção cada vez mais manifesta entre: 1. a ideia de nação e de Estado; 2. e mais ainda, entre a ideia de nação e a de território considerado como espaço geográfico definido, quer esse território, seja uma subdivisão de um Estado, quer, ao contrário, ele venha a confederar diferentes espaços, para além das fronteiras, criando um território transfronteiras.

Aqui, a noção de território é pertinente, porque ela faz abstração das fronteiras geográficas que fazem os Estados para lançar luzes sobre uma comunidade fundada em origens, interesses, características morfológicas, históricas, econômicas ou políticas comuns.

Quando visão do território e visão do Estado se sobrepõem perfeitamente, e se apoiam sobre uma visão da nação representada por uma só etnia, surgem as guerras de extermínio às quais

---

8   A. Appadurai, Sovereignty without Territoriality..., em P. Yeager (ed.), op. cit.; Akhil Gupta; James Ferguson, Beyond "Culture": Space, Identity and the Politics of Difference, em A. Gupta; J. Ferguson (eds.), *Culture, Power, Place: Explorations in Critical Anthropology*, Durham/London: Duke University Press, 1997; Homi Bhabha, The Commitment to Theory, *The Location of Culture*, London: Routledge, 1994.

9   Mas também território virtual que pode ser o resultado imaginário de projeções como pode ser o Khalistan, nação de que alguns siques sonham como deveria ser seu próprio espaço.

pudemos assistir no decorrer dos séculos e, particularmente, as guerras étnicas, que se desenvolveram com força de alguns anos para cá.

Digo guerra étnica, mas é evidente que, quando as relações de força são desiguais e que todo um grupo étnico – ou que se identifica como tal – guerreia contra um outro desarmado, é preciso falar em genocídio. É o que a peça *Rwanda 94* torna perfeitamente claro.

Através de uma longa exposição sobre as origens das duas etnias, a peça mostra como as múltiplas migrações de indivíduos dentro do país colocaram em questão as sobreposições isomórficas entre a identidade das diferentes etnias e dos Estados que elas compõem. Paralelamente, ela chama atenção para o fato de que as diferenças étnicas observáveis foram o resultado deliberado, no caso de Ruanda, de uma vontade política dos belgas, ocupantes do país que decidiram, em 1920, identificar os habitantes de Ruanda através de seu pertencimento étnico, um pertencimento para o qual eles deveriam definir os parâmetros, visto que tais divisões não ocorriam à época.

Assim, eles tomam inicialmente características morfológicas, econômicas, para, em seguida, operar esta divisão: o tútsi seria, sobretudo, cultivador e mais tranquilo, maior e de traços finos; o hútu possuiria os traços mais negroides e seria mais camponês. A peça narra que os recenseadores foram, entretanto, confrontados com numerosos casos problemas de tútsis ou de hútus que não entravam nas categorias definidas. Aí juntaram-se outras: assim, foi declarado tútsi todo indivíduo que possuía dez vacas e hútu, todo indivíduo que tivesse menos de dez vacas.

Pode-se entender tranquilamente o que tal classificação possuía de absurdo, mas ela foi adotada e se tornou uma das causas do drama que se representava em Ruanda, em 1994. Ela reflete um momento da história em que toda a população considerava judicioso definir seu pertencimento em termos de etnia e que, longe de endossar a ideia que o indivíduo pertence à um vasto conjunto em que as interações (as transações) aproximam os seres, preferirá optar por fronteiras entre indivíduos, fronteiras raciais frequentemente traçadas com uma boa dose de arbitrariedade.

Território e Soberania

Meu objetivo não é expor a situação histórica, muito complexa, que levou ao drama ruandês, mas destacar como a peça montada pelo Groupov nos permite mensurar – no domínio artístico – o que a observação da realidade política já confirmou.

1. Alguém poderia inferir a partir da peça que os governantes de Ruanda à época, tanto quanto todas as pessoas que contribuíram para o massacre, acreditaram que o Estado-nação permanece na ideia subjacente de coerência étnica como a base da soberania do Estado. Portanto, eles teriam a justificativa para diminuir, penalizar, expelir e, neste caso, até matar aqueles considerados inferiores ou etnicamente diferentes. Tal coerência étnica ultimamente esteve baseada no grupo fechado (enumeração, constante e imóvel) de destinatários apropriados.

2. A peça também nos lembra que embora o fundamento territorial do Estado-nação[10] esteja ruindo rapidamente nos dias de hoje, como todos sabemos, ainda que a ONU esteja ajudando a por fim à ideia de integridade territorial dos Estados-nação existentes, ambos são os únicos grandes atores na cena global que realmente necessitam da ideia de soberania baseada em territorialidade.

3. Isso enfatiza que, quando há um isomorfismo entre os povos, o território[11] e a soberania legítima[12], a violência pode irromper[13].

---

10 A noção remonta ao acordo associado com as resoluções da Paz de Westfália em 1648. Foi nessa ocasião que o princípio da soberania territorial tornou-se o conceito matriz do Estado-nação.

11 O território está voltado para a integridade, topografia, políticas e subsistência.

12 Claro, isso foi assumido pelos "genocidários" que entenderam que este isomorfismo esteve perto de ser rompido apesar de eles representarem 80% da população.

13 "O que a pluralidade étnica faz (especialmente quando é o produto de movimentos populacionais com memória recente) é violar o sentido de isomorfismo entre identidade territorial e nacional em que o Estado-nação moderno se apoia", A. Appadurai, op. cit., p. 57. Ele acrescenta: "O que pluralismos diaspóricos particularmente expõem e intensificam é a disparidade entre os poderes do Estado para regular fronteiras, monitorar os dissidentes, distribuir direitos dentro de um território finito; e a ficção da singularidade étnica na qual a maior parte das nações tem se apoiado recentemente. Em outras palavras, a integridade territorial que justifica estados e a singularidade étnica que valida nações estão cada vez mais difíceis de ser vistas como aspectos separados um do outro... Colocado de outro modo, desde que estados, territórios e ideias da singularidade étnica nacional são sempre produções históricas complicadas, o pluralismo diaspórico tende a embaralhar todas as narrativas que tentam naturalizar tais histórias."

4. Eu acrescentaria uma última questão relevante[14]: relaciona-se com a noção de espaço, um espaço que é aí novamente julgado isomórfico para o grupo étnico[15]. Visto que os hútus sentem-se ameaçados em seu espaço, eles eliminam os tútsis, considerados intrusos, os enviam para suas pressupostas terras, Abissínia, entre outras, de onde os tútsis seriam originários.

A relação com o espaço é essencial, porque uma das coisas que o público pode apreender da situação política, tal como apresentada pela peça *Rwanda 94*, é o fato de que os argumentos que permitiam tais matanças foram baseados em concepções naturalizadas de "culturas" espacializadas onde Estados apoiam-se numa visão de espaço como naturalmente desconectado do vizinho. Essa desconexão parece ter sido sempre prevalente. Tal ponto de vista permite afirmar a soberania de uma nação ou, nesse caso, de um grupo étnico que pretende dirigir um país. Enquanto países, Estados, mesmo territórios, basearem-se numa visão de espaço desconectada em vez de em um espaço conectado, haverá violência e disputa pelo poder.

À guisa de conclusão a essas primeiras constatações, podemos dizer que a peça ilustra o fato, destacado de modo recorrente por pesquisadores (sociólogos, antropólogos, observadores da cena política, economistas) de que, embora assistamos no mundo a um discurso de abertura a outras

---

14 Destacada por A. Gupta; J. Ferguson, Beyond Culture..., op. cit. Sobre esse aspecto, ver também sobre este aspecto H. Bhabha, The Commitment to Theory, op. cit.

15 A. Appadurai escreve: "Na história da teoria da cultura, território e territorialidade desempenharam um papel importante: de modo geral, a ideia de que culturas são coerentes, delimitadas, contíguas e persistentes sempre foi deixado de lado por um sentido de que a socialidade humana está naturalmente localizada e mesmo delimitada localmente. A preocupação de antropólogos com regras de residência e sua relação com grupos em baixa e outras formações sociais, por exemplo, está baseada num sentido contínuo de que as realidades territoriais de um ou outro tipo, ambos delimitam e determinam as disposições sociais. A despeito de alguns esforços vigorosos para contrariar tais variedades de determinismo territorial. A imagem de recursos espaciais e práticas, constituindo e determinando formas de socialidade, ainda é imprecisa. Essa ideia é completamente explícita nos ramos da ecologia, arqueologia, e estudos culturais elementares que tomam práticas espaciais como sua principal fonte de evidência e análise [...] Há ainda um sentido amplamente difundido de que os seres humanos estão condicionados a procurar espaços de submissão que são extensões de seus corpos", A. Appadurai, op. cit., p. 53.

culturas que a simples existência de grandes correntes de migração vem reforçar, há paralelamente – em alguns países – um movimento contrário de fechamento extremo e de exclusão, carregado de uma tal violência que pode culminar em massacre ao afirmar uma soberania territorial. Em outras palavras, a peça nos lembra do fato de que, embora a aculturação esteja se espalhando pelo mundo, novos nacionalismos, geralmente atados ao separatismo étnico e à turbulência em nível de Estado, encontram-se em ascensão.

Ela também nos lembra de que as fronteiras, das quais não cessa de tratar, podem ser, evidentemente, geográficas, mas elas são, cada vez mais, de natureza ideológica, e se constituem de todo um processo através do qual confinamos o outro numa origem, numa cultura, numa religião, numa ideologia específica. Com esse processo de identificação – e de definição esclarecido –, pode-se excluir o outro de seu próprio espaço. Eis o objetivo último: evacuar o lugar (no sentido de esvaziar o lugar, de abrir caminho). Retornarei a esse ponto.

O ESPAÇO DES-TERRITORIALIZADO

A segunda peça que eu gostaria de evocar com vocês é totalmente diferente em natureza e inspiração. Ela se inscreve nas antípodas da peça *Rwanda 94*. Sua temática, sua forma, as personagens que ela coloca em cena parecem mais próximas do cotidiano no qual nós (ocidentais de países desenvolvidos) estamos mergulhados habitualmente quando nenhum cataclismo natural ou humano vem gerar crises como a que a peça *Rwanda* evoca.

Mostrar a compartimentação sobre a qual repousa a narrativa contada pela peça *Rwanda* foi evidente. Tudo agia nesse sentido. Contudo, mostrar a abertura para a obra na peça *Allemaal Indiaan* é também uma *démarche* evidente na medida em que oferece como temática principal a abertura de espaços, a circulação de indivíduos e a ausência de identidade forte.

Allemaal Indiaan é a terceira peça de uma trilogia do diretor Alain Platel que traduz o mundo de hoje, neste caso, um outro fenômeno atual em que nós estamos presos: a aculturação, fenômeno liberador, segundo alguns; fenômeno também de enfraquecimento da identidade, segundo outros. Qualquer que seja a perspectiva (otimista ou pessimista, eufórica ou disfórica ao tratar dessa realidade), é forçoso constatar que a tendência dominante para vários dentre nós, *globe-trotters* do conhecimento e imigrantes transnacionais, é o fenômeno de aculturação no qual nós estamos profundamente inseridos.

Então, o que narra *Allemaal Indiaan*? Em cena, dois sobrados com peças, portas e janelas, escadas, tetos e corredores. As portas e janelas se abrem, fecham-se, batem. Abrem-se e se fecham persianas. Cenas banais do dia a dia se desenrolam dentro ou fora, justapostas, sem ligação entre elas, exceto a contiguidade de espaços ou os acasos provocados pelas circunstâncias e os desejos dos indivíduos. O espectador vê tudo através de vidros de casas ou no exterior de duas casas (calçada, ruela ou rua, o espaço é mal definido). Ele observa vários fatos e gestos da vida anódina de duas famílias de um bairro popular. Isso poderia acontecer em qualquer lugar. São famílias estilhaçadas (pai ou mãe ausente, pais sobrecarregados, filhos que brincam de amedrontar com armas ou de se arriscar em ideias inócuas). Cada personagem possui seus desvios: deficiente mental, cego, empregada doméstica suicida, mãe sobrecarregada, imigrante procurando ser aceito, filhos que não querem rever a mãe que retorna e, após uma internação psiquiátrica, adolescente à procura de um pai que deseja deixar a casa.

A peça é construída em micronarrativas, cuja imbricação termina realizando um tecido de relações truncadas, mas múltiplas entre os indivíduos (doze personagens). Para além da violência nas relações e da ausência do patético das situações, coloca-se assim diante de nós uma rede de comunicações entre os seres, todos um pouco perdidos, de onde, no entanto, surge aqui ou ali uma certa leveza, desajeitada, mas presente[16]. Uma personagem chama nossa atenção, aquela de um imigrante de Montenegro, de sobrenome Kóssovo, encantado de se encontrar enfim nesse novo país anfitrião, põe-se a cantar o hino nacional

---

16 Cabe constatar que os jovens se reconhecem enormemente nesse quadro. O tratamento fragmentário dado às imagens e à realidade caótica que elas evocam, mergulhada numa música techno próxima de seu universo, estava mais harmonizado com sua sensibilidade moderna.

de sua terra acolhedora – a Bélgica – apesar de, nesse mesmo momento, um de seus vizinhos escrever sobre uma vidraça: *Kosovo Go Home* (Kóssovo Volte para Casa).

Sem trama narrativa dominante, o elo entre todas as personagens é criado pelo espaço (as duas casas contíguas de onde as personagens saem e onde elas entram sem cessar) pelo *bias* de aberturas às vezes previsíveis e às vezes surpreendentes: portas e janelas, mas também teto, caminho ao longo da canaleta, equilibrando-se numa tábua sem apoio algum.

Nós estamos em um espaço habitado pelas frivolidades da vida cotidiana. Os laços entre os seres são aqueles que impõem o fato de que todos esses indivíduos são vizinhos: eles vão e vêm, olham através das janelas, caminham dentro das casas ou no exterior, sem grande distinção vestimentária ou de outro tipo. A separação entre espaço interior e espaço exterior se turva. O espaço torna-se um vasto lugar de habitação onde se reconstitui uma comunidade dispersa, cujos laços são essencialmente as ações miúdas de uma vida cotidiana comum.

É surpreendente a abertura extrema do espaço, tudo é dado a ver, mesmo o interior das casas. O íntimo desaparece. Não há mais espaço privado. Tudo se torna público, dado a ver, objeto do olhar. Aí, tudo se torna espetáculo. Os indivíduos perdem (ou cedem, renunciam a) seu próprio espaço, daí as várias tentativas de uma das personagens para fazer os outros saírem de seu universo, onde eles vieram se incrustar. Tem-se a impressão de que o espaço não pertence propriamente aos indivíduos. A peça oferece assim o quadro de um recuo do espaço privado em benefício do espaço público, transformando o privado em público e oferecendo-o ao olhar. As fronteiras entre a casa e o mundo se diluem. O sujeito não faz mais diferença entre o que deveria ser mostrado e o que não deveria, o público e o íntimo. O mundo entra em casa e a abertura cede lugar ao fechamento através da invasão do exterior[17].

O espaço, que jamais é apresentado como totalidade, *nem em sua* totalidade, não foi investido de nenhum sentido simbólico. Ele está aí em sua materialidade e se despedaça em espaços

17 Como o diz H. Bhabha, op. cit., p. 11: "Isto resulta em um redesenho do espaço doméstico como espaço das técnicas de normalização, pastoralização e individuação do poder e da política modernos: o pessoal é político; o mundo dentro da casa."

múltiplos, sem fronteiras reais – o exterior e o interior estão em prolongamento um do outro e não em ruptura – quase neutros, onde têm lugar as ações das personagens sempre em inter-ação uns com os outros. Ao mesmo tempo descontínuo e contínuo, é lugar acolhedor, de passagem, de travessia – transversal – mais que de identificação. É o lugar mesmo dessas zonas indefinidas[18], espaços reterritorializados[19] segundo novos parâmetros que invistam os indivíduos que não parecem à procura de pontos de ancoragem.

É o lugar da exploração e da passagem, lugar de trânsito. Desinvestido como espaço próprio, ele é o simples receptáculo das ações do cotidiano. Ele é o não lugar de que fala Marc Augé, a zona de passagem, de transição, (entre a casa e o solo estrangeiro, entre o dentro e o fora, entre conhecido e desconhecido, entre o entorno amigável e a vizinhança antagônica), que reflete cada vez mais os universos nos quais nós vivemos.

O Que a Peça Exprime?

1. A abertura do espaço parece responder à abertura dos indivíduos e à sua ausência de individualidade forte. É a relação com o outro que os define.

2. O espaço é desinvestido como espaço simbólico. Ele se torna apenas o lugar de um fazer. Manipulado e longe de

---

[18] Como o observam Gupta e Ferguson, retomando as proposições que Deleuze desenvolveu antes dele: "A esfera pública transnacional certamente trouxe algum sentido de comunidade estritamente delimitada ou localidade obsoleta. Ao mesmo tempo, permitiu a criação de formas de solidariedade e de identidade que não repousam numa apropriação do espaço onde contiguidade e o contato face a face são supremos. No espaço pulverizado da pós-modernidade, o espaço não se tornou irrelevante: ele se tornou reterritorializado de um modo que não se conforma à experiência de espaço que caracterizou a era da alta modernidade, A. Gupta; J. Ferguson, op. cit., p. 38. Ele acrescenta ainda "Dado que não é apenas o deslocado que experimenta um deslocamento. Pois, mesmo pessoas que permanecem em lugares familiares e ancestrais consideram a natureza de sua relação com o lugar indiscutivelmente alterada e a ilusão de uma conexão natural e essencial entre o lugar e a cultura, arruinada."

[19] "Reterritorialização pode envolver o esforço para criar novas comunidades residenciais localizadas (favelas, campos de refugiados, albergues) que permanecem não em um imaginário nacional, mas apenas em um imaginário de autonomia local ou de recurso à soberania", A. Appadurai, op. cit., p. 55.

aprisionar, é explorado em suas múltiplas facetas. Ele dá acesso ao algures se os indivíduos o desejarem.

3. O perpétuo cruzamento nesse espaço cria redes que marcam conjuntos que se modificam instantaneamente para se prestar a outras trajetórias. O espaço torna-se apenas lugar de travessias, zona fronteiriça (e não zona de fronteiras) onde os limites se transpõem sem cessar. O cruzamento das fronteiras transforma necessariamente todo material ou cultura hegemônicos, todo espaço hierárquico. Ele contamina[20] o espaço. O espaço torna-se intersticial para as pessoas. O cruzamento das fronteiras é o que os conecta e não o que os separa. Ele permite trans-ações reais, baseadas não em trocas dicotômicas ou de via única, mas um *network* de movimentos e trocas.

4. A fronteira, nesse caso, não se refere a uma topologia fixa, mas a uma zona intersticial, uma "zona de deslocamento e desterritorialização", como observam Gupta e Ferguson, uma zona que "molda a identidade de um sujeito hibridizado"[21]. Num tal espaço, não é mais possível invocar a ideia ortodoxa de cultura. É uma zona onde alguém pode testemunhar "um agrupamento de práticas culturais que não pertencem a um povo particular ou a um lugar determinado"[22]. Não é um espaço híbrido, mas um espaço de hibridismo[23].

20 Noção que Barba utilizava para designar a formação que ele privilegiava na transmissão de um saber ao ator em formação.
21 A. Gupta; J. Ferguson, op. cit., p. 48.
22 Ibidem, p. 49. Ela enfatiza a produção da localidade, como uma dimensão da vida social, como uma estrutura de sentimentos, enquanto presença diante do outro, através da personagem do imigrante, ela também tende a mostrar de que maneira alguns lugares que constituem espaços locais para alguns, são translocais para outros, expondo a complexidade do novo espaço em que vivemos. Esta translocalidade seria o resultado de (ou expressa) diferentes formas de organização humana. Devemos reverter esta visão, como Gupta e Ferguson têm acertadamente tentado, para sugerir e substituir a ideia de que espaços são naturalmente interconectados, então, países, nações ou ainda grupos étnicos possivelmente não precisarão mais usar o argumento para emprego de violência e luta pelo poder. Contudo, ele recomenda iniciar com a "premissa de que espaços *sempre* foram hierarquicamente interconectados, em vez de naturalmente desconectados, assim, mudança cultural e social começa a torna-se não uma questão de contato e articulação cultural, mas uma reflexão *através* da conexão", A. Gupta; J. Ferguson, op. cit., p. 35. Esta interconexão do espaço é tornada possível pela importância dada a localidades (translocalidades), ou transcomunidades mais do que a territórios grandes.
23 A fronteira, neste caso, não refere a uma topologia fixa, mas sobretudo a uma zona intersticial, uma "zona de deslocamento e desterritorialização"

5. A identidade aparece aí portanto como o resultado de uma interação, de um recomeço que não é o resultado de condições históricas sociais ou políticas, o lugar de uma transplantação permanente do sujeito no tempo e espaço, o lugar de trans--ações com seu entorno presente e passado, múltiplo. Nada de fetichização da noção de identidade, nada de identidade fixa. O sujeito torna-se o lugar de identidades mutantes, híbridas, resultado de trans-ações com seu entorno.

Gupta afirma que

> Nós discutimos que a desterritorialização desestabilizou a firmeza do "nós mesmos" e os "outros". Mas não criou assim sujeitos que são mônadas flutuantes... Ao invés de anular a noção de desterritorialização, a pulverização do espaço da alta modernidade, precisamos teorizar como o espaço está sendo reterritorializado no mundo contemporâneo.[24]

Numerosos pesquisadores do domínio dos *cultural studies* dissertaram abundantemente sobre os benefícios de tais espaços abertos, estruturas sem fronteiras, zonas de passagem que eles definiram como localidades, translocalidades, falando da necessidade de reterritorialização do espaço em reação contra uma desterritorialização que necessariamente espreita o indivíduo.

Tudo isso me parece apropriadamente expresso tanto em *Rwanda 94* quanto em *Allemaal Indiaan*, sendo, evidente, entendido que as peças só nos interessam porque nos oferecem uma tradução condensada de realidades que nos cercam.

Eu gostaria de acrescentar um último ponto às observações feitas sobre *Allemaal Indiaan* e passar para minha última parte.

---

como Gupta e Ferguson afirmam, uma zona que "dá forma à identidade de um sujeito hibridizado". Em um tal espaço, não é mais possível evocar a ideia ortodoxa de cultura. É uma zona onde se pode apenas testemunhar "um aglomeramento de práticas culturais que não pertencem a um povo particular ou a um lugar definido". Não se trata de um espaço híbrido, mas de um espaço de hibridismo.

24 A. Gupta; J. Ferguson, op. cit., p. 50. Ele permite a emergência desse *third space*, o lugar de uma identidade outra de repente tornada possível de que falava H. Bhabha, op. cit. "Para mim, a importância do hibridismo não é ser capaz de traçar dois momentos originais dos quais um terceiro emerge, para mim, hibridismo é antes de mais nada 'o terceiro espaço', que possibilita as histórias que constituem isso, e prepara novas estruturas de autoridade, novas iniciativas políticas [...] A diferença não é nem de Um ou de Outro, mas algo além disso".

Nesse espaço virtual e completamente aberto que representa a peça, os indivíduos estão sempre tentando fechar portas, fechar janelas, sair ou entrar para escapar dos outros, porém, no minuto seguinte, eles vão reabrir persianas, abrir portas, ir em direção ao outro. E mesmo assim, a fronteira está sempre se movendo, desaparecendo, reaparecendo em algum lugar. Embora ela permaneça aí como uma possibilidade constante. Torna-se parecida com uma membrana elástica, uma linha porosa, que precisa estar aí como uma potencialidade a ser cruzada[25].

As personagens não cessam, já o dissemos, de tentar, numa interpretação de disponibilidade e fuga, abarcar o que é dado como necessariamente aberto, zona de passagem, de fluxo, lugar de redes entre os indivíduos, onde tudo passa e nada permanece. As personagens terminam por se enclausurar na própria abertura[26], todos colocando aqui e ali gestos que indicam o fechamento.

Vamos nos deter um pouco sobre esse desejo de fronteiras (de limites) que me leva a meu ponto de partida quando destacava, eu recordo, que em todo movimento de abertura, há uma tendência ao fechamento.

A seguir, gostaria de expor sobre a necessidade de efetivamente dar atenção a alguns discursos (divinos?) que só visam a abertura de espaços (e de indivíduos) em termos positivos de renovação e de enriquecimento dos sujeitos, de luta contra os nacionalismos diversos, os Estados soberanos e as exclusões de toda sorte. Não duvido que houve efetivamente numerosas vantagens para a existência de tais espaços ou de tais *démarches* (no mundo em que nós vivemos seria aliás difícil fazer de outro modo), mas é preciso permanecer vigilante quanto aos discursos dominantes e jamais perder de vista, eu creio, o avesso das coisas.

---

25 "Zonas de fronteira estão se tornando agora espaços de circulação complexa quase legal de pessoas e bens. Exemplo: a fronteira entre os EUA e o México, é um excelente exemplo de um tipo de translocalidade. Semelhantemente, várias zonas turísticas podem ser descritas como translocalidades [...] Todas as zonas de comércio livre são zonas de comércio livre, lugares turísticos, grandes campos de refugiados, vizinhas de exilados e trabalhadores convidados. É uma translocalidade." Alguém pode assumir, na performance, que as personagens precisam desse limite (fronteira) para poder jogar com isso e ocupar o espaço de outro modo.

26 É interessante notar que é nessa visão de abertura terrivelmente precária e perigosa que o público norte americano e, em particular, os jovens, reconheceram-se mais facilmente.

DO ARTÍSTICO AO TEÓRICO

Portanto, proponho uma aproximação entre as duas peças de que falei e procuro apontar em que, apesar da oposição flagrante que contrasta as visões que ambas possuem sobre o mundo (relação com o espaço, com a nação, a identidade) – a primeira marcando o fechamento e a compartimentação, a segunda mostrando, ao contrário, a abertura extrema e a ausência de fronteiras entre os espaços e os indivíduos –, as duas peças trazem em si, de modo inconsciente, talvez, os mesmos ingredientes que explicam por que elas são o avesso e o lugar de uma mesma realidade.

Com efeito, se consideramos as duas peças e o que elas nos dizem dos espaços, dos indivíduos, das narrativas e das formas estéticas que elas encenam, é preciso reconhecer que certas características são aí as mesmas, veiculando assim em filigrana um discurso que poderíamos tender a ocultar.

De fato, o que as duas peças mostram ao mesmo tempo?

1. A dissolução da identidade dos indivíduos representados. No primeiro caso, os indivíduos contam sua própria história, mostram como perderam no drama inesperado sua própria identidade para não ser mais identificados senão a um grupo étnico. Privados de existência autônoma, ligados a um grupo étnico, é este último que os define e pelo mesmo motivo que os condena a morrer. Eles perdem aí seu papel de mãe, esposa ou filha para não ser mais que um número designado na massa, nos braços dos assassinos.

No caso de *Allemaal Indiaan*, as personagens interpretam certos papéis de mãe, filho, esposo, mas papéis são desprovidos de vitalidade, tão superficiais, feitos de tantas ações sem consequência, de pequenas frivolidades da vida cotidiana deixadas ao acaso dos encontros e das situações, que o espectador tem a impressão de que assiste a uma dissolução também da própria identidade dos indivíduos. Em que tal dissolução coloca bases do hibridismo do novo sujeito por vir e que permanece ainda a determinar?

2. A segunda característica que liga as duas peças vem de que nos dois universos o privado se torna público. Impossível de se firmar numa intimidade que individualize o sujeito; tudo é

vivido constantemente à vista de todos (daí as tentativas permanentes das personagens em *Allemaal Indiaan* de puxar as persianas, fechar as portas, esconder as janelas e se enclausurar no fundo de cada cômodo), mas para também sair de lá, incapazes de viver fora da relação com o outro.

Em *Rwanda 94*, a negação do privado também está presente, mas é imposta à força, a partir do exterior, pelos genocidas. No caso de *Allemaal Indiaan*, parece sobretudo assumida pelas personagens, os indivíduos aparentando se acomodar nesse modo de vida onde o privado se tornou público, privando o ser de toda intimidade. Os sujeitos são objetos do olhar dos outros e submetidos a seu olhar. O ser desaparece nesse olhar que, longe de lhe permitir localizar os signos distintivos, só reconhece o que torna os sujeitos semelhantes uns aos outros, portanto, sem diferença (indiferentes).

Nos dois casos, o resultado é que todos os eventos do cotidiano se tornam "espetaculares", isto é, "objetos de espetáculo", como o filme documentário em *Rwanda 94*, ao alinhar os corpos massacrados que uma câmera filma com a colaboração benevolente dos assassinos, que sorriem, mostram a tomada (como um quadro de caça) e fazem sinal para a câmera, esquecendo o horror da ação executada.

3. A terceira característica é que, de modo surpreendente, a violência ocupa os dois universos. Claro, não possui a mesma forma, nem a mesma intensidade, nem o mesmo sentido, mas seria um equívoco pensar que a violência pertence somente ao enclausuramento evocado em *Rwanda 94*. Presente, de modo insuportável em *Rwanda 94*, que evoca a barbárie humana, ela está igualmente presente, mas de modo dissimulado, mais difuso, em *Allemaal Indiaan*. Feita de pequenas fraquezas e de traições minúsculas, a violência é constante. Aflora nas relações entre os indivíduos, surge de repente em certas formas de jogo, de atuação para desaparecer também desestabilizando os seres (por exemplo, a mãe fazendo a morte e o pânico no olhar da criança. O jogo de atuação se prolonga para além do simples jogo de modo que o espectador é, ele também, de repente, tomado pela dúvida; ou ainda, a criança avançando de olhos vendados sobre a tábua com a inquietude de saber se

os camaradas vão efetivamente dizer que ele está nos limites do vazio). A violência está nas fraquezas de cada um e eclode às vezes entre os seres, se volta contra os objetos, se orienta às vezes contra si própria (tentativa de suicídio, jogo com a morte). E o espectador assiste impotente o jogo que poderia a qualquer momento degenerar num jogo de massacre. Portanto, a violência está aí (apesar de certos momentos de ternura e de felicidade, francamente!) provando que esse universo de abertura veicula consigo suas zonas sombrias e seus perigos.

Nós entramos no universo inumano onde as identidades fortes efetivamente se desfazem, onde os indivíduos recriam com pouca convicção suas fronteiras (chamemos de limites) de que eles teriam necessidade sem dúvida de melhor se encontrar.

4. Esses dois espaços são o lugar de trans-ações que não têm certamente nada de comum nem em força, nem em violência, mas lá onde *Rwanda 94* estabelece um sistema linear e unívoco entre os carrascos e as vítimas, *Allemaal Indiaan*, por sua vez, prefere um sistema de relação e de interação construído sobre a circularidade dos eventos, das relações e dos indivíduos. As micronarrativas se entrançam no caos de gestos insignificantes da vida cotidiana, enquanto em *Rwanda 94*, assiste-se também múltiplas micronarrativas, que, todavia, compõem uma narração: a da eliminação de uma etnia.

5. Nos dois casos, estamos num certo caos. No primeiro caso, *Rwanda 94*, trata-se de um caos que tem sua origem na abolição de uma ordem que dava a ilusão de repousar sobre uma certeza ética. No segundo, *Allemaal Indiaan*, o caos é estrutural. É a própria vida que é desestruturada e as coisas aí se tornaram sem importância.

6. Tem-se a impressão em ambos os casos que as noções de ética caducaram, mas por motivos diferentes. Num caso, é porque houve uma reversão de uma certa ordem social, ela própria fundada sem dúvida sobre uma certa violência, e que em seu lugar nada foi instituído. No segundo caso, porque parece difícil de instituir no espaço aberto e sem ancoragem social ou política de *Allemaal Indiaan* direitos ou deveres que necessitam possuir uma visão da sociedade à qual aspira-se. Nesse último caso,

está-se propriamente numa sociedade fundada sobre a abertura e a ausência de fronteiras entre os indivíduos, entre os espaços, mas ao mesmo tempo a única estruturação que permanece é aquela das interações que ligam os indivíduos entre si.

7. Seria tentador dizer que nós entramos num terceiro espaço que Homi Bhabha gostaria de ver emergir a partir desses espaços intersticiais, zonas de fronteiras (sem fronteiras), lugares de diáspora cultural e política.

De fato, o que as duas peças encarnam com força, simultaneamente, é a necessidade de toda trans-ação, mas também seu perigo quando ela se esteia na abertura ilusória de lugares trans-acionais absolutos.

Em ambos os casos, as fronteiras permanecem e é preciso preservá-las, fronteiras que, entretanto, não distinguem mais os limites geográficos, nacionais ou étnicos, mas que destacam a absoluta necessidade de fazer, de modo que o privado não se torne público, caso contrário o sujeito anula a si próprio no espetáculo. É o que Guy Debord expressou muito bem.

Para finalizar, retorno ao teatro e ao nosso papel nos estudos teatrais. Que temos a dizer de tudo isso? Que discurso devemos apreender sobre as práticas?

Se nos contentamos em repertoriar as formas artísticas e as práticas, arriscamos permanecer num formalismo certamente útil, mas pouco eficaz; se nos contentamos em salientar nas produções artísticas, sua adequação com o real ou o discurso que elas possuem sobre o mundo, a *démarche* é certamente útil, mas corre o risco também de ter uma contribuição limitada; o trabalho da pesquisa só é interessante se ela consegue ler, descobrir, traçar dentro disso que nos é apresentado caminhos ainda inexplorados.

O interesse por esses dois espetáculos se dá porque eles nos permitiram assistir à criação de novos territórios, observar uma permeabilidade de fronteiras que possibilitam escapar à rigidez de realidades coercitivas, do real, e que, ao proporcionar um recuo, permitem uma distância crítica. Elas reafirmam a realidade do teatro. O teatro aparecendo como uma zona de fronteira em que se pode dizer as coisas, lugar entre dois que escapa a uma categorização de natureza política apressada e que pode ser comparado a zonas de trânsito onde as apostas do mundo são provisoriamente suspensas (mesmo quando os incidentes do espetáculo são reais): aeroportos, hotéis, estações de trem. Ele se torna a zona de fronteira que, em si própria, é mais interessante que os dois lados que ela delimita, porque é nesse lugar único que as trans-ações são verdadeiramente possíveis.

Ao representar não somente o mundo como é, mas mostrando quais são as novas forças que o trabalham, tornando visíveis certas componentes que constituem um universo que nos envolve, ao mostrar-lhe as contradições e a face escondida, o teatro desempenha seu papel de revelador. Torna-se um instrumento cognitivo importante, cujas imagens por ele projetadas são uma contribuição conceitual. Esse mundo, que não é facilmente decodificável em função das categorias clássicas, o teatro permite penetrar. Ele desempenha seu papel dialético e preenche sua função crítica.

Isso nos permitiu fazer a travessia pelas duas peças.

Darei as últimas palavras a Homi Bhabha, que já observava em 1994:

> O estudo da literatura do mundo deve ser o estudo do modo através do qual culturas se reconhecem através de suas projeções de "alteridade". Onde outrora a transmissão de tradições nacionais foi o grande tema da literatura do mundo, talvez possamos sugerir que histórias transnacionais de migrantes, o colonizado ou refugiados políticos – essas condições de limite e de fronteira – talvez tenham se tornado os terrenos da literatura do mundo.[27]
>
> Privado e público, passado e presente, a psique e o social desenvolvem uma intimidade intersticial. É uma intimidade que interroga divisões binárias através das quais essas esferas da experiência social são geralmente opostas no espaço, momento de distância estética que proporciona a narrativa com dupla face, que representa um hibridismo, uma diferença "interior", um sujeito que habita a margem de uma "realidade intermediária"[28].

Pode-se questionar como uma peça desse tipo vai ao encontro de signos de compartimentação de que ela faz a narrativa? De que modo ela contribui, para além da simples evocação desses eventos trágicos, para modificar a visão de um fechamento na visão estreita do território, da nação, do Estado ou

---

27 H. Bhabha, op. cit., p. 12.
28 Ibidem, p. 13.

do indivíduo? De que modo permite inscrever uma abertura possibilitando trans-ações futuras?

Eu distinguirei mais níveis, alguns advêm de fatores não artísticos, fatores quase contingentes, entretanto, importantes; outros, resultam de fatores propriamente artísticos.

1. Antes de mais nada, o exclusivismo étnico observado em Ruanda durante os eventos de 1994 não ocorreu em cena porque um dos atores era, parece, hútu[29], uma presença entretanto não afirmada na narrativa. Mesmo modesta, essa abertura era pertinente.

2. Além disso, desde o início do espetáculo, os atores terminaram constituindo uma diáspora. Dado que todos eram originários de Ruanda (exceto os atores belgas), alguns deles terminaram pedindo o estatuto de refugiados quando passaram pela França ou pela Bélgica[30]: outro modo de lutar contra uma visão identitária que liga irremediavelmente um espaço geográfico e uma identidade étnica. Nós entramos em zonas em que as identidades, longe de ser unívocas, tornam-se interativas e não se diminuem colando-se a uma nação, um Estado, um país ou mesmo uma localidade. Elas estão ligadas diretamente com o presente, um presente que conserva sem dúvida relações com o passado, mas segundo parâmetros que não são mais aqueles da nostalgia ou da recusa. Advêm de novos espaços, espaços intersticiais, espaços de fronteira, o *third space* (terceiro espaço) de que nos fala Homi Bhabha, o lugar de uma diáspora cultural e política.

3. Contra a uniformidade do grupo, a peça afirmava a identidade dos indivíduos e de sua trajetória única[31]. Ela recusava

---

29 De fato, trata-se de um tútsi, desqualificado em hútu porque é pobre.

30 Aliás, receando que alguns deles requeressem o estatuto de refugiados, o Canadá lhes impôs grandes dificuldades para conferir um visto para atuar na peça. Foi somente com a mobilização de todo o meio que a peça se tornou possível.

31 H. Bhabha, op. cit., p. 2. "Esses espaços 'intervalares' propiciam o terreno para a elaboração de estratégias de individualidade – singular ou comunal – que criam novos signos de identidade e olhares inovadores de colaboração e contestação, no ato de definir a ideia da própria sociedade.

É com a emergência dos interstícios – a sobreposição e deslocamento de domínios da diferença – de que a experiência intersubjetiva e coletiva de nacionalidade, interesse comum, ou valor cultural são negociados. Como são formados sujeitos 'intervalares', ou em excesso de, a soma de 'partes' de diferença (normalmente, enunciados como raça/classe/gênero etc.)?"

a lógica binária que divide os ruandeses em tútsis e hútus, substituindo-a por uma lógica mais complexa com aportes de outras origens, em que o presente não pode ser nem o simples prolongamento do passado, nem uma ruptura, mas é feito de descontinuidades, de complexidades e de experiências.

4. Com efeito, ao recusar ambas as grandes narrativas unívocas, a forma adotada pela peça sobressai de uma hibridação de gêneros. Assistia-se a uma mistura de formas que iam do testemunho, da confissão ao estilo autobiografia narrada, do exame de provas em reportagem televisiva, passando por conferência em boa e devida forma (45 minutos), a abordagem violenta do público – se não me escutarem, vocês participarão como carrascos –, a análise crítica, microficções, oratória, o recurso às mídias eletrônicas ou ainda à cantata. Ao mesmo tempo, evitando recrutar o público, fazer uma cruzada pela justiça ou fazer um ato de reivindicação, evitando também a narrativa patética, a peça foi apresentada de modo épico.

Diferentes procedimentos artísticos coexistentes permitiram fazer desse espetáculo um conjunto que tem êxito em conservar a dignidade que o assunto impôs. O hibridismo do conjunto – colagem, montagem, bricolagens diversas – foi uma réplica eloquente para a purificação étnica que a narrativa recordava.

Nosso objetivo foi mostrar como todo discurso de abertura – como pode ser o do título do colóquio – trans-ações – teve como contrapartida o surgimento de novas fronteiras.

Trad. Adriano C.A. e Sousa

4. Em Direção a Identidades Transculturais

o interculturalismo ainda é possível?

Esse texto se pretende o prolongamento de um artigo publicado sobre o orientalismo em espetáculos de Mnouchkine, artigo que foi publicado no livro *Trajectoires du Soleil* (Trajetórias do Sol) e fora apresentado num colóquio organizado por Mitsuya Mori e Tomoko Saito em Tókio no ano de 2011[1]. À época, eu havia apresentado essa reflexão sobre o interculturalismo a partir do exemplo de Ariane Mnouchkine, tomando como exemplo o ciclo de Shakespeare (*Ricardo II*, *Henrique IV*, principalmente) e ao tentar lançar luzes sobre a inspiração japonesa que habitou Mnouchkine quando da criação dessas obras, assim como a recepção que tais espetáculos provocaram em toda a Europa, sobretudo o sentimento para a maioria do público da época de uma criação que restituía características próprias ao Japão ou à imagem que o público fazia dele. A discussão foi acalorada e nossos anfitriões japoneses não cessaram de repetir que, para eles, a produção não representava nenhum ingrediente propriamente japonês.

---

1 L'Orient revisite, em J. Féral, *Trajectoires du Soleil*, Paris: Editions Théâtrales, 2005, p. 225-243. O colóquio ocorreu em 2001. O texto aqui anexado foi apresentado no colóquio que seguiu em 2006, IV International Colloquium of Theatre Studies in Tokyo, organizado pelas Universidades Meiji e Seijo.

O descompasso de interpretação foi, para mim, perturbador, mas foi também extremamente frugal na medida em que eu não parei mais de tentar compreender as razões de uma tal defasagem[2] em nossas análises respectivas de um mesmo fenômeno artístico e do interculturalismo que ele revelava. O interculturalismo poderia ser relativo ao espectador? Dependeria do contexto de criação? De recepção? Todas essas questões abstratas me levaram sem cessar a uma questão pragmática bem simples: por que os japoneses só viam o ocidental nos espetáculos em que os europeus viam formas de cultura próprias ao Japão?

Não retomarei aqui esse longo debate (sobretudo, porque necessitaria fazer uma explicação muito longa que poderemos abordar em outro momento). Não o recordo como sintoma de um mal-estar profundo que percorre toda leitura intercultural. Ele aponta certas disfunções – do lado da criação como daquele da recepção – e encaminha, afinal, em último recurso, ao próprio espectador, à sua subjetividade (portanto, à bagagem cultural de cada um).

O exemplo me permite também apontar o que já era um problema em 1997 (uma interpretação diferente do interculturalismo e sua localização em culturas diversas) não está superado, bem ao contrário, creio que ele se amplificou na medida em que as práticas interculturais tornaram-se diversificadas e multiplicadas.

O interculturalismo no campo artístico se ajusta bem tanto do lado das culturas ocidentais quanto do lado das culturas asiáticas, notadamente japonesas e chinesas ou criações como aquelas de Yukio Ninagawa, Tadashi Suzuki, ou Ong Keng Sen (por exemplo, seu *Lear* de 1997, ou sua *Desdêmona*, de 1999, ou a temporada britânica de Shakespeare no Japão, UK9046) permitiram cruzamentos de dramaturgias, técnicas de interpretação e sistemas de representação.

---

2   Penso ter encontrado um elemento de solução em Abraham Moles e suas teorias da recepção. Esse último mostra, em particular, como toda leitura sobre a originalidade de uma obra – seja literária ou artística – se faz sobre a base de uma dose de redundância. Quanto à impressão de originalidade, ela vem de uma mistura de imprevisibilidade e de ruptura no campo da percepção levando o espectador a modificar suas referências e sua visão. Ver J. Féral, Perceptions de l'interculturalisme: l'exemple d'Ariane Mnouchkine", apresentado na *Getea*, Buenos Aires, 1999, e nesta edição.

A questão que gostaria de colocar hoje é a seguinte: o interculturalismo feito de empréstimos, cruzamentos ou influências de culturas – onipresente na prática teatral de hoje – e que se declina sob múltiplas formas que seria necessário estudar em detalhes para evitar generalizações – ainda possui um sentido autêntico? Ainda poderia nos ajudar a pensar os fenômenos de que supostamente deveria dar conta? O que ele nos diz do estado das práticas artísticas de hoje?

Para lançar de repente uma hipótese que não deixará de provocar algumas reações veementes, avancemos nisso. Conforme o interculturalismo traz em seu coração a noção de diferença – diferença de culturas (dramaturgias, técnicas, línguas, modos narrativos, concepções cênicas) – pensar a diferença nos termos nos quais a pensamos hoje (como um progresso, um signo de abertura de nossas sociedades e de nossas práticas artísticas à alteridade) – com todo o discurso bem pensante e leniente tornado aquele da maioria – não é isso finalmente procurar promover uma diferença em uma época na qual a ideologia da diferença e da equidade se tornou a norma – para não dizer um dogma? Não poderemos dizer que pensar a diferença, longe de alargar os espíritos e de permitir o diálogo entre culturas, termina, em último recurso, reforçando as individualidades, as especificidades, indo ao encontro desses diálogos de culturas que ela tende a instituir[3].

Eu não procuro colocar em questão as práticas interculturais em si que são mais do que nunca um aspecto quase onipresente de práticas atuais tanto na Europa quanto na América do Norte, na Ásia, na África ou no Oriente Médio (é o que não param de nos mostrar os festivais e espetáculos que doravante viajam mundo afora: veja-se a ópera montada por Schechner na China, a sessão Shakespeare no Japão (UK9046) ou o *Lear* de Ong Keng Sen), porém para interrogar o discurso implícito que toda prática intercultural traz em seu âmago.

Em si, a questão não é nova, mas a resposta que se pode dar hoje é diferente do que poderia ser há cinco, dez, quinze ou vinte anos atrás. Com efeito, hoje, a questão necessita de uma resposta que leve em conta a situação do mundo e das forças

---

3   A dificuldade não seria, ao invés disso, encontrar discursos artísticos, que assumem a responsabilidade em relação ao social e ao coletivo?

em presença, simultaneamente ao nível político, filosófico, antropológico, linguístico e ao nível artístico. Numerosos são aqueles que escreveram sobre a questão: do lado filosófico e político citemos Tzvetan Todorov, François Laplantine, Claude Clanet e sobretudo o filósofo Charles Taylor[4]; do lado do teatro, Jacqueline Lo e Helen Gilbert, Uma Chaudhuri, C. Balme e, claro, Rustom Bharucha, que foi um dos primeiros, depois de Edward Said, a tentar fazer a ligação entre interculturalismo e política (denunciando uma estratégia de interculturalismo que Bharucha avalia como um avatar do colonialismo).

Digamos também que a questão do interculturalismo, permanece uma problemática que concerne bem mais aos teóricos, teatrólogos, filósofos, linguistas e antropólogos, que tentam definir-lhe as premissas, as manifestações e os objetivos ainda mais porque ela não preocupa os praticantes face à criação, estes estão comprometidos com a urgência de uma prática que responde inicialmente a necessidades artísticas[5]. O interculturalismo seria assim um efeito *a posteriori* de uma dinâmica que antes de tudo a urgência artística motivou. Algumas constatações se impõem.

A NECESSIDADE DE PENSAR O INTERCULTURALISMO RELACIONADO AO POLÍTICO

Uma Fascinação de Dois Gumes

O interesse pelo intercultural – noção que se ampara hoje sobre aquelas de multiculturalismo e transculturalismo (no sentido que o cubano Fernando Ortiz deu àquele termo) – é o signo,

---

4   Ver também Julie Holledge; Joanne Tompkins, Patrice Pavis, Erika Fischer-Lichte, Claude Karnoouth, Lev Graham, J.R. Mulryne, B. Marranca, S. Hilf, Jonathan Dollimore entre outros.

5   Deste ponto de vista, a questão do interculturalismo apresenta algum parentesco com a do pós-modernismo, que não constitui nem um movimento artístico nem uma estética definida e que são, mais frequentemente, etiquetas coladas *a posteriori* em práticas que necessariamente não as reivindicam. Entretanto, uma aproximação tem seus limites dado que os artistas possuem muito mais consciência dos cruzamentos intelectuais e de sua necessidade, e que eles não se preocupam com pós-modernismo.

ao mesmo tempo, de nossas sociedades diversificadas e pluriculturais, feitas de migrações múltiplas; mas também de nossas individualidades culturalmente complexas. Não se trata aqui de louvar as vantagens de um turismo tornado mercadoria, porém, mais profundamente, de reconhecer que as migrações – voluntárias ou involuntárias – são hoje em dia uma evidência, e mesmo uma necessidade. Porque as migrações, vividas sob o modo eufórico ou sob o modo disfórico, afetam, é claro, as sociedades nas quais se inscrevem, forçando-as a redefinir seus limites e zonas de liberdade (veja-se a questão do *kirpan* no Canadá ou do véu islâmico na França). Porque o fato de as migrações afetarem as práticas artísticas é apenas uma das consequências entre outras desse estado de coisas.

Entretanto, o surgimento da *alteridade no seio* de nossas vidas provoca necessariamente o reconhecimento do Outro: um outro, longínquo ou próximo, que obriga a sociedade, o indivíduo e a arte a se redefinir. A relação com o outro é vivida diferentemente segundo o país, as ideologias, os partidos políticos, as culturas e os indivíduos. É vivida, pois, diferentemente, à medida que se trata de dar conta da alteridade no cotidiano ou no campo artístico; à medida que essa alteridade surge num país de imigração (como o Canadá, os Estados Unidos, o Reino Unido ou a França) ou um país de emigração (como alguns países da África ou do Oriente Médio).

Portanto, pode-se realmente dissociar a análise do interculturalismo artístico do interculturalismo político e social (assumido ou submetido)? Pode-se dizer que a essência da arte é de se manter em heterotopia em relação ao social da mesma maneira que lhe foi frequentemente criticado? Pode-se estudar os cruzamentos artísticos de todas as naturezas sem analisar os pressupostos políticos e éticos sobre os quais os cruzamentos repousam? Tal é uma das múltiplas questões que se colocam hoje quando se aborda a questão do interculturalismo?[6]

Sem necessariamente desejar entrar no sentido mais radical de alguns pensadores do interculturalismo – notadamente Daryl Chin, Carl Weber e R. Bharucha – nós somos obrigados

---

[6] São questões no cerne da reflexão de pensadores tais como Edward Said ou Rustom Bharucha (seguidos por Arjun Appadurai ou Una Chaudhuri e tantos outros) que foram os primeiros a mostrar a ambiguidade dessas *démarches*.

a admitir, entretanto, que o problema do interculturalismo hoje não vem de uma falta de interesse pelo Outro, mas de uma grande paixão pelo outro (ao menos no domínio artístico): um "excesso de desejo pelo Outro", diz Rustom Bharucha[7]. Claramente, a sua preocupação não é com o mérito de outras culturas, mas com a mística de sua diferença (eu adoraria trabalhar com os zulus, seria sua resposta entusiasmada). De modo efetivo, há alguma coisa de profundamente perturbador nesse ilimitado entusiasmo pela alteridade, alguma forma que ela toma, um entusiasmo que pareceria legitimar o que Daryl Chin ou Carl Weber puderam denunciar pelo passado (um modo fácil de valorizar formas moribundas e de injetar-lhes sangue novo sem que as formas antigas fossem por isso recolocadas em questão ou a legitimidade de tais transferências seja colocada)[8]. Esse entusiasmo, nos parece, sustenta-se num erro em relação aos fenômenos políticos e sociais do interculturalismo como se a paixão dos artistas pelo fato intercultural estivesse longe de refletir as complexidades da prática artística, e como se o mundo do teatro vivesse sob o único modo eufórico que em todos os lugares se revela infinitamente mais complexo.

Poderíamos certamente responder a essas objeções destacando:

a. que a autonomia do campo artístico já está consolidada e que toda análise deve se deter em suas próprias componentes,

7   R. Bharucha, *The Politics of Cultural Practice*, Wesleyan University Press: Middletown, 2000, p. 43.
8   Ver a seguinte afirmação de Carl Weber: "O que parece ser ignorado em todo este bem aventurado pensamento utópico são as realidades do 'business transcultural' contemporâneo... O teatro internacional ou festivais de performance são muito mais exposições de comércio do que eventos culturais [...] Grande número de projetos transculturais tentando combinar, fundir, misturar – ou como queira chamar isso – traços indígenas com aqueles de uma cultura alheia, chegam em performances que usam o componente alheio como um molho picante para tornar alguma sopa familiar novamente palatável [...] Parece que eles teriam prosseguido com pouco se tivessem considerado a historicidade do material escolhido. Ainda, a consciência de condições históricas e sociais de uma cultura estrangeira dada e sua inscrição em todos os trabalhos de arte é parâmetro em nosso contexto. A negligência de tais condições, e da ideologia inscrita através deles, inevitavelmente levaria a uma mistura incongruente de elementos estrangeiros e nativos que na análise final recusa a se fundir, somando-se num resultado que é muito menos do que seus componentes." Carl Weber, ACTC: Currents of Theatrical Exchange, em Bonnie Marranca; Gautam Dasgupta (eds.), *Interculturalism and Performance*, PAJ Publications, 1991, p. 29-30.

a arte tendo, em todos os tempos, vivido de empréstimos. É o que fazem os *partisans* de um interculturalismo sem limite e sobretudo artistas como Mnouchkine, Brook ou Barba, mas também Tadashi Suzuki, Ninagawa, Ong Keng Sen;

b. é bom o fato de que o campo das artes sirva de modelo ao político e permita um diálogo que se desenvolve em termos mais difíceis no campo do social e do político, o teatro podendo mesmo ser o lugar de utopias que o social não poderia permitir.

Tais respostas, certamente legítimas, entretanto, mal escondem que a autarquia da prática artística é difícil de justificar e ultrapassa necessariamente o social, o que numerosos filósofos, antropólogos e teóricos do teatro sempre nos lembraram.

Um Interculturalismo que Atua Entre o Global e o Local

A segunda constatação que se infere da precedente, é que o interculturalismo não pode ser analisado hoje como o faz Pavis, Carlson ou mesmo Fischer-Lichte[9], ao torná-lo o impasse do fenômeno da globalização cultural *atualmente* no centro das preocupações: "Se o interculturalismo anterior arriscava ser um teatro da exposição etnográfica, um 'teatro museu', o interculturalismo no quadro da globalização corre o risco de um câmbio de mercadorias internacional, outro lugar para consumismo, turismo de aventura e compras exóticas", afirma Chauduri[10]. Como outros antes dele, Chauduri observa que há uma equação implícita incontornável entre o intercultural e o fenômeno da globalização que ameaça a diversidade das culturas e que tende a nivelar tudo conduzindo o diferente ao idêntico[11].

9 Cujos textos foram publicados antes da grande conscientização do fenômeno da globalização e antes dos textos de Bharucha e de outros sobre a ligações impossíveis de ignorar entre interculturalismo e política.

10 Ver Una Chaudhuri, Beyond a "Taxonomic Theatre": Interculturalism after Postcolonialism and Globalization, *Theater*, v. 32, n. 1, p. 39. Chauduri faz comentários notadamente a R. Bharucha, op. cit.; de Johannes Birringer, *Performance on the Edge*; de Julie Holledge; Joanne Tompkins, *Women's Intercultural Performance*, assim como de Claire Sponsler; Xiaomei Hen (eds.), *East of West: Crosscultural Performance and the Staging of Difference*.

11 De sua parte, Claude Karnoouh observa: "Teria este conceito se tornado um dentre tantos simulacros de pós-humanismo durante a última modernidade? [...] Quando o Ocidente sintoniza ou absorve eventos culturais de outras

O intercultural seria assim um mito para as massas destinado a fazer-lhes crer na igualdade das relações internacionais. Claude Karnoouh observa: "Interculturalidade é uma fábula para as massas felizes, para fazer-lhes acreditar na igualdade das relações internacionais."[12] Ela pressupõe uma liberdade de escolha que todos os beneficiários de migrações não puderam ter, quer eles pertencessem a culturas de tradições fortes ou não. Como o confessava Ong Keng Sen à Rustom Bharucha a propósito de seu *Lear*: "Quanto de mim mesmo terei que perder no intuito de pertencer a este circuito intercultural? Quanto devo me comprometer?"[13]

Toda prática que toma de empréstimo, traduz ou adapta certos componentes de outras culturas sem historicizá-las ou contextualizá-las, contribui irrevogavelmente para essa homogeneização de práticas (e de culturas) em presença, assim como à sua indiferenciação. Longe, portanto, de trabalhar para o reconhecimento de diferenças a respeito do outro, um tal modo de funcionamento contribui, ao contrário, para nivelar a diferença e para levar o outro ao mesmo, reduzindo-o ao *status* de mercadoria. O intercultural é, pois, espreitado pelo global e necessita de ferramentas conceituais que nos permitam distinguir (*discriminate*, dizem os ingleses) entre o intercultural e o global[14].

culturas, ele simplesmente transforma seus valores naqueles que vão permitir-lhes ser integrados no mundo das mercadorias. Em outras palavras, tudo que parece diferente, mas pode ser integrado na esfera das mercadorias, perde os valores culturais ou rituais que anteriormente constituíam sua particularidade. São esses os limites da interculturalidade histórica." Ver Logos without Ethos: On Interculturalism and Multiculturalism, *Telos*, v. 110, hiver 1998, p. 123.

12 Ibidem.
13 R. Bharucha, Consumed in Singapore: The Intercultural Spectacle of Lear, *Theater*, v. 31, n. 1, 2001, p. 124. Seria necessário abrir um espaço particular para essas práticas interculturais que surgem de uma vontade política tal que são os governos que exportam sua cultura no esforço de realizar uma aproximação entre culturas ou uma aproximação de natureza econômica, as artes cedendo a vez para outras trocas. É sob esse ângulo que é preciso considerar o projeto UK 90, temporada organizada pelo Reino Unido para "aumentar a consciência da cultura britânica no Japão". O empreendimento que compreendia perto de 120 eventos diferentes durou um total de três meses e cobriu as cidades de Tóquio e 35 outras cidades japonesas.
14 Em outros termos, "sobre quais ausências conceituais se constitui a sociedade igualitária de pós-modernos e multiculturalistas" se pergunta o autor do artigo Le Multiculturalisme est-il un humanisme?, *x-alta*, n. 2/3, nov 1999, *Multiculturalisme*. Disponível na internet. Ou ainda R. Bharucha que observa, de novo "o global está em posição de sequestrar assumidamente interações democráticas

Efeitos Discutíveis

Ainda que o interculturalismo, sem dúvida, marque mais determinadas práticas culturais hegemônicas ocidentais do que outras, seria errado pensar que ele se limita a elas, como o mostraram as múltiplas pesquisas na área e, particularmente, aquelas de J. Holledge, J. Lo, H. Gilbert e C. Balme[15]. Apesar disso, certas constatações parecem militar nesse sentido. Com efeito,

1. Quais são os candidatos privilegiados a esse "interculturalismo ilimitado"? Os artistas que viajam, certamente os que frequentam os festivais, mas também todos os que estão à espreita de novas formas ou de novas narrativas. "Somos parte de um clube exclusivo de aviadores frequentes, a diáspora privilegiada, a *intelligentsia* global, os exilados esclarecidos?", observa combativamente Bharucha[16]. A crítica parece veemente, ainda que não seja inteiramente injustificável. Com efeito, para o olhar profano, não é sempre evidente que as práticas teatrais interculturais respondam adequadamente a uma necessidade interna no campo da arte; elas frequentemente emergem daí como o resultado da moda, consequência talvez de um turismo generalizado. Claro, é difícil generalizar quanto ao assunto e a condenação não pode ser unívoca. A realidade é evidentemente mais complexa e cada caso merece um estudo pontual, mais aprofundado, para determinar o fundamento adequado de uma *démarche* artística (seu ponto de partida, seu processo, seus objetivos, seu contexto histórico, social, e mesmo político, e a visão artística de que se aproxima) como o mostra corretamente o estudo que fizeram J.R. Mulryne, T. Sasayama e M. Shewring sobre *Shakespeare and the Japanese Stage* (Shakespeare e o Palco Japonês)[17].

---

dentro de pautas de interculturalismo 'autônomas'"), R. Bharucha, *The Politics of Cultural Practice*, p. 5.

15 C. Balme tratou de formas de interculturalismo no teatro africano ou de caraíbas; Mulryne, práticas interculturais aplicadas às *mise-en-scènes* de Shakespeare no Japão.

16 R. Bharucha, *The Politics of Cultural Practice*, p. 44.

17 J.R. Mulryne expõe, em particular, sobre a tendência a incentivar diretores ocidentais para conduzir produções de Shakespeare com atores japoneses contribuiu para a sobreposição de duas visões de Shakespeare – japonesa e ocidental. Ainda que esta forma de interculturalismo seja superficial, ela é portadora de um certo colonialismo cultural. A reflexão de Mulryne parte de *A Tempestade* de Ninagawa montada em 1988 durante o Festival de Edimburgo

Portanto, é preciso fazer uma diferença entre teatro turístico ou de turnê (*touring theatre*) e um interculturalismo verdadeiro que procura incorporar na representação de elementos (narrativos, gestuais, cênicos, espaciais, temporais, musicais, coreográficos) de uma outra cultura, elementos tratados por transferências, traduções, translação, incorporações ou adaptações. O resultado final pode ser variável segundo as dosagens e as mestiçagens efetuadas.

2. Na outra extremidade do percurso, a representação provoca necessariamente *para o público, um efeito de distância*, de estranhamento mais ou menos tranquilo de ser decodificado, que reenvia o espectador para seu próprio imaginário e para uma subjetividade em que intervêm inevitavelmente a cultura do receptor e sua relação com o intercultural. Cada espectador se encontra assim forçado a completar por conta própria uma negociação entre as culturas que estão em jogo, do mesmo modo que o havia feito antes dele os diferentes criadores da obra. Sua compreensão, sua apreciação mesma só poderá se fazer sobre a base de sua bagagem cultural pessoal e coletiva. Isto é, todo interculturalismo só pode – e deve – ser lido em seu contexto.

Claro, parte-se do princípio que o interculturalismo é forçosamente benéfico para a atividade artística em seu conjunto. Ou não há mais como colocar a questão de beneficiários dessas formas interculturais. A quem realmente favorece o

e leva consigo as questões seguintes. "Como é para um espectador japonês, implicado na história do Japão moderno e na história de seu teatro, interpretar esta performance shakespeariana? A internacionalização do palco japonês de Ninagawa ofereceu uma imagem genuína desse momento cultural? Até onde Shakespeare foi totalmente assimilado, técnica e emocionalmente, e o quanto seu trabalho foi a simples ocasião para solicitar atenção internacional? E mesmo que este último fosse o caso, a representação endinheirada de um escritor ocidental, melhor apresentada e mais vigorosamente executada do que em seu próprio país, apoiou a contribuição japonesa apropriada para uma emergente 'cultura mundial'? O teatro tradicional do Japão foi uma incorporação genuína, ou usado meramente para dar efeito? O público estava testemunhando um trabalho de arte culturalmente fragmentado ou integrado? O que isto tudo quer dizer para públicos japoneses em Tóquio, Osaka ou Quioto, se comparados com públicos no Edimburgo Playhouse?" Essas questões resumem a dificuldade do problema intercultural e de toda análise de um espetáculo intercultural. Introduction, em J.R. Mulryne; T. Sasayama; M. Shewring (eds.) *Shakespeare and the Japanese Stage*, Cambridge: Cambridge University Press, 1998, p. 4-5.

interculturalismo? Para quais artistas? Quais práticas? Quais espectadores? O aspecto benéfico é verdadeiramente documentado? É evidente que as respostas fornecidas diferem à medida que se localiza nas culturas tradições hegemônicas (quer estas sejam ocidentais ou orientais) ou em outras culturas[18]. Naturalmente, parte-se do *a priori* de que todo acréscimo é um enriquecimento para as culturas existentes, mas pode ser percebido também como uma diluição, ou mesmo um empobrecimento dessas práticas e tradições de partida. Sem querer mergulhar numa normatividade equivocada, é interessante parar, não é preciso mais que um instante para se dizer que para que as trocas sejam de duplo sentido, como o reclamam numerosos pesquisadores, é preciso que as culturas receptoras (culturas-alvo) não sejam apenas enriquecidas com as contribuições, mas que elas se deixem penetrar e modificar profundamente[19] através dessas novas práticas, que elas se introduzam em sua escola para que novas formas e práticas artísticas sejam realmente liberadas (ver nosso desenvolvimento ulterior sobre o teatro mestiço ou o teatro sincrético).

3. Tendo em vista todos os perigos que espreitam as produções interculturais, o interculturalismo ainda pode ser pensado hoje e, em caso positivo, sobre quais bases o seria? Quais seriam os meios? Pode-se evitar o imperialismo de uma cultura sobre a outra? Entre os que consideravam o interculturalismo irresponsável (Mulryne)[20], um beco sem saída, caso seja pensado fora do político (Bharucha, Chauduri, Chin, Weber), e aqueles

18 E para radicalizar a questão como o faz frequentemente R. Bharucha, citemos suas proposições: "Isso está fazendo alguma diferença para a moldagem de uma sociedade multicultural? A vasta produção acadêmica de novas alteridades foi bem sucedida em cruzar as fronteiras para além de classe e raça, ou isso está reforçando novas insularidades incorporadas na retórica da diferença cultural? Nós atravessamos fronteiras apenas para fechar outras?", *The Politics of Culture Prectice*, p. 3.
19 Robert Lepage em *Coriolano* ou *A Tempestade* ou *Sonho de uma Noite de Verão* utilizou habilmente as formas japonesas introduzindo-se na escola deles, observa J.R. Mulryne, Introduction, op. cit., p. 9.
20 "O interculturalismo não pode ser realizado com sucesso se alguém separa 'uma reflexão de suas modalidades das contradições particulares do contexto histórico no qual o trabalho está localizado' e ainda esse contexto é virtualmente inacessível para alguém que não foi nascido nele", J. Mulryne, The Perils and Profits of Interculturalism and the Theatre Art of Tadashi Suzuki, em J. Mulryne ; T. Sasayama; M. Shewring, op. cit., p. 77.

que pensam tratar-se de *démarches* artísticas que legitimam todos os comportamentos, eles veem uma via intermediária?

INTERCULTURALISMO E IMAGEM IDENTITÁRIA

O que as pesquisas atuais tendem a provar, é que se torna cada vez mais difícil pensar o intercultural separando-o de sua relação com o social e com o político, por outro lado, de sua relação com o próprio sujeito e com sua identidade.

a. *A relação com o social* é indispensável na medida em que as questões estéticas sozinhas não parecem mais poder legitimar exclusivamente as transferências e aventuras entre culturas. As transferências, para serem compreendidas – e legitimadas de algum modo – pedem necessariamente uma colocação em contexto, histórico e político, que permita compreender-lhe o sentido e as ramificações profundas. Daí a dizer que somente os detentores de uma cultura podem apreender seu sentido, há somente um passo, que alguns transpõem prontamente, mas que conduziria, se ele fosse perseguido, a uma compartimentação irracional, de fato, à impossibilidade de compreender esses cruzamentos que fizeram desde sempre a riqueza da arte[21]. Na ausência do contexto histórico, político, social, que constitui sua riqueza e que lhe preserva a complexidade, toda tomada de empréstimo não é mais que aquela de formas desencarnadas reduzidas a conchas vazias que somente a virtuosidade do ator permite-lhe preservar o sem-sentido.

Daí a necessidade para toda prática intercultural de ser *tomada no contexto*, como tenta fazer J.R. Mulryne em seu livro sobre as encenações de Shakespeare no Japão ou C. Balme sobre o teatro sincrético. É a ausência de contextualização que torna, para vários pesquisadores, as *démarches* de Mnouchkine, Brook, Grotowski e mesmo Schechner ou Barba, discutíveis[22].

---

21 Para Bharucha, que possui posições extremas nessa área, as questões estéticas desobstruem necessariamente as questões da ética.
22 "Eu não posso negar que esta tendência dominante a desistoricizar a cultura da Índia é a fonte de meu desconforto com a maior parte das teorias interculturais do teatro indiano. É muito ruim quando um texto como Shakuntala

b. Mais importante ainda, o processo intercultural emprega *a relação com a imagem identitária do sujeito (espectador ou criador)*. Com efeito, toda forma de interculturalismo demanda reenvio a um contexto social determinado, porém, ainda mais ao contexto do eu. São os contextos, no cruzamento do individual e do coletivo, no cruzamento da memória do grupo e daquela do indivíduo, que determinam os lugares, os espaços identitários que modificam a seu modo nossa experiência cultural. Esta faz apelo antes de tudo à intersubjetividade dos seres (mais ainda que àquela das formas e das culturas). Intersubjetividade que é colocada em risco, maltratada pelas práticas artísticas. Espectador e artistas se encontram assim obrigados a redefinir sua identidade cultural. Confrontados com a alteridade – seja aquela de formas artísticas, de narrativas, de espaços, de gestuais, seja a de costumes diferentes e estrangeiros – o sujeito é convocado a precisar de novo – e a deslocar – suas referências, suas fronteiras, seus limites. Ele se encontra forçado, em defesa de seu corpo, a um retorno aos "primórdios do eu", como diria Charles Taylor.

Semelhante trabalho sobre si passa por um trabalho sobre a imagem de si, certamente, mas também do Outro, de Outro diante de si, de Outro em si. Como imaginar o Outro? Como representá-lo, circunscrevê-lo, compreendê-lo, integrá-lo a seu universo (ou excluí-lo). O aporte de Bharucha e de todos os que, como ele, lutam ferozmente contra essas formas de interculturalismo "selvagem" é de afirmar que, longe da imagem romântica de um outro que nos assemelha, o verdadeiro trabalho intercultural impõe deixar as certezas e seus modos de funcionamento para sermos confrontados com realidades sociais do outro, bem antes de esposar-lhe formas estéticas. Ora, a realidade é feita de injustiças e de profundas desigualdades, de que é impossível considerar sem risco (mesmo se é evidente que o teatro não pode mudar nada). Tais práticas contribuem para incitar o sujeito a ir além de suas diferenças,

---

[...] é descontextualizado de seu contexto estético e social, mas é pior quando uma performance tradicional põe de lado as ligações com as vidas do povo para o qual é representada. Nada pode ser mais desrespeitoso ao teatro do que reduzir seu ato de celebração a um repositório de técnicas e teorias". R. Bharucha, *Theatre and the World*, New York: Routledge, 1993, p. 4-5.

em direção a um diálogo unificador, uma "inteireza cultural", afirma Mulryne[23]. É necessário reconhecer que não. É aí que a finalidade da arte marca seu fracasso. Sua influência sobre o social é mínima, para não dizer inexistente.

Há um revés a essa ampliação de nossos horizontes. Com efeito, numa intersubjetividade em que toda diferença é legítima, em que o relativismo cultural domina sem distinção, não somos nós por fim chamados a nos fechar mais fortemente ainda, em nossas distinções e nossas diferenças? Depois da euforia desses momentos de diálogo, nos quais, de repente, torna-se claro que algumas formas podem dialogar com outras, suscitar novos sentidos, abrir lacunas nos textos, cada um é reenviado à sua própria cultura, suas próprias práticas estéticas, suas próprias certezas.

Parece que se trata de um dos meios, no âmago de nossas sociedades e de nossos grupos culturais e artísticos, de reafirmar nossas identidades coletivas, nossos tributos respectivos, tudo dando a impressão de ter colocado um fim na historicidade hegemônica do capitalismo. A prática do interculturalismo se inscreve em uma ideologia da diferença, da equidade entre todos, do direito à diferença, como o dizem doravante a maior parte dos Estados e dos textos de leis. São nossas ilhotas de liberdade, nossas ilhas flutuantes, diria Barba, ilhotas quase sem consequência, mesmo se essa liberdade foi duramente conquistada[24].

---

23 "Parece que o interculturalismo pode fazer pouco, ao menos até agora, para dar expressão ao desejo global por uma inteireza cultural", J.R. Mulryne, op. cit., p. 75.

24 Promover a ideia da autonomia de uma esfera cultural que "transcende todas as alienações, que é liberadora e fonte de felicidade, suscita paralelamente o relativismo cultural. Cada um em sua identidade coletiva... Agora, o passo é rápido para solicitar o reconhecimento público de todas essas identidades, sempre pressupostas positivas a partir do momento em que fazem o objeto de lutas por seus direitos pela diferença e pela autenticidade. Nesse contexto, que transformam as relações complexas e dialéticas entre cultura e civilização, entre cultura e sociedade?", interroga-se o autor de "xa", artigo publicado na internet. Ou então as proposições de Slavoj Žižek, feroz opositor do multiculturalismo, comentado por R. Bharucha: "Multiculturalismo é uma forma de racismo repudiada, invertida, autorreferencial, um 'racismo com uma distância' – ele respeita a identidade do Outro, concebendo o Outro como uma comunidade 'autêntica', fechada em si própria, na direção da qual, ele, o multiculturalista, mantém uma distância tornada possível graças à sua posição universal privilegiada... O respeito multiculturalista pela especificidade do

Para fazer eco a Tzvetan Todorov, talvez possamos nos perguntar se essa diferença absoluta, reconhecida e afirmada sem limites, não advém, de agora em diante, mais de um pensamento conservador quando, hoje, as diferenças são um dado, e o que parece difícil fazer valer em nossas sociedades é afirmar não a diversidade, mas a unidade, a coesão de grupos sociais e culturais. Uma unidade que supõe enormes esforços, é percebida como utopia negativa.

Eu gostaria de emitir aqui uma hipótese, sem ter o tempo de prová-la: o que faz hoje a força de artistas como William Kentridge, Wajdi Mouawad ou Robert Lepage é de serem bem sucedidos em afirmar, para além da diversidade de diálogos culturais, que suas obras conseguem instituir um diálogo unitário, mobilizador, que alcança o transcultural, um discurso verdadeiramente mestiço, meteco. Evocar essa mestiçagem, essa transculturalidade, parece-me o verdadeiro desafio de hoje.

O QUE SERIA ESSE MODELO INTERCULTURAL?

Lançar luzes sobre a mestiçagem implicaria privilegiar algumas formas de cruzamentos culturais – mais que outros; cruzamentos que implicam mais que transferências (translações, traduções, adaptações, integrações) de formas culturais outras, mas apropriações verdadeiras que provoquem transformações nas profundezas de culturas-fonte e de culturas-alvo para criar formas onde o amálgama de formas e de inspirações é tal que não é mais possível marcar as diferenças, mas, ao contrário, as complementaridades. O produto artístico obtido seria feito paralelamente de renúncias e aquisições. De enriquecimentos, mas também de perdas. Seria uma das modalidades do interculturalismo em duplo sentido que evocam vários teóricos do intercultural (Schechner, em particular, que foi um dos primeiros a mencionar, mesmo se os espetáculos interculturais que ele

---

Outro é a verdadeira forma de afirmar a superioridade de algum vencedor." Žižek apud R. Bharucha, *The Politics of Cultural Practice*, p. 34-35. É preciso, evidentemente, fazer uma diferença entre interculturalismo e multiculturalismo, conceito mais político que estético.

encena podem nos deixar um pouco céticos). Tal visão aproxima-se sem dúvida do teatro sincrético (ver Balme ou Lo/Gilbert), mas ela deveria poder ser localizável igualmente em outros lugares geográficos, não somente naqueles que foram marcados pelo colonialismo.

Entre os exemplos dessas formas de mestiçagem, alguns espetáculos de William Kentridge (*Woyzeck on the Highveld*, *Faustus in Africa* [Fausto na África] e *Ubu and the Truth Commission* [Ubu e a Comissão da Verdade]), Wajdi Mouawad (*Six personnages en quête d'auteur* [Seis Personagens à Procura de um Autor)[25] ocupam um lugar à parte. Vindos de horizontes políticos muito diferentes, um da África do Sul, país do Apartheid (e de compartimentação feroz das diferenças), o outro de um Quebec multicultural onde a diferença é reverenciada como uma riqueza não apenas necessária, mas, mesmo, incontornável do presente, fazem espetáculos em que tentam não negar as diferenças (culturais, referenciais, formais) de partida, mas colocá-las em interação, de modo que, a partir do diálogo, surja outra coisa, um sentido novo, um modelo diferente que reenvia ao mesmo tempo à cultura de partida e à de chegada, para que ao fim do percurso as noções mesmas de ponto de partida ou de chegada não se distingam mais, tornem-se obsoletas. Emergem, em cada um desses casos, espetáculos que tomam seu sentido e sua verdadeira dimensão do cruzamento e do enriquecimento recíproco das formas de partida.

Em seu texto "Toward a Topography of Cross-Cultural Theatre Praxis" (Rumo a uma Topografia da Práxis do Teatro Transcultural)[26], Jacqueline Lo e Helen Gilbert constatam que não há quadro teórico para estudar o teatro transcultural. Não se pode estar senão de acordo. Também, elas se empenham em constituir um todo ao realizar um sobrevoo muito eloquente

---

25 Podemos acrescentar aos exemplos o de Martinelli, do Teatro delle Albe. Não desenvolveremos aqui sobre este último exemplo. Para isso, remetemos à tese de Denise Agiman que tratou sobre a elaboração de uma metodologia de análise do intercultural (UQAM, 2006) e que discute em detalhes as diversas modalidades daquele trabalho. Martinelli fundou com sua esposa o Teatro delle Albe que reúne atores italianos e atores senegaleses em torno de espetáculos de *Commedia dell'Arte*. Os atores, outrora recrutados entre os imigrantes nas praias, hoje são membros regulares da Companhia.

26 Artigo publicado em *The Drama Review* 46, 3, fall 2002.

e documentado do campo intercultural. Cobrindo tudo e, ao mesmo tempo, o teatro multicultural, pós-colonial e intercultural, elas tentam uma taxinomia perfeitamente clara das diferentes formas de teatro transcultural, analisando de passagem os modelos elaborados por Pavis, Carlson e Balme para dar conta desses cruzamentos no campo artístico. O estudo possui a vantagem de ter êxito em inscrever uma taxinomia em um domínio até aí fortemente frequentado, mas do qual nenhum estudo teria conseguido oferecer um panorama coerente.

1. Elas lembram que uma primeira leitura do fenômeno cultural, tentada já faz vinte anos, visava classificar as diversas formas de práticas artísticas interculturais segundo um espectro progressivo dando conta dos *graus de familiaridade ou de singularidade das transferências*. Também, é a reação do espectador, confrontado a essas práticas, que determinariam o grau de familiaridade da prática. Esta dependeria assim de seu próprio grau de conhecimento ou de familiaridade com as outras culturas[27]. Tal método, Carlson já havia tentado em 1990. Ele se encontra hoje retomado por Julie Holledge e Joanne Tompkins em seu livro[28]. Ou como o nota, de modo bem preciso, Una Chaudhuri, no comentário que fez de sua versão:

> A Taxonomia demarca fronteiras *entre* culturas. Desde o teatro taxonômico (às vezes chamado de teatro antropológico), começa como ato consciente do deslocamento cultural e conflito intercultural, pode-se dizer, para instaurar distinções culturais assim como para ligá-las ou misturá-las. O teatro taxonômico resiste acusado aqui de enfatizar, e até de fetichizar, a diferença cultural, apesar de seus maiores projetos terem sido empreendidos sob o nome de universalismo.[29]

2. Uma segunda leitura dos fenômenos culturais, que Lo e Gilbert destacam, visaria investigar os *graus de adaptação* e de transformação dos elementos tomados de empréstimo das

---

27 Donde o fato, por exemplo, no caso dos Shakespeare de Mnouchkine que nós evocamos rapidamente no início deste texto, que o público francês percebeu como japonês – e portanto, como estrangeiro – de formas japonizantes que não pareceram familiares aos próprios japoneses.
28 *Women's Intercultural Performance*, New York: Routledge, 2000.
29 Beyond a "Taxonomic Theater": Interculturalism after Postcolonialism and Globalization, *Theater*, v. 32, n. 1, p. 34.

culturas de partida (culturas-fonte) para integrá-las às culturas de chegada (culturas-alvo). Baseado no modelo da ampulheta de Pavis, trata-se de destacar as transformações que afetam assim as migrações através dos múltiplos estratos (culturais, artísticos, pessoais) das culturas fonte e alvo. A vantagem deste modelo sobre o precedente, é que o trabalho de codificação e decodificação é o resultado conjunto do trabalho do artista e daquele do receptor. O modelo permanece, entretanto, um pouco simplista e não pode dar conta da complexidade das transferências culturais no seio de nossas culturas particularmente diversificadas.

3. A terceira leitura segundo elas seria mais *propriamente histórica e social e se faria na movência dos estudos pós-coloniais*. É o que adota C. Balme em seu livro[30]. Esse último, que trata de numerosas práticas teatrais localizadas, a maior parte, em países de culturas não hegemônicas (África, Caraíbas, Jamaica) tenta inverter a lente de aproximação sobre o fenômeno cultural, analisando as formas interculturais nos próprios países onde se operam os cruzamentos evocados. Ele mostra, portanto, como as culturas hegemônicas irrigaram, por sua vez, as outras culturas sem verter numa forma de colonialismo artístico. Seus numerosos exemplos ilustram perfeitamente a diversidade de diálogos estabelecidos, todos preservando uma relação crítica com a história e o discurso do qual esta pode ser portadora. As denominações das formas de cruzamento proliferam: teatro híbrido (em que duas culturas se fundem – *merge*), teatro nômade (onde as fronteiras de identidades são transgredidas – afirma Chauduri)[31]. Em cada caso estudado, aparece de modo evidente que há um esforço real para evitar toda "tentativa de universalizar, generalizar, alegorizar os cruzamentos culturais"[32]. Destaca-se dessa reflexão sobre o sincretismo que ele promete, de uma certa maneira, a forma de transculturalidade, de mestiçagem cultural que nós tentamos definir.

4. A leitura que nós gostaríamos de propor se aproximaria das obras de mestiçagem e levaria em conta, por certo, a perspectiva

---

30 *Decolonizing the Stage, Theatrical Synchretism and Post-Colonial Drama*, Oxford: Clarendon, 1999.
31 U. Chauduri, op. cit., p. 15.
32 Ibidem, p. 36..

histórica, mas esclarecendo-lhe objetivos estéticos e formais visados. Ela analisaria o espetáculo, antes de tudo, como processo (a ideia já foi adiantada por vários teóricos do intercultural) e se debruçaria sobre as obras não só à luz do sentido histórico que revela em filigrana os comportamentos (e sobre as culturas de partida e de chegada) – o que fazem as análises críticas de Bharucha – mas também sobre o próprio artista e sua relação com o campo artístico. A obra intercultural emergiria daí verdadeiramente como lugar de negociação (mais do que expressão cultural), o que sugere de modo bem preciso Zarrili[33]. A ideia nos parece justa. A leitura que Lo e Gilbert privilegiam também trabalharia as *disjunções e resistências* como paradigmas do presente. Assim, não seria mais possível estudar os elementos participando das formas interculturais como acréscimo (ou subtração) das culturas de partida, mas como interpenetração verdadeira ao nível semântico e formal. As noções de cultura dominante ou explorada, de cultura hegemônica, perderiam desse modo seu sentido: elas não cessariam de existir, mas a obra final as ultrapassaria, fazendo emergir um sentido novo próprio para a obra vista.

O projeto pode parecer utopista, no entanto, tem-se a forte impressão de que certas obras teatrais adotam precisamente esse modo de relação com outras culturas. Aquelas de Djanet Sears e Wajdi Mouawad no Canadá, aquela de Kentridge na África do Sul, por exemplo. Elas nos parecem ilustrar perfeitamente essa forma de transculturalismo para além das culturas.

À que corresponderiam essas formas de negociação (diálogos, mas também disjunção e resistência), em que níveis da obra elas poderiam ser lidas? Elas poderiam se manifestar:

a. *Ao nível da narração*, em se tratando do texto de partida, da narrativa, do mito retomado e retrabalhado numa perspectiva intercultural. Assim, o autor canadense de descendência

---

[33] "Performance como um modo de ação cultural não é um simples reflexo de algum atributo essencializado, fixado de uma cultura estática e monolítica, mas uma arena para o processo constante de renegociar experiências e significados que constituem a cultura." Ver Phillip Zarrili, For Whom is the King a King? Issues of Intercultural Production, Perception, and Reception in a Kathakali King Lear, em J. Reinelt; J. Roach (eds.), *Critical Theory and Performance*, Ann Arbor: University of Michigan Press, 1992, p. 16.

africana Djanet Sears reavê a trama narrativa de *Otelo* para criar uma obra intitulada *Harlem Duet* (Dueto Harlem), que coloca em cena Billie e Otelo e reinterpreta a peça de Shakespeare em outros termos que não possuem mais nada a ver com o original[34]. A peça de Sears situa-se temporalmente antes do momento em que começa a peça de Shakespeare, ela a antecipa, a anuncia e a coloca em contexto tão bem que o leitor, vendo em seguida *Otelo*, vê sua leitura marcada por essa contextualização. Nós estamos precisamente dentro de uma outra história, miscigenada, que deixa intacto o texto de origem, mas que o modifica profundamente, entra num diálogo com ele. Ele sai daí transformado.

Ocorre o mesmo com as peças de Kentridge *Woyzech in Johannesburg, Faustus* ou *Ubu and the Truth Commission*. Todos modificam profundamente as peças de partida e se localizam em uma outra dinâmica que aquela da tomada de empréstimo. Enquanto preserva a força do texto de partida, elas

---

[34] Cobrado como uma tragédia rapsódica e triste, *Harlem Duet* é o prelúdio ao *Othello* de Shakespeare, e reconta a fábula de Otelo e sua primeira mulher Billie – Ela é a única antes de Desdêmona [...] Sears descreve o Harlem como "ao mesmo tempo um lugar e um símbolo... representa o melhor e o pior de tudo sobre as pessoas afrodescendentes..." O apartamento de Billie e Otelo está localizado aqui, na esquina dos *boulevards* Martin Luther King e Malcolm X. Onipresentes são os temas da autoestima e raça trabalhando juntos o contrastante cisma entre negro/branco advogado por Malcolm x e a integração do "sonho" de Martin Luther King. A proporção que adentramos o mundo da peça, a estudante de graduação Billie descobre que seu marido, Otelo, apaixonou-se por outra mulher... "Mona, que é branca. Jamais vemos Mona, exceto por sua voz e o rápido relance de um braço de alabastro, um contraponto dissonante com as outras personagens. Sears, que tem dito que *Harlem Duet* é a história de Billie, esboça um complexo e rico quadro, uma pintura da dissolução do relacionamento de Otelo e Billie.

A bagagem da experiência negra norte-americana contemporânea é apresentada numa série de *flashbacks*. Billie e Otelo são também um casal escravo planejando uma viagem na estrada de ferro subterrânea dos anos de 1860; e um clássico ator combativo reduzido a humilhantes shows de menestrel, e sua esposa ciumenta, na era do *vaudeville*. Nas três situações, Otelo é consumido pelo desejo de experimentar as vantagens da sociedade branca. O primeiro passo, e fatídico, foi levar uma mulher branca para sua cama.

[...] Othello de Sears é consumido pela inveja da vantagem branca. Ele se une a Chris Iago (!), um colega professor na Universidade Columbia, opondo-se à ação afirmativa e outros esquemas sociais identificados com o avanço da agenda negra. Reconhecendo que esta é a história de Billie, o ator Williams mantém as emoções de Otelo borbulhando logo abaixo da superfície. Williams constrói sua personagem devagar, num crescendo de paixão chegando ao clímax em um solilóquio intenso que ataca os ideais de Billie.

lhe preservam o espírito, a quintessência, a força subversiva, mas acrescentando uma nova camada de leitura que permite estabelecer a relação com a cultura onde tais textos tomam lugar ou aquelas de que eles emanam: a sociedade sul-africana do *apartheid*. Nesse caso, como naquele de Djanet Sears, a narrativa é idêntica, mas as réplicas foram modificadas e às vezes completamente alteradas. O que resta do texto de origem? Pouca coisa, certamente, contudo, em cada um desses casos, seria falso falar em traição. De fato, o espectador tem a impressão, nos dois exemplos citados, que o sentido profundo da obra foi não só preservado, mas revelado, que Sears, tanto como Kentridge, tornam a dar a essas obras não somente seu verdadeiro sentido, mas sua profunda força subversiva.

A insistência na narrativa é ainda mais interessante, porque as pesquisas interculturais sobre o teatro se concentram, em geral, mais sobre a representação e seus aspectos visuais do que sobre a dramaturgia, que parece, no entanto, prestar-se tranquilamente às mestiçagens culturais produtivas.

b. *Ao nível do corpo do ator, em seguida*, porque este último é um lugar não recuperável politicamente como mercadoria[35]. Mais costumeiro lugar de localização do intercultural, o corpo se presta a diferentes formas de trabalho formal que só podem se interpenetrar, como o tenta Barba em seu trabalho sobre a expressividade do ator. Com efeito, na medida em que o corpo é sempre portador de uma cultura (o que a técnica de Suzuki precisamente colocou em questão), toda técnica de interpretação ou forma estética que se imprime sobre ele só pode ser realizada ao preço de uma modificação em profundidade das técnicas de base e sobre a emergência de um corpo novo, diferente e polissêmico fazendo dialogar nele corpo passado e corpo presente.

c. *Ao nível da representação* enfim, que fará apelo a um verdadeiro *trabalho transdisciplinar* que se localiza para além das tradições culturais específicas e que traça as linhas de

---

35 O corpo intercultural conclama a "recursos físicos enraizados no corpo que não necessariamente alimentam a "nova ordem global"... o copo pode ser confrontado com o mundo, mesmo quando é marcado, moldado, regimentado e violado por seus códigos disciplinares", observa R. Bharucha, *Politics of Cultural Practice*, p. 159.

um "imaginário transcultural". É a opção que toma Johannes Birringer ao destacar que esse imaginário transcultural é a característica essencial das performances de hoje "nomeadamente um destacado e autociente impulso colaborativo que permanece verdadeiro para grupos de todos os tipos, aqueles entre e dentro de países e aqueles entre gêneros, mídia, tecnologias e disciplinas"[36].

O que concluir dessa longa explanação? Seria necessário optar por uma constatação de fracasso de toda *démarche* intercultural, como o faz Chauduri, Bharuch, Mulryne e tantos outros? O exemplo de alguns artistas como Kentridge ou Mouawad nos prova que é possível tomar de empréstimo sem ser sujeitado ou sem sujeitar uma cultura à outra. Ele nos mostra que pode-se trabalhar os níveis de sentido um através do outro, enquanto temos êxito em manter as significações abertas. Ele nos mostra também que se pode romper as certezas e considerar um discurso político e estético ao mesmo tempo.

Se é preciso critérios adequados para compreender verdadeiramente as outras culturas[37], como diz Charles Taylor, convém portanto nuançar, articular as diferenças em função das sociedades. Isso parece se impor também no campo do intercultural artístico. Para lutar contra o absolutismo, a demagogia, o funcionamento hegemônico, talvez seja preciso sustentar que as únicas práticas propriamente interculturais são aquelas que colocam no centro de suas preocupações um ato de resistência consciente e assumido, que destaca os cruzamentos e as disjunções; que permite também a cada cultura aprender sobre a outra sem pilhagem e sem assujeitamento.

Qual é o eco de espetáculos como o de Kentridge para a reflexão intercultural? Qual ressonância tais espetáculos deixam em nós? Em que nos forçam a sair de esquemas que nos aprisionam? Em que as linhas, as formas e os conteúdos colocados

---

36 U. Chaudhuri comentando as proposições de J. Birringer, op. cit., p. 41.
37 Charles Taylor (mas também Laplantine) fala da necessidade de encontrar critérios que deem conta da evolução de nossas sociedades e que reconheçam que promover a igualdade pode chegar às piores injustiças. É preciso portanto levar em conta as diferenças para ser perfeitamente justo. Tais constatações se aplicam, evidente, às trocas culturais. Assim, não se pode mais dizer que o funcionamento intercultural deva ser idêntico de acordo com o que a análise na direção das culturas hegemônicas ou daquelas que não o são.

em cena falam diferentemente para nosso imaginário e em que nos forçam a ver de outra maneira?

Ao término de seu percurso através do intercultural, Bharucha observa: "Eu aprendi que a mais forte resistência contra a resistência cultural reside em trabalho criativo. Polêmicas têm seus limites, a despeito de elas serem necessárias para questionar os discursos dominantes e estruturas de poder de nosso cenário intercultural." Parece-me que é a conclusão que se impõe em último recurso. É a prática dos próprios artistas – aquela de Kentridge, por exemplo – que nos força a estender e a afinar mais os limites de nossa reflexão. É o que permite a reflexão sobre o intercultural.

Trad. Adriano C.A. e Sousa

TEATRO NA ESTUDOS

João Caetano, Décio de Almeida Prado (E011)
Mestres do Teatro I, John Gassner (E036)
Mestres do Teatro II, John Gassner (E048)
Artaud e o Teatro, Alain Virmaux (E058)
Improvisação para o Teatro, Viola Spolin (E062)
Jogo, Teatro & Pensamento, Richard Courtney (E076)
Teatro: Leste & Oeste, Leonard C. Pronko (E080)
Uma Atriz: Cacilda Becker, Nanci Fernandes e Maria T. Vargas (orgs.) (E086)
TBC: Crônica de um Sonho, Alberto Guzik (E090)
Os Processos Criativos de Robert Wilson, Luiz Roberto Galizia (E091)
Nelson Rodrigues: Dramaturgia e Encenações, Sábato Magaldi (E098)
José de Alencar e o Teatro, João Roberto Faria (E100)
Sobre o Trabalho do Ator, M. Meiches e S. Fernandes (E103)
Arthur de Azevedo: A Palavra e o Riso, Antonio Martins (E107)
O Texto no Teatro, Sábato Magaldi (E111)
Teatro da Militância, Silvana Garcia (E113)
Brecht: Um Jogo de Aprendizagem, Ingrid D. Koudela (E117)
O Ator no Século XX, Odette Aslan (E119)
Zeami: Cena e Pensamento Nô, Sakae M. Giroux (E122)
Um Teatro da Mulher, Elza Cunha de Vincenzo (E127)
Concerto Barroco às Óperas do Judeu, Francisco Maciel Silveira (E131)
Os Teatros Bunraku e Kabuki: Uma Visada Barroca, Darci Kusano (E133)
O Teatro Realista no Brasil: 1855-1865, João Roberto Faria (E136)
Antunes Filho e a Dimensão Utópica, Sebastião Milaré (E140)
O Truque e a Alma, Angelo Maria Ripellino (E145)
A Procura da Lucidez em Artaud, Vera Lúcia Felício (E148)
Memória e Invenção: Gerald Thomas em Cena, Sílvia Fernandes (E149)
O Inspetor Geral de Gógol/Meyerhold, Arlete Cavaliere (E151)
O Teatro de Heiner Müller, Ruth C. de O. Röhl (E152)
Falando de Shakespeare, Barbara Heliodora (E155)
Moderna Dramaturgia Brasileira, Sábato Magaldi (E159)
Work in Progress na Cena Contemporânea, Renato Cohen (E162)
Stanislávski, Meierhold e Cia, J. Guinsburg (E170)
Apresentação do Teatro Brasileiro Moderno, Décio de Almeida Prado (E172)
Da Cena em Cena, J. Guinsburg (E175)
O Ator Compositor, Matteo Bonfitto (E177)
Ruggero Jacobbi, Berenice Raulino (E182)
Papel do Corpo no Corpo do Ator, Sônia Machado Azevedo (E184)
O Teatro em Progresso, Décio de Almeida Prado (E185)
Édipo em Tebas, Bernard Knox (E186)
Depois do Espetáculo, Sábato Magaldi (E192)
Em Busca da Brasilidade, Claudia Braga (E194)
A Análise dos Espetáculos , Patrice Pavis (E196)
*As Máscaras Mutáveis do
Buda Dourado* , Mark Olsen (E207)
Crítica da Razão Teatral , Alessandra Vannucci (E211)
Caos e Dramaturgia , Rubens Rewald (E213)
Para Ler o Teatro, Anne Ubersfeld (E217)
Entre o Mediterrâneo e o Atlântico, Maria Lúcia de Souza B. Pupo (E220)
*Yukio Mishima: O Homem de Teatro
e de Cinema*, Darci Kusano (E225)

O Teatro da Natureza, Marta Metzler (E226)
Margem e Centro, Ana Lúcia V. de Andrade (E227)
Ibsen e o Novo Sujeito da Modernidade, Tereza Menezes (E229)
Teatro Sempre, Sábato Magaldi (E232)
O Ator como Xamã, Gilberto Icle (E233)
A Terra de Cinzas e Diamantes, Eugenio Barba (E235)
A Ostra e a Pérola, Adriana Dantas de Mariz (E237)
A Crítica de um Teatro Crítico, Rosangela Patriota (E240)
O Teatro no Cruzamento de Culturas, Patrice Pavis (E247)
Eisenstein Ultrateatral: Movimento Expressivo e Montagem de Atrações na Teoria do Espetáculo de Serguei Eisenstein, Vanessa Teixeira de Oliveira (E249)
Teatro em Foco, Sábato Magaldi (E252)
A Arte do Ator entre os Séculos XVI e XVIII, Ana Portich (E254)
O Teatro no Século XVIII, Renata S. Junqueira e Maria Gloria C. Mazzi (orgs.) (E256)
A Gargalhada de Ulisses, Cleise Furtado Mendes (E258)
Dramaturgia da Memória no Teatro-Dança, Lícia Maria Morais Sánchez (E259)
A Cena em Ensaios, Béatrice Picon-Vallin (E260)
Teatro da Morte, Tadeusz Kantor (E262)
Escritura Política no Texto Teatral, Hans-Thies Lehmann (E263)
Na Cena do Dr. Dapertutto, Maria Thais (E267)
A Cinética do Invisível, Matteo Bonfitto (E268)
Luigi Pirandello: , Um Teatro para Marta Abba, Martha Ribeiro (E275)
Teatralidades Contemporâneas, Sílvia Fernandes (E277)
Conversas sobre a Formação do Ator, Jacques Lassalle e Jean-Loup Rivière (E278)
A Encenação Contemporânea, Patrice Pavis (E279)
As Redes dos Oprimidos, Tristan Castro-Pozo (E283)
O Espaço da Tragédia, Gilson Motta (E290)
A Cena Contaminada, José Tonezzi (E291)
A Gênese da Vertigem, Antonio Araújo (E294)
A Fragmentação da Personagem: No Texto Teatral, Maria Lúcia Levy Candeias (E297)
Alquimistas do Palco: Os Laboratórios Teatrais na Europa, Mirella Schino (E299)
Palavras Praticadas:O Percurso Artístico de Jerzy Grotowski, 1959-1974, Tatiana Motta Lima (E300)
Persona Performática:, Alteridade e Experiência na Obra de Renato Cohen, Ana Goldenstein Carvalhaes (E301)
Como Parar de Atuar, Harold Guskin (E303)
Metalinguagem e Teatro: A Obra de Jorge Andrade, Catarina Sant Anna (E304)
Enasios de um Percurso, Esther Priszkulnik (E306)
Função Estética da Luz, Roberto Gill Camargo (E307)
Poética de "Sem Lugar", Gisela Dória (E311)
Entre o Ator e o Performer, Matteo Bonfitto (E316)
A Missão Italiana: Histórias de uma Geração de Diretores Italianos no Brasil, Alessandra Vannucci (E218)
Além dos Limites: Teoria e Prática do Teatro, Josette Féral (E319)
Ritmo e Dinâmica no Espetáculo Teatral), Jacyan Castilho (E320)
A Voz Articulada Pelo Coração, Meran Vargens (E321)
Beckett e a Implosão da Cena, Luiz Marfuz (E322)
Teorias da Recepção, Claudio Cajaiba (E323)
A Dança e Agit-Prop, Eugenia Casini Ropa (E329)
Teatro Hip-Hop, Roberta Estrela D'Alva (E333)

Este livro foi impresso em Cotia
nas oficinas da Meta Brasil,
para a Editora Perspectiva.